VOID

Library of
Davidson College

Nadia F. Eid

Le clergé et le pouvoir politique au Québec

une analyse de l'idéologie ultramontaine au milieu du XIXe siècle

Collection Histoire

Cahiers du Québec / Hurtubise HMH

Les Cahiers du Québec
Directeur des Cahiers: Robert Lahaise
Directeurs des collections:
Arts d'aujourd'hui: Jean-Pierre Duquette
Beaux-Arts: Serge Joyal
Cinéma: Luc Perreault
Documents d'histoire: Marcel Trudel
Ecologie: Paul Thibault
Economie: Jacques Henry
Ethnologie: Jean-Claude Dupont
Géographie: Hughes Morrissette
Histoire: Jean-Pierre Wallot
Littérature: André Vanasse
Philosophie: Jean-Paul Brodeur et Georges Lerou.
Science politique: André Bernard
Sociologie: Jacques Lazure
Textes et Documents littéraires: Jacques Allard

Représentant:
Claude Boucher pour l'Université de Sherbrooke

*Cet ouvrage a été publié grâce à une subvention du
Conseil canadien de recherches sur les humanités,
dont les fonds proviennent du Conseil des Arts du Canada.*

Maquette de la couverture:
Pierre Fleury

Illustration de la couverture:
Suzanne Leclair

Editions Hurtubise HMH, Ltée
380 ouest, rue St-Antoine
Montréal, Québec
H2Y 1J9
Canada
Téléphone: (514) 849-6381

ISNB 0-7758-0157-7
*Dépôt légal / 4ᵉ trimestre 1978
Bibliothèque Nationale du Canada
Bibliothèque Nationale du Québec*

Photos: François Rivard

Reproduites avec l'aimable permission de la
Bibliothèque Municipale de la Ville de Montréal
(Salle Gagnon).

© Copyright 1978
Editions Hurtubise HMH, Ltée

Imprimé au Canada

Table des matières

AVANT-PROPOS 1
SIGLES ET ABREVIATIONS 3

INTRODUCTION
Origines européennes de l'ultramontanisme 5
L'ultramontanisme et la société québécoise
  au milieu du XIXe siècle 7
L'ultramontanisme dans l'historiographie québécoise récente 9
Quelques hypothèses relatives au phénomène ultramontain 11
Méthode d'analyse 12
Problématique de l'ouvrage 13
Rapport entre l'idéologie et le groupe définisseur 14
Peut-on considérer le clergé québécois du milieu du XIXe siècle
  comme le principal définisseur de l'idéologie ultramontaine 15

CHAPITRE I
LE CADRE HISTORIQUE DE L'ULTRAMONTANISME 21
Ultramontanisme québécois et ultramontanisme européen 21
Evolution de la conjoncture politico-religieuse au Québec
  au cours des années 40 28
Les principaux problèmes qui polarisèrent les luttes
  idéologiques et contribuèrent à la structuration de
  l'idéologie ultramontaine de 1848 à 1871 36
Les principaux idéologues ultramontains 46
Le journalisme au service de l'expression et
  de la propagation de l'idéologie ultramontaine 52

CHAPITRE II
**LA DIMENSION POLITIQUE DU
  DISCOURS IDEOLOGIQUE ULTRAMONTAIN** 65
Les rapports de l'Eglise et de l'Etat dans
  le discours idéologique ultramontain 65

La signification des notions d'«Eglise» et d'«Etat»
   dans le discours idéologique ultramontain 66
Les postulats fondamentaux du discours 69
Les sources théologiques des postulats ultramontains 72
Origines, nature et attributs respectifs de l'Eglise et de l'Etat 74
Les objectifs comparés de l'Eglise et de l'Etat 80
Les moyens spirituels et moraux dont disposent l'Eglise et l'Etat .. 85
Les moyens d'action matériels dont dispose l'Etat 90
Les moyens juridiques à la disposition de l'Eglise et de l'Etat 92
L'union nécessaire de l'Eglise et de l'Etat 103
Les valeurs et les normes véhiculées par l'idéologie à travers
   la perception des rapports Eglise / Etat 114
Le poids du langage dans l'énoncé des thèses ultramontaines
   relatives aux rapports Eglise / Etat 117

CHAPITRE III
LES IDEOLOGIES POLITIQUES ADVERSES DANS LE DISCOURS ULTRAMONTAIN 125

Le libéralisme ennemi 125
La définition du libéralisme dans le
   discours idéologique ultramontain 127
Les multiples références qui renvoient au libéralisme 131
Libéralisme catholique et gallicanisme dans
   le discours idéologique ultramontain 135
L'identification des autres «mauvaises doctrines» 139
Les conséquences politiques et sociales des «mauvaises doctrines» . 144
Les valeurs transmises à travers la dénonciation des
   idéologies politiques adverses 153
Le poids du langage 155

CHAPITRE IV
LA DIMENSION RELIGIEUSE DU DISCOURS IDEOLOGIQUE ULTRAMONTAIN 163

Place de Pie IX et de la papauté en général dans le discours
   idéologique ultramontain 163

L'image de Pie IX que projette le discours
   idéologique ultramontain 166
La question romaine dans le discours idéologique ultramontain ... 174
Les valeurs rattachées à l'importance de la papauté
   et au culte de Pie IX dans l'idéologie ultramontaine 181
Le poids du langage 183
Les pouvoirs et les droits du clergé dans le discours
   idéologique ultramontain 188

CHAPITRE V
LA DIMENSION SOCIALE ET NATIONALE
DU DISCOURS IDEOLOGIQUE ULTRAMONTAIN 201

L'EDUCATION: Définition et objectifs de l'œuvre éducative
   dans le discours idéologique ultramontain 201
La place et le rôle de l'éducation religieuse dans l'œuvre éducative . 204
Le rapport établi dans le discours ultramontain entre
   l'éducation religieuse et l'enseignement profane 207
Le rapport Eglise / Etat en matière d'éducation dans
   le discours idéologique ultramontain 209
Place et rôle de la famille dans le domaine de l'éducation
   selon l'idéologie ultramontaine 216
L'instituteur et sa mission dans le discours
   idéologique ultramontain 222
Education et classes sociales dans le discours ultramontain 223
Les valeurs et les normes véhiculées par les perspectives
   ultramontaines en matière d'éducation 228
Le poids du langage 229

LA NATION: La définition de la nation dans le
   discours idéologique ultramontain 231
Les objectifs assignés à la nation canadienne-française 234
Les moyens qui permettront à la nation
   d'atteindre ses objectifs providentiels: l'unanimité religieuse 238
L'agriculture et la colonisation 241

Les valeurs auxquelles fait appel le discours
    ultramontain relatif à la nation 247
Le poids du langage 250

CHAPITRE VI
DE LA THEORIE A LA PRATIQUE 255
Les principales victoires ultramontaines dans
    le domaine de l'éducation 255
La création d'organismes à caractère culturel et leur
    contribution à la diffusion de l'idéologie ultramontaine 261
L'action militante ultramontaine dans le domaine socio-religieux 265
Le bilan incertain de l'action ultramontaine
    dans le domaine politique 269

CONCLUSION 283
BIBLIOGRAPHIE 289
INDEX 313

Avant-propos

Au cours de ma carrière d'apprenti-historienne j'ai souvent été frappée par le nombre de fois où historiens et sociologues ont fait référence au phénomène ultramontain, à son influence sur l'évolution de la société québécoise depuis la fin du siècle dernier et surtout à sa longévité. C'est peut-être bien cette dernière dimension qui m'a le plus intriguée. Comment se faisait-il que jusqu'au début des années 1960, ou même en plein milieu de la révolution tranquille, certaines analyses historiques et sociologiques, certaines discussions et polémiques, telles celles menées autour du bill 60 par exemple, faisaient encore référence à l'ultramontanisme? Et tout d'abord, que recouvrait vraiment le contenu de cette notion qui, au milieu du siècle dernier, désignait, ici comme en Europe, la doctrine des partisans résolus de la suprématie du pouvoir religieux sur le pouvoir civil? Nos ultramontains canadiens-français ont-ils tenu vraiment un langage similaire à celui des Lamennais, des de Bonald, des Louis Veuillot en France? Le clergé québécois est-il réellement parvenu à exercer une hégémonie totale sur la vie religieuse, sociale et politique des Canadiens français au temps de La Fontaine, de George-Etienne Cartier, de Laurier et de leurs successeurs? Comment enfin se faisait-il que la bourgeoisie française des Jules Ferry, des Gambetta et des Paul Bert avait réussi à contenir — ne serait-ce que dans le domaine clé de l'éducation — l'influence d'un clergé aux ambitions hégémoniques aussi avouées que celui d'içi, alors que notre bourgeoisie québécoise a dû compter pendant si longtemps avec l'influence cléricale? Et l'on sait à quel point dans le domaine du social — éducation, hospitalisation, assistance sociale et même syndicalisme et mouvement ouvrier — l'Eglise au Québec a réussi à éviter l'ingérence de l'état bourgeois, dont seul le concours économique était toléré. C'est à ces questions et à bien d'autres qui y étaient liées que cet ouvrage a cherché à répondre.

J'aimerais souligner ici à quel point j'ai été aidée et soutenue tout au long de mes recherches par le concours de personnes dont je voudrais évoquer la contribution généreuse. Auprès de M. Philippe Sylvain, j'ai trouvé des conseils judicieux ainsi qu'une mine de références bibliographiques liées à une vaste érudition mise généreusement à ma disposition chaque fois que le besoin s'en est fait sentir. J'ai eu fréquemment recours à mon collègue et ami Jean-Paul Bernard dont l'acuité de l'analyse critique et les vastes connaissances dans le domaine des idéologies au XIXe siècle m'ont été d'un précieux secours. Quant à M. Fernand Dumont, je dois à son amitié bienveillante et à son encouragement — assortis d'ailleurs de critiques judicieuses — d'avoir été amenée à publier les résultats de cette recherche — dont il n'a toutefois pas à assumer les faiblesses ou les erreurs qu'elle pourrait contenir. Ma gratitude va également à ma sœur Amal qui s'est attachée vaillamment à la tâche ingrate de reviser le manuscrit. Je voudrais souligner enfin l'encouragement constant d'Henri, mon mari et meilleur ami, qui a cherché à me faciliter la tâche dans la mesure de ses moyens.

N. E.

Sigles et abréviations

ACAM	Archives de la Chancellerie de l'Archevêché de Montréal.
BRH	Bulletin de recherches historiques.
CC	Courrier du Canada.
GC	Gazette des campagnes.
MR	Mélanges Religieux.
MSRC	Mémoire de la Société Royale du Canada.
NM	Nouveau Monde.
RC	Revue Canadienne.
RHAF	Revue d'histoire de l'Amérique française.
RS	Recherches sociographiques.
RSCHEC	Rapport de la Société canadienne d'Histoire de l'Eglise Catholique.
SCHEC	Société canadienne d'histoire de l'Eglise catholique.

Introduction

Origines européennes de l'ultramontanisme

Le terme «ultramontain» désignait, semble-t-il, au moyen-âge, les habitants d'au-delà (ultra) des monts (montes). Il s'agissait en fait, du pays situé au sud des Alpes françaises, soit de l'Italie. Au XIXe siècle, l'ultramontanisme, comme courant de pensée, désignera les doctrines des partisans avoués de la suprématie pontificale à tous les niveaux, aussi bien au niveau de la vie religieuse qu'à celui de la vie politique et sociale. Comme phénomène historique, l'ultramontanisme remonte cependant à une époque plus éloignée encore. Il coïncide de fait avec le début des luttes opiniâtres qui opposèrent surtout à partir du XIIIe siècle, la papauté aux monarchies européennes soucieuses d'écarter toute tentative d'ingérence cléricale dans les affaires politiques de leurs pays[1].

Si par la suite, la conjoncture historique ne s'est plus prêtée à des affrontements aussi directs entre le pouvoir civil et le pouvoir clérical, la rivalité qui les opposait n'en demeura pas moins vive. La position adoptée à l'égard de ce problème par les monarchies en place était encouragée, au sein même de l'Eglise, par la faction gallicane du clergé[2]. Cette dernière s'appuyait sur les théories conciliaires du XVe siècle (conciles de Constance et de Bâle) pour proclamer l'autonomie des Eglises nationales face au Saint-Siège et pour refuser d'attribuer à Rome l'autorité suprême dans tous les domaines.

---

[1] Rappelons à titre d'exemple, la lutte acharnée que menèrent l'un contre l'autre le pape Boniface VIII et Philippe le Bel, roi de France, entre 1294 et 1303.

[2] On se souvient du caractère nettement gallican de l'Eglise en France sous le règne de Louis XIV et de l'isolement que connurent Fénelon et les Jésuites dans leur défense, pourtant discrète, de la suprématie pontificale. C'est d'ailleurs au XVIIe siècle que remonte l'origine de la signification de la notion d'ultramontanisme telle qu'on la retrouvera au XIXe siècle, soit: une conception du pouvoir pontifical et du pouvoir de l'Eglise totalement opposée aux théories gallicanes dans ces domaines.

En tant que courant de pensée bien structuré, l'ultramontanisme ne s'affirme toutefois comme tel qu'à partir du début du XIXe siècle alors que, traumatisés en quelque sorte par l'ouragan révolutionnaire de 1789, plusieurs clercs prennent conscience de la précarité d'un pouvoir clérical insuffisamment organisé et par trop éloigné de ses sources romaines. Or, comme groupe social, le clergé devait faire face à l'ascendance d'un Etat bourgeois de plus en plus laïcisé et déterminé à accaparer seul la totalité du pouvoir.

A partir de ces données historiques, s'élabore progressivement une pensée cléricale à caractère politico-religieux, initiée par des penseurs laïcs tel Joseph de Maistre, ou cléricaux comme Félicité de Lamennais[3]. Elle débouchera sur une idéologie ultramontaine dont les grandes lignes continueront à être élaborées et défendues tout au long du XIXe siècle.

On pourrait résumer en deux points les principes fondamentaux de l'ultramontanisme: il s'agit: 1°, de restaurer l'autorité pontificale dans son intégrité en la définissant comme l'autorité suprême au sein de la chrétienté; 2°, d'instaurer une fois pour toutes la suprématie de la société religieuse sur la société civile par le biais de la soumission totale de l'Etat à l'Eglise. S'appuyant sur une vaste réorganisation de la société européenne autour du Saint-Siège, ce programme faisait resurgir en quelque sorte l'idée de chrétienté, d'origine médiévale, qui impliquait l'unité sociale de la religion et de la société civile dans un ensemble où le temporel serait totalement subordonné au spirituel et où l'Etat se mettrait sans restriction au service de l'Eglise.

Or l'avènement d'un pape comme Pie IX, favorable à ces idées[4], l'énergie et l'éloquence mises au service de la cause ultramontaine par des journalistes fougueux tels Louis Veuillot ou des écrivains savamment documentés tels Rohrbacher étaient, au même titre que l'affirmation progressive du libéralisme dans la société européenne, des éléments propres à alimenter une querelle politique et idéologique dont les effets se feront sentir tout au long du XIXe siècle.

---

3 Joseph de Maistre, *Du Pape* (1819). F. de Lamennais, *Essai sur l'indifférence en matière de religion* (1817) et *De la religion considérée dans l'ordre politique et civil* (1825).

4 On sait l'encouragement manifeste qu'apportèrent aux ultramontains les directives pontificales qui se dégageaient de l'encyclique *Quanta Cura* et du *Syllabus des Erreurs* (1864).

L'ultramontanisme et la société québécoise au milieu du XIXᵉ siècle

D'origine européenne, l'ultramontanisme se référait toutefois à des problèmes structurels qui débordaient le cadre européen pour rejoindre l'ensemble des sociétés occidentales où, au cours de la même période, le clergé et la bourgeoisie libérale se disputaient tous deux la domination exclusive de l'échiquier social. Aussi à l'instar des autres pays catholiques du monde occidental, le Québec du milieu du XIXᵉ siècle ne devait-il pas échapper à la vague ultramontaine. Là, comme en Europe, le clergé risquait la perte irrémédiable de son pouvoir hégémonique aux mains de la nouvelle classe bourgeoise ascendante. Il fallait donc s'attendre de la part du clergé québécois à des réactions de défense semblables à celles que manifestait à la même époque son homologue européen. C'est d'ailleurs auprès des idéologues ultramontains d'outre-mer que ceux du Québec puisèrent une grande partie de leur arsenal idéologique.

Est-ce à dire qu'il suffirait de connaître le contenu idéologique de l'ultramontanisme européen pour en déduire celui qui caractérise l'ultramontanisme québécois au cours de la même période? Nous croyons qu'il n'en est rien car la réalité historique du Bas-Canada au milieu du XIXᵉ siècle a façonné l'ultramontanisme québécois à son image, lui donnant par conséquent un visage qui lui fut propre. La conjoncture des années 1840, 1850 et 1860 allait inspirer à la majorité des thèses ultramontaines d'ici un contenu et une orientation bien spécifique, sans les détourner pour autant de l'objectif fondamental qu'elles ont continué à partager avec l'idéologie-mère: soit le rétablissement et la survivance de la suprématie cléricale au sein de la société bourgeoise.

Cependant, différente en cela de la bourgeoisie européenne, celle du Québec allait opposer à l'assaut ultramontain une résistance plus faible et moins bien structurée. La force de cette résistance était liée, au fond, à l'étendue du pouvoir politique et social dont disposait alors la petite bourgeoisie canadienne-française. Or, ce pouvoir, acquis d'ailleurs de fraîche date (on pourrait le situer autour de 1847, avec l'obtention du gouvernement responsable), se limitait au domaine politique alors que des secteurs cruciaux de l'économie échappaient à la petite bourgeoisie et que son influence sociale se ressentait encore des échecs subis en 1837 et 1838.

Ces données peuvent expliquer en grande partie l'alliance que sera portée à conclure avec le clergé la faction conservatrice de la petite bourgeoisie bas-canadienne qui détient presque exclusivement les rênes du pouvoir politique au cours des années 1850 et 1860. Tout en s'avérant politiquement avantageuse à court terme, cette alliance ne manquera pas cependant de faire ressortir à long terme les multiples oppositions que charriaient dans leurs sillages respectifs deux projets sociaux divergents, sinon opposés, à bien des égards.

Or, la période étudiée, soit les années comprises entre 1848 et 1871, coïncide justement avec cette alliance précaire, mais momentanément stable, conclue entre le clergé d'une part et la faction conservatrice et majoritaire de la petite bourgeoisie canadienne-française d'autre part[5]. Il faudrait être toutefois conscient du caractère arbitraire de toute tentative visant à enfermer un phénomène de pensée quelconque dans un cadre chronologique précis. Il serait aussi difficile de prouver que telle année situe la date de naissance d'un courant de pensée, que d'affirmer que telle autre marque son extinction. Aussi ne peut-on nullement prétendre embrasser entre 1848 et 1871 le commencement et la fin de l'idéologie ultramontaine au Québec; les raisons qui ont motivé le choix de ces deux bornes chronologiques sont tout autres. Il s'agissait en premier lieu de situer le phénomène idéologique étudié dans un temps assez long pour être vraiment significatif sur le plan évolutif. En second lieu, ce cadre chronologique devait coïncider le plus possible avec celui de l'élaboration des thèses ultramontaines les plus importantes. Or celles de ces thèses qui affleurent au cours de la période considérée (1848-1871) recouvrent de fait la presque totalité de l'espace idéologique ultramontain. La rigidité doctrinale s'accentuera de plus en plus au cours des décennies suivantes — alors que les luttes politico-religieuses au Québec deviennent plus âpres — mais peu d'idées nouvelles viendront modifier de façon significative celles qui furent débattues depuis la fin des années 40 jusqu'au début des années 70.

Le temps compris entre 1848 et 1871 paraît donc répondre assez bien aux exigences mentionnées plus haut. Etalée sur un peu plus de deux décennies, cette période devrait fournir une perspective d'ensemble de l'idéologie ultramontaine, perspective qui se veut significative à la fois sur le plan synchronique et diachronique.

---

5 Voir au sujet de cette alliance l'ouvrage de Jacques Monet: *The Last Cannon Shot: a Study of French Canadian Nationalism, 1837-1850*, Toronto, University of Toronto Press, 1969. Aussi du même auteur: «French-Canadian Nationalism and the Challenge of Ultramontanism», *Canadian Historical Association Historical Papers*, (1966): 41-55.

Introduction

Les années 1848 et 1871 représentent en outre deux temps forts dans l'élaboration de l'idéologie ultramontaine. En 1848, la ligne de démarcation qui sépare l'idéologie cléricale de celle prônée par la faction radicale de la petite bourgeoisie — ceux qu'on surnommera les «Rouges» — se dessine avec une netteté accrue[6]. La révolution qui éclate alors à Rome, et qui va jusqu'à remettre en cause le pouvoir temporel de la papauté, poussera les deux camps à mieux définir leurs positions respectives, pendant que sur la scène politique locale le retour récent de Louis-Joseph Papineau entraîne une polarisation des débats autour de la formule unioniste. A la faveur de cette double conjoncture (européenne et québécoise) s'affirmera le caractère ultramontain d'une nouvelle idéologie cléricale, axée sur des objectifs à la fois religieux et politiques.

Une vingtaine d'années plus tard, soit au début des années 70, on constate cependant que le discours idéologique ultramontain marque un certain essoufflement au niveau des idées. Il s'agit là d'un phénomène d'autant plus frappant qu'il coïncide par ailleurs avec les débuts d'une véritable offensive ultramontaine dans le champ de la politique active. Cette action politique organisée visait à concrétiser dans les faits les principes et les théories définis dans l'abstrait au cours des deux décennies précédentes. C'est ainsi qu'avec la parution du «Programme Catholique», en 1871, le temps est moins à l'élaboration de théories véritablement nouvelles qu'à la traduction, dans un programme politique précis, des principes prônés par l'ultramontanisme au cours des années antérieures. Tout se passe alors comme si, confrontées à la réalité des faits, les doctrines ultramontaines tendaient à se figer dans une défense ardue — en même temps qu'idéologiquement peu féconde — des idées déjà élaborées dans le passé.

L'ultramontanisme dans l'historiographie québécoise récente

On a vu, depuis une dizaine d'années environ, l'historiographie québécoise se pencher avec un intérêt croissant sur le problème ultramontain. Ce sujet a déjà alimenté un certain nombre de

---

[6] Voir à ce sujet l'ouvrage de Jean-Paul Bernard, intitulé justement *Les Rouges*, Montréal, Presses de l'Université du Québec, 1971.

recherches et figure à l'arrière-plan de plusieurs autres[7]. De plus, trois chercheurs au moins ont fait de la question ultramontaine le principal objet de leur étude, dans le cadre de mémoires, de maîtrise ou de baccalauréat. Tel est le cas de H.L. Robertson, W. Ullman et L. Chevrette[8]. Cependant, ces travaux couvrent une période postérieure à celle traitée dans cet ouvrage, et s'attachent beaucoup plus à l'étude des luttes politico-religieuses du groupe ultramontain, qu'à l'analyse spécifique de l'idéologie ultramontaine.

Au terme de ce bref tour d'horizon, on s'aperçoit que l'ultramontanisme ne constitue pas en soi un sujet bien neuf. Mais on constate du même coup que l'idéologie ultramontaine comme telle n'a jamais fait l'objet d'une analyse à la fois systématique et globale qui mettrait en lumière ses multiples dimensions (aussi bien politique et religieuse que sociale). F. Dumont affirmait déjà en 1962: «Les études de nos idéologies devraient (donc) réduire beaucoup plus strictement leur objet... En somme c'est vers la configuration interne des idéologies que notre attention devrait se tourner[9]». Il nous apparaissait qu'une telle étude s'imposait en effet dans le cadre de l'idéologie ultramontaine. C'est pourquoi notre objectif a consisté, en premier lieu, à retracer les composantes majeures du discours ultramontain et chercher à en saisir la signification profonde. On pouvait dès lors mieux comprendre, dans un deuxième temps, les rapports qui ont lié les perspectives théoriques mises en avant par l'idéologie à leur mise en pratique sur le terrain de l'histoire vécue. Ainsi l'ultramontanisme est

---

7 Parmi les articles et ouvrages où la question ultramontaine occupe une place importante figurent les suivants: P. Sylvain, «Quelques aspects de l'antagonisme libéral-ultramontain au Canada français», *Recherches sociographiques* (RS), VIII, 3 (1967) p. 275-297; «Libéralisme et ultramontanisme au Canada français: affrontement idéologique et doctrinal (1840-1865)», in *Le bouclier d'Achille*, W.L. Morton éditeur, p. 111-138 et 220-255. P. Savard, «Notes sur l'étude de l'ultramontanisme au Canada français». *Rapport de la Société Canadienne d'Histoire de l'Eglise Catholique*, (1966): 13-15; *Jules-Paul Tardivel, la France et les Etats-Unis, 1851-1905*. J.-P. Bernard, *Les Rouges*. Quant aux études portant sur des leaders ou des organes ultramontains, citons les suivantes: R. Hardy, «L'ultramontanisme de Laflèche: genèse et postulats d'une idéologie», RS, X, 2-3 (1969): 197-206. G. Bouchard, «Apogée et déclin de l'idéologie ultramontaine à travers le journal *Le Nouveau Monde*, 1867-1900» RS, X, 2-3 (1969): 261-292. P. Galipeau, «La Gazette des Campagnes», RS, X, 2-3 (1969): 293-322. D. Lemieux, «*Les Mélanges Religieux*» 1841-1852», RS, X, 2-3 (1969): 207-236. N. Eid, «*Les Mélanges Religieux* et la révolution romaine de 1848», RS, X, 2-3 (1969): 237-260. Enfin l'idéologie ultramontaine est mise en rapport avec les autres idéologies québécoises du XIXe siècle dans l'article suivant de F. Dumont: «Idéologies au Canada français (1850-1900): quelques réflexions d'ensemble», RS, X, 2-3 (1969): 145-156.

8 H.L. Robertson, *The ultramontane group in French Canada, 1867-1886*, thèse de M.A., Université Queen's, 1952. W. Ullman, The «Holy War» in Quebec, 1860-1890, thèse de B.A., Université de British Columbia, 1956. L. Chevrette, *Idéologie, traits culturels, plan de réaction, perception et motivation du groupe de pression ultramontain canadien-français (1870-1890)*, thèse de maîtrise, Université Laval, 1971.

9 F. Dumont, «L'étude systématique de la société canadienne-française» in *Situation de la recherche sur le Canada français*, 290.

important à cerner non seulement comme phénomène de pensée, mais également comme phénomène dont il s'agira de retracer la signification en tant que discours idéologique lié à une pratique historique concrète. Parler d'idéologie cependant signifie, qu'au préalable, on a entrepris une démarche théorique visant à clarifier le contenu d'un tel concept et à spécifier les raisons qui en justifient l'usage dans le cadre de l'étude du phénomène ultramontain. Une telle démarche paraît en effet indispensable sur le plan épistémologique.

Quelques hypothèses relatives au phénomène ultramontain

Les hypothèses qui ont guidé notre analyse de l'ultramontanisme peuvent se ramener principalement à trois:

1° L'idéologie ultramontaine, telle qu'elle a été formulée au Québec vers le milieu du XIXe siècle, visait à promouvoir les intérêts du clergé en maintenant intacts ses privilèges passés et en l'aidant à accroître, dans la mesure du possible, son hégémonie sur l'ensemble des classes sociales en présence.

Cette hypothèse permet d'expliquer la fréquence, au niveau du discours idéologique ultramontain, des thèmes relatifs aux relations Eglise / Etat et surtout la primauté dans ce discours du postulat ultramontain de la suprématie de l'Eglise sur l'Etat. C'est en fait autour de ce postulat que viennent se greffer, comme autant de corollaires, la majorité des thèses ultramontaines se rapportant à d'autres sujets, qu'ils soient d'ordre social ou même religieux.

2° En tant qu'idéologie visant à promouvoir les intérêts du clergé, l'ultramontanisme s'inscrit à l'intérieur d'une lutte à caractère hégémonique entre le clergé d'une part et la petite bourgeoisie canadienne-française d'autre part.

Le projet socio-politique mis de l'avant par l'idéologie ultramontaine ne pouvait concorder en effet de par son objectif fondamental (suprématie du pouvoir religieux sur le pouvoir civil) avec les intérêts à long terme de la petite bourgeoisie canadienne-française. Celle-ci, rappelons-le, constituait la nouvelle classe ascendante au sein de la collectivité canadienne-française détenant, depuis 1848, une partie tout au moins du pouvoir politique (sans détenir pour autant le fondement du pouvoir économique qui demeurait aux mains de la bourgeoisie canadienne-anglaise).

3° Alors que la faction radicale de la petite bourgeoisie a eu une conscience aiguë de la distance qui séparait les intérêts de sa classe de ceux du clergé, la faction conservatrice de cette classe a eu tendance à minimiser l'importance de ce problème (du moins jusqu'au début des années 70). C'est ce qui expliquerait en partie son alliance tacite avec le groupe ultramontain, alliance à caractère opportuniste qui se révélera rentable surtout en périodes électorales: la sanction morale de l'Eglise permettra à la petite bourgeoisie conservatrice de partager avec le clergé l'ascendant considérable qu'il continuait à exercer auprès des masses populaires.

La perspective d'une alliance bénéfique avec le clergé, jointe à la faiblesse relative de la situation de classe de la petite bourgeoisie canadienne-française (pouvoir politique non assorti d'un pouvoir économique équivalent) sont deux facteurs qui permettent d'expliquer la présence, aux côtés des idéologues cléricaux, d'un nombre aussi considérable d'idéologues laïcs. Ces derniers se montrent même soucieux de promouvoir à leur tour un modèle de société théocratique où les non-clercs n'occuperaient cependant qu'une place de second rang.

Méthode d'analyse

Notre méthode d'analyse fait appel à une analyse de contenu de type qualitatif. L'étendue numérique des données disponibles, autant que la diversité même de la nature des sources documentaires utilisées, interdisait en effet l'accès à toute entreprise de quantification[10].

Les catégories d'analyse qui furent retenues sont au nombre de trois: Une catégorie à caractère thématique où sont mis à jour et analysés le contenu spécifique ainsi que la signification du discours ultramontain, à chacun des niveaux considérés (politique, religieux et social). Une deuxième catégorie vise à dégager les valeurs et les normes auxquelles fait appel l'idéologie ultramontaine à travers les principales interprétations qu'elle donne de la réalité qu'elle aborde. Cette catégorie est liée aux traces durables que laisse dans son sillage tout phénomène idéologique. Certains auteurs vont même jusqu'à attri-

---

10 Nous ne sommes pas certain d'ailleurs qu'une analyse quantitative aurait été véritablement significative dans le cas du sujet qui nous intéressait.

buer à la durabilité de ces traces la longévité des idéologies ainsi que le décalage qui distingue, dans l'histoire des sociétés, le temps idéologique — plus étiré — du temps politique et économique[11]. Enfin une dernière catégorie a servi à analyser le discours ultramontain sous l'angle de l'écriture. Nous postulions au départ que le langage utilisé n'est pas indifférent à l'influence et à la portée de toute pensée en général. Il fallait dès lors chercher à savoir comment cette hypothèse se vérifiait dans le cas particulier du discours idéologique ultramontain.

Quant au matériel d'analyse utilisé, il provient de sources intentionnellement diversifiées. Une importance majeure a été accordée aux documents à caractère public plutôt que privé (tels que correspondances, mémoires, etc.) étant donné que l'idéologie n'est guère un discours à huis clos mais plutôt un message qui tend à rejoindre l'auditoire le plus vaste possible.

C'est ainsi qu'une place privilégiée revenait aux journaux dont l'adhésion ultramontaine était nettement affichée. A été insérée également dans ce matériel d'analyse la pastorale des évêques ultramontains ainsi que les sermons conservés dans leurs archives. Nous avons enfin entrepris l'analyse de la totalité des écrits (ouvrages, brochures, déclarations écrites, etc.) où était perçue une orientation idéologique nettement ultramontaine[12]. L'étude des éléments multiples qui ont constitué la structure globale du discours idéologique ultramontain s'est donc appuyée sur des données à la fois considérables et diversifiées.

Problématique de l'ouvrage

Le caractère empirique de notre analyse de l'ultramontanisme ne pouvait nous dispenser de la nécessité d'expliciter — ne serait-ce que de façon sommaire — la problématique qui la sous-tend. Dans cette perspective la réflexion portera moins sur la nature même du concept d'idéologie que sur celle du rapport qui lie le discours idéologique au groupe qui en assume l'expression et la diffusion au

---

11 Voir à ce sujet l'excellent article de R. Robin: «Vers une histoire des idéologies», *Annales historiques de la Révolution française*, (avril-juin 1971): 285-308.

12 Contrairement à la majorité des articles de journaux qui sont anonymes, les ouvrages, brochures, etc., portent le plus souvent la signature de leurs auteurs, ce qui nous facilitait l'identification des principaux idéologues ultramontains de cette époque (1848-1871).

sein d'une société donnée[13]. C'est en effet cette dimension particulière de l'idéologie que cette analyse de l'ultramontanisme a privilégiée puisque c'est à travers elle que cette pensée politico-religieuse révélait le mieux son articulation interne en même temps que son rapport aux groupes sociaux en présence et à leurs conflits.

Rapport entre l'idéologie et le groupe définisseur

En se basant sur le témoignage constant de l'histoire on peut constater que, quels que soient la forme abstraite ou le caractère formel sous lequel il se présente, le discours idéologique se réfère de façon plus ou moins explicite à une pratique. Or cette pratique n'est pas neutre mais se situe en définitive au niveau de rapports sociaux qu'elle tend à modifier dans le sens des intérêts d'un groupe social déterminé (la notion d'intérêt doit être entendue ici dans un sens large qui déborde celle d'intérêts strictement matériels). Ainsi l'idéologie se présente-t-elle comme constituée à la fois par un discours et une pratique, basés tous deux sur une interprétation de la réalité sociale qui coïncide avec les intentions spécifiques d'un groupe déterminé.

Or c'est à ses intellectuels — ou idéologues — qu'un groupe social confie en général le soin de le représenter au niveau du discours. Aussi, en dépit de la disparité qui dans certains cas peut caractériser leur origine sociale, les définisseurs de l'idéologie — ou idéologues — se trouvent à assumer et à défendre prioritairement les objectifs du groupe dont ils sont les porte-parole privilégiés (même si leur discours prétend exprimer les intérêts de la société dans son ensemble).

On pourrait donc identifier l'intérêt du groupe social concerné (qui se trouve être pour ainsi dire le groupe mandataire du discours) comme l'élément fondamental du rapport à établir entre ce dernier et l'idéologie dont ses intellectuels assurent l'expression et la diffusion. Il faut se rappeler toutefois que cet intérêt demeure une réalité que l'idéologie tend à occulter constamment au niveau du discours, d'où

---

13 La démarche entreprise ici ne prétend pas cerner la totalité des problèmes que soulève l'analyse approfondie du concept d'idéologie. Non seulement ce dernier recouvre-t-il un champ théorique trop vaste pour être traité intégralement par le biais d'une question historique particulière, mais il ne constitue pas en soi l'essentiel des interrogations à partir desquelles nous avons bâti la problématique qui sous-tend notre analyse du phénomène ultramontain.

Introduction 15

d'ailleurs la contradiction entre le caractère apparemment neutre de ce dernier et son implication profonde au niveau d'une pratique qu'il cherche à orienter dans un sens déterminé.

Le caractère du rapport qui lie le discours idéologique au groupe définisseur explique à son tour la nature des fonctions qu'assume l'idéologie au sein d'une société donnée. En effet, parmi ces dernières, les plus importantes consistent: 1°, à justifier face à l'ensemble de la société le discours et la pratique du groupe social dont l'idéologie exprime et défend les intérêts; 2°, à bâtir au sein même de ce groupe une unanimité basée entre autres sur une vision commune du monde et sur la conviction de défendre des intérêts communs; 3°, à étendre enfin cette vision du monde et cette conviction à l'ensemble des groupes sociaux en présence, en identifiant les intérêts du groupe concerné à ceux de la société dans son ensemble.

Peut-on considérer le clergé québécois du milieu du XIXe siècle comme le principal définisseur de l'idéologie ultramontaine et l'envisager, par le fait même, comme un groupe social défendant des intérêts qui lui sont propres?

Une telle question se situe en fait au cœur même de la problématique qui a inspiré notre analyse du phénomène ultramontain tel qu'il s'est manifesté au milieu du siècle dernier, tant au niveau du discours qu'à celui du vécu. Mais il sera important, pour tâcher de situer l'identité sociale du clergé, de se reporter au préalable au type de formation sociale que constituait alors le Québec des années 1850 et 1860. On se trouve, rappelons-le, en présence d'une société où coexistent deux modes de production: 1°, un mode de production capitaliste qui va en s'affirmant de façon irréversible, même si le capitalisme industriel des années 1860 n'en est encore qu'à ses tout débuts et qu'on se trouve encore à cette période au stade d'un capitalisme marchand; 2°, un mode de production pré-capitaliste (qu'il faudrait se garder, dans le cas spécifique du Québec, de qualifier trop vite de «féodal») dont maints éléments, ou vestiges, demeurent encore présents au sein de la formation sociale québécoise du milieu du XIXe siècle. Cette formation correspond donc à un mode de production mixte et s'insère chronologiquement dans une phase de transition.

En considérant le clergé québécois de cette période, on se trouve en présence d'un groupe social dont les attaches historiques autant que la vision du monde (les deux étant d'ailleurs étroitement liées) relèvent d'un type de société antérieur à celui qu'instaure progressivement le mode de production capitaliste et plus particulièrement le capitalisme industriel. Cependant dans cette phase de transition où prend chronologiquement racine le phénomène ultramontain, et en attendant que l'implantation définitive du capitalisme industriel se réalise pleinement, laissant face à face sur l'échiquier social les deux classes fondamentales que constituent la bourgeoisie et le prolétariat, le clergé québécois continue à représenter au milieu du XIXe siècle un groupe social qui s'insère dans la dynamique des rapports sociaux avec un poids comparable à celui des deux autres. Or c'est ce type spécifique de groupe social dont l'idéologie ultramontaine a exprimé, au milieu du XIXe siècle, les valeurs et les objectifs — soit les intérêts — tant au niveau politique que social et religieux.

Mais alors un premier problème devra être élucidé: c'est celui de la présence de plusieurs laïcs aux côtés des clercs au sein du groupe des idéologues ultramontains. En ce qui a trait à cette question il faudrait se rappeler que les laïcs ultramontains qui militaient aux côtés des idéologues cléricaux étaient foncièrement soucieux d'aligner leurs idées et leurs prises de position sur celles des représentants de la hiérarchie cléricale au sein du groupe ultramontain (soulignons à ce propos l'étendue de l'influence exercée par Mgr Bourget et plus tard par son disciple, Mgr Laflèche). La cohésion du groupe, tout comme la cohérence interne qui caractérisait son univers idéologique, apparaissent d'ailleurs comme le résultat de cette adhésion sans réserve aux critères d'orthodoxie et aux objectifs formulés par les leaders cléricaux ultramontains. Même s'ils appartiennent en fait à la petite bourgeoisie canadienne-française de cette époque, les laïcs ultramontains peuvent donc être considérés, et se définissent d'ailleurs eux-mêmes, comme les porte-parole du clergé dont ils affirment exprimer la pensée et défendre en premier lieu les intérêts. La présence et l'intervention de ces laïcs, entièrement dévoués à la cause cléricale, ne modifie donc en rien la réponse à apporter à la donnée fondamentale du problème, à savoir: le clergé de cette période peut en effet être considéré comme *le principal groupe social* dont l'idéologie ultramontaine traduit avant tout les intérêts.

La seconde question à considérer, et certainement la plus importante, demeure celle de la multiplicité des origines sociales du clergé. On sait fort bien qu'à l'image de la plupart des clergés des autres pays occidentaux, le clergé québécois se recrutait parmi les diverses classes de la société canadienne-française. Alors que certains clercs appartenaient initialement à cette même petite bourgeoisie dont l'ultramontanisme contestait l'étendue des pouvoirs, d'autres — qui constituaient en fait la majorité — étaient d'origine plus modeste, issus pour la plupart des classes populaires, en particulier rurales.

Recrutant ses membres à tous les niveaux de l'échelle sociale, déployant à travers ses rangs un éventail assez complet des divers groupes sociaux en présence, le clergé québécois se présentait donc comme un microcosme de la société globale. Une telle constatation suffit-elle pour autant à le caractériser? Nous croyons qu'il n'en est rien et que, de plus, l'analyse de type morphologique sur laquelle cette constatation débouche ne permet pas de rendre compte de la dynamique des rapports sociaux où s'inscrit la pratique politique du clergé au milieu du XIXe siècle (elle ne rend pas intelligible non plus l'ensemble de la thématique qui a commandé le discours idéologique clérical à la même époque).

Il est vrai par ailleurs qu'évoquant le caractère de représentativité dû à la multiplicité de ses origines sociales (en plus de souligner son statut d'intermédiaire privilégié entre Dieu et les hommes), le clergé a eu tendance à se définir lui-même comme un groupe social situé *au-dessus* des diverses classes en présence et de leurs intérêts antagoniques, habilité de ce fait à parler et à agir en leur nom.

Cette autodéfinition ne résiste pas toutefois à une analyse quelque peu attentive de la réalité historique. Celle-ci amène à conclure en effet que le clergé — dont les idéologues ultramontains ont été les porte-parole les plus dynamiques au milieu du XIXe siècle — était loin d'être la simple somme des groupes sociaux dont il tirait alors ses origines. Il nous est apparu par contre qu'il constituait un groupe social distinct, jouissant d'une identité propre, occupant une place spécifique au sein de l'échiquier social, et ayant, comme tel, des intérêts particuliers à défendre[14].

---

14 Il est à noter cependant que la structure interne de cette classe était de caractère hiérarchique, ce qui explique les tiraillements et les conflits internes qui la traversaient parfois. Mais la discipline qui prévalait au sein du monde sacerdotal, liée à la conviction de défendre des intérêts communs, maintenait entre les membres du clergé une solidarité et une cohésion relativement grandes.

Chapitre 1

Le cadre historique de l'ultramontanisme

Chapitre I
Le cadre historique de l'ultramontanisme

Ultramontanisme québécois et ultramontanisme européen

Les rapports de l'Eglise et de l'Etat ont certes dominé l'ensemble du paysage théologique du XIXe siècle européen[1]. Les problèmes qui s'y rattachent et les solutions proposées se situent au cœur même de la problématique ultramontaine du siècle dernier, aussi bien au Québec que dans l'ensemble du monde européen.

L'affrontement entre le pouvoir civil et le pouvoir religieux, dont le XIXe siècle a été témoin, ne représentait pas en soi un phénomène nouveau, puisque l'histoire de l'Eglise n'a jamais cessé de porter la marque des guerres larvées ou ouvertes auxquelles cet affrontement donna lieu dans le passé. Rappelons-nous qu'il n'est jusqu'au moyen-âge, cet âge de la foi comme on s'est plu à le surnommer, où l'on ne retrouve la trace de tels conflits, combien sanglants parfois[2].

Qu'elle ait emprunté tantôt la voie de la diplomatie, tantôt celle des armes, l'opposition entre l'Eglise et l'Etat pouvait revêtir des formes diverses mais demeurait, quant au fond, inchangée. Il s'agissait en somme pour chacun des deux pouvoirs d'assurer sa suprématie sur l'ensemble de la société, aux dépens bien entendu du pouvoir adverse. Un certain équilibre des forces a pu paraître possible au cours de l'histoire — tel qu'il apparaît provisoirement au XVIIe et au XVIIIe siècle — mais il s'est avéré chaque fois, par ailleurs, plus apparent que réel, et par-dessus tout précaire.

---

[1] Pour une perspective globale de cette question, voir: J. Bellamy, *La Théologie catholique au XIXe siècle*, Paris, 1904. E. Hocedez, *Histoire de la théologie au XIXe siècle*, Paris, 1947-1952, 3 vol. E. Beau de Loménie, *L'Eglise et l'Etat. Un problème permanent*, Paris, Fayard, 1957.

[2] Voir à ce sujet: J. Rivière, *Le problème de l'Eglise et de l'Etat au temps de Philippe le Bel*, Paris, 1926. G. de Lagarde, *La naissance de l'esprit laïc au déclin du moyen-âge*, Paris, 1956-58, 2 vol.

Au début du XIXe siècle, en France plus particulièrement, alors que la bourgeoisie s'impose progressivement comme la nouvelle classe dominante et refuse de céder une partie de ses prérogatives aux anciennes élites aristocratiques et cléricales, l'équilibre des forces semble définitivement à la veille d'être rompu en faveur de l'Etat bourgeois[3]. Par ailleurs, si 1789 a réussi à détruire en grande partie les assises politiques de la suprématie nobiliaire, la défaite du clergé présentait, quant à elle, un caractère plus ambigu. Limitée en principe au secteur spirituel de la vie collective, l'influence cléricale échappe en réalité à l'imposition par le pouvoir politique de frontières précises. Elle réussit du même coup à se placer à la fois au-dessus et en dehors et d'un contrôle absolu de la part de l'Etat.

A cette capacité «naturelle» de survie, la Restauration en France est venue ajouter un espoir inattendu: celui d'une récupération, du moins partielle, de la suprématie ecclésiastique par le biais d'un retour à l'alliance traditionnelle avec les élites aristocratiques à nouveau au pouvoir.

Dans ces conditions, la question du pouvoir de l'Eglise d'une part, et de sa répartition au sein même de l'Eglise d'autre part, ne pouvait manquer de se poser avec acuité à la conscience du monde catholique au XIXe siècle. L'auteur d'une histoire classique de la théologie catholique du XIXe siècle, Edgar Hocedez, a souligné avec raison l'importance qu'a revêtue l'ecclésiologie dans l'univers théologique du siècle dernier. Dès les premières décennies du XIXe siècle, des partisans acharnés de l'Ancien Régime, tels que Joseph de Maistre ou Louis de Bonald, avaient saisi l'importance du rôle susceptible d'être assumé par l'Eglise dans le freinage possible de l'ascension sociale et politique de la bourgeoisie. Que l'on se rapporte à la *Théorie du pouvoir politique et religieux* de Bonald (1796) ou au *Du Pape* de de Maistre (1819) la thèse fondamentale des deux initiateurs de l'ultramontanisme se révèle, à peu de choses près, la même: le fonctionnement normal et la survie même de la société dépendent à la fois de la suprématie du pouvoir religieux sur le pouvoir civil et de la pérennité du système monarchique — deux conditions qui, dans l'esprit des deux auteurs, demeuraient d'ailleurs interdépendantes.

---

3 Si nous nous attardons plus particulièrement sur la conjoncture historique française au cours de cette brève synthèse, c'est que parmi l'ensemble des courants ultramontains qui ont pris naissance dans les pays catholiques d'Europe au cours du siècle dernier (i.e. en Allemagne, en Italie, en Espagne, etc.) c'est encore le modèle français qui a certes le plus influencé la pensée et l'action des ultramontains québécois.

Le premier de ces deux postulats en particulier sera repris et longuement développé par l'abbé Félicité de Lamennais à travers son *Essai sur l'Indifférence en matière de religion* (1817) et de façon plus systématique encore dans *La religion considérée dans ses rapports avec l'ordre politique et civil* (la première partie de l'ouvrage parut en 1825 et la seconde en 1826). On connaît le retentissement et la popularité des thèses mennaisiennes parmi la faction conservatrice des catholiques européens[4]. Ces thèses ne cesseront pas d'ailleurs d'inspirer, tout au long du XIXe siècle, ceux parmi les catholiques qui étaient soucieux d'assurer tout à la fois la suprématie de l'Eglise au sein de la société civile et celle du pape dans l'Eglise.

La réflexion qui s'était ainsi amorcée dès les premières décennies du XIXe siècle sur les notions de pouvoir civil et de pouvoir religieux allait trouver vers le milieu du siècle une nouvelle source d'inspiration par suite de la résurgence des problèmes reliés à la question du pouvoir temporel de la papauté. L'assaut que subit dès 1848 le pouvoir temporel constitua aux yeux de plusieurs catholiques la preuve tangible du danger mortel couru par l'Eglise par suite de l'avènement de l'Etat bourgeois laïc et de l'expression nationaliste et libérale de son idéologie. Cette conviction peut expliquer le caractère défensif de la pensée ultramontaine, qui ne cessa dès lors de présenter toutes les caractéristiques d'une véritable idéologie de combat.

Le caractère d'actualité permanente qu'a revêtu la question du pouvoir temporel jusqu'aux années 70 (et même bien au-delà), devait donner au problème des relations de l'Eglise et de l'Etat et, du même coup, au courant ultramontain, une importance accrue. En France, le prosélytisme ou l'appui inconditionnel apporté à l'ultramontanisme par des prélats et des laïcs notoires, constituera également un facteur non négligeable dans la structuration et la propagation de l'idéologie ultramontaine[5]. Que l'on pense seulement à l'éloquence incisive et au zèle déployé par un Louis Veuillot à travers l'*Univers,* journal qui a certainement représenté une tribune de choix pour

---

4 Il s'agit ici bien entendu du Lamennais des années 20 et non du futur héraut des thèses catholiques libérales. De fait, au moment de la condamnation de l'*Avenir* par Rome et de la mise à l'index des *Paroles d'un Croyant*, Lamennais s'est vu abandonné par tous ceux qui craignaient de contrevenir en le suivant, aux directives romaines.

5 Sur les multiples aspects du courant ultramontain en Europe et en France plus particulièrement, voir: R. Aubert, *Le pontificat de Pie IX*, Paris, Blond & Cay, 1952. J. Gadille, *La pensée et l'action politique des évêques français au début de la IIIe République*, Paris, Hachette, 1967, 2 vol. J. Maurain, *La politique ecclésiastique du second empire*, Paris, Alcan, 1930. C. Weill, «Le catholicisme français au XIXe siècle» *Revue de synthèse historique*, vol. XV (1907); 319-356 et vol. XLI (1925): 58-71. J.-R. Derré, *op. cit.*

l'expression et la diffusion des thèses ultramontaines, non seulement parmi les catholiques de France mais également parmi ceux d'Europe et d'outre-mer. Que l'on pense également à l'influence exercée par un dom Guéranger, abbé de Solesmes, à l'ultramontanisme intransigeant, autant admiré par Veuillot et l'école de l'*Univers* qu'honni par les catholiques libéraux et les gallicans[6].

La cause ultramontaine eut aussi son historien attitré en la personne de l'abbé Rohrbacher, docteur en théologie de l'université catholique de Louvain, qui interprétera l'ensemble de l'histoire de l'Eglise à la lumière des thèses ultramontaines[7]. L'univers éducatif n'échappa pas non plus à la vigilance des ultramontains dont l'un des plus notoires, Mgr Gaume, entreprit de critiquer et de dénoncer sur la place publique le caractère jugé païen des programmes en vigueur dans les institutions d'enseignement contemporaines[8].

Pendant que des clercs comme Mgr Gaume mettaient leur plume au service de la cause ultramontaine, d'autres réunis autour de Mgr Pie, évêque de Poitiers, de Mgr Parisis, évêque d'Arras, ou encore de l'archevêque de Reims, le cardinal Gousset, menaient parmi leur clergé ou leurs ouailles une intense campagne de popularisation des théories ultramontaines.

Dans le cadre de cette revue des principaux promoteurs de l'ultramontanisme, il faut enfin signaler la pensée et l'influence d'un ultramontain aussi radical que l'Espagnol Donoso Cortès dont les thèses, reprises souvent par l'*Univers,* furent également commentées maintes fois avec respect par les journalistes ultramontains au Québec[9].

---

6 Les thèses ultramontaines de dom Guéranger furent développées avec éclat dans son ouvrage: *Essai sur le naturalisme contemporain* (1858). On trouvera des éléments nombreux relatifs à sa vie et à sa pensée dans Dom P. Delatte, *Dom Guéranger, abbé de Solesmes*, Paris, Plon, 1909, 2 vol.

7 Abbé R.-F. Rohrbacher, *Histoire universelle de l'Eglise catholique*, 20 vol. Le travail de Rohrbacher s'arrêta de fait à l'année 1848 et fut mené à terme par Mgr Fèvre jusqu'à l'année 1872. Le vol. XIV qui a trait au pontificat de Pie IX comprend des «Considérations générales» fort importantes pour la compréhension des objectifs poursuivis par les auteurs de l'ouvrage.

8 Mgr Gaume, *Le ver rongeur des sociétés modernes ou le paganisme dans l'éducation* (1851). Du même auteur également: *Le Petit catéchisme du Syllabus* (1876), ainsi que son ouvrage le plus élaboré: *La Révolution*, 12 vol., interprétation ultramontaine des plus orthodoxes des causes et des effets du mal révolutionnaire dans le monde.

9 Donoso Cortès, *Oeuvres*, 3 vol. Ce fut en particulier son *Essai sur le catholicisme, le libéralisme et le socialisme* (1851) qui eut le plus de rententissement, aussi bien en Espagne que parmi les ultramontains français et allemands.

Le cadre historique de l'ultramontanisme

On ne peut prétendre cependant élaborer ici une synthèse véritable de l'histoire de l'ultramontanisme européen au cours du siècle dernier. Notre objectif, beaucoup plus modeste, se bornera plutôt à tenter de repérer les joints qui ont relié le courant ultramontain européen à son homologue québécois. On constate en effet que ces liens sont apparents à plusieurs niveaux. Il y a en premier lieu l'attention très grande portée par les journaux cléricaux du Québec à l'évolution de la conjoncture religieuse européenne, en Italie et en France plus particulièrement. Il était rare en effet que les *Mélanges Religieux,* le *Courrier du Canada* ou le *Nouveau Monde* ne fissent pas place dans chacune de leurs publications à des compte rendus relatifs à des événements religieux se déroulant en Europe. Il était fréquent également d'y voir publiés des articles et des commentaires d'ultramontains européens, ou encore de correspondants attitrés de même allégeance. C'est ainsi que des extraits des œuvres de Joseph de Maistre, de Louis de Bonald, de Donoso Cortès, de l'historien Rohrbacher ou de Mgr Gaume ont eu leur place dans les jounaux ultramontains d'ici. Mais c'est surtout à Louis Veuillot et à l'*Univers* que revint la première place au sein des publications ultramontaines au Québec, au point que des journaux comme les *Mélanges Religieux* et le *Nouveau Monde* se transformèrent souvent en fidèles échos de l'*Univers* en terre nord-américaine.

L'affinité de pensées entre ultramontains européens et québécois s'est aussi traduite par l'établissement de contacts directs entre les deux groupes. C'est ainsi que Mgr Bourget ne manqua pas de rencontrer lors de ses fréquents voyages en Europe — en particulier au cours de celui qu'il effectua en 1841 dès la seconde année de son épiscopat — quelques-uns des plus grands noms de l'ultramontanisme français et italien dont Louis Veuillot, l'abbé (plus tard cardinal) Pie, Mgr de Ségur et le père Roothaan, le général des Jésuites résidant à Rome[10]. L'implantation à Montréal de communautés religieuses venues de France à la demande de Mgr Bourget a certainement été un autre trait d'union important entre les courants de pensée religieuse français et québécois[11]. Parmi ces communautés, celle des Jésuites en particulier (revenus au pays en 1842) apparaîtra des plus efficace dans

---

10 Léon Pouliot, *Mgr Bourget et son temps*, Montréal, Beauchemin, 1955-1956, vol. 2, p. 60-72. Aussi Jacques Monet, «French-Canadian nationalism and the Challenge of Ultramontanism» *The Canadian Historical Association Historical Papers*, juin 1966, 44 et ss.

11 Au sujet de ces communautés, voir L. Pouliot, *op. cit.*, p. 79-109. Aussi, du même auteur, *La réaction catholique de Montréal,* Montréal, 1942, p. 68-119.

l'élaboration et la diffusion en terre canadienne des thèses ultramontaines importées d'Europe [12].

Un examen plus attentif des liens qui unirent les ultramontains des deux continents permet de constater par ailleurs que l'affinité de pensées qui les caractérise reflète avant tout une certaine analogie des situations. La lutte que se sont livrés mutuellement l'Eglise et l'Etat au XIXe siècle, aussi bien en Europe qu'au Canada français, n'a été en fait qu'une transposition, au niveau des institutions, d'une opposition fondamentale entre deux groupes sociaux aux intérêts divergents, soit le clergé, d'une part, et la bourgeoisie, d'autre part. Situé ainsi dans un contexte de rapports de force entre deux groupes sociaux rivaux, le courant ultramontain européen révèle encore mieux ses affinités avec son homologue québécois. Tout autant que le clergé européen, celui du Québec avait à affronter, vers le milieu du XIXe siècle, un tournant décisif de son histoire puisqu'ici comme en Europe, et dans le cadre d'une implantation graduelle mais décisive du mode de production capitaliste, la bourgeoisie s'affirmait comme la nouvelle classe dominante au sein de l'échiquier social.

Le clergé canadien-français pour sa part ne pouvait renoncer de plein gré aux multiples avantages socio-politiques que lui valait sa situation antérieure d'élite dirigeante, situation qu'il partageait jusqu'à la fin du XVIIIe siècle avec la noblesse seigneuriale. Au pouvoir direct exercé alors par le groupe clérical dans le cadre d'un mode de production pré-capitaliste, va se substituer graduellement un type de pouvoir indirect dont les ultramontains s'acharneront précisément à jeter les bases pratiques et théoriques à partir de la fin des années 40.

Tout en étant analogue en plusieurs points à la situation du clergé européen, la position du clergé québécois était loin cependant de présenter avec cette dernière une similitude parfaite. Au Québec, le groupe social avec lequel le clergé était directement confronté, soit la petite bourgeoisie canadienne-française, demeurait tributaire d'une conjoncture nationale particulière qui ne l'avantageait pas outre mesure. En effet cette petite bourgeoisie jouissait en principe d'un

---

[12] La venue des Jésuites au Québec fit suite à de multiples démarches entreprises à Rome par Mgr Bourget auprès de la Sacrée Congrégation de la Propagande et auprès du général de la Compagnie de Jésus, le Père Roothaan. L'évêque de Montréal écrivit également dans ce sens un vibrant plaidoyer intitulé: *Appel aux Jésuites*, (1841). La fondation en 1848 du Collège Sainte-Marie représentera un élément important dans la diffusion des idées ultramontaines auprès de la jeunesse québécoise, montréalaise en particulier. En ce qui a trait aux démarches et aux difficultés qui ont accompagné l'installation définitive des Jésuites au Canada sous l'épiscopat de Mgr Bourget, voir: G.-E. Giguère, *La restauration de la Compagnie de Jésus au Canada, 1839-1857*, thèse de doctorat, Université de Montréal, 1965.

certain pouvoir politique à partir de 1847 (date de l'avènement du gouvernement responsable), mais il faut tenir compte du fait qu'elle n'exerçait ce pouvoir que dans le cadre d'une union avec le Haut-Canada, ce qui revient à dire qu'elle n'en disposait qu'à demi. De plus cette petite bourgeoisie n'accaparait qu'une faible partie du pouvoir économique, détenu principalement par la bourgeoisie canadienne-anglaise[13]. D'où le caractère tronqué et certainement affaibli de son pouvoir réel au sein de la formation sociale bas-canadienne. D'où également sa tendance à composer avec le groupe de pression important que représentait alors le clergé canadien-français, groupe social dont les assises économiques et sociales étaient encore fermes et dont le prestige moral auprès des masses représentait un atout électoral non négligeable.

Quant à la bourgeoisie européenne, elle échappait en partie à ce type de contrainte dans la mesure où les rapports entre les classes sociales n'étaient pas faussés par l'existence d'une lourde hypothèque sur le plan national[14]. Ainsi, à titre d'exemple, les clergés français et allemand ont dû faire face dans ce milieu du XIXe siècle à des bourgeoisies nationales bien plus assurées de leur pouvoir que ne l'était, à la même époque, la petite bourgeoisie canadienne-française.

De cet ensemble de données différenciées, l'ultramontanisme québécois allait porter la marque. C'est ce qui a contribué de fait à lui conférer une identité propre et lui assurer une véritable originalité sur le plan historique par rapport à son homologue européen.

---

13 Dans leur ouvrage intitulé *Histoire économique du Québec, 1851-1896*, Montréal, Fides, 1971, Jean Hamelin et Yves Roby l'affirment en ces termes: «La grande bourgeoisie d'affaires (en ce milieu du XIXe siècle québécois) comprend les banquiers, les commerçants de bois, les commerçants en gros, les propriétaires de chantiers de construction navale. Si on excepte quelques noms, la plupart sont des anglophones» (p. 24). Voir également au sujet de cet aspect du problème: Fernand Ouellet, *Histoire économique et sociale de la province de Québec, 1760-1850*, Montréal, Fides, 1967, p. 389-596. S.-B. Ryerson, *Le capitalisme et la Confédération*, Montréal, Parti Pris, 1972. Ryerson, quant à lui, affirme l'existence d'un «embryon» de bourgeoisie industrielle canadienne-française, tout en précisant que les secteurs clés de l'économie lui échappaient (chapitre II, p. 35-50).

14 Cette constatation vaut en effet plus exactement pour la France et l'Allemagne. En des pays comme l'Irlande ou même l'Italie, la conjoncture nationale intervient là aussi dans le jeu des rapports de classe. Aussi, tout comme celle du Québec, la bourgeoisie autochtone de ces pays devait, dans une certaine mesure, tenir compte du rôle et de l'influence du clergé auprès des masses populaires tout comme auprès des anciennes élites.

Evolution de la conjoncture politico-religieuse au Québec au cours des années 40

Il est entendu que la localisation dans le temps d'un courant idéologique demeure une entreprise périlleuse parce que difficile à effectuer avec suffisamment de précision. En ce qui concerne l'ultramontanisme nous serions porté toutefois à entériner le jugement de l'historien Fernand Ouellet qui en fait remonter l'origine à l'épiscopat de Mgr de Laval[15]. Il suffit en effet de se remémorer les idées et la politique suivies par ce dernier vis-à-vis de l'autorité civile de l'heure pour se convaincre qu'il s'agit bien d'un prélat dont l'ultramontanisme (sans s'être jamais défini formellement comme tel) était authentique. (Que l'on se souvienne seulement de la conception théocratique du pouvoir de Mgr de Laval et des nombreux différends qui, au cours de son long épiscopat — 1659-1684 —, l'opposèrent constamment au pouvoir civil, en particulier au gouverneur Frontenac.) F. Ouellet constate qu'il en allait de même — quoiqu'à un degré moindre — de Mgr Plessis et surtout du premier évêque de Montréal, Mgr Lartigue cet admirateur enthousiaste de de Maistre, de Bonald et du Lamennais de l'*Essai sur l'indifférence*[16].

S'il est vrai cependant que la tendance ultramontaine n'a jamais été totalement absente de la politique cléricale au Canada depuis la fondation même de la colonie, il reste qu'avant les années 40, cette tendance ne s'était jamais traduite à travers une pensée et un programme fortement structurés. Les convictions ultramontaines semblaient, de plus, être le fait d'individus particuliers plutôt que de groupes sociaux bien définis.

Nous évoquions plus haut l'influence de l'évolution des structures sociales européennes et canadiennes du milieu du XIXe siècle sur la définition et la mise en pratique de l'ultramontanisme dans les deux continents. En ce qui a trait au Bas-Canada, on s'aperçoit qu'au cours des années 40, des facteurs religieux et politiques d'ordre conjoncturel se sont combinés à l'évolution des structures sociales, facilitant en quelque sorte l'émergence d'une idéologie ultramontaine au sein du clergé québécois, montréalais en particulier. C'est en effet dans le diocèse de Montréal surtout que le courant

---

15 F. Ouellet, «Nationalisme canadien-français et laïcisme au XIXe siècle» RS, IV, 1 (1963): 63.

16 Fernand Ouellet, *loc. cit.*, p. 63. Du même auteur également: «Mgr Plessis et la naissance d'une bourgeoisie canadienne (1797-1810)» *Société canadienne d'Histoire de l'Eglise catholique*, (1956): 83-100.

ultramontain allait prendre forme et s'affirmer de plus en plus dès le milieu des années 40.

Parmi les facteurs relevant de la conjoncture religieuse de cette période, l'attention de l'historien se porte inévitablement sur le gigantesque effort de restructuration et de réorganisation dont fut l'objet l'Eglise canadienne et plus spécifiquement l'Eglise montréalaise. Sans aller jusqu'à identifier l'histoire religieuse de ces années à celle d'un seul homme, Mgr Bourget alors évêque de Montréal, il faut admettre que ce dernier joua en fait un rôle prépondérant dans cette histoire (l'étendue du rôle de Mgr Bourget est en effet telle qu'elle a souvent masqué, aux yeux des biographes de ce prélat, l'importance historique du cadre à la fois structurel et conjoncturel à l'intérieur duquel s'inscrivait son action). Sans reprendre ici la narration détaillée des faits, trop bien connus, relatifs à sa carrière épiscopale, il faudrait évoquer toutefois sa participation au renouveau des institutions et de la vie religieuse dont furent témoins les années 40, renouveau qui représente un élément important du cadre historique dans lequel s'inscrit l'ultramontanisme.

La plupart des historiens de l'Eglise s'accordent pour signaler la stagnation des institutions ecclésiastiques depuis la Conquête jusqu'à l'aube des années 40. On sait de plus qu'au lendemain des insurrections de 1837 et de 1838, des signes d'impatience ou même d'insubordination à l'endroit de l'Eglise se sont fait jour autant au sein du clergé (du diocèse de Montréal surtout) que parmi les laïcs acquis à la cause des Patriotes. Certains membres du clergé n'ont-ils pas été jusqu'à manifester ouvertement leur désaccord avec les directives épiscopales relatives au mouvement insurrectionnel, alors que d'autres comme le curé de Saint-Benoît, l'abbé Chartier, ou celui de Saint-Charles, l'abbé Blanchet, apportaient une aide tangible aux insurgés[17]?

A ce climat de mécontentement il faut ajouter l'inquiétude causée dans les milieux cléricaux par la nette insuffisance numérique des effectifs cléricaux disponibles. Le chanoine Groulx, quant à lui, a évoqué cette pénurie de prêtres qu'il a qualifiée de «première et de plus

---

17 Voir à ce sujet: Fernand Ouellet, «Mgr Lartigue et la réaction libérale», *Bulletin des recherches historiques*, (1952): 97-104. Aussi: Léon Pouliot, *Mgr Bourget et son temps*, Montréal, Beauchemin, 1955, vol. I, p. 137-147 et 170-174, ainsi que Lionel Groulx, «La situation religieuse en 1840», *Société Canadienne d'Histoire de l'Eglise Catholique*, IX, (1941-42): 54 et ss. L'abbé Groulx remonte aux années 20 pour déceler les premières traces d'insubordination parmi le clergé, attribuant ce phénomène à l'influence débilitante des idées libérales en vogue parmi les intellectuels d'Europe et du Canada. Quant à la ferveur religieuse de la population, elle était également à la baisse selon le même auteur.

grande misère des diocèses de Québec et de Montréal»[18].

Parmi les difficultés religieuses qui assombrissaient l'horizon au début de ces années 40, il faut tenir compte également de la propagande protestante active menée principalement dans le diocèse de Montréal par la «French Canadian Missionary Society»[19]. Cette dernière, selon Mgr Lartigue, affirmait compter sur «une prétendue diminution de l'influence des Curés Catholiques en ce pays»[20].

Cependant, à une situation que les historiens de l'Eglise se sont entendus pour qualifier de difficile ou de précaire, va succéder à partir des années 40 une période marquée par un dynamisme remarquable. On y relève une suite d'actions décisives, tant au niveau des institutions qu'à celui de la vie et de la pratique religieuses. Or le principal théâtre de cette entreprise de rénovation fut en fait le diocèse de Montréal et son principal auteur, Mgr Bourget. Ce dernier était vivement conscient de l'intérêt qu'il y avait pour l'Eglise canadienne à augmenter ses effectifs à partir d'une intégration massive de communautés religieuses en provenance de l'étranger, de la France en particulier. Il se consacra à cette tâche dès la deuxième année de son épiscopat. Ce fut le fameux voyage en Europe, effectué en 1841 et dont les résultats se solderont par la venue au pays de quatre ordres religieux, dont trois se vouaient à l'enseignement. Il s'agissait successivement des Oblats de Marie-Immaculée (arrivés au pays dès la fin de l'année 1841), des Jésuites (arrivés en 1842), des Dames du Sacré-Cœur (arrivées également en 1842) et des Religieuses du Bon Pasteur (arrivées en 1844)[21]. Il faut ajouter à ces résultats impressionnants la fondation de communautés locales dont les Dames de la Charité auxquelles Mgr Bourget conféra l'institution canonique en 1841, les Sœurs de la Providence fondées en 1844, qui se consacreront au

---

18 Lionel Groulx, «La situation religieuse au Canada français vers 1840», in *Notre maître le passé*, Montréal, Granger, 1944, p. 181. L'abbé Groulx précise qu'en 1836, pour une population de 500 000 âmes il n'y avait que 300 prêtres disponibles. Voir aussi à ce sujet: L.-E. Hamelin et Colette Hamelin, «Evolution numérique séculaire du clergé catholique dans le Québec», RS, II, 2 (1961): 189-241. Les données numériques fournies par ces deux auteurs corroborent en effet les conclusions de l'abbé Groulx.

19 R.-P. Duclos, *Histoire du protestantisme français au Canada et aux Etats-Unis*, Montréal, Librairie Evangélique, 1912, vol. I.

20 Mgr Lartigue, *Mandements des évêques de Montréal*, Montréal, 1839-1907, vol. I, 84.

21 Sur la venue au pays de communautés religieuses étrangères on trouve des renseignements importants chez Léon Pouliot, *Mgr Bourget et son temps*, Montréal, Beauchemin, 1955, vol. II, 79-139. Des détails et des descriptions supplémentaires sont également fournis par le journal religieux de cette époque: *Les Mélanges Religieux*. Le document de base relatif à ce sujet demeure toutefois le journal de voyage de Mgr Bourget lui-même, intitulé la «Relation du voyage de l'Evêque de Montréal», Archives de la Chancellerie de l'Archevêché de Montréal, Lettres de Mgr Bourget, carton 13. Il est à noter que le second voyage outre-mer de Mgr Bourget en 1846 aura pour résultat l'arrivée au Canada, en 1847, des Clercs de Saint-Viateur et des Pères de Sainte-Croix.

service des femmes âgées et infirmes, la Congrégation des Sœurs des Saints Noms de Jésus et de Marie auxquelles l'évêque de Montréal prodigua ses encouragements jusqu'à leur établissement définitif à Longueuil en 1843, enfin la fondation des Sœurs de la Miséricorde en 1848, au service de ce qu'il était convenu d'appeler alors les «filles-mères» ainsi que des Sœurs de Sainte-Anne en 1850 vouées à l'enseignement des jeunes filles.

Au sujet de l'influence exercée sur l'orientation de la pensée religieuse au Québec par les communautés religieuses importées de France, l'historien Pierre Savard dira: «On ne saurait sous-estimer l'apport des communautés françaises qui immigrent en masse dans les années 1840... Leur ultramontanisme ardent alimente des luttes politico-religieuses naissantes. Leurs conceptions politiques réactionnaires consolident des tendances québécoises déjà existantes. Dans le domaine spirituel, leur œuvre est immense»[22].

En ce qui a trait à l'élaboration d'une pensée et d'une ligne d'action à caractère ultramontain, l'Eglise de Montréal semble avoir été en fait l'épicentre d'un mouvement qui a gagné graduellement (mais toujours à un degré moindre que dans la région montréalaise) l'ensemble de l'Eglise bas-canadienne. En dressant le bilan des facteurs d'ordre conjoncturel qui ont favorisé un tel mouvement, on est porté à entériner la conclusion suivante de Pierre Savard: «En bref l'arrivée des religieux français, la pensée d'évêques comme Mgr Bourget, le mouvement général du catholicisme, les relations de plus en plus suivies avec Rome, le prestige de Pie IX ont favorisé la romanisation sans limite du clergé québécois»[23]. Cette «romanisation», qui signifie en fait une adhésion croissante aux thèses ultramontaines, s'est manifestée de façons multiples. Elle s'est traduite par l'option, dans le diocèse de Montréal, pour un enseignement théologique à caractère ultramontain[24], par l'adoption dans ce même diocèse, au cours des années 50, du cérémonial romain et de la liturgie romaine[25], et jusque par le choix de détails vestimentaires tels que le

---

22 P. Savard, «La vie du clergé québécois au XIXe siècle», RS, VIII, 3 (1967): 265.
23 *Ibid.*, p. 266.
24 Mgr Bourget allait remplacer en 1858 les ouvrages théologiques de Bouvier jugé trop gallican, par ceux d'un auteur romain, Perrone, dont l'ultramontanisme était au-dessus de tout soupçon. (Voir à ce sujet l'article fort bien documenté de P. Sylvain, «Libéralisme et ultramontanisme au Canada français: affrontement idéologique et doctrinal (1840-1865)» in *Le bouclier d'Achille*, W.L. Morton, édit., Toronto, McClelland & Stewart, 1968, p. 113-114).
25 Cette dernière initiative s'est concrétisée dans les faits par l'adoption officielle dans le diocèse de Montréal du Rituel romain. Le nouveau rituel suscita des réticences de la part de l'archevêque de Québec, Mgr Turgeon, attaché comme il le disait lui-même aux «usages louables qui sont prescrits par l'ancien rituel de Québec». (Cf. Mgr Turgeon, Lettre circulaire, 8 décembre 1853. Citée également par P. Forbin-Janson.

col romain qui remplacera en 1858 l'ancien rabat.

Dans la ligne de la politique religieuse dynamique qui caractérise les années 40, il faut situer également la création de la Province ecclésiastique de Québec (première initiative de ce genre au Canada) en 1844. On note là aussi l'importance du rôle assumé par l'évêque de Montréal, l'un des premiers leaders ecclésiastiques à saisir l'importance de cette entreprise comme facteur d'intégration et de cohésion à la fois idéologique et administrative au sein de la communauté religieuse canadienne [26].

Pour compléter le tableau de la conjoncture religieuse au cours de cette décennie 40, il faudrait évoquer enfin l'impulsion donnée à la vie religieuse dans le diocèse de Montréal. Ce dernier devint en effet le théâtre d'une série de manifestations religieuses dont les plus célèbres demeurent ces fameuses retraites publiques en milieu urbain ou encore ces «missions populaires» prêchées en milieu rural qui semblent avoir toutes connu d'emblée un très grand succès auprès des fidèles. Les plus connues demeurent certes celles qu'assuma l'évêque de Nancy, Mgr de Forbin-Janson, qui séjourna au Canada de novembre 1840 à novembre 1841.

Les *Mélanges Religieux* ont rapporté avec maints détails le déroulement de la plupart des retraites prêchées par Mgr de Forbin-Janson, l'enthousiasme soulevé chaque fois parmi l'assistance par l'éloquence — impressionnante semble-t-il — du prédicateur, ainsi que le nombre très élevé de fidèles qui tinrent à participer à chacune d'entre elles (jusqu'à 10 000 assistants le soir du 28 décembre, note avec satisfaction le rédacteur des *Mélanges*) [27].

Mgr Bourget semble avoir bien saisi par ailleurs l'effet catalyseur susceptible d'être produit par ce type de manifestations religieuses à caractère quelque peu spectaculaire. C'est pourquoi d'ailleurs l'évêque de Montréal insistera fréquemment, tout au long de son épiscopat, sur l'apparat et la pompe dont devraient s'entourer la plupart des cérémonies religieuses.

---

26 Voir à ce sujet: L. Lemieux, *L'établissement de la première province ecclésiastique au Canada, 1783-1844*, Montréal, Fides, 1968. L'auteur a rappelé les efforts persévérants de Mgr Bourget en vue de mener à terme le projet de création d'une province ecclésiastique. Il a également souligné les nombreuses difficultés auxquelles se buta l'évêque de Montréal et dont l'opposition de Mgr Signay, l'archevêque de Québec, n'était certes pas la moindre.

27 Voir au sujet de cette retraite les «Prémices» des *Mélanges Religieux*, revue de 16 pages, petit in-8 de modeste apparence qui a commencé sa carrière en décembre 1840 avec la publication du compte rendu détaillé de la retraite publique prêchée par Mgr de Forbin-Janson. La revue devait consacrer par la suite au même sujet sept livraisons successives, jusqu'à la mi-janvier 1841.

Le cadre historique de l'ultramontanisme 33

C'est encore sous l'épiscopat de Mgr Bourget et sur son instigation que se mutiplièrent, à partir des années 40, les associations pieuses et les multiples formes de dévotion populaire, depuis les pélerinages individuels et collectifs jusqu'aux bénédictions de reliques saintes en passant par divers programmes de jeûnes et de prières auxquels était rattachée une série d'indulgences. Parmi les multiples associations pieuses ainsi fondées et dont plusieurs combinaient des objectifs à la fois religieux et sociaux, les plus notoires, au cours des années 40, furent encore ces fameuses «Sociétés de tempérance» animées par le célèbre abbé Chiniquy. Mgr Bourget leur consacrait un mandement spécial le 25 janvier 1842 dans le but d'exciter l'ardeur des adhérents et de parvenir à recruter de nouveaux membres. On peut observer d'ailleurs la naissance et le développement de ces nombreuses manifestations de piété populaire à travers les mandements et les lettres pastorales émis par Mgr Bourget tout au long de son épiscopat.

En plus de cet ensemble de données religieuses à caractère conjoncturel il faut également tenir compte de certains autres facteurs d'ordre politique qui ont contribué à leur tour à conférer à cette décennie 1840 une place importante dans l'histoire de l'ultramontanisme.

Nous avons évoqué (dans le cadre des problèmes liés à l'évolution des structures sociales) la situation de classe de la petite bourgeoisie canadienne-française évoluant à l'intérieur de structures nationales qui la désavantageaient politiquement et économiquement par rapport à la bourgeoisie canadienne-anglaise. Par ailleurs, les structures politiques liées à l'avènement du gouvernement responsable lui assuraient un certain pouvoir politique au niveau local. Elle devenait, dans le cadre du Canada-est, un interlocuteur avec lequel les autres groupes sociaux devaient compter pour obtenir des assurances ou des privilèges sur le plan législatif. Au sein d'un échiquier social où la répartition du pouvoir politique était ainsi modifié, le clergé se trouvait dans la nécessité d'assurer, sinon de sauvegarder, son influence politique moyennant l'adoption d'alliances appropriées.

Il faut ajouter à cet aspect du problème l'existence, vers le milieu des années 1840, d'une conjoncture politique et sociale favorable à un rapprochement entre le clergé et la petite bourgeoisie au pouvoir. Le Parti Réformiste de Lafontaine n'était-il pas de plus en plus débordé sur sa gauche par le groupe des jeunes intellectuels radicaux réunis autour du journal l'*Avenir*? Ces derniers n'hésitaient pas à afficher ouvertement leur mécontentement à l'égard de la politique gouvernementale jugée trop pusillanime dans plusieurs domaines. Par contre le programme préconisé par ceux qu'on surnommera bientôt péjorativement les «Rouges» se révélait nettement plus radical que celui du parti de La Fontaine [28].

De tous les changements réclamés par les Rouges, aussi bien au niveau du système électoral qu'à ceux de l'éducation et du système judiciaire, le plus exigeant demeurait certes celui ayant trait au «rappel» de l'Acte d'Union. Les débats acerbes auxquels donna lieu la dénonciation de l'Union par les Rouges (dénonciation entreprise systématiquement en Chambre par Louis-Joseph Papineau revenu au pays depuis 1845 et qui siégeait au parlement depuis février 1848), les accusations de trahison formulées à l'endroit des libéraux ministériels par le groupe démocrate, étaient autant d'éléments négatifs qui risquaient de porter atteinte au prestige de ceux qui, réunis autour de La Fontaine, s'étaient présentés jusqu'alors comme les sauveurs de la nationalité canadienne-française [29].

Plus encore que le rappel de l'Union, le projet d'annexion aux Etats-Unis, défendu par les Rouges, allait susciter la colère et bientôt l'inquiétude des milieux officiels, étant donné la séduction possible que pouvait exercer sur les esprits un tel projet et les proportions considérables que risquait d'atteindre le mouvement annexionniste [30].

Mais le parti de La Fontaine n'était pas le seul à craindre les retombées politiques du «Manifeste annexionniste de Montréal» publié par l'*Avenir* en octobre 1849. Le clergé, quant à lui, s'était déjà inquiété des visées séparatistes des Rouges et de la remise en cause de l'ordre établi qu'entraînait un tel projet. Il manifesta sa désapprobation encore plus ouvertement face au mouvement annexionniste qui comportait à ses yeux une menace d'extinction, à plus ou moins long terme, de la religion catholique en terre canadienne (Les *Mélanges Religieux,* qui était alors le porte-parole officiel des milieux cléricaux, est revenu fréquemment à la charge sur le sujet pour dénoncer l'aventu-

---

28 Pour un aperçu du contenu de ce programme voir l'*Avenir* du 5 août 1848. Quant à l'ensemble des revendications et des défis posés par les Rouges au parti ministériel, on consultera avec profit l'ouvrage de J.-P. Bernard, *Les Rouges*, Montréal, Presses de l'Université du Québec, 1971, 33-95.

29 Les débats entre ministériels et Rouges se transformèrent parfois en de véritables duels oratoires qui, dans le cas de l'affrontement entre L.-J. Papineau et W. Nelson, allaient aboutir devant les tribunaux. Pour n'avoir pas atteint les dimensions d'un procès, celui qui opposa Papineau à La Fontaine au cours de la session de 1849, n'en fut pas moins violent et présenta même par moments un caractère dramatique, étant donné les liens qui avaient uni les antagonistes dans le passé.

30 Au sujet du mouvement annexionniste et de ses principaux promoteurs, voir: J.-P. Bernard, *Op cit.*, p. 61-73. Aussi L. Groulx, «L'annexionnisme au Canada français in *Notre maître le passé,* p. 233-244.

risme politique et l'irréligion des promoteurs de l'annexion à une nation étrangère à majorité protestante).

Du reste les Rouges s'étaient chargés de fournir au clergé bien d'autres sujets d'inquiétude dont la sympathie manifestée à l'égard des révolutions européennes de 1848 n'était pas l'un des moindres. L'indignation et la colère des milieux cléricaux atteignirent cependant leur comble lorsque, faisant figure d'iconoclastes, les rédacteurs de l'*Avenir* allèrent jusqu'à manifester leur encouragement à l'endroit des sujets révoltés du pape et osèrent par le fait même remettre en cause le principe du pouvoir temporel de la papauté[31].

Au danger que représentait donc pour l'influence et le prestige du clergé l'existence d'un groupe d'intellectuels aussi nettement dissidents, s'ajoutait le fait qu'avec l'avènement du gouvernement responsable, ce groupe pouvait accéder éventuellement au pouvoir par le biais du vote électoral. Or il était évident qu'une fois en mesure de le faire, ces anticléricaux avoués risquaient de poser des gestes qui n'avantageraient pas particulièrement le pouvoir religieux par rapport au pouvoir civil.

Par ailleurs, le Parti Réformiste, alors même qu'il constituait encore l'opposition officielle, avait manifesté une certaine volonté de rapprochement avec les milieux cléricaux. Dès le milieu des années 40, des membres influents du parti — J.-E. Cauchon et A.-N. Morin en tête — entretenaient des relations suivies avec des éléments importants de la hiérarchie cléricale, aussi bien à Québec qu'à Montréal[32].

Ainsi, qu'il s'agisse de la loi scolaire de 1846, des premières démarches du clergé entreprises au cours de la même année et relatives aux biens des Jésuites, des débats qui suivirent l'adoption du Bill d'Indemnité en 1849 (problèmes qui seront évoqués un peu plus loin parmi ceux qui accentuèrent une prise de conscience au sein du groupe ultramontain), le clergé et les Réformistes manifestèrent clairement leur volonté d'harmoniser leurs efforts en vue d'une action conjointe. Le rapprochement, ainsi esquissé au cours des années 40 entre le clergé et la petite bourgeoisie au pouvoir, cimentera au cours des années 50 et

---

31 L'*Avenir* et les *Mélanges Religieux* constituèrent en fait deux tribunes de choix à partir desquelles — au cours de l'année 1849 en particulier — le clergé et les Rouges tentèrent chacun avec force arguments historiques et philosophiques, de prouver la mauvaise foi de la partie adverse sur plusieurs sujets d'actualité.

32 Au sujet de ces premières tentatives de rapprochement entre le parti de La Fontaine d'une part et le clergé d'autre part, le principal ouvrage à consulter demeure celui de J. Monet, *The last cannon shot. A study of french-canadian nationalism*, 1837-1850, Toronto, University of Toronto Press, 1969, p. 240-251 et 363-374.

60 une solide alliance où chacune des deux parties allait trouver son profit. En effet, pendant que le Parti Réformiste — devenu en 1854 le Parti Conservateur — tâchera d'aligner fréquemment sa politique sur les directives émanant du clergé, ce dernier ne ménagera pas son appui aux Conservateurs, particulièrement en périodes électorales[33].

Au terme de cette brève rétrospective de la décennie 40, on constate que, par suite de facteurs à caractère à la fois structurel et conjoncturel, ces années s'inscrivent dans une phase historique particulière. Celle-ci est apparue en tous points propice à l'émergence, au sein de la formation sociale québécoise, d'une idéologie et d'un programme de type ultramontain.

Les principaux problèmes qui polarisèrent les luttes idéologiques et contribuèrent à la structuration de l'idéologie ultramontaine entre 1848 et 1871

Il apparaît d'autant plus important de retracer les principaux problèmes qui ont polarisé la pensée et l'action ultramontaines au milieu du siècle dernier que ces problèmes n'apparaissent pas toujours clairement dans la trame du discours idéologique qu'ils ont pourtant contribué le plus souvent à inspirer.

Dans un sermon prononcé le 29 octobre 1872 à l'église Notre-Dame à l'occasion de la cérémonie religieuse qui marquait la célébration des noces d'or de Mgr Bourget (soit le cinquantième anniversaire de son ordination), le Père Braun, s.j., ardent défenseur de la cause ultramontaine, rappelait à son auditoire les grandes lignes qui caractérisaient le programme de son école. Par-delà les principes défendus par le fougueux orateur nous voyons défiler, comme à l'arrière-plan d'une vaste fresque historique, le profil des problèmes concrets auxquels se butèrent les principaux promoteurs de l'ultramontanisme depuis la fin des années 40.

A travers les droits fondamentaux qu'il revendiquait pour l'Eglise, le Père Braun évoquait devant son auditoire le schéma théorique en même temps que la mise en pratique de l'ultramontanisme tel qu'il fut pensé et vécu au Québec au cours des deux décennies

---

33 Cf. J.-P. Bernard, *op. cit.* Aussi R. Rumilly, *Mgr Laflèche et son temps*, Montréal, Editions du Zodiaque, 1938. On sait comment cette intervention cléricale en temps d'élection devait aboutir, au cours des années 70, à une série de procès «pour influence indue», procès intentés par des candidats libéraux défaits contre plusieurs clercs, partisans trop zélés des candidats conservateurs dans certains comtés.

Le cadre historique de l'ultramontanisme

précédentes. Le prédicateur résumait ainsi ce qu'il définissait comme les droits inaliénables de l'Eglise au sein de la société civile:

> «Droit de se gouverner, de posséder et d'administrer des biens temporels, droit de faire des lois qui obligent en conscience et auxquelles l'Etat doit se soumettre, droit de faire seule des empêchements de mariage, de déterminer seule la forme du mariage... droit d'ériger des paroisses indépendamment de l'Etat, droit de surveiller et de diriger l'enseignement dans les écoles populaires... Ce ne sont pas des bills, des projets de lois que l'Eglise soumet au gouvernement, c'est une loi qui déjà oblige en conscience. Le gouvernement n'a pas à refaire ces lois, à les discuter, à les changer; ce n'est pas de son ressort.»

Et l'orateur de conclure plus loin:

> «Telles sont les vérités qu'a fait triompher votre pasteur (il s'agit ici de Mgr Bourget). Elles assureront la soumission de l'Etat à l'Eglise, et l'Etat dépendant de l'Eglise sera soumis à Dieu...»[34]

Il serait trop long de reproduire dans ses détails la relation des problèmes et des situations auxquels se référait implicitement le sermon du Père Braun. Il suffira cependant de rappeler dans leurs grandes lignes ceux de ces problèmes qui furent non seulement à la base des luttes ultramontaines menées sur le terrain de l'histoire concrète, mais qui alimentèrent également la majorité des thèmes qui ont inspiré le discours ultramontain au cours de la période envisagée (soit de 1848 à 1871).

En se référant au célèbre sermon du Père Braun, on constate que les principaux sujets de litige entre l'Eglise et l'Etat se situaient de fait à des niveaux multiples. Ainsi ils relevaient aussi bien du domaine éducatif et culturel[35], que juridique et socio-économique. On évoquera en premier lieu ceux qui appartiennent aux deux premières catégories avant d'aborder la multiplicité des divers autres.

Si l'on garde présent à l'esprit le rôle privilégié de l'école dans l'élaboration et la diffusion de l'idéologie dominante au sein d'une

---

34 Père Braun, s.j. *Noces d'or de Mgr l'évêque de Montréal. Sermon du R.P. Braun, s.j.*, Montréal, 1872. Ce sermon tenu pour très important par les ultramontains, fut alors reproduit sous forme de brochure; on en trouve des extraits significatifs dans R. Rumilly, *Mgr Laflèche et son temps*, p. 74-75.

35 «Culturel» se réfère ici à l'ensemble des idées et des connaissances diffusées au sein d'une société donnée et qui s'intègrent, tout en les orientant, à l'univers idéologique autant qu'à la pratique des classes sociales en présence.

société, on comprendra aisément la vigilance du clergé à l'endroit des changements majeurs que subit le système scolaire au Bas-Canada au cours des années 40 et 50 (ce fut en fait la période où s'élaboraient au Québec les assises d'un système scolaire plus stable et mieux structuré que par le passé). Conscients de l'importance de l'enjeu que représentait le contrôle du secteur éducatif, les milieux cléricaux avaient constamment réussi par le passé à organiser une opposition efficace face aux tentatives d'ingérence de l'Etat dans ce domaine[36]. Plus que d'autres encore, les idéologues ultramontains se sont attachés à jeter les bases organisationnelles en même temps qu'idéologiques d'une emprise cléricale durable sur tous les rouages du système éducatif. On sait le rôle de premier plan joué par Mgr Bourget dans l'établissement, au cours de la décennie 40, d'un réseau de communautés religieuses enseignantes. Ce réseau constituera l'infrastructure indispensable qui permettra une participation accrue de l'Eglise dans le secteur éducatif.

Ce furent les ultramontains également qui se chargèrent d'exprimer plus souvent et plus haut que les autres le point de vue du clergé chaque fois que ce dernier jugea bon de jeter dans la balance le poids de son prestige et de son autorité morale pour influer sur le cours des événements ou changer le contenu des lois scolaires. Les *Mélanges Religieux* pour leur part ont laissé un témoignage éloquent de la part active assumée par les ultramontains dans l'expression publique de l'opposition du clergé aux deux lois scolaires de 1841 et de 1845. On reprocha successivement à ces deux lois d'accorder des pouvoirs trop grands au Surintendant de l'éducation; de lui donner par exemple pleine autorité sur les instituteurs ainsi que dans le choix des manuels scolaires, alors que la loi n'assurait pas l'octroi de pouvoirs équivalents à l'autorité ecclésiastique.

Un article des *Mélanges* concluait ainsi un réquisitoire violent à l'endroit de ce qui fut alors présenté comme une ingérence indue du pouvoir civil dans un domaine où l'Eglise n'acceptait pas de céder ses prérogatives à l'Etat:

«... l'éducation religieuse doit être l'essentiel ou le principal et l'instruction intellectuelle seulement l'accessoire, le pouvoir

---

36 Organisée surtout depuis la promulgation de la loi de 1801 établissant les écoles de l'Institution royale, l'opposition concertée des leaders ecclésiastiques avait manifesté son efficacité lors de l'adoption en 1824 par l'Assemblée Législative de la «loi des écoles de fabrique» qui permettait au clergé de fonder et d'organiser ses propres écoles (Cf. F. Ouellet, «L'enseignement primaire: responsabilité des Eglises ou de l'Etat? (1801-1836)», RS, II, 2, (1961): 171-187.
Il faut mentionner toutefois que l'opposition cléricale avait été moins efficace lors du vote par l'Assemblée de la Loi des Ecoles de Syndics en 1829. Subventionnées par l'Assemblée et gérées par des laïcs, ces écoles avaient connu un réel succès malgré la méfiance du clergé à leur endroit.

civil doit donc bien se garder de vouloir absorber l'autorité réligieuse, si l'on veut que ces deux influences puissent marcher ensemble»[37].

Ce furent encore les *Mélanges* qui se firent le porte-parole du clergé (de Mgr Bourget en particulier) pour spécifier quels étaient les changements requis afin de rendre la législation scolaire conforme aux vues des autorités ecclésiastiques[38]. L'opposition cléricale, bien organisée, allait ainsi aboutir à l'incorporation, dans la loi scolaire de 1846, de certains amendements qui constituaient des gains substantiels pour le clergé dans sa lutte pour le contrôle du secteur éducatif (nous analyserons plus loin — dans le cadre du dernier chapitre de cet ouvrage — le contenu et la portée des gains réalisés par l'Eglise dans le domaine de l'éducation grâce à la vigilance exercée dans ce domaine par les ultramontains, plus particulièrement au cours des années 40 et 50).

La vigilance des milieux cléricaux, et plus spécialement des ultramontains, allait continuer à s'exercer dans les années suivantes à l'endroit de toutes les questions qui touchaient alors de près ou de loin le caractère confessionnel du système d'enseignement. Ainsi les écoles normales, créées officiellement par la loi scolaire de 1856, firent l'objet de nombreuses démarches préalables de la part des autorités ecclésiastiques[39]. Il s'agissait en définitive de s'assurer que, sous l'angle de la confessionnalité, les nouvelles institutions seraient conformes en tous points aux normes déjà définies dans ce sens par le premier Concile provincial qui s'était tenu à Québec en 1852.

L'attention vigilante des ultramontains à l'endroit de toutes les questions d'ordre éducatif était d'autant plus grande que nul n'ignorait la situation délicate du clergé européen en ce milieu du XIXe siècle, face aux tentatives de laïcisation progressive de l'enseignement faites par la bourgeoisie libérale dans plusieurs pays d'Europe (France et Belgique en particulier). Au Québec même, les «Rouges»

---

37 *Mélanges Religieux*, 7 mars 1845.

38 Voir à ce sujet l'article de Marcel Lajeunesse, «L'évêque Bourget et l'instruction publique au Bas-Canada», in *L'éducation au Québec, XIXe — XXe siècle*, Montréal, Editions du Boréal Express, 1971, p. 41-58.

39 Il s'agissait alors de l'Ecole normale Jacques-Cartier à Montréal ainsi que de l'Ecole normale Laval à Québec, créées toutes deux en 1856 en même temps que l'Ecole normale anglo-protestante de McGill. Au sujet de la part assumée par les autorités ecclésiastiques dans la préparation de la législation relative aux écoles normales, voir: L. Groulx, *op. cit.*, vol. I, 247-250. En ce qui a trait à l'ensemble des luttes cléricales menées dans le but d'assurer le caractère confessionnel du système d'enseignement, voir: P. Carignan, «L'établissement du système confessionnel d'enseignement sous le régime de l'Union», *Revue Thémis*, 52 (1964): 266-276.

n'avaient-ils pas osé formuler des critiques dangereuses pour l'avenir de l'influence cléricale dans le domaine de l'éducation? A l'Institut Canadien, un orateur avait dit souhaiter la création d'écoles «mixtes» où catholiques et protestants se côtoieraient librement. Un député démocrate, Joseph Papin, avait plaidé à son tour, lors de la session parlementaire de 1856, pour la mise sur pied d'écoles élémentaires gratuites et non confessionnelles. Quant à l'*Avenir,* il était allé jusqu'à accuser le clergé de chercher à supplanter sciemment les professeurs laïcs dans l'enseignement au niveau des collèges classiques [40].

On conçoit dès lors l'empressement des idéologues ultramontains à dénoncer constamment les méfaits de l'école laïque et non confessionnelle. Cette dernière surtout fut présentée comme le danger le plus grave qui guettait les sociétés modernes au cas où elles prêteraient une oreille complaisante aux théories libérales jugées pernicieuses et propagées à travers le monde par les ennemis acharnés de l'Eglise.

D'autres sujets d'inquiétude, relativement aux questions éducatives, furent suscités parfois — plus rarement il est vrai — par les Conservateurs eux-mêmes. Tel fut le cas de ce projet de loi avancé en 1866 par un des leaders conservateurs, Hector Langevin, en vue de garantir les droits de la minorité protestante du Bas-Canada sous le futur régime confédératif, alors que des garanties similaires étaient en même temps refusées à la minorité catholique du Haut-Canada [41]. Quant à l'article 93 de l'Acte de l'Amérique du Nord britannique, relatif à l'éducation, les ambiguïtés qu'il comportait ne furent pas de taille à susciter alors une opposition sérieuse de la part des ultramontains. Ce qui parut retenir par contre l'attention des autorités ecclésiastiques fut le caractère confessionnel de l'école que cet article garantissait.

Il y eut également cette autre menace d'ingérence étatique dans le domaine de l'éducation que représentait la création d'un ministère de l'Instruction publique en 1867. Toutefois la division, un an plus tard, du Conseil de l'Instruction Publique en comités protestant et catholique, ainsi que les exemptions de taxes que la loi garantissait aux institutions religieuses d'enseignement, contribuèrent

---

40 L'*Avenir,* 11 décembre 1856.

41 *Ottawa Times,* «Débats parlementaires», 14 août 1866. L'amertume des militants ultramontains fut d'autant plus grande que le proposeur de la loi avait lui-même jadis combattu vaillamment dans les rangs ultramontains (il fut un des premiers rédacteurs laïcs des *Mélanges Religieux* et non le moins fougueux!).

à rassurer pour quelque temps les esprits sur les intentions du gouvernement dans ce domaine[42].

C'est surtout en matière de programmes éducatifs que la politique ultramontaine des années 60 prit une allure nettement offensive. Ce phénomène s'est traduit par l'organisation d'une propagande de plus en plus active en faveur des thèses pédagogiques prônées alors en France par Mgr Gaume. Au Québec même, l'abbé Alexis Pelletier se fit le promoteur ardent des objectifs pédagogiques inspirés du gaumisme et visant à expurger les programmes d'enseignement en en éliminant les classiques païens pour les remplacer par des ouvrages puisés parmi ceux des plus illustres docteurs de l'Eglise[43]. Si la pédagogie gaumiste ne passa pas alors au stade de l'application pratique dans les institutions éducatives du Québec, ce fut surtout en raison des vives résistances qu'elle rencontra dans les rangs même du clergé.

Ainsi l'histoire de l'influence cléricale dans l'éducation sous le régime de l'Union fut marquée à la fois par des gains substantiels pour l'Eglise en même temps que par l'émergence fréquente de multiples problèmes qui incitèrent les milieux cléricaux, ultramontains surtout, à faire montre d'une vigilance constante dans ce domaine. C'est à cette conjoncture particulière qu'il faut rapporter l'ensemble du discours ultramontain relatif à l'éducation pour en saisir l'entière signification ainsi que la portée effective.

Quand on cherche à reconstituer les problèmes majeurs qui polarisèrent au milieu du siècle dernier la pensée et l'action ultramontaines, on s'aperçoit qu'à côté des questions éducatives figurent toutes celles qui se rattachent de près ou de loin à l'expression d'idéologies jugées contraires aux intérêts du clergé et pouvant nuire à son prestige ou à son influence au sein de la société.

Préoccupés d'assurer avant tout la suprématie du pouvoir

---

42 L.-P. Audet, *Histoire de l'enseignement au Québec*, Montréal, Holt, Rinehart et Winston, vol. II, 102-104.
Cette confiance à l'égard des intentions gouvernementales ne fut pas toutefois assez grande pour empêcher la suppression du ministère de l'Instruction publique qui finit par succomber en 1875 sous le poids des pressions faites en ce sens par les milieux cléricaux — ultramontains en particulier — de cette époque. Voir à ce sujet: K. Hunte, *The Ministry of Public Instruction in Quebec, 1867-1875*, thèse de Ph.D., U. McGill, 1964. Aussi: L.-P. Audet, «Le premier ministère de l'Instruction publique au Québec, 1867-1876», RHAF, XXII, 2 (1968): 171-222.

43 Parmi les ouvrages et les polémiques engagées par l'abbé A. Pelletier à ce sujet, les plus significatifs sont: *Mgr Gaume, sa thèse et ses défenseurs. Les classiques chrétiens et les classiques payens dans l'enseignement*, (1865) ainsi que: *La méthode chrétienne considérée dans ses avantages et sa nécessité et réponses à certaines difficultés*, (1866).

religieux sur le pouvoir civil, les ultramontains ne pouvaient tolérer l'existence et la diffusion de théories ou d'un système de pensée quelconques susceptibles d'entraver la réalisation de cet objectif. C'est dans cette perspective qu'il faut placer, pour mieux la comprendre, la guerre sans merci qu'ils menèrent contre la politique et l'idéologie libérales pendant près d'un demi-siècle[44].

La violence des polémiques qui, dès la fin des années 40, opposèrent à plusieurs reprises la presse ultramontaine à des journaux comme l'*Avenir* et plus tard le *Pays,* la place détenue par la dénonciation des «mauvais journaux» des «mauvais livres» et des «mauvaises doctrines» dans la pastorale de Mgr Bourget, la lutte acharnée que mena ce dernier contre un organisme culturel comme l'Institut Canadien de Montréal, sont autant d'indices qui permettent d'évaluer le rôle majeur de l'action culturelle des «Rouges» dans la structuration d'une idéologie comme d'une pratique ultramontaines au milieu du siècle dernier. A travers leurs écrits, et plus particulièrement leurs journaux, à travers la fermentation idéologique dont l'Institut Canadien était le cadre, les «Rouges» représentaient sans nul doute un des obstacles les plus sérieux que l'ultramontanisme ait rencontré sur son chemin au cours des décennies 50 et 60.

On constate en effet que la majorité des problèmes qui mobilisèrent alors l'action et l'opinion ultramontaines furent posés — directement ou non — par le groupe des idéologues radicaux. Ce fut le cas par exemple, dès la fin des années 40, de la question du pouvoir temporel de la papauté. A l'instar des autres sources d'affrontement avec les «Rouges», celle-ci allait forcer les idéologues ultramontains à expliciter leurs objectifs, à mieux définir leur philosophie de base ainsi que le type de système social qu'ils entendaient privilégier. Ce problème ne cessera en fait d'alimenter les querelles libérales-ultramontaines jusqu'à la fin des années 60 (alors que se réalisait, de façon irréversible, l'unité italienne et qu'au sein du nouvel Etat national ainsi créé, les Etats de l'Eglise étaient réduits aux dimensions de la seule cité vaticane).

Le principe du pouvoir temporel du pape et les problèmes politiques et religieux qu'il soulevait devaient par ailleurs déboucher inévitablement sur une remise en cause de l'étendue du pouvoir

---

44 Pour une perspective globale autant que pour une analyse pertinente et détaillée des étapes majeures de ce conflit, les meilleures sources bibliographiques demeurent l'ouvrage de J.-P. Bernard intitulé *Les Rouges,* ainsi que l'article de P. Sylvain intitulé: «Libéralisme et ultramontanisme au Canada français...» in *Le bouclier d'Achille.*

clérical au sein de la société canadienne elle-même. C'était en réalité la première fois dans l'histoire de cette société qu'un groupe d'intellectuels osaient aller si loin dans l'analyse et la critique des fondements de ce pouvoir. Certes le clergé canadien s'était déjà heurté par le passé à des hommes ou à des formations politiques dont la plus récente encore avait été celle des Patriotes[45]. Mais jamais auparavant il n'avait dû essuyer des attaques aussi violentes ni connu la nécessité de justifier sur la place publique l'étendue de son rôle et de ses domaines de juridiction au sein de la société canadienne-française. Ni ce rôle ni cette juridiction ne semblaient pourtant courir encore des risques bien graves en ce milieu du XIXe siècle québécois. Les radicaux allaient d'ailleurs très vite s'en rendre compte par eux-mêmes. Au cours de chacune des élections qui ponctua la vie politique des décennies 50 et 60, les candidats «rouges» allaient pouvoir mesurer la portée de l'influence cléricale sur le résultat des votes et prendre conscience du coût politique élevé dont ils devaient payer leur anticléricalisme. Sans atteindre encore le stade de la lutte juridique intense (soit celle des fameux procès pour «influence indue» dont furent témoins les années 70) l'affrontement entre libéraux et ultramontains fut marqué par des discussions orageuses portant sur le droit du clergé de participer à la vie politique.

Mais ce n'était pas seulement en matière d'éducation et de politique que le pouvoir clérical fut contesté au cours de cette période si féconde en affrontements de toutes sortes entre libéraux et ultramontains. Ce fut également la situation économique du clergé qui fut la cible d'une série de dénonciations violentes, dans la presse rouge en particulier. Ne vit-on pas l'abolition des dîmes figurer dans le programme électoral des «Rouges» en 1849? Ces derniers avaient été jusqu'à publier à maintes reprises dans l'*Avenir,* de longs plaidoyers en faveur de cette thèse [46]. Dix ans plus tard, à l'occasion d'un projet de loi relatif à l'incorporation des sociétés de bienfaisance et des institutions éducatives, certains députés radicaux s'étaient empressés d'appuyer un amendement proposé par les «Cleargrits» en Chambre visant à annuler tout legs fait à de tels établissements dans les six mois

---

45 Voir à ce sujet: F. Ouellet, «Mgr Lartigue et la réaction libérale», Bulletin des Recherches historiques, LVIII (1952): 97-104. Aussi du même auteur: «Nationalisme canadien-français et laïcisme au XIXe siècle», RS, IV, I (1963): 47-71. Voir également de R. Chabot, *Le curé de campagne face à la montée du nationalisme et du laïcisme dans le Bas-Canada (1801-1838)*, thèse de maîtrise, Université d'Ottawa, 1971. L'auteur souligne bien ce climat d'affrontement qui s'instaure, au cours des décennies 20 et 30 surtout, entre le clergé et les élites petite bourgeoises, pour le contrôle de l'enseignement ou encore pour la gestion des biens de fabrique.

46 L'*Avenir,* 2 août, 5 juillet, 29 septembre, 9 octobre, 6 et 8 novembre 1849.

précédant la mort du testateur. Il n'est pas jusqu'à la taxation des biens d'Eglise qui ne fut envisagée deux décennies plus tard (1871) par le Conseil municipal de Montréal sous la pression des milieux libéraux anglophones. Même si la mesure avait été rejetée, le projet en soi constituera aux yeux des ultramontains une preuve supplémentaire des dangers constants qui menaçaient la suprématie (ils pensaient la «survie») de l'Eglise dans tous les domaines, au sein de la société moderne.

Au cours des décennies 50 et 60 surgirent également d'autres problèmes qui posèrent de façon aiguë la question de la suprématie des lois de l'Eglise sur celles de l'Etat. C'est à cette conjoncture, faite d'incertitudes et d'opposition plus ou moins avouée, qu'il faut rapporter pour mieux les comprendre certaines déclarations ultramontaines relatives à la législation matrimoniale et à la nécessité d'une application intégrale du droit canon dans ce domaine. L'alerte fut surtout donnée lorsqu'en 1859 une loi permettant à un certain John McLean de «rompre les liens du mariage», réussit à passer en Chambre, quoique avec une faible majorité. Le même émoi se manifesta dans les milieux cléricaux — ultramontains surtout — à la suite de l'interprétation libérale que firent parfois les tribunaux de certaines clauses du Code civil de 1865 relatives au mariage et à la famille. On estima dès lors, dans les rangs ultramontains, que le nouveau Code n'était pas adéquat puisqu'il ne garantissait pas suffisamment la stricte application des lois de l'Eglise dans ces domaines[47].

Mais ce furent surtout les épisodes multiples de la célèbre «Affaire Guibord» qui donnèrent aux ultramontains l'occasion d'exposer dans leurs journaux et devant les tribunaux, leurs théories relatives à la suprématie du droit canon sur le droit civil[48]. Pendant que la sépulture ecclésiastique était refusée à l'imprimeur Joseph Guibord, membre et ancien vice-président de l'Institut Canadien décédé en novembre 1869, la presse ultramontaine ainsi que les plaidoyers ultramontains devant les tribunaux illustraient assez bien le double aspect à la fois théorique et concret des thèses ultramontaines en matière de juridiction ecclésiastique. (Des extraits significatifs des

---

47 L. Gravel, «Observations critiques sur le «Code civil du Bas-Canada»», *NM*, 11 mai 1871.

48 Nous n'entamerons pas ici la narration de la célèbre «Affaire Guibord», cet épisode trop bien connu de l'histoire de l'ultramontanisme au cours du siècle dernier. Des renseignements nombreux sont fournis à ce sujet par T. Hudon, *L'Institut Canadien de Montréal et l'Affaire Guibord*, Montréal, Beauchemin, 1938. Un résumé de la célèbre Affaire se trouve également reproduit dans R. Rumilly, *Histoire de la province de Québec*, vol. I, p. 132-134, 291-292, 340-345.

plaidoyers soutenus par les avocats ultramontains devant les tribunaux, relativement à l'«Affaire Guibord», furent reproduits dans une brochure intitulée: «*Plaidoieries des avocats — Henriette Brown vs. la Fabrique de Montréal - Refus de sépulture*», 1870.)

Mais il ne faudrait pas croire que la totalité des problèmes auxquels furent confrontés les ultramontains en ce milieu du XIXe siècle provenaient tous de la même source libérale. Les relations — ou plus précisément l'alliance tacite — établies avec les Conservateurs au pouvoir ne furent pas toujours harmonieuses ni exemptes de méfiance réciproque. Le fait est que, vers la fin des années 60, certains indices permettent de croire que les ultramontains doutèrent parfois des fondements réels et de l'efficacité d'une telle alliance. Après l'attitude inexplicable à leurs yeux, adoptée en 1866 par Hector Langevin en matière de législation scolaire (soit les privilèges accordés aux minorités protestantes sans contre-partie pour les minorités catholiques), ce sera au tour de George-Etienne Cartier d'enfreindre certaines directives émanant de la part de Mgr Bourget lui-même. N'avait-on pas vu en effet le leader conservateur refuser de se plier aux exigences de l'évêque de Montréal dans le différend qui opposait ce dernier aux Messieurs de Saint-Sulpice depuis le début des années 60? Cartier n'avait pas caché son appui à ses anciens maîtres lorsque ceux-ci refusèrent de voir diviser leur paroisse montréalaise selon les vues exprimées à ce sujet par l'évêque de Montréal[49]. Aussi, lorsque le principe de la division fut accordé par Rome et que les nouvelles paroisses ainsi créées se virent refuser le droit de tenir les registres civils, la presse ultramontaine publia une série d'exposés sur le thème de l'indépendance en même temps que de la suprématie de droit du pouvoir religieux vis-à-vis du pouvoir civil.

Au terme de ce bref tour d'horizon historique, nous constatons que le cadre conjoncturel où se développa l'ultramontanisme suscitait des problèmes aptes à polariser l'action et la pensée d'un groupe axé avant tout sur la sauvegarde des intérêts du clergé et l'instauration de la suprématie de l'Eglise au sein de la société civile. De la solution qu'ils apporteraient à certains de ces problèmes, allait certes dépendre la réalisation des objectifs mentionnés ci-haut.

Quant à la source de ces problèmes, elle remontait le plus souvent à l'existence des Rouges, un groupe dont la pensée était à la

---

49 Voir à ce sujet L. Pouliot, «Il y a cent ans: le démembrement de la paroisse Notre-Dame», RHAF, XIX, 3 (1965): 350-383.

fois radicale et bien articulée. Mais on s'aperçoit par ailleurs que l'alliance conclue avec les Conservateurs ne fut pas toujours exempte de difficultés.

Ainsi la théorie de la suprématie du pouvoir religieux sur le pouvoir civil prit racine au sein d'une conjoncture qui s'y prêtait somme toute assez bien. Il faut d'ailleurs constamment en tenir compte pour comprendre plusieurs des thèmes qui ont jalonné le discours ultramontain, ainsi que l'orientation générale de ce discours au cours de la période considérée (1848-1871).

Pour compléter la reconstitution du cadre historique qui fut celui de l'ultramontanisme au milieu du siècle dernier, il reste à en évoquer les figures les plus marquantes, ainsi que les instruments majeurs dont disposèrent ces principaux élocuteurs de l'idéologie ultramontaine tout au long de cette période.

Les principaux idéologues ultramontains

Nous avons retenu, pour les présenter sous forme de tableau, les noms des idéologues ultramontains — laïcs et clercs — dont la participation s'est révélée importante pour l'élaboration et la diffusion écrite de l'idéologie ultramontaine au cours de la période considérée (1848-1871) [50]. C'est de fait leur degré de participation au niveau idéologique qui a constitué le critère principal de sélection des individus concernés.

Parmi les autres éléments biographiques qui nous ont paru devoir retenir également l'attention, figure la (ou les) occupation(s) connue(s) de chacun des principaux idéologues, ainsi que leur contribution à la cause ultramontaine sous des formes diverses, qui débordent parfois le cadre de la propagande écrite.

A partir d'une lecture attentive des deux tableaux suivants, on peut avancer les conclusions suivantes:

I *Au sujet des idéologues laïcs:*

1° En se basant sur le type de fonction(s) qu'ils exerçaient on en conclut qu'ils appartenaient à une classe d'intellectuels bourgeois

---

50 Si nous précisons ici qu'il s'agit de «diffusion écrite» c'est qu'il y en a eu certainement une autre, de type oral celle-là, mais qui demeure malheureusement difficile à cerner.

dont le degré avancé d'instruction représentait un élément important de promotion sociale.

2° Le journalisme constitue la forme prédominante de leur contribution à l'expression et à la diffusion de l'idéologie ultramontaine. Il faut spécifier toutefois que la fonction de journaliste, quand elle apparaît comme unique préoccupation, n'exclut nullement d'autres fonctions adjacentes. Si ces dernières ne figurent pas toutes dans le tableau c'est faute d'informations disponibles à ce sujet.

II *Au sujet des idéologues issus des rangs du clergé?*

1° Ils se recrutaient pratiquement dans tous les rangs de la hiérarchie cléricale, autant parmi les plus élevés que parmi les échelons inférieurs de cette hiérarchie.

2° Ils exerçaient pour la plupart une fonction éducative, ce qui laisse supposer qu'ils ont dû contribuer à la diffusion des thèses ultramontaines dans le monde de l'enseignement.

3° Leur contribution à la cause ultramontaine s'est manifestée plus souvent à travers la publication de livres, de pamphlets (souvent anonymes) et de brochures, que sous forme d'engagement officiel manifeste dans le monde du journalisme (où prédomina de toute évidence l'élément laïc).

NOMS	OCCUPATIONS	CONTRIBUTION DIRECTE À L'ÉLABORATION ET À LA DIFFUSION DE L'IDÉOLOGIE ULTRAMONTAINE	AUTRES FORMES DE CONTRIBUTION À LA CAUSE ULTRAMONTAINE
AUBRY, Auguste-Eugène	journaliste — éducateur	Rédacteur au *Courrier du Canada*	
BELLEFEUILLE, Joseph-Edouard de	avocat — journaliste	Collabore à l'*Ordre*. A rédigé: *Le Canada et les Zouaves pontificaux* (1868), «La profession religieuse en Bas-Canada (1868).	Collabore à l'*Echo du Cabinet de lecture paroissial* et à la *Revue Canadienne*.
BEAUSOLEIL, Cléophas	journaliste	Collabore au *Nouveau Monde* (NM) et à la rédaction du «Programme Catholique».	
BOUCHER, Cyrille	journaliste	Fondateur-rédacteur de l'*Ordre* — Collabore au *Courrier du Canada*.	Collabore à l'*Echo du Cabinet de lecture paroissial*.
DESJARDINS, Alphonse	avocat — journaliste — homme politique	Co-éditeur de l'*Ordre* — Fondateur et rédacteur du *Nouveau Monde* — Co-rédacteur du «Programme Catholique».	
LANGEVIN, Hector	avocat — journaliste — homme politique	Rédacteur des *Mélanges Religieux* et du *Courrier du Canada*.	
MONTIGNY, Testard de	avocat puis juge — journaliste	Co-fondateur et rédacteur du *Franc-Parleur*.	Zouave pontifical — Fonde l'«Union Allet».
McLEOD, Magloire	journaliste	Rédacteur au *Journal des Trois-Rivières* — Co-rédacteur du «Programme Catholique».	Zouave pontifical.
OUIMET, Alphonse	journaliste	Co-fondateur et rédacteur du *Franc-Parleur* — Collabore au *Courrier du Canada*.	
PAGNUELO, Siméon	avocat	*Etudes historiques et juridiques sur la liberté religieuse en Canada* (1872).	Avocat de la fabrique Notre-Dame dans les procès relatifs à l'«Affaire Guibord».
RENAULT, Eugène	journaliste — fonctionnaire	Rédacteur du *Courrier du Canada*.	
RIVARD, Sévère	homme politique	Co-rédacteur du «Programme Catholique».	Comité de recrutement des Zouaves pontificaux.
ROYAL, Joseph	journaliste — historien — homme politique	Co-fondateur et rédacteur de l'*Ordre* puis du *Nouveau Monde*.	Collabore à l'*Echo du Cabinet de lecture paroissial* et à la *Revue Canadienne*.

NOMS	OCCUPATIONS	CONTRIBUTION DIRECTE À L'ÉLABORATION ET À LA DIFFUSION DE L'IDÉOLOGIE ULTRAMONTAINE	AUTRES FORMES DE CONTRIBUTION À LA CAUSE ULTRAMONTAINE
ROUTHIER, Adolphe-Basile	avocat puis juge — professeur — écrivain	Collabore au *Courrier du Canada* — Publie *Les Causeries du dimanche* (1871).	Juge favorable à la cause ultramontaine dans l'«Affaire Guibord».
TAILLON, Louis-Olivier	avocat — homme politique	Co-rédacteur du «Programme Catholique».	Défend la cause Notre-Dame dans l'«Affaire Guibord».
TACHE, Joseph, Charles	médecin — journaliste — homme politique	Rédacteur du *Courrier du Canada* — A rédigé *La pléiade rouge* (1854), «Louis Veuillot et les Zouaves pontificaux» (1868).	
TRUDEL, François-Xavier	avocat — journaliste — homme politique	Co-rédacteur du «Programme Catholique» — «Quelques réflexions sur les rapports de l'Eglise et de l'Etat», (1871).	Collabore à l'*Echo du Cabinet de lecture paroissial* et à la *Revue Canadienne* — Avocat de Notre-Dame dans l'«Affaire Guibord».

NOMS	FONCTION(S) SACERDOTALE(S)	CONTRIBUTION DIRECTE À L'ÉLABORATION ET À LA DIFFUSION DE L'IDÉOLOGIE ULTRAMONTAINE	AUTRES FORMES DE CONTRIBUTION À LA CAUSE ULTRAMONTAINE
BOURGET, Ignace	évêque	Il est l'âme dirigeante du mouvement ultramontain tout au long de sa carrière épiscopale — Initiateur de la fondation des *Mélanges Religieux* et du *Nouveau monde*.	Promoteur d'associations pieuses — Fondateur de plusieurs communautés religieuses — Initiateur du mouvement des Zouaves pontificaux. Encourage et défend le «Programme Catholique».
BEAUDRY, Hercule	curé	*Le Conseiller du Peuple* (1861) et plus tard *L'héritage des Canadiens-français...* (1887).	
BRAUN, Antoine-Nicolas	Jésuite (prédicateur)	*Noces d'or de Mgr l'évêque de Montréal* (Sermon publié en 1872) et *Instructions dogmatiques sur le mariage chrétien* (1866).	
COLIN, Frédéric	Sulpicien (éducateur)	*Discours sur L'ouvrier* (1869) — *Fête de Pie IX...* (1869).	Collabore à la fondation du «Séminaire canadien» à Rome.
HUOT, Louis-Honoré	journaliste — fonctionnaire	*Le Rougisme en Canada* (1864).	
LAMARCHE, Godfroy	éducateur (Séminaire de Saint-Hyacinthe) — Chanoine de la cathédrale de Montréal	Fondateur, rédacteur et censeur du *Nouveau Monde*.	
LAFLÈCHE, Louis-François	missionnaire — éducateur — évêque	Un des principaux leaders du mouvement ultramontain — *Quelques Considérations sur les rapports de la société civile avec la religion et la famille* (1867).	Soutient et défend le «Programme Catholique».
MAILLOUX, Alexis	vicaire — prédicateur et éducateur	*Manuel des parents chrétiens ou devoirs des pères et mères* (1851).	Promoteur d'associations pieuses.
PAQUET, Benjamin	éducateur	*Le libéralisme* (1872) — *Discours prononcé à la Cathédrale de Québec...* (1869) (Contesté par des ultramontains extrémistes comme A. Pelletier).	

NOMS	FONCTION(S) SACERDOTALE(S)	CONTRIBUTION DIRECTE À L'ÉLABORATION ET À LA DIFFUSION DE L'IDÉOLOGIE ULTRAMONTAINE.	AUTRES FORMES DE CONTRIBUTION À LA CAUSE ULTRAMONTAINE
PELLETIER, Alexis	éducateur — propagandiste — journaliste	Collaboration sporadique à plusieurs journaux ultramontains — Rédaction du *Franc-Parleur* — Rédige: *La question des classiques...* (1865), *Mgr Gaume, sa thèse...* (1865), *La méthode chrétienne...* (1866) — *Lettre à Mgr Baillargeon...* (1867) — *Réponse aux dernières attaques...* (1868) — *Il y a du libéralisme...* (1873) — *Quelques observations critiques...* (1872).	Défenseur des thèses gaumistes relatives aux programmes éducatifs. Rédige des articles d'inspiration ultramontaine dans la *Gazette des Campagnes*.
PINSONNAULT, Pierre-Adolphe	Sulpicien — évêque	Collabore à la rédaction des *Mélanges* et plus tard du *Franc-Parleur* — *Le dernier chant du cygne...* (1870).	
PROUX, Louis	éducateur — curé	Rédige dans le *Journal de Québec* des articles contre l'*Avenir* — *Défense de la religion et du sacerdoce ou réponse à la presse socialiste* (Date approximative entre 1849 et 1852).	
RAYMOND, Joseph-Sabin	éducateur	«Devoirs envers le pape...» (1861) — «Destinées providentielles de Rome...» (1864) — «De l'Eglise et de l'Etat...» (1865) — «Dissertation sur le Pape» (1870) — Polémique avec L.-A. Dessaulles dans le *Courrier de Saint-Hyacinthe* (1867).	
VILLENEUVE, Alphonse	éducateur	*La comédie infernale* (1871) — *Le Grand Vicaire Raymond et le libéralisme* (1871) — *Nos faiblesses et nos forces...* (1871).	Conférences données dans des cercles culturels.

Le journalisme au service de l'expression et de la propagande de l'idéologie ultramontaine

Il ne serait pas aisé de dénombrer ici la totalité des moyens qui servirent à diffuser l'idéologie ultramontaine au cours des décennies 50 et 60. Nous savons cependant que parmi ces moyens figurent la pastorale des évêques, les sermons dominicaux, les associations pieuses, les organisations culturelles ainsi que les diverses formes de propagande écrite (livres, brochures, journaux, etc.) Si nous avons choisi de nous attarder quelque peu sur les principaux organes de la presse ultramontaine c'est que ces derniers ont été, de tous les éléments de la propagande écrite, les messagers les plus éloquents dont a disposé l'ultramontanisme au cours du siècle dernier. Les journaux furent en effet des tribunes de choix d'où des voix s'élevaient quotidiennement, et parfois très haut, pour défendre les objectifs fondamentaux que prônait l'idéologie ultramontaine. En fait, le journal demeurait alors un instrument privilégié lorsqu'il s'agissait de traduire au niveau du vécu et d'adapter à la solution des problèmes quotidiens un enseignement à caractère plutôt doctrinal. C'est pourquoi les journaux constituèrent le cadre où le discours idéologique ultramontain s'est présenté sous ses formes les plus diversifiées et sous son aspect le plus proche du réel [51].

Les *Mélanges Religieux* ont été un des premiers journaux au Québec à avoir été créé dans le but manifeste de promouvoir et de défendre sur la place publique les positions officielles du clergé sur une série de problèmes à l'ordre du jour. Le journal ne fut fondé qu'en 1841, mais l'idée qui présida à sa fondation datait de 1827. C'est en ces termes que Mgr Lartigue justifiait alors devant l'évêque de Québec, Mgr Panet, la nécessité de mener à bien cette entreprise: «Nous avons un besoin urgent de la presse, pour venger avec vigueur et prudence, la religion et nos droits attaqués de tous côtés» [52]. Etant donné cependant les réticences manifestées par les autorités ecclésiastiques de Québec, le projet allait attendre encore une quinzaine d'années avant d'être réalisé et ce sera à Mgr Bourget que reviendra encore l'initiative dans ce domaine.

---

[51] Nous ne reproduirons pas ici tous les détails bibliographiques relatifs aux principaux journaux ultramontains. La meilleure source à ce sujet demeure les deux ouvrages de A. Beaulieu et J. Hamelin intitulés respectivement: *Les journaux du Québec de 1764 à 1964*, Québec, Cahiers de l'Institut d'histoire, 1965 et *La Presse québécoise, (1764-1859)*, Québec, Presses de l'Université Laval, 1973, vol. I (le second volume est en voie de publication). En ce qui a trait à chacun des principaux journaux ultramontains analysés, nous nous attacherons à évoquer: 1°, ses objectifs avoués; 2°, l'orientation générale de la pensée qu'il contribua à élaborer et à diffuser; 3°, ses principaux rédacteurs.

[52] Mgr Lartigue à Mgr Panet, 12 mai 1827, RAPQ, 1942-43, 8.

Le cadre historique de l'ultramontanisme

On peut considérer les *Mélanges Religieux* comme un des journaux les plus fougueux que la cause ultramontaine ait eu à son service au cours du siècle dernier[53]. Ce fut surtout en matière d'éducation et de politique pontificale que le journal se montra le plus attentif à défendre avec ardeur le point de vue ultramontain. Ce sont d'ailleurs les *Mélanges* qui furent le principal instrument de combat dont usèrent les milieux cléricaux pour contrer les effets des théories libérales diffusées alors par l'*Avenir*. C'est aussi par le biais des *Mélanges* que les autorités ecclésiastiques purent commenter publiquement la majorité des événements qui marquèrent l'évolution de la politique intérieure au Bas-Canada au lendemain de l'Union. Le journal assuma enfin un rôle important dans le rapprochement qui se dessina vers le milieu des années 40 entre le clergé et le parti de La Fontaine dont les *Mélanges* prirent constamment la défense, face à certaines critiques formulées par l'*Avenir* à l'endroit de la politique gouvernementale. Hector Langevin, qui fit dans les *Mélanges* ses premières armes dans le monde du journalisme, ne fut d'ailleurs pas étranger à ce rapprochement graduel entre le clergé d'une part et le Parti Réformiste d'autre part.

En confiant à un laïc le soin d'exprimer et de défendre l'opinion cléricale sur les problèmes de l'heure, les *Mélanges Religieux* inauguraient ainsi une formule nouvelle qui allait être adoptée à l'avenir par les autres journaux cléricaux qui lui succédèrent.

Les *Mélanges* disparurent en 1852 à la suite d'un incendie. Ils avaient connu des difficultés financières et les collaborateurs s'étaient fait parfois plus rares que prévu. Mais l'expérience avait dû être jugée somme toute assez satisfaisante puisque cinq ans plus tard (en 1857) les milieux cléricaux de Québec éprouveront à leur tour le besoin de la reprendre à leur compte. Ainsi, ce fut au tour du *Courrier du Canada,* à qui incombera en 1857 le soin de prendre la relève des *Mélanges* dans la propagation des thèses ultramontaines et la défense des intérêts cléricaux à tous les paliers de la vie sociale[54].

---

[53] Il faudra attendre jusqu'en 1867 pour voir apparaître un journal, le *Nouveau Monde*, qui fit montre d'autant d'ardeur dans la propagation et la défense des idéaux ultramontains. Il est à noter que le *Nouveau Monde* — tout comme les *Mélanges* — était un autre journal inspiré et dirigé indirectement par Mgr Bourget.

[54] Au sujet des circonstances et des tractations diverses qui entourèrent la fondation du *Courrier du Canada*, voir l'article de P. Sylvain, «Les débuts du »*Courrier du Canada*» et les progrès de l'ultramontanisme canadien-français», *Cahier des Dix*, vol. 32, (1967): 255-277. P. Sylvain souligne bien le besoin qui se faisait alors sentir dans les milieux ecclésiastiques d'un organe de presse entièrement voué à la défense des intérêts cléricaux menacés par une presse radicale qui exprimait sur une série de problèmes importants une opinion estimée dangereuse.

Contrairement aux *Mélanges*, le *Courrier* n'affichera pas cependant au départ des objectifs cléricaux aussi avoués. Ses fondateurs le voulaient même assez neutre en apparence, tout en demeurant au fond un journal engagé. Les déclarations des évêques au Concile tenu à Québec en 1854 trahissaient déjà ce souci d'un certain anonymat à l'endroit des objectifs assignés à ce futur journal (chargé cependant de défendre avant tout les «bons principes»). C'est d'ailleurs dans cette double intention qu'on le voudra «rédigé par les laïcs instruits et chrétiens» tout en demeurant «sous l'entière direction du clergé»[55].

Parmi ces laïcs dont le *Courrier du Canada* s'assura les services, on retrouve des hommes qui s'étaient déjà fait connaître dans le monde du journalisme. Ce fut en effet à Joseph-Charles Taché puis à Hector Langevin que fut confiée la direction du journal au cours des trois premières années qui suivirent sa fondation. En 1859, ce sera au tour d'A.-E. Aubry d'assurer la relève, puis d'Eugène Renault, ce dernier assumant cette tâche pendant près de dix ans.

Ce qui caractérise l'esprit qui anima la rédaction du journal durant toute cette période fut la constante optique ultramontaine à travers laquelle furent interprétés les événements majeurs de cette époque. Qu'il s'agisse de politique interne ou de politique extérieure, le *Courrier* était là pour informer ses lecteurs, non pas tant sur l'événement en soi que sur la manière orthodoxe de le juger dans une perspective ultramontaine.

Avec la fin du mandat d'E. Renault en 1873, le *Courrier* parut entamer une phase nouvelle de son évolution. Tout en demeurant jusqu'à la fin (en 1901) un journal dévoué à la cause cléricale il affichera moins souvent son allégeance ultramontaine à partir du milieu des années 70.

Presque en même temps que le *Courrier*, un nouveau journal, l'*Ordre,* allait voir le jour et ouvrir également ses colonnes aux défenseurs de la religion, menacée croyait-on par la vague de libéralisme qui déferlait à travers le monde. L'*Ordre* se voulait, en principe, indépendant et neutre en matière de politique. «Nous déclarons n'appartenir qu'à l'Eglise, à notre foi, à la patrie, à notre nationalité» affirmaient, dès la parution du journal, ses deux fondateurs-rédac-

---

55 *Mandements, lettres pastorales et circulaires des évêques de Québec*, vol. IV, p. 166. Cité également par P. Sylvain, *loc. cit.*, 257.

teurs, Cyrille Boucher et Joseph Royal[56]. De fait, à l'instar du *Courrier*, l'*Ordre* prit parfois ses distances à l'endroit de la politique gouvernementale sans cesser pour autant d'être farouchement conservateur. Le journal se distingua surtout par sa fidélité constante à l'ensemble des principes de base de l'ultramontanisme: suprématie de l'Eglise sur l'Etat, guerre sans merci au libéralisme sous toutes ses formes et défense ardente du statu quo politique et social. E.-L. de Bellefeuille mit à son tour sa plume au service d'un journal qui correspondait si bien à ses vues personnelles. C'est ainsi que l'*Ordre* devint un outil supplémentaire au service de la cause ultramontaine, jusqu'au moment où, changeant de propriétaire en 1861, le journal allait également changer d'orientation. (Avec l'acquisition du journal par T.A. Plinguet à la fin de 1860, débutait pour l'*Ordre* une phase idéologique nouvelle au cours de laquelle le journal affichera désormais des positions pro-libérales en matière de politique).

Six ans plus tard, un nouveau journal viendra prendre la relève du *Courrier* et de l'*Ordre* pour assumer à son tour la défense des idéaux ultramontains. Le *Monde Canadien*, mieux connu encore sous le nom de *Nouveau Monde*, se vouera à la formation du public, bien plus encore qu'à son information. Il sera avant tout un journal de combat. Si les *Mélanges Religieux* furent l'un des premiers journaux à porter si haut l'étendard ultramontain, on peut dire du *Nouveau Monde* qu'il fut l'un des derniers à le faire, en y mettant autant de fougue et d'ardeur que son prédécesseur. La combativité du *Nouveau Monde* et l'intransigeance qui a caractérisé l'idéologie de ce journal s'expliquent en partie par le fait que, vers la fin des années 60, les ultramontains faisaient face à une conjoncture plus difficile que celles qu'ils avaient connues jusqu'alors. En plus de continuer à mener la lutte contre les «Rouges», ils éprouvaient déjà le besoin de prendre leurs distances à l'égard du Parti Conservateur. D'où l'urgence de rappeler constamment à tous les catholiques le principe fondamental de l'idéologie ultramontaine, soit la suprématie (de droit divin) de l'Eglise sur l'Etat. C'est d'ailleurs à la défense de ce thème que le *Nouveau Monde* consacra la majorité de ses exposés doctrinaux et ce, depuis sa fondation (en 1867) jusqu'au milieu des années 80, alors qu'il glissera graduellement vers une attitude moins engagée[57].

---

56 Au sujet de Cyrille Boucher et de l'*Ordre*, voir l'article de P. Sylvain, «Cyrille Boucher disciple de Louis Veuillot, 1834-1865», *Cahier des Dix*, vol. 37 (1972): 295-317.

57 Au sujet du contenu autant que de l'évolution de l'idéologie du *Nouveau Monde*, voir l'article de G. Bouchard, «Apogée et déclin de l'idéologie ultramontaine à travers le journal «*Le Nouveau Monde*», 1867-1900», RS, X, 2-3 (1969): 261-292.

Fondé, comme les *Mélanges,* à l'instigation de Mgr Bourget, le *Nouveau Monde* était officiellement dirigé et censuré par le chanoine Lamarche. A l'exemple des *Mélanges,* du *Courrier* et de l'*Ordre,* il sera rédigé à son tour par des laïcs dévoués à la cause ultramontaine, dont Alphonse Desjardins, F. Houde, Hector Langevin et Joseph Royal demeurent les plus notoires. Ainsi la formule du journal religieux rédigé par des laïcs et contrôlé par des clercs faisait une fois de plus la preuve de son efficacité.

Deux ans avant la fondation du *Nouveau Monde,* soit en 1865, un autre journal vint s'ajouter à la liste des organes de presse ultramontains. Il s'agit du *Journal des Trois-Rivières,* considéré — à l'instar du *Nouveau Monde* à Montréal — comme le porte-parole officieux de l'évêché à Trois-Rivières. En fait ce journal épousera, avec une fidélité remarquable, la totalité des causes défendues par Mgr Laflèche et, avec elles, les thèses ultramontaines les plus extrêmes.

Le *Journal des Trois-Rivières* avait lui aussi à son service des rédacteurs laïcs acquis à fond à la cause ultramontaine. Qu'il s'agisse de Magloire McLeod, d'Ephrem Dufresne ou de Gédéon Désilets, leur zèle à l'endroit de l'ultramontanisme ne faiblit jamais. Il faut reconnaître toutefois que le contenu idéologique du *Journal des Trois-Rivières* ne fut que le reflet — combien plus pâle — de celui du *Nouveau Monde.* Sur ce plan, sa contribution à l'élaboration de l'idéologie ultramontaine demeure moins imposante que celle des journaux cités plus haut.

Au cours de la période qui nous intéresse (1848-1871), deux autres journaux allaient également assumer leur part dans l'expression et la défense des idéaux ultramontains. Le *True Witness* fut l'un d'entre eux. Fondé en 1850 par George Edward Clerk pour répondre au vœu des autorités ecclésiastiques, ce journal s'est voulu avant tout le défenseur du catholicisme auprès de la population protestante anglophone[58]. Il s'adressait bien sûr aux Irlandais catholiques, mais visait avant tout à démentir les accusations de bigoterie et de superstition lancées par le journal protestant, le *Witness,* à l'endroit de la religion catholique et de son clergé.

Sur le plan de l'idéologie ultramontaine, l'apport du *True Witness* demeure cependant quelque peu secondaire par rapport à celui de ses homologues francophones. Le caractère avant tout

---

58 Au sujet du *True Witness* et de son fondateur, voir: A. Coffey, «George Edward Clerk, founder of the True Witness; a pioneer of catholic action» *The Canadian Catholic Historical Association Report,* (1934-1935): 46-59.

défensif de sa vocation y était certes pour beaucoup. Pour ce héraut du catholicisme en milieu protestant, il s'agissait avant tout de neutraliser les effets d'une propagande hostile avant que de promouvoir le thème d'une suprématie quelconque du clergé au sein de la société civile.

Cette suprématie, un autre journal d'ailleurs se chargera de la prêcher bien haut au début des années 70. Il s'agit du *Franc-Parleur* (1870-1878) où s'illustrèrent tour à tour les éléments les plus extrémistes du groupe ultramontain. Après Adolphe Ouimet et l'ancien zouave Testard de Montigny, ce fut en effet au tour des abbés Alexis Pelletier et Alphonse Villeneuve et de Mgr Pinsonnault d'assumer la rédaction du *Franc-Parleur*.

En matière d'intransigeance doctrinale ce journal ne le cédait en rien au *Nouveau Monde,* qu'il dépassait même parfois en fait d'ardeur belliqueuse. En réalité le *Franc-Parleur* doublait en quelque sorte le travail accompli par son aîné. Par ailleurs le caractère extrémiste des thèses qu'il prônait avait fini par inquiéter la fraction des milieux cléricaux qui commençait, au milieu des années 70, à prendre ses distances par rapport à l'ultramontanisme. C'est ce qui explique peut-être la fin prématurée du journal en 1878.

Il faut enfin ajouter à cette série de journaux œuvrant pour la propagation des idéaux ultramontains, une revue, la *Revue Canadienne,* fondée en 1864 dans l'intention, annonçaient ses rédacteurs «de travailler à la création d'une littérature nationale, à l'alliance des lettres et de la Religion et à la défense des principes fondamentaux de l'ordre social et de toute vraie civilisation»[59].

Au terme de cette brève rétrospective de la presse ultramontaine, on peut conclure, sans risque d'erreur, que le journalisme a été l'instrument de base qui a servi à élaborer et à diffuser l'idéologie ultramontaine au cours du siècle dernier. La pastorale des évêques, les sermons, une certaine forme de pratique religieuse, ont certes eu une part importante dans la réalisation des objectifs de l'ultramontanisme. Les journaux demeuraient toutefois les mieux placés pour appliquer la doctrine ultramontaine à l'interprétation quotidienne des événements marquants (ou définis comme tels) qui ponctuaient au jour le jour la vie publique de la collectivité québécoise.

---

[59] *Revue Canadienne*, 25 janvier 1864. La revue ne fut pas une tribune consacrée exclusivement à la diffusion des thèses ultramontaines; elle a ouvert ses portes à des auteurs catholiques certes, mais qui n'affichaient pas tous nécessairement des crédos ultramontains. C'est dans la *Revue Canadienne* toutefois que choisirent de publier au cours des années 60 et 70 plusieurs parmi les idéologues ultramontains les plus notoires; soit E.-L. de Bellefeuille, F.-X. Trudel, J.-S. Raymond, C. Boucher et J. Royal.

PUSEYSME.
PUSÉYSME A OXFORD.

Qu'est-ce que le Puséysme ?—Dire anathème au principe du protestantisme, (1) s'éloigner chaque jour de plus en plus des principes de la réforme anglicane (2); soupirer à la pensée qu'on est séparé de Rome (3); regarder Rome comme sa mère (4), et l'église anglicane comme une esclave chargée d'entraves qui balbutie du bout des lèvres d'équivoques formulaires (5); savoir gré à l'Eglise romaine des sentimens de piété, d'amour, de respect, le dévouement qu'elle seule sait exciter dans les cœurs (6), et la déclarer digne de notre admiration, de notre amour et de notre reconnaissance (7); prêcher que le rituel romain est un trésor (8), que le missel est un monument sacré et très-précieux des saints apôtres (9); affirmer que l'Ecriture n'est pas la seule règle de foi (10), que la tradition orale de l'Eglise contient une partie des vérités révélées de Dieu (11), que l'Ecriture mise sans notes ni

(1) Lettre de M. Palmer à M. Golithly.
(2) British critic, juillet 1841.
(3) Traités pour les temps présens.
(4) Lettres de M. Palmer.
(5) Traités.
(6) M. Newman au docteur Jelf.
(7) Traités.
(8) Id. (9) Id. (10) Id.
(11) Lindwood's Sermons

Z

Page frontispice du journal *Les Mélanges Religieux* (1842).

Mgr Ignace Bourget
Deuxième évêque de Montréal

Mgr Louis-François Laflèche
Evêque de Trois-Rivières

Le cadre historique de l'ultramontanisme

François-Xavier Trudel
Avocat, journaliste, homme politique

Chapitre II

La dimension politique du discours idéologique ultramontain

Chapitre II
La dimension politique du discours idéologique ultramontain

Les rapports de l'Eglise et de l'Etat dans le discours idéologique ultramontain

L'analyse des rapports de l'Eglise et de l'Etat à travers le discours idéologique ultramontain, permet de se situer au cœur même de la problématique ultramontaine.

Il apparaît en effet que les principaux axes de pensée de cette idéologie passaient par la définition des relations de l'Eglise et de l'Etat, définition autour de laquelle se sont structurés la plupart des thèmes de l'ultramontanisme et qui en a déterminé, en dernière instance, l'orientation globale.

Il faudra tenter en premier lieu d'identifier la réalité précise, ou encore les véritables signifiés, auxquels renvoient les notions d'«Eglise» et d'«Etat» — ou leurs équivalents — à l'intérieur du discours ultramontain. On pourra alors retracer de façon plus précise les postulats fondamentaux qui sous-tendaient la grande majorité des thèses ultramontaines dans le domaine politique.

L'étape ultérieure de l'analyse visera ensuite à étudier successivement: l'*origine,* la *nature* et les *attributs,* les *objectifs* et finalement les *moyens d'action* attribués à l'Eglise et à l'Etat à travers l'ensemble des données colligées.

Dans un deuxième temps il s'agira de faire ressortir les normes et les valeurs véhiculées par les thèses ultramontaines pour examiner en dernier lieu le cadre linguistique qui a servi à exprimer cette pensée ainsi que l'impact éventuel de l'univers symbolique qu'a contribué à créer le langage utilisé.

La signification des notions d'«Eglise» et d'«Etat» dans le discours idéologique ultramontain

La signification première, ou encore le sens réel auquel renvoient les deux notions d'«Eglise» et d'«Etat» dans le discours ultramontain risquent d'être occultés par suite de la pluralité et de l'ambiguïté des termes utilisés pour les désigner respectivement.

Dans la grande majorité des énoncés, la notion d'«Eglise» se réfère à l'institution ecclésiastique dans son ensemble, que cette dernière soit située historiquement ou bien considérée comme objet en soi indépendant du cadre temporel où il s'insère.

Les deux énoncés suivants illustrent bien la dimension historique de l'Eglise-institution telle qu'elle apparaît dans le discours ultramontain. Ainsi affirme le *Nouveau Monde*:

> «... la législation canadienne a échappé, malgré les plus imminents dangers, à la funeste influence des Cours Royales de France et des Parlements gallicans. L'Eglise Romaine du Canada avait alors dans son Evêque toutes les garanties de son droit au sein du gouvernement»[1].

Ou bien encore, selon l'abbé (plus tard Monseigneur) Laflèche:

> «L'organisation hiérarchique de l'Eglise en Canada a été le principe de notre vie nationale»[2].

Mais il arrive aussi que la notion d'Eglise échappe à l'intérieur du discours ultramontain à une identification historique précise. C'est alors qu'elle atteint des proportions plus vastes, rejoignant presque les confins de l'universel. Ainsi dans l'énoncé suivant (extrait d'un sermon de l'époque):

> «L'Eglise est donc une véritable société, parfaitement organisée; société spirituelle mais visible à tous les regards, étendant sa juridiction par toute la terre sans distinction d'empire ou de nationalité»[3];

---

[1] *NM*, 28 mars 1871.

[2] Abbé Louis-François Laflèche, *Quelques considérations sur les rapports de la société civile avec la religion et la famille*, Montréal, 1866, p. 61.

[3] Sermons, s.d. et s.n. (sans date et sans nom), mais annotés pour la plupart de la main de Mgr Bourget (ce qui confirme à la fois l'orthodoxie ultramontaine des auteurs de ces sermons et permet de les situer chronologiquement, quoique de façon approximative, à l'intérieur de la période que recouvre l'épiscopat de Mgr Bourget (soit de 1840 à 1876), ACAM, 990.019.

Une notion moins précise que celle d'Eglise sert parfois à désigner l'institution cléricale. On parlera alors de «société religieuse». Ainsi:

> «La saine philosophie aidée de l'histoire, nous enseigne que la société civile doit marcher de concert avec la société religieuse... ces deux organisations sociales, dis-je, doivent travailler, se développer dans un commun accord, puisqu'elles tendent toutes deux au même but, le bonheur de l'homme»[4];

Cependant il arrive parfois que la «société religieuse» renvoie explicitement à la notion d'«Eglise», et la signification respective des deux termes atteint alors un degré de coïncidence parfaite. Par exemple:

> «... nous disons que la société religieuse ou l'Eglise est supérieure à la société civile ou à l'Etat»;

et l'auteur de l'énoncé de conclure, un peu plus loin:

> «... donc la société temporelle ou l'état doit être subordonnée à la société religieuse ou à l'Eglise»[5].

L'ambiguïté au niveau de l'expression est plus manifeste lorsque la notion de «religion» est employée pour désigner de fait l'institution cléricale ou bien encore le clergé. Ainsi selon l'abbé Laflèche:

> «L'enfant regénéré a reçu au jour de son baptême une nouvelle vie; il est devenu réellement, par l'effet de ce sacrement, l'enfant de Dieu et de l'Eglise. Le prêtre, qui est le ministre et le représentant visible de cette paternité d'un ordre supérieur, doit aussi concourir, de par le même droit divin, à l'éducation de l'enfant... La religion, qui a présidé à la formation de la famille, doit aussi présider à l'éducation de l'enfant et la contrôler»[6].

A ce niveau, l'imprécision du vocabulaire semble refléter l'ambiguïté de la pensée même qui l'a inspirée: une terminologie qui expliciterait en fait l'institutionnalisation de l'Eglise ne risquait-elle pas de rappeler du même coup sa dimension temporelle, reléguant au

---

4 *Ibid.*
5 *Ibid.*
6 L.-F. Laflèche, *op. cit.*, p. 149-150.

second plan le caractère spirituel de sa vocation ainsi que sa dimension a-historique?

Quant à l'Etat, il bénéficie d'une terminologie plus précise. C'est bien ce terme qui désigne le plus souvent l'instrument et le lieu du pouvoir politique. Ce qui n'exclut pas le recours aux notions de «société civile» ou de «société temporelle» dont l'usage cependant en tant que synonymes d'«Etat», reste comparativement plus faible dans le discours ultramontain.

Toutefois qu'il s'agisse de l'Eglise ou bien de l'Etat, la réalité qui demeure en cause, par-delà les mots utilisés pour la décrire, est sensiblement la même: il s'agit avant tout d'une référence à deux pouvoirs opposés: celui du clergé face à celui de la petite bourgeoisie canadienne-française qui préside alors aux destinées politiques du Bas-Canada.

Tout en se référant rarement à la réalité des classes sociales en cause et à leur lutte, le discours ultramontain s'en rapproche un peu plus lorsque les notions de «pouvoir» ou de «puissance» y servent à désigner l'Eglise ou bien l'Etat. L'utilisation de ces termes n'est d'ailleurs pas rare et il arrive même que leur signification ne laisse place à aucune ambiguïté de sens comme l'illustre l'affirmation suivante du juge A.-B. Routhier dans ses *Causeries du Dimanche:*

> «De même qu'il y a dans l'homme deux éléments qui se font la guerre, l'âme et le corps, il y a aussi dans le monde deux éléments qui se disputent l'empire: l'Eglise qui est l'âme du monde, et la force des Etats qui en sont le corps... Hélas! jamais la lutte n'a été aussi acharnée entre les deux puissances qui se font face ainsi»[7].

La définition de l'Eglise et de l'Etat comme étant deux puissances est également évoquée par le *Nouveau Monde* dans le cadre d'une collaboration, jugée nécessaire, entre les deux pouvoirs:

> «Il est de ces esprits superficiels qui ne voient que dans les Concordats le droit et la raison de l'union de l'Eglise et de l'Etat. Comme si le principe primordial de l'union des deux puissances n'était pas la règle normale et la base même du Droit Chrétien...»[8]

---

7 A.-B. Routhier, *Causeries du Dimanche*, 23-24.
8 *NM*, 10 janvier 1871.

L'énoncé suivant extrait d'un éditorial de l'*Ordre* est également significatif:

> «L'harmonie de la société, qui n'est que l'accord entre ceux qui doivent commander et ceux qui doivent obéir, résulte donc de l'harmonie, de l'accord, de l'action simultanée du *pouvoir* religieux et du *pouvoir* politique, de la religion et du gouvernement»[9].

C'est bien en effet en tant que deux pôles du pouvoir au sein de la société que sont perçus le plus souvent l'Eglise et l'Etat dans l'univers idéologique ultramontain. Or, par suite de l'ambiguïté qui caractérise la nature même du discours idéologique, leur identification comme tels au niveau du vocabulaire n'est pas toujours explicite. Pourtant la réalité qui se dégage au terme de l'analyse de ce discours est bien celle d'un affrontement entre deux puissances et plus précisément d'une lutte serrée entre deux groupes sociaux dont les intérêts s'opposent violemment, même s'il leur arrive parfois de coïncider incidemment en cours de route.

Les postulats fondamentaux du discours

On sait que le propre de l'idéologie, et c'est en cela surtout qu'elle se différencie de la pensée scientifique, est d'être basée sur des affirmations à caractère tautologique où la preuve n'a pas nécessairement sa place. Cette dernière apparaît le plus souvent comme inutile ou vaine puisque les énoncés en cause sont considérés comme portant en eux-mêmes un caractère d'évidence qui fait partie en quelque sorte de leurs attributs naturels. D'où le recours nécessaire à des postulats afin d'asseoir les fondements du discours idéologique à tous les niveaux.

Parmi ces postulats certains revêtent une importance qu'on pourrait dire première, parce qu'ils se situent à la base même de l'argumentation idéologique dont aucun développement ultérieur n'échappe à leur «logique». C'est à ceux-là que se limitera l'analyse subséquente.

A l'origine des principaux énoncés ultramontains on retrouve en premier lieu l'affirmation constante de la supériorité de l'esprit sur la matière ou encore de l'ordre spirituel, situé au niveau de la

---

9 L'*Ordre*, 20 mai 1859.

surnature, sur l'ordre matériel participant de la simple nature.

En ce qui a trait à l'homme, et plus précisément à l'être créé, cette doctrine aboutit à mettre constamment l'accent sur la suprématie de l'âme, participant de la vie de l'esprit, sur le corps confiné dans les limites charnelles de la matière.

Il existerait dans l'ensemble, un ordre surnaturel défini comme supérieur à l'ordre naturel, et ceci à tous les niveaux. Ce postulat, constamment repris par les penseurs ultramontains, fut le mieux explicité par un de leurs porte-parole les plus connus: l'abbé Alexis Pelletier. La justification principale de cette thèse réside dans la définition du «surnaturel absolu» qui se confond à la limite avec la définition de Dieu même:

> «Dieu et les opérations ineffables, dans lesquelles consiste sa vie propre, constituent le surnaturel absolu, le surnaturel nécessaire et par essence. Ce surnaturel, d'après ce que nous dit la raison et ce que nous enseigne en même temps la théologie catholique, ne peut se trouver *naturellement* qu'en Dieu, car si Dieu pouvait créer un être intrinsèquement surnaturel, c'est-à-dire un être qui, en vertu des propriétés ou des principes constitutifs de sa nature, aurait droit de le connaître comme il se connaît lui-même, de l'aimer du même amour dont il s'aime lui-même, cet être créé serait Dieu ce qui est absurde et impie»[10].

Quant à l'ordre naturel au niveau duquel se situe la créature humaine, il présente un double statut d'union et de sujétion par rapport à l'ordre surnaturel dont il tire par ailleurs l'unique justification de son existence. Ecoutons l'abbé Alexis Pelletier encore l'affirmer en ces termes:

> «Cet ordre naturel dans lequel non seulement l'homme, mais tout être intelligent créé se trouve nécessairement placé par sa nature, n'a jamais existé et n'existera jamais seul. Il n'existe que comme fondement, base de l'ordre surnaturel; il a été et restera toujours uni à cet ordre qui le modifie, le perfectionne divinement et auquel il est subordonné»[11].

---

10 A. Pelletier, *GC*, 23 février 1871.

11 *Ibid.* L'abbé A. Pelletier reprendra les mêmes arguments dans un ouvrage intitulé: *Le Don Quichotte Montréalais sur sa Rossinante ou M. Dessaulles et la Grande Guerre Ecclésiastique*, Montréal, 1873, p. 10 et ss.

La dimension politique...

De la suprématie de l'ordre surnaturel à celle de l'Eglise la distance n'est pas grande et les idéologues ultramontains eurent tôt fait de la franchir. Il suffisait pour cela de rappeler l'insertion de l'Eglise dans l'ordre spirituel et son caractère sacré, comparativement à la temporalité et au caractère profane du pouvoir civil confiné quant à lui au niveau du matériel.

Ecoutons un rédacteur des *Mélanges Religieux* s'expliquer à ce sujet:

> «Quand on a prononcé ce nom cher à tant de cœurs, l'Eglise, la plus simple considération suffit pour reconnaître dans le monde social deux ordres de choses, l'un religieux, l'autre politique; l'un spirituel, l'autre matériel; l'un ecclésiastique, l'autre civil: on retrouve l'Eglise et l'Etat. Il y a parmi les hommes des choses qu'on nommera divines, d'autres qu'on nommera simplement humaines; des choses sacrées et des choses profanes...
> Ces deux ordres d'idées, il importe extrêmement de les bien connaître et de les bien juger, afin de distinguer nettement et de séparer dans son esprit les choses divines des choses politiques. Les intérêts spirituels des intérêts temporels, et pour attribuer les uns à la souveraineté de l'Etat, les autres à l'autorité de l'Eglise...»[12]

Enfin pour parvenir à la connaissance du surnaturel, l'intelligence humaine disposerait de deux moyens d'accès qui — objectivement — apparaissent cependant relever de deux ordres complètement différents sinon opposés: soit un mode de connaissance naturel inhérent à l'esprit humain et un mode de connaissance surnaturel octroyé par Dieu (qui serait en somme celui de la révélation). Or chacun d'entre eux est effectivement présenté par l'idéologie comme exclusif. C'est ainsi du moins que l'affirme la *Gazette des Campagnes:*

> «Cette connaissance de Dieu par ses œuvres est une connaissance purement naturelle, et c'est la seule que nous puissions avoir par l'énergie propre de notre nature; c'est aussi la seule que puissent avoir tous les êtres intelligents créés, quelque parfaits qu'ils soient naturellement...»[13]

---

12 *MR*, 7 décembre 1848.
13 *GC*, 23 février 1871.

Ce qui n'empêchera pas, un peu plus tard cependant, le même rédacteur (l'abbé Alexis Pelletier) de désigner la révélation comme l'unique moyen apte à permettre à l'intelligence humaine d'accéder aux «vérités surnaturelles»:

> «L'ordre surnaturel existe et il est au-dessus des exigences de toute nature intelligente créée ou possible; donc son existence et aussi toutes les vérités surnaturelles, tant spéculatives que pratiques qu'il renferme, ne peuvent être connues que par la révélation. Il suit de là que la vraie religion est nécessairement révélée»[14].

Il est évident que la démarche intellectuelle qui sous-tend le discours idéologique à ce niveau ne s'embarrasse pas de critères logiques rigoureux. Par ailleurs le ton péremptoire du style tend souvent à masquer la faiblesse de l'argumentation.

Les sources théologiques des postulats ultramontains

La vision dichotomique du réel, divisé entre nature et surnature, ainsi que sa hiérarchisation, ne risquaient pas d'entraîner la pensée religieuse du XIXe siècle dans une tangente véritablement nouvelle, puisqu'elles rejoignaient dans leur ensemble plusieurs thèses communes à la théologie catholique des siècles passés et plus particulièrement à celles que soutenait la scholastique médiévale.

C'est la philosophie thomiste en fait qui semble avoir représenté pour l'ultramontanisme au XIXe siècle la source idéologique la plus féconde. La philosophie du docteur angélique a certainement inspiré la majorité des dogmes ultramontains relatifs à la définition de l'ordre naturel et surnaturel, au rapport qui les régit ainsi qu'aux moyens de connaissance dont l'homme dispose à leur égard[15].

C'est aussi dans le thomisme et surtout dans l'interprétation qu'en donnèrent plus tard des disciples célèbres tels que Bellarmin et Suarez au XVIe et au XVIIe siècles, ou encore Balmès et Taparelli au

---

14 A. Pelletier, *GC*, 16 mars 1871.
15 Au sujet de l'influence du thomisme sur la pensée catholique du XIXe siècle, on consultera avec profit les écrits suivants: L. Foucher, *La philosophie catholique en France au XIXe siècle avant la renaissance thomiste et dans son rapport avec elle, 1800-1880*, Paris, 1955. J.-Th., Loyson, *De l'influence de saint Thomas d'Aquin au XIXe siècle*, Paris, 1885. F., Picavet, «Le mouvement néo-thomiste en Europe et en Amérique», *Revue philosophique*, I (1892): 281.

La dimension politique... 73

XIXe siècle, que l'ultramontanisme puisera, comme dans un arsenal, la majorité de ses instruments idéologiques de combat relativement aux rapports de l'Eglise et de l'Etat [16]. En postulant la supériorité de l'ordre surnaturel sur l'ordre naturel, Thomas d'Aquin n'avait-il pas abouti à la doctrine du «naturalisme politique» selon laquelle la puissance civile présentée comme inscrite dans l'ordre naturel paraissait, dans son essence même, inférieure à la puissance ecclésiastique d'origine et d'essence surnaturelle? C'était jeter là les fondements philosophiques d'une future politique cléricale axée sur la supériorité de l'Eglise sur l'Etat. Reprise et perfectionnée au cours des siècles par maints théologiens — des Jésuites en particulier — cette théorie dans son application concrète, allait favoriser un affrontement permanent entre les deux pouvoirs, comme ce fut d'ailleurs le cas tout au long du moyen-âge.

Au XIXe siècle, la suprématie économique et politique de la bourgeoisie ne permettra plus à la rivalité entre l'Eglise et l'Etat de revêtir une forme aussi directe mais, en changeant d'époque et de style, l'opposition n'en demeurera pas moins aiguë. Plus encore que d'autres groupes au sein de l'Eglise, les ultramontains ont paru en avoir pris conscience. Ils tireront tout naturellement profit des arguments que la théologie des siècles passés avait forgés au contact de situations analogues. Cela ne les empêchera pas de bâtir leurs propres arguments conformément aux nécessités conjoncturelles de leurs temps. Ainsi tout en innovant peu au niveau des postulats, l'idéologie ultramontaine du XIXe siècle élaborera ses propres thèmes et, tout en s'inspirant de la tradition, les interprétera surtout à la lumière des exigences de l'actualité vécue. Elle sera amenée progressivement à mettre au point une doctrine politico-religieuse où les préoccupations politiques l'emporteront nettement sur la réflexion proprement religieuse.

Les relations avec le pouvoir politique apparaissent en effet être au centre même de la pensée ultramontaine et leur interprétation dans un sens favorable à l'Eglise aura exigé, au préalable, une définition appropriée de l'origine, de la nature et des attributs respectifs de l'Eglise et de l'Etat.

---

16 Sur la dimension de la pensée thomisme, voir: J.-L. Lagor, *La philosophie politique de saint Thomas d'Aquin*, Paris, 1948. J. Zeiller, *L'idée de l'Etat dans saint Thomas d'Aquin*, Paris, 1910. On consultera aussi avec profit l'excellente étude de Pierre Thibault, *Savoir et Pouvoir*, relative à l'incidence politique de la renaissance officielle du thomisme sous Léon XIII, Québec, Presses de l'Université Laval, 1972.

Origines, nature et attributs respectifs de l'Eglise et de l'Etat

Pour faire la preuve de la suprématie de l'Eglise par rapport à l'Etat, les ultramontains ont fréquemment éprouvé le besoin de remonter aux origines de ces deux institutions.

L'origine divine de l'Eglise est constamment affirmée comme le point de départ de sa supériorité vis-à-vis de l'Etat. Le *Nouveau Monde* l'explique ainsi:

> «Les thèses que nous avons récemment soutenues... ont établi d'une manière concluante, nous le croyons du moins: Que l'Eglise est une institution d'origine divine, entièrement indépendante, supérieure à la société purement civile...»[17]

Un rédacteur du même journal rappellera également à ses lecteurs que: «les organisations purement humaines et civiles» telles que l'Etat ne devraient jamais se sentir offensées d'être placées «dans l'ordre hiérarchique des diverses sociétés, après l'œuvre immortelle de Jésus-Christ, Roi des peuples et des siècles. Or c'est à cela que se réduit au fond toute la célèbre question dite de la primauté ou de la suprématie de l'Eglise, et nous ne nous expliquons vraiment pas comment une vérité aussi simple a pu soulever autrefois tant de bruit et allumer au ciel tant d'orages»[18].

La société civile est présentée, quant à elle, comme étant également l'expression de la volonté divine[19], mais à un degré moindre, car elle ne peut prétendre au même titre que l'Eglise à une filiation aussi directe avec Dieu. Ecoutons la *Gazette des Campagnes* s'exprimer à ce propos:

> «Sans doute, la société civile a sa racine dans la volonté de Dieu, qui a réglé que les hommes vivraient en société; mais les formes de la société civile varient avec le temps et les lieux; l'Eglise est née du sang d'un Dieu sur le Calvaire, elle a reçu directement de sa bouche son immuable constitution et nulle puissance sur la terre ne peut en altérer la forme»[20]

---

17 *NM*, 13 janvier 1871.
18 *NM*, 11 avril 1871.
19 L'*Ordre*, 21 juin 1859; L.-F. Laflèche, *op. cit.*, chap. XVII et XIX.
20 *GC*, 7 octobre 1875.

La dimension politique... 75

Ainsi en plus de son existence, l'Eglise est directement tributaire à Dieu de sa forme organisationnelle, une «organisation dont la sagesse et la toute puissante vitalité accusent un Dieu pour auteur» affirme l'auteur d'un sermon de l'époque [21].

Tout comme son origine et sa structure, le pouvoir dans l'Eglise est également de source divine, alors que dans la société civile il est médiatisé par les hommes (ce qui expliquerait son infériorisation par rapport au pouvoir religieux). L'auteur du même sermon l'affirme en ces termes:

«...l'Eglise est tout à fait différente de la société civile. Différente dans son autorité qui lui vient immédiatement de Dieu» [22];

L'*Ordre* formule en d'autres termes des arguments analogues:

«... attribuer à Dieu l'institution immédiate du pouvoir temporel, c'est méconnaître un des caractères qui distinguent l'ordre temporel et l'ordre religieux. Dieu n'a constitué directement le pouvoir que dans l'Eglise. Dans la société temporelle, le pouvoir n'arrive de Dieu à l'homme que par l'entremise des hommes» [23].

Dans ses *Considérations sur les rapports de la société civile avec la religion et la famille,* l'abbé Laflèche reprendra sensiblement les mêmes arguments pour prouver l'origine divine de l'autorité dans l'Eglise et conclure que «le pouvoir temporel (du Pape) vient de Dieu par l'intermédiaire des moyens humains» [24].

Bénéficiant d'une filiation qui la relie directement à Dieu, l'Eglise participe de ce fait à la nature même de son fondateur dont elle reflète la perfection au niveau de ses attributs propres. Il faut noter par ailleurs que cette interprétation coïncide avec celle que l'Eglise a toujours présentée d'elle-même à travers son enseignement traditionnel. L'originalité de l'ultramontanisme consistera, ici comme à d'autres niveaux, dans l'usage qui en sera fait: les qualités attribuées à l'Eglise seront en effet présentées comme autant de preuves que sa supériorité sur l'Etat est fondée en nature avant même de l'être en droit.

---

21 Sermon (sans date et sans nom d'auteur) annoté par Mgr Bourget, ACAM, 990.019.
22 *Ibid.*
23 L'*Ordre*, 21 juin 1859.
24 L.-F. Laflèche, *op. cit.*, 84.

On s'aperçoit que les attributs de l'Eglise se situent fréquemment dans un cadre comparatif où leur absence dans l'Etat (ou la société civile) apparaît comme autant de faiblesses inhérentes à la nature de ce dernier.

Parmi les propriétés attribuées à l'Eglise, le discours ultramontain mentionne aussi fréquemment sa qualité de «société véritable», une propriété qui, en la situant sur un terrain analogue à celui où se place la «société civile», facilite en quelque sorte la comparaison entre les deux formes de sociétés. Cet attribut particulier de l'Eglise a fait à lui seul l'objet d'un sermon sous l'épiscopat de Mgr Bourget:

> «L'Eglise, ai-je dit, est une véritable société. Et pour le démontrer, je n'ai qu'à demander au bon sens, à la loi naturelle, ce que c'est qu'une société. Je vois que la société est la réunion de plusieurs membres, sous un chef, formant un corps moral, tendant au même but par des moyens communs. Ainsi les éléments essentiels de toute société sont la multitude et l'autorité; le but poursuivi et les moyens employés en sont les éléments intégrants. Or dans la Sainte Eglise, je trouve ces deux éléments essentiels à toute organisation sociale»[25].

Il est à noter que l'organisation et la structure de l'autorité sont les principaux traits qui identifient l'Eglise comme «société véritable». L'abbé Alexis Pelletier l'a réaffirmé à son tour:

> «Que l'Eglise soit une société, l'Ecriture et la tradition nous l'affirment. C'est le troupeau de Jésus-Christ... et ce troupeau a été parfaitement organisé sous la dépendance d'un seul chef...»[26].

En plus d'être une «véritable société» l'Eglise présente l'avantage d'être la «société première». Cette affirmation prend une importance particulière lorsqu'on la situe dans le cadre d'une théologie thomiste où l'ordre des «causes premières» par rapport aux «causes secondes» reproduit un aspect fondamental des relations entre le Créateur et ses créatures, puis, par extension, entre les diverses hiérarchies composant l'univers créé. Ecoutons à ce propos un ultramontain familier du thomisme, l'instituteur (plus tard, l'abbé) Alphonse Villeneuve l'expliquer en ces termes:

---

25 Sermon (sans nom d'auteur et sans date), annoté par Mgr Bourget, ACAM 990.019.
26 A. Pelletier, *Le Don Quichotte montréalais...*, p. 20-21.

«La bonté de Dieu, dit l'Ange de l'école, est expansive ou diffusive d'elle-même; c'est pourquoi il a voulu que toutes ses créatures, sous des rapports différents et à différents degrés, lui ressemblassent non seulement dans leur manière d'être, mais aussi dans leur manière d'opérer... Elles lui ressemblent dans leur manière d'opérer, car de même que Dieu est le père, l'auteur, la *cause* de tout ce qui est, les créatures, Dieu le voulant ainsi, sont les *causes* de tous leurs effets...»

Et l'auteur de poursuivre en citant textuellement Thomas d'Aquin:

«Dans toute société conforme à cette pensée divine, c'est-à-dire dans toute société naturelle et parfaite, il doit se trouver une personne indépendante, y tenant la place de Dieu ou de la substance incréé (*sic*), et de la cause première; ensuite des personnes subordonnées y jouant le rôle des substances créées et des causes secondes»[27].

Dans le cadre d'une humanité trinitaire, à l'image de Dieu, et «formée des trois personnes suivantes: l'Eglise, l'Etat et la Famille», la qualité de «cause première» attribuée à l'Eglise prend son sens véritable:

«Dans cette trinité admirable, la *personne indépendante* ou *cause première* est l'Eglise; les *personnes subordonnées* ou *causes secondes* sont l'Etat et la Famille, par leurs chefs; pour les personnes effets, ce sont tous les sujets»[28].

En se référant cette fois aux récits de la Genèse, l'abbé Laflèche, en viendra à son tour à la conclusion que «la société religieuse ou l'Eglise est la première de toutes les sociétés»[29].

Aux attributs de «société véritable» et de «société première» se rattache également celui de société indépendante, attribut fréquemment associé aux deux autres dans le discours ultramontain. Un sermon de l'époque l'explicite en ces termes:

«L'Eglise est une véritable société, vivant sur la terre; donc

---

[27] A. Villeneuve, «Nos forces et nos faiblesses à l'égard de la vérité», *Le Franc-Parleur*, 25 mai 1871.

[28] *Ibid.*

[29] L.-F. Laflèche, *Quelques considérations sur les rapports de la société civile avec la religion et la famille*, p. 121-122.

elle a le droit de porter des lois par ses Conciles... et cela indépendamment du pouvoir civil, puisque l'Eglise est tout à fait indépendante de ce dernier»[30].

A. Villeneuve reprend à son tour la même thèse:

«...l'humanité est instituée pour se sauver: elle ne doit user de la vie matérielle que pour la vie spirituelle et éternelle. De là vient, dans l'humanité, la prééminence de l'Eglise sur l'Etat et sur la Famille, de là son droit au rôle de *personne indépendante* et de *cause première,* l'Eglise étant supérieure à la Famille et à l'Etat a par le fait même, droit à leur respect et à leur soumission, précisément comme Dieu a droit à la soumission et au respect de toutes ses créatures»[31].

Parmi l'avance que l'Eglise accuse sur l'Etat figurent les vertus d'immuabilité et d'universalité pendant qu'est souligné le caractère provisoire de la puissance civile, enfermée dans un cadre spatio-temporel étroit.

Comparée à l'Etat et à la famille, la «société religieuse» est dite «la plus noble, la plus universelle et la seule immuable... La plus universelle: tandis que l'Etat n'embrasse que des individus circonscrits dans un certain espace, l'Eglise, elle, embrasse l'humanité entière. La plus immuable: l'Etat change selon la diversité des lieux, des mœurs, des besoins, et des temps; l'Eglise, au contraire, est partout et toujours la même et ne change pas»[32].

Mgr Bourget parlera de la «puissance temporelle (qui) vint se briser contre le rocher inébranlable sur lequel repose la puissance spirituelle»[33]. Quant à l'*Ordre,* il conclut une comparaison entre les deux puissances en affirmant que «celle qui commande à l'âme pour l'éternité est bien certainement supérieure à celle qui commande au corps pour le temps»[34].

Les qualités attribuées à l'Eglise culminent enfin en une vertu qui les contient toutes, soit la perfection inhérente à sa nature. Comme dans le cas des attributs précédents, celui-ci à son tour s'insère dans une argumentation destinée à prouver la supériorité de l'Eglise sur

---

30 Sermon annoté par Mgr Bourget, ACAM, 990.019.
31 A. Villeneuve, *op. cit.*
32 A. Villeneuve, *Conférences,* Montréal, 1871, p. 217.
33 Mgr Bourget, Lettre pastorale, 23 mai 1866.
34 L'*Ordre,* 17 mai 1852.

l'Etat; l'imperfection de ce dernier conférant dès lors à sa mise en tutelle par l'Eglise un caractère de nécessité logique. Ainsi nous dit l'abbé A. Pelletier «l'Eglise catholique, société parfaite... placée comme dans une région moyenne entre le ciel et la terre» est appelée à assurer la «suprême direction (des Etats) quelle que soit la forme de gouvernement qu'ils adoptent»[35].

Lié à la perfection de l'Eglise est son caractère d'infaillibilité. De là découle, selon l'abbé Laflèche «le rapport de subordination de l'ordre civil et politique à l'ordre religieux, puisque Dieu a constitué l'Eglise interprète infaillible et juge en dernier ressort de tout ce qui regarde sa loi sainte»[36].

Dans le passé, cette prérogative avait souvent été invoquée, mais surtout en vue de trancher des questions litigieuses en matière de foi. Les ultramontains s'empresseront de l'étendre aux problèmes politiques. Ainsi c'est en termes énergiques que l'*Ordre,* l'organe des ultramontains, rappelait en 1859 à ses lecteurs le droit de contrôle absolu des évêques dans le domaine politique:

> «... toute politique pour être saine, utile et bonne doit reposer sur des principes: or l'Eglise seule ayant le dépôt sacré de tout principe et de toute vérité, eux seuls (les évêques) peuvent dire où et quand les principes sont en jeu... Jamais ou presque jamais, on n'a vu les Evêques d'un pays ou d'une province mettre le salut d'une question politique entre les mains d'un homme; toujours ils se sont prononcés comme un seul sur la moralité de certaines questions à l'ordre du jour»[37].

L'abbé Laflèche ira jusqu'à préciser les modalités d'application pratique de ce principe, en ce qui regarde les conditions d'une alliance possible entre le clergé et les partis politiques:

> «Le critérium, la dernière évidence de toute vérité, c'est l'enseignement de l'Eglise... celui des partis politiques qui aura les principes les plus conformes à la vérité, aura aussi nos sympathies les plus dévouées»[38].

---

35 A. Pelletier, *GC,* 16 mars 1871. Aussi du même auteur, voir *Le Don Quichotte montréalais...,* p. 20-21. F.-X. Trudel soutiendra des arguments analogues dans «Quelques réflexions sur les rapports de l'Eglise et de l'Etat», RC, VIII (1871): 257-258.

36 L.-F. Laflèche, *Quelques considérations...,* p. 83-84.

37 *L'Ordre,* 14 octobre 1859.

38 L.-F. Laflèche, *Quelques considérations...,* p. 162-163.

Promesses qui étaient loin d'être vaines puisque, depuis l'Union, l'alliance entre les ultramontains et le parti conservateur (jugé le plus proche des critères ultramontains) n'avait cessé de prouver sa rentabilité pour le parti politique en cause.

Ainsi, qu'elle fasse appel à la primauté de l'Eglise, à sa perfection ou à son infaillibilité, l'idéologie ultramontaine le fait rarement de façon gratuite. Dans le cadre d'une compétition permanente entre les deux puissances, l'apologétique ne pouvait s'en tenir à un objectif purement religieux. Elle deviendra très vite un instrument de combat, destiné au même titre que les autres à assurer la victoire finale de l'Eglise sur l'Etat.

C'est dans une perspective semblable, comme nous le verrons, que s'insèrent les définitions ultramontaines des buts fondamentaux assignés respectivement à l'Eglise et à l'Etat.

Les objectifs comparés de l'Eglise et de l'Etat

Le discours ultramontain a soutenu fréquemment que les objectifs immédiats de l'Eglise et de l'Etat ne devaient pas être confondus alors que leur but final demeurait identique.

La distinction au niveau du tempo des objectifs rappelle celle établie par la métaphysique thomiste entre la «causa formalis» et la «causa finalis». En invoquant leurs objectifs immédiats, l'idéologie ultramontaine situe en fait à des niveaux différents les missions respectives de l'Eglise et de l'Etat, établissant du même coup leur hiérarchisation. Mais en insistant sur la séparation de leur champ d'action respectif ne risquait-on pas du même coup de fournir à l'Etat un alibi valable pour échapper à la tutelle de l'Eglise? Ce danger est toutefois évité dans l'idéologie ultramontaine parce qu'au niveau de leur but final l'Eglise et l'Etat se retrouvent, selon l'idéologie, sur un terrain identique où l'Eglise est nettement avantagée.

Cette dialectique au caractère subtil s'exprime à travers les arguments qui seront analysés dans les pages qui suivent.

Au niveau des objectifs immédiats de la société civile et de la société religieuse, le discours ultramontain insiste sur la distinction des buts assignés à chacune d'elle. Un ultramontain très orthodoxe, l'avocat François-Xavier Trudel, s'exprime ainsi à ce sujet:

«Pour éviter tout empiètement de l'une de ces deux puissances sur le domaine de l'autre, il faut établir, d'une manière bien tranchée, la ligne de démarcation qui les divise. Or il est nécessaire de considérer quelle mission chacune est appelée à remplir dans le monde, pour reconnaître sûrement cette limite, et préciser dans quelles bornes chacune doit exercer son empire souverain...»[39].

Alors qu'à l'Eglise revient la mission d'œuvrer sur le plan spirituel en vue de l'obtention des «biens éternels», l'Etat est voué à travailler quant à lui au niveau de la matière, se contentant de veiller aux biens «de la terre et du temps». Parmi les organes de la presse ultramontaine, le *Nouveau Monde* s'est particulièrement intéressé à ce sujet:

«Si, en effet, d'un côté le but de toute organisation sociale est de permettre aux hommes d'arriver, par l'union de leurs forces et la combinaison de leurs efforts, à la possession d'un bien auquel chacun laissé à lui-même ne pourrait jamais parvenir, et si de l'autre tous les biens préparés à l'homme se divisent et se partagent, nous pouvons dire nécessairement, en ceux qui sont éternels et ceux qui ne sont que du temps, il est également de toute raison de reconnaître deux sociétés principales et distinctes: l'Eglise qui voit et veille aux intérêts éternels de l'homme, et l'Etat qui prend soin de ceux de la terre et du temps. De là les deux domaines distincts des choses de Dieu et de celles de l'Etat, le cercle sacré et inviolable de chacune des deux puissances»[40].

Or si l'on se réfère aux postulats de l'ultramontanisme relatifs à la hiérarchie des deux ordres, naturel et surnaturel, on comprendra que le but assigné à l'Etat apparaisse moins élevé que celui fixé à l'Eglise. L'inégalité des objectifs permettra dans un deuxième temps

---

39 F.-X. Trudel, «Quelques réflexions sur les rapports de l'Eglise et de l'Etat», RC, VIII (1871): 260-261. Les mêmes idées ont été développées au cours de l'année 1871 par le *Nouveau Monde* dans ses livraisons du 11 et du 18 avril. On serait porté à croire, sans pouvoir toutefois l'établir avec certitude, que les deux articles sus-mentionnés sont rédigés par le même F.-X. Trudel.

40 *NM*, 11 avril 1871. Une thèse semblable avait été développée dans l'édition du 9 janvier 1868 à propos du débat relatif à l'influence cléricale sur la conscience des citoyens en temps d'élection. L'auteur concluait alors en précisant qu'il s'agissait là d'un problème relevant effectivement des droits du clergé parce que «l'âme de l'homme est un sanctuaire sacré où l'on n'entre qu'au nom de Dieu et comme son ministre». Ainsi poursuivait le rédacteur, on se trouvait en présence d'une question relevant de l'ordre des «choses religieuses et célestes» (*NM*, 9 janvier 1868). C'est dire que la distinction entre le spirituel et le matériel était bien plus nette en théorie, dans l'optique ultramontaine, qu'elle ne l'était en pratique.

de conclure à celle des institutions elles-mêmes. Ecoutons à ce sujet les conclusions d'un rédacteur de l'*Ordre*:

> «En effet, si de l'Eglise et de l'Etat, l'un devait commander et avoir la prééminence sur l'autre ce ne serait certainement pas l'Etat, car il a un but moins élevé à remplir...»[41].

Faisant preuve d'une remarquable continuité au niveau de la pensée, la presse ultramontaine développera, une douzaine d'années plus tard, des arguments semblables empruntant cette fois pour les exposer les pages du *Nouveau Monde:*

> «C'est incontestablement la hauteur ou l'excellence de sa fin qui doit déterminer la dignité hiérarchique d'une société quelconque. Nous voulons dire, qu'entre deux organisations sociales, celle dont l'objet est moins important et moins relevé doit céder le pas à la plus digne, et subordonner ses intérêts à ceux de l'ordre supérieur. Il est donc également de principe que dans toutes les matières où l'intérêt de la Société Civile, la fin de l'Etat, ou le bonheur du temps présent, se trouve par accident, ou en soi, en opposition et conflit avec la fin suprême de l'Eglise et le bonheur éternel de l'homme, c'est à la Société Civile, dont le but est moins important, à subordonner son action à l'action et aux intérêts incontestablement supérieurs de l'Eglise»[42].

On voit mieux dès lors pourquoi, dans la perspective ultramontaine, lorsqu'interviennent «des milieux où les choses temporelles se rattachent aux choses divines, l'Etat dans ce dernier ordre de choses doit se soumettre entièrement à l'Eglise»[43]. Or étant donné la multiplicité des problèmes existentiels que l'idéologie a perçu comme impliquant des «choses divines», on comprend le nombre élevé de conflits de juridiction qui opposèrent le groupe ultramontain à l'autorité civile.

La distinction introduite par l'idéologie entre les objectifs immédiats de l'Eglise et de l'Etat ne risquait-elle pas par ailleurs de leur permettre d'évoluer dans des sphères indépendantes, entraînant ainsi l'émancipation définitive de la puissance civile? Ce risque est cependant minime si l'on considère que la «causa finalis» attribuée

---

41 L'*Ordre*, 17 mai 1859.
42 *NM*, 25 avril 1871.
43 *Franc-Parleur*, 25 mai 1871.

aux deux institutions — soit celle d'assurer à l'homme la conquête de son salut éternel — est définie comme étant la même pour l'Eglise comme pour l'Etat.

Et ce dernier objectif, but ultime de l'existence de l'homme, s'inscrit dans les lois mêmes de son univers spirituel et moral. Il sera qualifié de «loi première, fondement universel du monde moral: que l'homme doit tendre vers Dieu qui est sa fin: il doit aspirer à ce grand jour de la lumière incréée et de la félicité divine qui lui est destinée»[44].

Se référant à la *Somme* de saint Thomas d'Aquin, un rédacteur du *Journal des Trois-Rivières* rappellera à son tour:

> «Tout existe, pour les élus. Voilà l'unique fin dernière de l'humanité. C'est pour cette fin dernière que les individus, les familles, les nations, les gouvernants comme les gouvernés ont été créés. Tout doit concourir à cette fin, tout doit converger vers ce terme de toute existence intellectuelle et morale»[45].

Ici encore l'idéologie ultramontaine ajoute peu d'éléments nouveaux aux dogmes traditionnels de l'Eglise mais se distingue surtout par sa capacité de les adapter aux fins pratiques auxquelles elle les destine.

Ainsi donc l'objectif ultime du salut, défini comme une œuvre divine, devra n'être confié qu'à «une direction divine», en l'occurrence l'Eglise, et l'autorité civile n'a d'autre choix que d'accepter les conséquences pratiques qui en découlent. C'est ainsi que s'exprime à ce sujet A. Villeneuve, citant là encore les écrits de Thomas d'Aquin:

> «Mais l'homme ne pouvant par des vertus purement humaines, parvenir à sa fin, qui est la possession de Dieu, il en résulte que ce n'est pas une direction humaine, mais une direction divine qui doit l'y conduire... cette direction a été confiée non aux rois, mais aux prêtres, et surtout au souverain prêtre, le successeur de saint Pierre, le pontife romain, à qui tous les rois du peuple chrétien doivent être soumis, comme au Fils même de Dieu. Tel est l'ordre que Dieu a établi afin que le moins se rapporte au plus, que l'inférieur soit subordonné au supérieur et qu'ainsi tous arrivent à leur fin»[46].

---

44 *MR*, 7 décembre 1848.
45 *J. T-R.*, 1er février 1870.
46 A. Villeneuve, *Le Franc-Parleur*, 25 mai 1871.

L'idéologie ultramontaine n'exclut pas pour autant l'Etat de la participation à l'œuvre ultime du salut. Mais comme dans les domaines précédents, l'Etat n'apparaît que comme un auxiliaire de l'Eglise et comme tel, doit prendre garde de déborder les limites du champ d'action qui lui a été assigné: Ecoutons là encore A. Villeneuve s'exprimer à ce sujet:

> «... il entre dans les obligations du pouvoir public de faciliter à la société la conquête du salut par tous les moyens dont il dispose, et par conséquent dans le cercle de ses devoirs entre l'obligation de veiller au maintien de la vraie religion, car la fidélité à la vraie religion est la condition essentielle de tout bonheur pour la société, comme pour l'individu dans le temps et l'éternité»[47].

Traitant du même sujet, un rédacteur du *Nouveau Monde* tiendra à préciser que «ce que fait en cela l'Etat dans le sens de la fin dernière et spirituelle de ses sujets, il ne le fait encore une fois, que sous la dépendance et le contrôle de l'Eglise à qui seule appartient le droit de déterminer ce qui est ou n'est point la religion»[48].

L'objectif ultime de l'Etat ne se différencie donc pas en définitive de celui de l'Eglise, mais son rôle consiste à permettre à cette dernière de réaliser pleinement le sien. Dans cette perspective, l'abbé Pelletier ira jusqu'à refuser de reconnaître à l'Etat «une fin propre», le définissant uniquement comme «un moyen» mis à la disposition de l'Eglise pour lui faciliter sa tâche. Il affirme ainsi:

> «Si tout a été fait pour le salut de l'homme il s'en suit que les Etats comme tout ce qui existe ici bas en dehors de lui, n'ont pas de fin propre à eux, mais sont de simples moyens. Par leur action, ils doivent rendre plus faciles aux individus le travail et l'œuvre de leur sanctification, en écartant d'un côté tous les obstacles qui peuvent leur nuire, en favorisant de l'autre de tout leur pouvoir ce qui est de nature à les aider dans ce travail et dans cette œuvre. Donc, puisque les Etats, les gouvernements n'existent que comme moyens de salut, et que, dans l'ordre du salut, tout est subordonné à l'Eglise, l'Eglise a la

---

47 A. Villeneuve, *La Comédie infernale*, 45. L'auteur met cette déclaration dans la bouche de Lucifer, un Lucifer un peu étrange en vérité puisque la plupart de ses répliques sont des prétextes à des professions de foi ultramontaines. Celles-ci terminent, pour la forme, par quelque déclaration de guerre à Dieu et à l'Eglise.

48 *NM*, 18 avril 1871.

suprême direction des Etats et des gouvernements»[49].

Pour saisir pleinement le sens du rôle spirituel attribué à une institution laïque d'ordre matériel comme l'Etat, il faut, là encore, remonter à l'enseignement thomiste et à sa définition de la notion de «bien commun».

A l'image de son existence elle-même, le «bien» de l'Etat est perçu comme distinct mais non séparé de celui de ses membres. Aussi, en réalisant son propre «bien» l'Etat se trouve à assumer du même coup celui de ses gouvernés. C'est ce que le thomisme traduit par la notion de «bien commun», soit celui que l'Etat a l'obligation de promouvoir à la fois à son profit et à celui de ses membres qu'il ne peut séparer du sien.

Le salut éternel, défini en l'occurrence comme le bien suprême, devient ainsi un objectif dont l'Etat doit assurer la réalisation au profit de tous.

Parallèlement à son statut d'auxiliaire lorsqu'il s'agit des objectifs importants assignés à la société, l'Etat n'assume qu'un rôle secondaire en ce qui a trait à la réalisation de ces objectifs. C'est qu'il ne dispose, selon l'idéologie, que de moyens d'ordre matériel alors que l'Eglise seule a accès à des moyens spirituels adaptés à la nature du but final poursuivi. Ceci expliquerait, selon l'abbé J.-S. Raymond, la raison pour laquelle l'Etat ne procède pas «par une action directe, immédiate comme celle de l'Eglise»[50].

Les moyens dont disposeraient l'Eglise et l'Etat peuvent se diviser selon leur nature, en deux catégories: 1°, les moyens spirituels et moraux; 2°, les moyens matériels et légaux. Nous analyserons dans quelle optique les ultramontains en ont perçu le contenu et la signification respectives.

Les moyens spirituels et moraux dont disposent l'Eglise et l'Etat

Même lorsqu'ils sont prêts à reconnaître une origine divine à l'Etat (par le biais de l'origine divine de toute autorité légitime) et à

---

49 A. Pelletier, *GC*, 16 mars 1871.
50 J.-S. Raymond, «De l'Eglise et de l'Etat...», RC, II (1865): 668.

admettre que son objectif final n'est pas fondamentalement différent de celui de l'Eglise, la majorité des idéologues ultramontains tiennent toutefois à préciser que: «Les deux pouvoirs ayant la même origine et le même objet, diffèrent cependant dans leurs fonctions, dans leur mode d'action»[51].

Cette différence s'expliquerait du fait que «le pouvoir religieux agit plus directement sur l'homme moral, sur la conscience; les moyens qu'il emploie sont le ministère de la parole, les sacrements, les peines spirituelles.»[52]

Morale et religion sont très fréquemment associées lorsque le rôle de l'Eglise ici-bas est évoqué. Un rédacteur du *Nouveau Monde* s'explique ainsi:

«... car encore une fois qu'est-ce que la morale sans religion et la religion sans morale.»[53]

La morale n'est-elle pas en effet le lieu privilégié où les valeurs religieuses seront assimilées sous forme de normes sociales et par là-même actualisées? C'est pourquoi elle relève du domaine spirituel, affirment les ultramontains, au même titre que le dogme ou le culte. Un rédacteur des *Mélanges Religieux* l'explique ainsi:

«Tout ce qui se rapporte à la religion, ce qui lui appartient et en fait partie, ce qui doit conduire l'homme à l'accomplissement de ses destinées immortelles, ce qui constitue le dogme, la morale, le culte... voilà ce que nous nommons les choses sacrées, les choses divines, les choses saintes qui sortent de l'ordre commun, de l'ordre civil, humain et temporel, pour s'élever et entrer dans l'ordre et la région des choses religieuses, ecclésiastiques et spirituelles.»[54]

La morale apparaît en fait comme la voie d'accès principale par laquelle le religieux rejoint l'ensemble du social, une sorte de jonction naturelle entre la vocation religieuse de l'Eglise et sa mission sociale. Or c'est le clergé seul, déclarent les ultramontains, qui garde l'accès à cette voie et assure le mieux cette jonction. Le *Nouveau Monde* est catégorique à ce sujet:

---

51 H. Beaudry, *Le Conseiller du Peuple*, Montréal, 1861, p. 75.
52 *Ibid.*, p. 75-76.
53 *NM*, 8 janvier 1868.
54 *MR*, 7 décembre 1848.

« Puis, si on nous demande qui sera le juge entre le bien et le mal ainsi juxtaposés, nous répondrons que le bien ou le mal moral, le juste ou l'injuste, ce qui lie ou non la conscience est du domaine exclusif de l'autorité religieuse, et ni les rois, ni les peuples n'ont mission de rien régler en ces matières. Donc c'est à l'Eglise à nous guider là-dessus, et aux Evêques à nous instruire en son nom. »[55]

L'abbé Joseph-Sabin Raymond, qui professe pourtant un ultramontanisme plus modéré que d'autres[56], n'en conclut pas moins dans les articles qu'il publie dans la *Revue Canadienne,* que seule l'Eglise peut se dire la gardienne incontestable de la morale publique[57].

L'exclusivité de la juridiction de l'Eglise en matière de foi et de morale n'entraîne pas cependant l'exclusion totale de l'Etat de l'ensemble de ces domaines. Bien au contraire, la puissance civile a le devoir de veiller aux intérêts religieux et moraux de ses gouvernés. Le *Nouveau Monde* le rappelle à ses lecteurs en ces termes:

> Nous voulons dire et nous disons que c'est beaucoup trop limiter le devoir d'un gouvernement que de le faire consister dans une simple abstention quand il s'agit de morale ou de religion; et que c'est abaisser le but de l'Etat et méconnaître la grandeur de la mission, que de lui assigner pour unique fin l'honnête administration des biens matériels de la société, et de lui nier, d'une manière absolue, le droit et le devoir de travailler directement à sauvegarder les intérêts moraux et spirituels de ses sujets dans sa sphère légitime d'action. »[58]

Trois ans plus tard, un rédacteur reprenait sensiblement les mêmes arguments pour conclure que « la Religion et la probité des mœurs » font partie du bonheur que tout Etat a le devoir d'assurer à ses membres[59].

---

55 *NM,* 30 mai 1872.

56 Tout en étant partisan de la suprématie de l'Eglise sur l'Etat, l'abbé J.-S. Raymond a tenu à préciser à maintes reprises que l'Etat avait droit à son indépendance « dans l'ordre purement temporel ». Ces déclarations ne sont pas dépourvues toutefois d'une certaine ambiguïté vu que le temporel à l'état « pur » occupe dans l'idéologie ultramontaine un espace aux contours assez flous.

57 J.-S. Raymond, « De l'Eglise et de l'Etat... », RC, II (1865): 669.
Par suite de l'hégémonie cléricale qu'il tend à instaurer, il était presque naturel que l'ultramontanisme mette l'accent sur la dépendance entre l'ordre religieux et l'ordre moral faisant dériver le deuxième directement du premier. En détenant également l'exclusivité dans la définition même des normes morales, le clergé s'assurait le pouvoir d'exercer un contrôle efficace sur leur application concrète.

58 *NM,* 8 janvier 1868.

59 *NM,* 12 avril 1871.

L'ingérence de l'Etat en matière de religion et de morale ne doit pas toutefois faire illusion sur le genre de collaboration qui en est exigée. Tout comme au niveau des objectifs qui lui sont assignés, l'Etat, en ce qui a trait aux moyens spirituels et moraux auxquels il a accès, occupe un statut d'auxiliaire, demeurant ici encore «sous la dépendance de l'Eglise». C'est ainsi que le *Nouveau Monde* s'exprime à ce sujet:

> «Ce qui constitue la nature propre et le caractère particulier de la Société Civile, c'est qu'à elle appartient directement le soin de procurer aux hommes le bonheur du temps présent, et, sous la dépendance de l'Eglise, de protéger la morale et défendre la Religion des peuples.»[60]

Il est évident par ailleurs que l'idée du bonheur à «procurer aux hommes» est directement associée ici au respect des directives religieuses et morales que leur prescrit l'autorité conjuguée des deux puissances civile et religieuse.

Quant aux directives de l'Etat en ces domaines, il est entendu qu'elles demeurent sujettes à la caution de l'Eglise. Ecoutons un rédacteur du *Nouveau Monde* s'expliquer encore là-dessus:

> «Remarquons bien cependant que puisque c'est à l'Eglise qu'appartient directement et avant tout le soin et le devoir de veiller à la religion des peuples, attendu que c'est là son domaine, l'état évidemment n'y peut entrer que comme aide et en subordonnant ses services à l'ordre voulu de Dieu et aux conseils de son Eglise. Qui nous assure autrement que l'Etat ne prendrait point dans certains cas pour la religion et la morale ce qui ne serait ni l'une ni l'autre et ne jetterait pas la société dans de plus grands troubles encore, en y favorisant l'erreur la plus funeste?»[61]

On remarque que dans cette perspective la responsabilité morale et religieuse de l'Eglise vis-à-vis des gouvernés passe par le contrôle inévitable qu'elle doit exercer sur les gouvernants eux-mêmes. C'est pourquoi, nous dit-on, «dans le dessein providentiel, l'Etat reçoit de l'Eglise l'enseignement de ses devoirs»[62]. Par ce biais l'Eglise se retrouve bien entendu dotée d'une capacité accrue d'asseoir son

---

60 *NM*, 18 avril 1871.
61 *NM*, 12 avril 1871.
62 J.-S. Raymond, «De l'Eglise et de l'Etat...», RC, II (1865): 669.

hégémonie sur l'Etat: on s'aperçoit en effet que c'est principalement par le biais de la morale que les ultramontains définissent à la fois la collaboration Eglise ∕ Etat et la dépendance de ce dernier vis-à-vis de la puissance religieuse.

Parmi les idéologues ultramontains, certains — dont en particulier F.-X. Trudel et l'abbé H. Beaudry — n'ont pas nié l'étendue du pouvoir que conférait à l'Eglise son droit de contrôle sur la conduite morale des gouvernants. Mais une fois admise, cette éventualité est toujours justifiée, parce qu'exprimant en définitive la volonté divine elle-même. Ecoutons à ce propos l'abbé H. Beaudry s'expliquer:

> «Mais, dira-t-on encore, le pouvoir ecclésiastique en s'arrogeant le droit de régner sur les consciences, se donne une influence illimitée. Comme, selon ses prétentions, il a le droit d'intervenir partout où la religion ou la morale sont concernées, et qu'il ne se trouve guère de questions qui n'aient leur côté religieux ou moral, il suit de là qu'il s'arroge presqu'à lui seul le gouvernement de la société, ne laissant au pouvoir séculier qu'un cercle d'action très limité... Quant à la première de ces objections, je vous réponds que si l'Eglise a une si large part dans le gouvernement de la société, ce n'est pas sa faute, ce n'est pas elle qui se l'est faite, mais bien Dieu; or il ne faut pas s'aviser de défaire ce qu'Il a fait»[63].

Par ailleurs, nous dit l'auteur, l'Histoire est là pour prouver qu'à ce sujet la «réserve passée» de l'Eglise «devrait être une sûre garantie pour l'avenir», et de poursuivre en portant l'accusation dans le camp adverse:

> «L'histoire est là pour nous dire que de tout temps les tentatives d'envahissement d'un pouvoir par l'autre sont venues du pouvoir séculier qui, sans cesse, a essayé de s'assujettir l'Eglise»[64].

Ainsi non seulement, nous assure-t-on, l'Eglise n'a jamais abusé dans le passé de l'avantage indéniable que lui conférait le contrôle de la moralité de l'Etat, mais la puissance religieuse a été jusqu'à représenter l'unique sauvegarde des gouvernés contre la tyrannie de leurs propres gouvernants. C'est ainsi qu'un rédacteur du

---

63 H. Beaudry, *op. cit.*, p. 77.
64 *Ibid.*, p. 76.

Courrier du Canada décrit le comportement historique de l'Eglise à cet égard:

> «La religion... a pris la défense des peuples, quand les rois, abusant de leur autorité, voulaient les courber sous un joug avilissant, voulaient les mener comme un vil l'était»[65].

Et parce qu'elle constitue une entrave sérieuse sur le chemin des tyrans, l'Eglise demeure le principal «défenseur du petit peuple» contre «une certaine classe d'hommes... dominée par l'ambition et la cupidité (et qui) quand elle brûle de voir le peuple sous ses pieds, n'aime pas à avoir à ses côtés un pouvoir qui se maintient toujours, qui s'est toujours montré le défenseur du petit peuple; un pouvoir avec lequel on ne peut transiger en aucune manière quand il s'agit d'immoler la justice; elle n'aime pas à l'entendre lui dire «cela n'est pas permis»; elle n'aime pas à l'entendre enseigner que tout n'est pas permis au pouvoir séculier qui lui aussi doit régner d'après les lois éternelles de la justice et de la morale»[66].

Un article du *Nouveau Monde* ira jusqu'à affirmer, sur un ton prophétique, qu'à l'image du passé, l'avenir reconnaîtra à son tour la valeur de ce rôle bienfaisant de l'Eglise, alors que «se sentant écrasés sous le poids de tous les despotismes réunis, les peuples tourneront leurs yeux baignés de larmes vers l'Eglise pour lui redemander la liberté chrétienne»[67].

Pendant que l'idéologie ultramontaine attribue à l'Eglise l'exclusivité du contrôle moral et spirituel de la société — et ceci à tous les niveaux de l'échelle sociale — il faudrait examiner ce qui est dévolu à l'Etat en guise d'instruments du pouvoir, c'est-à-dire encore quels moyens d'action aurait mis la Providence à la disposition de la puissance séculière selon la perspective ultramontaine.

Les moyens d'action matériels dont dispose l'Etat

Pour comprendre le discours ultramontain à ce niveau il faut se rappeler que, dans l'optique ultramontaine, l'objectif primordial de l'Etat est d'œuvrer aux côtés de l'Eglise pour le bien spirituel des

---

67 *NM*, 25 août 1868.
65 *CC*, 21 octobre 1857.
66 H. Beaudry, *op. cit.*, p. 78.

peuples. Quant à leur bonheur temporel, il est représenté comme accessoire, sorte d'objectif secondaire, acceptable dans la mesure où il n'entre nullement en conflit avec le bien spirituel de la collectivité. Un rédacteur du *Courrier du Canada* s'exprime ainsi en parlant de l'Etat: «son devoir est de faire *peu* pour le plaisir du peuple, *beaucoup* pour ses besoins, *tout* pour ses vertus afin de le conduire à la possession éternelle du souverain bien»[68].

Alors que pour atteindre ses objectifs propres l'Eglise accède à des moyens moraux autant que spirituels, l'Etat ne dispose à cet effet que de moyens matériels ou bien légaux (il est à noter toutefois que ces instruments matériels du pouvoir exigeront de la part des citoyens beaucoup plus d'obéissance en matière de conduite que d'adhésion profonde au niveau des consciences).

A partir d'une telle définition, les obligations spirituelles et morales, moins visibles, cèdent la place à une contrainte matérielle beaucoup plus tangible. Le discours ultramontain traduit en termes qui lui sont propres le caractère oppressif autant des objectifs que des moyens matériels dont dispose l'Etat. Ecoutons s'exprimer à ce propos l'abbé H. Beaudry:

> «Le pouvoir séculier ayant toujours pour but de conduire l'homme à sa destinée, est armé du glaive pour sauvegarder surtout les intérêts temporels de la société. Protéger la vie et la propriété, voilà ses attributions principales; mais il doit encore maintenir l'ordre extérieur, empêcher la violation publique des mœurs, procurer en un mot aux citoyens la liberté du bien»[69].

L'abbé J.-S. Raymond ne s'exprime pas différemment dans un article où il traite des relations de l'Eglise et de l'Etat. Ce dernier, selon lui, «porte le glaive... pour imposer aux méchants une crainte salutaire et permettre par là même au bien, c'est-à-dire à la gloire de Dieu par le salut de l'homme, de s'opérer facilement»[70].

Un article de l'*Ordre* affirme à son tour que: «aussitôt que l'ordre règne, le peuple est gouverné; ordre, subordination, gouvernement sont synonymes»[71].

---

68 *CC*, 15 janvier 1868.
69 H. Beaudry, *op. cit.*, p. 75.
70 J.-S. Raymond, «De l'Eglise et de l'Etat...» RC, II (1865): 668.
71 L'*Ordre*, 21 juin 1859.

En attendant d'analyser l'impact susceptible d'être produit par cette image de l'Etat véhiculée par les définitions ultramontaines, qu'il suffise de noter, en attendant, que parallèlement à des objectifs de type statique (tels que l'ordre, la paix, la sécurité), les moyens attribués à l'Etat ont un caractère répressif. Ici, comme à d'autres niveaux, l'idéologie assure donc à la puissance religieuse une certaine avance sur la puissance séculière.

Les moyens juridiques à la disposition de l'Eglise et de l'Etat

Les moyens légaux dont pouvait disposer l'Eglise représentaient un enjeu d'autant plus grand pour les ultramontains que le groupe social principalement en cause, soit le clergé, n'accédait plus comme par le passé à l'exercice direct du pouvoir politique. Aussi le contrôle du domaine juridique représentait-il une garantie indispensable pour consolider les droits passés et futurs de l'Eglise dans la société et maintenir ainsi, sinon accroître, son pouvoir hégémonique. Traduit en termes de lois et officiellement inscrit dans le Code civil, ce pouvoir se trouvera, par le biais juridique, concrétisé en quelque sorte dans les faits.

Ceci explique la fréquence avec laquelle l'idéologie ultramontaine s'est portée à la défense des droits légaux de l'Eglise, qu'il s'agisse de droits acquis ou à venir.

Ici, comme dans les phases analogues du discours, l'idéologie ultramontaine s'est maintenue à un niveau d'abstraction très poussé, laissant loin derrière elle les problèmes concrets et les situations conflictuelles dans lesquels elle plongeait pourtant constamment ses racines. Généralités et déclarations de principes tendaient ainsi à masquer la conjoncture historique qui n'affleurait à la surface du discours que par à-coups et presque à mots voilés[72].

Il faut noter cependant que les déclarations les plus élaborées au sujet du droit ecclésiastique ont abondé dans les écrits ultramontains (les journaux en particulier) chaque fois que des problèmes précis ont mis aux prises l'Eglise et la puissance séculière. Tel fut par exemple le cas

---

72 Cette tendance est certainement liée au mécanisme de rationalisation qu'inclut tout discours idéologique. Les positions défendues paraissent alors transcender une conjoncture précise pour se justifier au niveau de la défense de principes absolus.

La dimension politique... 93

lors des affrontements qui surgirent à l'occasion de l'adoption de lois scolaires menaçant l'influence du clergé dans le domaine de l'éducation; également lors des discussions qui entourèrent les démarches de Mgr Bourget pour subdiviser la paroisse montréalaise des Sulpiciens et permettre aux nouvelles paroisses ainsi créées de tenir les registres de l'Etat civil (en 1871); ou encore lors des polémiques engendrées par la trop célèbre «Affaire Guibord» (à partir de 1870 surtout). Or les détails concrets de ces problèmes sont presque totalement éclipsés par les discussions menées au niveau des principes dans les écrits ultramontains de l'époque.

Il s'agira d'examiner dès lors à travers quelle succession de «raisonnements» et de «preuves» le discours ultramontain tendait à fonder en droit la suprématie des moyens légaux dont disposait l'Eglise sur ceux dont disposait l'Etat, ce qui revenait à parler de la supériorité du droit canon sur le droit civil.

La suprématie de la puissance religieuse sur la puissance civile se dessine déjà à partir de la définition même de la notion de «législation» telle qu'elle est véhiculée par l'idéologie ultramontaine. Un article de l'*Ordre* s'exprime ainsi à ce sujet:

> «Qu'est-ce que la législation? C'est la réunion des moyens conformes à la religion et à la morale pour conduire un peuple à sa fin: c'est la perfection dans la sagesse humaine s'inspirant de la sagesse divine»[73].

Les objectifs assignés à la législation d'une société vont dans le même sens:

> «Un législateur, s'il mérite véritablement ce nom, doit s'efforcer de rendre son œuvre semblable à l'œuvre divine... De même que la Vérité catholique est placée sur la terre pour éclairer les âmes et les conduire au bonheur, de même le législateur est placé sur les peuples pour les guider à traverser les sentiers de la vraie civilisation au but que lui a désigné la main du suprême législateur»[74].

De même une lettre pastorale de Mgr Bourget confirme aux fidèles que «la loi des hommes, pour être bonne et obliger en conscience... doit être conforme à la loi de Dieu. L'Evangile ne peut donc

---

73 L'*Ordre*, 11 janvier 1859.
74 *Ibid.*

être mis de côté par le code civil d'un peuple chrétien»[75].

Par ailleurs, les écrits ultramontains le rappellent à maintes reprises: c'est l'Eglise seule qui est l'interprète infaillible de la loi divine. Le *Journal des Trois-Rivières* résume ainsi l'argumentation ultramontaine à ce sujet:

> «La loi de Dieu voilà la limite que le pouvoir civil ne pourra jamais franchir... L'apôtre St-Pierre... en posant la loi de Dieu comme la limite que le pouvoir civil ne doit jamais dépasser, établit en même temps le rapport de subordination de l'ordre civil et politique à l'ordre religieux, puisque Dieu a constitué l'Eglise interprète infaillible et juge en dernier ressort de tout ce qui regarde sa loi sainte»[76].

De la définition de la loi à celle de ses objectifs le dénominateur commun demeure le même: il s'agit de la volonté divine dont l'Eglise seule — et par suite le clergé — est dépositaire. Ce sera donc à l'Eglise que revient «en dernier ressort» le droit de veiller à rendre la législation civile conforme aux lois éditées par Dieu, lois que l'Eglise seule bien entendu est chargée d'interpréter à l'intention des hommes. Et par le biais de cette fonction d'intermédiaire, on établira ainsi ce «rapport de subordination» de l'Etat à l'Eglise que mentionne la déclaration ultramontaine citée plus haut.

A l'appui du bien-fondé de cette argumentation, les idéologues ultramontains invoquent fréquemment un troisième élément destiné à conférer encore plus de poids à l'équation selon laquelle: loi divine = loi de l'Eglise. Il s'agit de la «loi naturelle», identifiée en définitive à la loi divine elle-même dans l'univers idéologique ultramontain.

«Loi naturelle» ou «droit naturel» sont dits être en conformité parfaite avec les lois édictées par l'auteur de tout l'univers créé et donc de toute société. Ecoutons à ce propos un sermon de l'époque nous affirmer que: «le droit naturel n'étant que la manifestation extérieure faite aux hommes de la loi éternelle, ce qui est de droit naturel est donc aussi de droit divin; donc la subordination du temporel ou spirituel est de droit divin, donc la société temporelle ou l'état doit être subordonné à la société religieuse ou à l'Eglise»[77].

---

75 Mgr Bourget, Lettre pastorale, 25 mars 1861.
76 Le *Journal des Trois-Rivières*, 25 août 1865.
77 Sermon (sans date et sans nom d'auteur), ACAM, 990.019.

La dimension politique... 95

La scolastique médiévale avait-elle aussi inclus la loi naturelle dans sa dialectique philosophique, mais celle-ci figurait alors à l'intérieur d'un ordre hiérarchique où primait avant tout la loi divine. La trilogie élaborée par la philosophie médiévale se présentait donc dans l'ordre suivant: loi éternelle — loi naturelle — loi humaine. Mais l'importance et l'accent mis sur la loi éternelle enlevait finalement toute autonomie et laissait peu de poids aux deux autres.

Alors qu'avec la philosophie libérale, la loi naturelle devenait autonome, allant même jusqu'à constituer le fondement de la conduite éthique des hommes, il était important pour les ultramontains d'opérer en quelque sorte sa récupération en en faisant le corollaire sinon l'égale de la loi divine [78]. Il suffisait alors de superposer tout simplement la loi divine à la loi naturelle pour en faire «la loi divine naturelle» telle que l'exprime ce passage d'une lettre pastorale de Mgr Bourget:

> «Et d'ailleurs les actions humaines doivent se régler d'après la loi divine naturelle, qui est la gardienne de l'équité, mais non pas d'après la loi des hommes, à moins qu'elle ne soit d'accord avec la loi de Dieu» [79].

La conclusion qui s'impose dès lors, selon les ultramontains, est que pour éviter de sombrer dans l'anti-nature, la loi civile doit être entièrement subordonnée à la loi naturelle, c'est-à-dire encore à la loi divine transmise aux hommes à travers les lois de l'Eglise.

Les idéologues ultramontains ont par ailleurs insisté à maintes reprises sur le droit de l'Eglise d'éditer et d'appliquer ses propres lois. Il faut se souvenir que la définition de «société véritable», souvent attribuée à l'Eglise, tendait principalement à souligner cette capacité de poser des actes et de jouir de la totalité des droits reconnus à toute société légitime. Mgr Laflèche le rappelle encore en 1871 dans une lettre circulaire:

> «L'Eglise est une vraie et parfaite société, pleinement libre et jouissant de droits propres et constants à Elle conférés par son Divin Fondateur. Il n'appartient pas au pouvoir civil de définir quels sont ces droits de l'Eglise et les limites dans

---

78 Dans son ouvrage intitulé *L'idéologie libérale*, Paris, Anthropos, 1971, A. Vachet a bien souligné la différence entre la conception de la loi naturelle dans la philosophie médiévale et la définition qu'en donne l'idéologie libérale à partir du dix-huitième siècle (Cf. A. Vachet, *op. cit.*, p. 101-105).

79 Mgr Bourget, Lettre pastorale, 25 mars 1861.

lesquelles elle peut les exercer». [80]

Le *Nouveau Monde* est encore plus explicite lorsqu'il s'agit d'affirmer la capacité de légiférer qui devrait être reconnue à l'Eglise:

> «L'Eglise Catholique a reçu de celui *à qui toute puissance a été donnée dans le ciel et sur la terre*, un véritable pouvoir *Législatif, Judiciaire, Exécutif et Administratif* en toutes les matières qui concernent le salut des âmes et spécialement en ce qui regarde la Foi, l'interprétation de la Loi naturelle, la Morale Evangélique, les Sacrements, la discipline, etc.» [81]

Or «loi naturelle» et «morale» se réfèrent toutes deux, dans l'optique ultramontaine, à des domaines de juridiction dont les frontières sont à la fois étendues et floues. Interprétées en faveur de l'Eglise, elles peuvent toucher des secteurs assez importants pour justifier la conclusion de l'avocat ultramontain F.-X. Trudel affirmant que «parmi les droits dont il s'agit (soit ceux de l'Eglise), il en est qui touchent à la base de l'ordre social...» [82].

On peut se demander s'il n'y a pas dans cette affirmation, comme en d'autres du même genre (qu'on rencontre surtout en analysant les arguments traitant de la collaboration indispensable de l'Eglise et de l'Etat), un indicatif des motivations profondes qui poussent la petite bourgeoisie conservatrice de l'époque à défendre âprement les droits de l'Eglise.

Il semble bien en effet que pour les laïcs ultramontains de cette époque — minoritaires mais très actifs — qui militent en faveur de la suprématie cléricale, l'Eglise est perçue comme une barrière spirituelle et morale efficace, et en quelque sorte irremplaçable, contre toute menace sérieuse dirigée contre l'ordre social existant [83]. D'où l'importance de préserver ou d'améliorer l'étendue de droits légaux de l'Eglise «qui touchent à la base de l'ordre social».

---

80 Mgr Laflèche, Lettre circulaire du 15 mai 1871. F.-X. Trudel reprend textuellement ce passage dans un article rédigé pour la *Revue Canadienne* et intitulé «Quelques réflexions sur les rapports de l'Eglise et de l'Etat», RC, VIII (1871): 212.

81 *NM*, 2 mars 1870.

82 F.-X. Trudel, *loc. cit.*, 207.

83 A part quelques écrits bien identifiés, il faut noter la difficulté d'opérer un partage exact entre les rédacteurs laïcs et cléricaux à l'intérieur des journaux ultramontains de la période (1848-1871) étant donné la coutume, répandue à cette époque, de ne signer que très rarement les articles. On peut toutefois raisonnablement présumer que les auteurs laïcs des ouvrages et des brochures ultramontains analysés ont également participé à la rédaction des journaux ultramontains qui étaient, officiellement d'ailleurs, dirigés le plus souvent par des laïcs ultramontains notoires.

Les idéologues ultramontains étaient cependant conscients de la difficulté pour le clergé d'user de moyens de pression matériels pour assurer la mise en vigueur et le respect effectif du droit canon. Ceci peut expliquer la tendance à compenser cette faiblesse par l'insistance, au niveau du discours, sur le fait que ces lois obligent en conscience et doivent entraîner, par suite, l'approbation sans restriction des pouvoirs en place.

C'est ainsi, affirme un article du *Nouveau Monde,* que la société civile se doit de reconnaître à l'Eglise «le pouvoir... non seulement d'enseigner toute vérité au monde, mais encore de faire et porter, quand elle le juge convenable, des lois que tous les Etats chrétiens sont obligés de respecter, de reconnaître et de favoriser»[84].

Le danger consistait cependant à faire de cette approbation une condition nécessaire de la validité des lois ecclésiastiques, alors que celles-ci étaient considérées par les ultramontains comme «strictement obligatoires, indépendamment de la sanction du pouvoir civil»[85]. Un sermon de l'époque explicite ainsi cette dernière proposition:

«...Les gouvernements outrepassent leurs pouvoirs, agissent d'une manière tyrannique pour la religion quand ils soumettent les lois de l'Eglise à leur examen et à leur approbation; et défendent de publier ces lois, avant qu'ils les aient reconnues et approuvées. Cette approbation n'est requise qu'en autant qu'on veut que la loi ecclésiastique devienne aussi loi de l'Etat, et que la violation de cette loi constitue aussi un crime social qui, comme tel, tombe sous la puissance séculière (*sic*). Mais cette reconnaissance et cette approbation ne changent rien à la nature de la loi ecclésiastique»[86].

L'approbation de l'Etat est donc vue comme utile dans la pratique, mais par contre non indispensable au niveau des principes puisque la validité des lois de l'Eglise doit, selon les ultramontains, échapper totalement à la compétence de l'Etat et qu'elle est établie en dehors de toute reconnaissance officielle de la part de ce dernier.

Il faut se rappeler que le reproche majeur adressé au gallicanisme se rapporte à son acceptation du contrôle de l'Etat en matière de

---

84 *NM*, 12 juin 1871.
85 A. Pelletier, *Le Don Quichotte montréalais sur sa Rossinante,* 21.
86 Sermon (sans date et sans nom d'auteur), ACAM, 990.019.

religion et à l'importance qu'il accorde à l'approbation officielle par l'Etat des lois édictées par l'Eglise. Quant aux ultramontains, ils continuent à affirmer par la bouche de Mgr Bourget, leur leader incontesté, que «l'Eglise étant de droit divin... il n'est pas nécessaire que ses lois reçoivent la sanction du pouvoir civil pour obliger en conscience» [87].

Cette affirmation est d'autant plus significative qu'elle émane d'un prélat qui a réussi effectivement à garder ses distances vis-à-vis de la puissance séculière. N'est-ce pas le même Mgr Bourget qui rappellera dans une lettre pastorale que «Notre Saint-Père le Pape dans les actes de sa suprême puissance, agit, non contre le droit civil des peuples, mais au-dessus et en dehors de toute loi humaine, pour la raison toute simple qu'il détient en mains la puissance divine, pour gouverner les nations chrétiennes»? [88] Situées dans une sphère à la fois supérieure et étrangère à celle où évolue le droit civil, les lois de l'Eglise sont donc déclarées inaccessibles à l'entendement de la puissance séculière.

Cependant, contrairement à l'indépendance qu'elle exige dans la définition et l'application des lois ecclésiastiques, l'idéologie ultramontaine continue à affirmer la dépendance totale du Code civil à l'égard du droit canon. Les lois édictées par l'Etat ne devraient être acceptées ou rejetées par les catholiques, affirment les ultramontains, que suivant les indications précises des évêques à ce sujet.

Ainsi, selon le *Nouveau Monde,* si ces derniers «déclarent que telle loi n'est pas injuste en soi, tous les fidèles doivent s'y soumettre; et quand ils nous indiqueront les clauses de la loi qu'il faut regarder comme nulles, nous devrons aussi les rejeter». Ceci s'expliquerait du fait qu'«aucun pouvoir civil (n'a) le droit ni la puissance de faire des lois qui soient contraires à celles de Dieu et de son Eglise» [89].

On pouvait lire d'ailleurs dans le même journal, une année auparavant: «pour qu'une loi de l'Etat soit juste et qu'elle oblige, il faut qu'elle ne soit pas contraire à une loi de l'Eglise» [90].

Le *Nouveau Monde* avait déjà consacré en 1868 (soit trois années auparavant) un long article destiné à justifier les fondements moraux de la supériorité du droit ecclésiastique sur le droit civil

---

87 Mgr Bourget, Mandement, 1er janvier 1865.
88 Mgr Bourget, Lettre pastorale, 23 mai 1866.
89 *NM*, 30 mai 1872.
90 *NM*, 24 juin 1871.

(faisant preuve ainsi d'une remarquable continuité au niveau de la pensée)[91].

A ceux qui auraient pu craindre une mise en tutelle certaine de l'Etat, à la suite de l'application de ces principes, on répètera fréquemment que la puissance civile n'encourt aucun risque, l'Eglise ne légiférant jamais en dehors des matières qui sont de son ressort[92].

Les ultramontains demeurent cependant conscients du fait que cette garantie de non-ingérence de l'Eglise dans les affaires de l'Etat n'élimine pas pour autant les problèmes de juridiction mixte, ni en conséquence les conflits de juridiction qui peuvent surgir entre les deux puissances.

Les cas de juridiction mixtes sont définis par F.-X. Trudel comme «de ces matières qui, tout en appartenant à l'ordre religieux, ont avec le civil des points de contact tellement rapprochés... que l'Etat est continuellement tenté de les revendiquer comme appartenant à sa juridiction exclusive»[93].

La solution proposée consiste alors à se rappeler, selon le même auteur, «qu'il existe bien réellement une maxime Catholique, et chrétienne par conséquent, de la primauté, ou plutôt de la *suprématie de l'Eglise* sur l'Etat, et spécifiquement dans le cercle des matières que l'on appelle mixtes»[94].

En cas de conflit d'ordre juridique, la conduite à observer, selon les ultramontains, s'inspire des mêmes principes. Il s'agira simplement de ne pas oublier «que Dieu a établi une hiérarchie nécessaire entre les diverses espèces de Droits — civil, ecclésiastique et Divin»[95].

Un «ami de la vérité» qui rédige dans le *Nouveau Monde* conclut sans détour:

> «... nous sommes en droit de le répéter: toute loi civile qui, dans cet ordre de choses, contredirait une loi de l'Eglise devrait être réputée injuste, déclarée nulle et de nul effet; et ce

---

91 *NM*, 14 décembre 1868.
92 *NM*, 12 juin 1871.
93 F.-X. Trudel, «Quelques réflexions...», RC, VIII (1871): 263.
94 *NM*, 23 juin 1871. Etant donné la reproduction textuelle dans cet article non signé, de certains passages des articles rédigés pour la *Revue Canadienne* par F.-X. Trudel sur les rapports de l'Eglise et de l'Etat, on peut présumer qu'on est bien ici en présence du même auteur.
95 *Ibid.*

principe, car c'en est un, forme pour les peuples chrétiens le boulevard d'une liberté comme il n'en existe nulle part ailleurs»[96].

Ceci devrait amener tout citoyen à affirmer, selon un autre rédacteur, que l'Eglise «a en tout ce qui la touche, le droit de soumettre l'Etat et que dans le cas de conflit entre les deux puissances, c'est l'Eglise qui doit prévaloir, guider et dominer»[97]. D'ailleurs, rappelle un article intitulé «la clef de nos polémiques»:

> «... ce n'est certainement pas faire injure à un Etat, dont le Droit Public est Chrétien et qui croit à l'Evangile, de le placer, dans l'ordre hiérarchique des diverses sociétés, après l'œuvre immortelle de Jésus-Christ... Or c'est à cela que se réduit au fond toute la célèbre question dite de la primauté ou de la suprématie de l'Eglise, et nous ne nous expliquons vraiment pas comment une vérité aussi simple a pu soulever autrefois tant de bruit et allumer au ciel tant d'orages»[98].

On est ainsi reporté constamment en plein cœur de la problématique ultramontaine, soit la thèse de la suprématie de l'Eglise sur l'Etat, établie ici par le biais du contrôle juridique exercé par l'Eglise sur l'ensemble des lois civiles promulguées par l'Etat.

Il reste à examiner quels furent les droits concrets les plus souvent revendiqués par les idéologues ultramontains au cours de la période considérée (1848-1871).

Celui qui revient fréquemment dans les polémiques soutenues contre les adversaires de l'ultramontanisme est certes le droit de l'Eglise à la propriété des biens matériels et à leur libre administration. Il faut se souvenir que la fin des années 40 et 50 fut marquée par une recrudescence des hostilités entre le Pape Pie IX et les partisans de l'unité et de l'indépendance italiennes. Le pouvoir temporel de la papauté et la propriété des biens matériels qu'il suppose avaient été violemment remis en question par les révolutionnaires italiens. A leur suite, les journaux officiels du gouvernement impérial en France ainsi que l'aile radicale des partis libéraux, tant en Europe qu'au Canada même, avaient largement fait écho aux revendications des nationa-

---

96 *NM*, 10 janvier 1871.
97 *NM*, 3 juillet 1871.
98 *NM*, 11 avril 1871.

La dimension politique...

listes italiens [99]. D'où l'urgence pour les ultramontains, en portant le débat au niveau des principes, de fonder en droit la capacité de l'Eglise de posséder et de gérer ses biens matériels.

Pour les fins d'une telle démonstration, une nouvelle définition de l'Eglise sera mise de l'avant. Elle diffère des précédentes en ce qu'elle tend à souligner le caractère de «société visible, temporelle ou terrestre» de l'institution ecclésiastique, alors que dans la plupart de ses autres phases, le discours idéologique avait plutôt insisté sur son caractère divin et en quelque sorte intemporel. Ecoutons à ce sujet une déclaration du *Nouveau Monde*:

> «Comme l'Eglise est une société visible, temporelle ou terrestre, c'est-à-dire, comme elle est composée d'hommes, qu'elle est établie pour être vue sur la terre et subsister sur la terre... elle a besoin de moyens visibles, temporels ou terrestres pour atteindre sa fin;» [100]

Or le droit de propriété est justement perçu comme faisant partie de ces moyens et c'est nul autre que Dieu lui-même, nous assure-t-on, qui aurait autorisé l'Eglise à s'en prévaloir. Le même article s'en explique ainsi:

> «Comme Dieu l'a fondée (l'Eglise) pour une fin, il l'a fondée en lui donnant le droit à tous les moyens qui lui sont nécessaires pour parvenir à la fin pour laquelle Dieu l'a établie...»

Et l'auteur de conclure que la possession de biens matériels par l'Eglise s'avère donc «de droit divin».

Allant plus loin, F.-X. Trudel cherchera à prouver en remontant le cours de l'histoire, jusqu'aux épisodes bibliques relatifs à Abel, Melchisedech et Salomon, qu'à travers les offrandes matérielles exigées de ses élus, le droit de propriété a été revendiqué également par Dieu. Ainsi un tel principe «résulte de la volonté manifeste exprimée par Dieu lui-même de se réserver une portion des biens de la terre en exigeant les prémisses de ces biens» [101].

---

99 Des polémiques célèbres éclatèrent à ce sujet entre des journaux «rouges» comme l'*Avenir*, et plus tard le *Pays*, et la presse ultramontaine de l'heure (*Mélanges Religieux, Ordre, Courrier du Canada* et, à partir de 1867, le *Nouveau Monde*).
100 *NM*, 13 décembre 1870.
101 F.-X. Trudel, «Quelques réflexions...», RC, VIII (1871): 254.

D'autres fois, c'est le droit naturel qui est invoqué à l'appui de l'argumentation ultramontaine. C'est ainsi que l'avocat Trudel encore s'exprime sur le sujet:

> «L'Eglise a le droit naturel et légitime d'acquérir et de posséder. C'est un droit supérieur à tout pouvoir civil et qui est au-dessus de son contrôle. Il n'a pas été concédé par le pouvoir séculier, mais il dérive... du droit naturel et du droit divin positif, desquels découle aussi le pouvoir d'Etat» [102].

On peut constater comment, encore une fois, l'identification du droit naturel au droit divin débouche sur la suprématie du droit ecclésiastique.

Quant aux autres droits de l'Eglise, ils figurent de façon plus sporadique à l'intérieur du discours ultramontain. Ainsi le droit du clergé à percevoir la dîme est présent dans les écrits ultramontains de la période mais ne suscite pas des plaidoyers de grande envergure, probablement du fait que ce droit n'était pas alors sérieusement menacé. Quant à l'immunité ecclésiastique, liée aux droits légaux de l'Eglise, elle fait l'objet de cette mise au point de la part de l'abbé J.-S. Raymond:

> «Ce n'est pas du pouvoir laïc que les clercs tirent le droit d'exemption de la juridiction séculière; c'est de l'acte même de leur consécration à Dieu, par lequel ils deviennent sujets de l'Eglise, qui, suivant la décision pontificale, est une vraie et parfaite société, ayant droit de régir ceux qui lui appartiennent par ses lois, de veiller à leur conduite et de les punir de leurs transgressions» [103].

L'auteur conclut plus loin: «L'immunité ecclésiastique est un droit absolu que l'Eglise tient à ne pas se voir contesté en principe;»

Ce droit ne sera pas cependant l'objet de revendications systématiques de la part des ultramontains avant les années 70, alors que les procès pour influence indue domineront la scène politique et que «l'affaire» Guibord fera, pour longtemps d'ailleurs, la manchette de l'actualité juridique.

On peut donc conclure qu'à travers la définition des moyens d'action juridiques attribués à l'institution ecclésiastique, l'idéologie

---

102 *Ibid.*, 258.
103 J.-S. Raymond, «De l'Eglise et de l'Etat...», RC, II (1865): 737.

La dimension politique...

ultramontaine franchit une nouvelle étape dans la réalisation de son projet hégémonique, soit la tentative d'établir la suprématie, théorique aussi bien que pratique, de l'Eglise sur l'Etat.

Cependant, malgré l'usage de notions telles que «l'Eglise» et «l'Etat» et au-delà de la bataille verbale au sujet des institutions, il ne faut pas oublier que le débat en cours oppose dans la réalité deux groupes sociaux historiquement identifiables, soit le clergé d'une part et la petite bourgeoisie canadienne-française du milieu du XIXe siècle d'autre part. Quant au conflit d'intérêt qui les oppose, il présente de fait toutes les caractéristiques d'une véritable lutte pour le pouvoir. En perte de vitesse sur le plan de l'exercice direct du pouvoir politique, le clergé est porté à exiger, au-delà du ralliement idéologique de la classe au pouvoir, l'assurance qu'aucune entrave, juridique ou autre, ne viendra contrecarrer ses ambitions hégémoniques. Celles-ci par ailleurs ne peuvent en aucun cas coïncider parfaitement avec les intérêts objectifs d'une bourgeoisie, soucieuse avant tout d'assurer l'intégralité de sa domination de classe.

C'est dans la même perspective hégémonique qu'il faut placer, pour la comprendre, l'insistance du discours idéologique ultramontain sur la nécessité de l'*union* entre l'Eglise et l'Etat. Celle-ci apparaît de prime abord comme une contradiction majeure au sein d'une idéologie axée principalement sur la rivalité entre ces deux «puissances». Mais par contre l'opposition foncière qui caractérise les rapports de l'Eglise et de l'Etat s'accommode bien, comme on le verra, d'une collaboration définie en termes ultramontains, c'est-à-dire encore d'une collaboration dont l'orientation et les clauses sont constamment à l'avantage de la puissance ecclésiastique.

L'union nécessaire de l'Eglise et de l'Etat

Comme à d'autres phases du discours, l'idéologie est marquée ici par un déterminisme qui confère aux modèles projetés un caractère inéluctable. Ainsi l'union de l'Eglise et de l'Etat est-elle présentée comme une manifestation évidente de la volonté divine, que la société ne peut remettre en cause sans contrecarrer un objectif manifeste de l'auteur même de la société. Un article que le *Nouveau Monde* consacre à ce sujet l'explique ainsi:

«Il est nécessaire, pour qu'une société reste chrétienne, que ces deux puissances distinctes de l'Eglise et de l'Etat ne soient point séparées l'une de l'autre dans leur action sur les peuples et l'exercice de l'autorité qui vient de Dieu pour toutes les deux, mais qu'elles restent indivisiblement unies ensemble... Nous disons qu'il doit en être ainsi, d'abord parce que c'est l'ordre de la volonté suprême et de l'auteur de la société»[104].

Parmi les preuves établissant qu'une telle union fait partie des plans divins, l'auteur d'une homélie de l'époque signale «le pouvoir de tout bénir» conféré par Dieu à l'Eglise, pouvoir la consacrant comme l'intermédiaire indispensable entre la société civile et son créateur. L'orateur s'exprime en ces termes:

«Dieu dont la sagesse infinie pose toujours un corrélatif spécial à tout ce qu'elle fait n'a pas donné en vain à son Eglise le pouvoir de tout bénir, de bénir les grandes entreprises matérielles comme les actions moins importantes; il manifeste clairement par là sa volonté qui est que la société civile recherche en tout le concours de la société religieuse, qu'elle invoque son puissant patronage dans tout ce qu'elle entreprend; par conséquent faire la guerre à l'Eglise ou s'en séparer, dans tout ce qui touche au progrès matériel, est un acte de révolte contre Dieu de la part de la société civile»[105].

Il revenait aux ultramontains de traduire au niveau du discours, en même temps que de concrétiser dans les faits, un modèle d'union entre l'Eglise et l'Etat, modèle dont à leurs yeux, l'origine sacrée ne faisait aucun doute.

A la suite des directives pontificales contenues à ce sujet dans le «Syllabus des erreurs» (1864), ils ne cesseront plus de proclamer la nécessité, en même temps que les effets bénéfiques, d'une union étroite entre l'Eglise et l'Etat.

En plus d'être voulue par Dieu, cette union, affirment-ils, est inscrite dans l'ordre naturel des choses. Aussi se présente-t-elle comme un état de fait qu'aucun dénigrement de la part de l'Etat ne peut remettre véritablement en cause. Cette comparaison formulée par le juge A.-B. Routhier tend à illustrer cette thèse:

«Prêcher la séparation de l'Eglise et de l'Etat... c'est demander l'impossible. L'union de l'Eglise et de l'Etat n'est pas une

---

104 *NM*, 21 juillet 1868.
105 Sermon, ACAM, 990.019.

société commerciale qui peut être dissoute par la volonté d'un seul des contractants. L'Etat a beau vouloir cette séparation, l'Eglise n'y consentira jamais. Il y a entre eux un mariage indissoluble qui durera aussi longtemps que le monde» [106].

L'idéologie prévient donc les tenants de la thèse séparatiste que l'union fait partie de la nature de ces deux institutions au point que toute séparation ne peut qu'entraîner leur ruine respective. Ecoutons Mgr Laflèche exprimer ce point de vue à travers une analogie (fréquente d'ailleurs dans le discours ultramontain) inspirée des liens qui unissent l'âme au corps:

«L'Eglise est l'âme, l'Etat, le corps de la société humaine... L'union de l'âme et du corps est une loi primordiale de la nature; elle s'applique aussi bien à la vie sociale des peuples qu'à la vie naturelle des individus. L'Etat sans religion n'est pas viable: la séparation dans cet ordre de choses, c'est la mort» [107].

Il est intéressant de noter cependant que les effets de la séparation ne sont le plus souvent représentés comme fatals qu'en ce qui concerne l'Etat, car si cette séparation peut affecter l'Eglise, l'Etat quant à lui n'est même pas sûr d'y survivre. Un article de l'*Ordre* exprime en termes pathétiques une éventualité aussi sombre:

«Séparation de l'Eglise et de l'Etat. Or ce principe posé, il va sans dire que l'Etat, c'est le maître et que l'Eglise, c'est la servante. De là, toutes les œuvres de destruction et de mort de la Révolution, depuis un siècle... nous demandons à nos représentants, à nos chefs, nous les prions, nous les supplions au nom de la Patrie de faire disparaître du livre de nos lois un principe qui la conduirait infailliblement à sa ruine» [108].

Enfin l'expression concrète de l'union de l'Eglise et de l'Etat se traduit, selon la perspective ultramontaine, par une collaboration étroite entre la «religion» et la «politique». Ces dernières seraient dans l'obligation de marcher de pair puisqu'elles poursuivent toutes deux des objectifs communs. Les engager dans des voies contraires aboutirait, selon les ultramontains, autant à la destruction d'un schéma qui constitue la base même de l'ordre social qu'à un déchirement au

---

106 A.-B. Routhier, *Causeries du dimanche*, Montréal, 1871, p. 109.

107 Mgr Laflèche, «Discours aux Zouaves canadiens pontificaux, le 18 février 1868» in A. Savaète, *Œuvres oratoires de Mgr Laflèche*, Paris (sans date) p. 106.

108 L'*Ordre*, 1er février 1859.

niveau de la conscience des individus. E.L. de Bellefeuille explique ce point de vue dans un article de l'*Ordre* où il cite à plusieurs reprises Louis de Bonald et l'*Univers*. Et il conclut en ces termes:

> «Séparer la Religion d'avec la Politique, c'est diviser chaque individu en deux partis, pleins d'hostilité l'un envers l'autre; c'est l'armer contre lui-même et faire de lui deux personnes distinctes, le citoyen et le fidèle, puisque tout homme est à la fois membre de l'Eglise et membre de l'Etat»[109].

Un autre aspect du danger encouru par cette séparation est la tentation d'exonérer la politique de l'obligation de rendre compte à la religion de l'orthodoxie et de la moralité de ses actes. Or la morale surtout, représente selon les ultramontains, un instrument de contrôle efficace que seule la «Religion» peut exercer sur l'Etat. Ecoutons s'exprimer à ce propos un rédacteur du *Nouveau Monde:*

> «Il ne faudrait donc jamais oublier que de même que la morale des particuliers ne se conçoit pas sans une sanction divine, de même absolument celle des Etats est-elle impossible en dehors de la Religion... C'est-à-dire que c'est en principe, établir entre l'Eglise et l'Etat tous les rapports qui unissent la Religion à la morale et la morale à l'Etat. Car la morale, la Religion et l'Eglise, c'est tout un»[110].

En dénonçant la séparation de l'Eglise et de l'Etat l'idéologie ultramontaine se référait de fait à une réalité historique d'autant plus menaçante qu'elle était en voie d'accomplissement progressif. Il faut se rappeler qu'au cours des années 50 et 60 les libéraux de la plupart des pays européens l'avaient inscrite à leur programme politique et que, dans certains de ces pays (comme la France impériale et l'Italie du Risorgimento) elle était déjà en voie de réalisation.

Les craintes et les espoirs des ultramontains ne faisaient qu'illustrer d'ailleurs ceux exprimés par le Pape Pie IX à qui la séparation de l'Eglise et de l'Etat risquait de coûter les Etats pontificaux, considérés alors comme la propriété multiséculaire et inaliénable de toute la chrétienté.

Il y a toutefois bien plus qu'un caractère défensif attaché à la thèse ultramontaine de l'union de l'Eglise et de l'Etat. On peut

---

109 L'*Ordre*, 17 mai 1859.
110 *NM*, 28 décembre 1867.

La dimension politique... 107

postuler en effet que l'ultramontanisme se proposait à la fois d'endiguer le pouvoir de la bourgeoisie ascendante et de préserver, sinon d'accroître, l'hégémonie du clergé sur l'ensemble de la société (autrement dit de récupérer dans la mesure du possible les privilèges attachés à la domination du clergé au cours des siècles antérieurs). Dans cette optique, l'union de l'Eglise et de l'Etat revêtait le caractère d'un projet destiné, entre autres choses, à assurer à l'Eglise la soumission d'un Etat qui, dans l'éventualité contraire, risquerait d'échapper totalement à son contrôle. Il reste à examiner la forme et les modalités que devait revêtir cette union dans la perspective ultramontaine.

La forme de l'union de l'Eglise et de l'Etat est commandée au départ, selon l'idéologie, par l'inégalité qui caractérise la nature des partenaires en cause. Ainsi, passant en revue les modèles possibles d'une alliance entre les deux pouvoirs, l'auteur d'un sermon de la période affirme:

> «Laquelle des deux unions choisirons-nous dans la question qui nous occupe? Est-ce celle d'égal à égal ou de supérieur à inférieur? Nous prenons cette dernière, car nous disons que la société religieuse ou l'Eglise est supérieure à la société civile ou à l'Etat, de sorte que dans l'union entre le sacerdoce et l'empire, nous voulons la subordination non seulement théorique, mais surtout pratique, de la puissance temporelle à la puissance spirituelle. Je prouve la légitimité de mon choix par la nature même des deux sociétés, et par le droit naturel» [111].

Un autre idéologue ultramontain, le juge A.-B. Routhier, est aussi explicite en ce qui a trait à la signification véritable du concept d'union. Parlant de l'Eglise et de l'Etat il affirme dans ses *Causeries du dimanche:*

> «Bien loin de se séparer, il faut qu'ils vivent unis dans l'amour et dans la paix. Et comme l'Eglise est d'institution divine, comme sa doctrine est immuable et éternelle, comme elle ne peut permettre aux peuples de transgresser ses divins commandements, il faut que l'Etat accepte sa suprématie. Sinon il y aura une lutte inévitable, L'Eglise ne pouvant pas abdiquer ni méconnaître sa mission» [112].

Dans le cadre de l'union Eglise/Etat, à côté des thèses

---

[111] Sermon, ACAM, 990.019.
[112] A.-B. Routhier, *op. cit.*, p. 109.

relatives à la mission spirituelle de l'Eglise s'alignent des arguments de type plus pragmatique, invoqués, semble-t-il, dans l'intention de vaincre les dernières réticences d'un pouvoir civil jaloux de ses prérogatives. L'instituteur A. Villeneuve, partisan avoué de la théocratie, les expose ainsi:

> «Le trône n'a de véritable appui, de base solide que dans l'idée que c'est une création divine pour le bien des peuples.
>
> Est-ce le droit public purement humain, est-ce la philosophie qui pourra imposer cette idée aux masses et la maintenir en elles dans sa puissante vivacité?
>
> Ne serait-ce pas se moquer du sens commun, que de le penser?...
>
> Il y a là une mission qui ne peut être accomplie que par l'Eglise, car, comme vous allez le voir, l'Etat ne peut être uni à l'Eglise qu'en lui étant soumis.
>
> En effet comment l'Eglise remplirait-elle cette importante mission dans un Etat refusant d'écouter son enseignement, de reconnaître sa juridiction et de s'y soumettre?
>
> Voilà bien ce qui est arrivé en Europe, chaque fois que l'Etat s'est séparé de l'Eglise: l'Eglise a été affaiblie et l'Etat renversé, les nations bouleversées par les révolutions les plus terribles...»[113].

On constate qu'à ce niveau l'union de l'Eglise et de l'Etat présente toutes les caractéristiques d'un véritable marché où sont stipulés clairement les avantages respectifs auxquels doivent s'attendre chacune des parties en cause, à condition bien entendu, de respecter fidèlement les clauses du contrat, un contrat conçu évidemment dans une perspective ultramontaine. Il s'agira d'examiner alors les bénéfices prévus pour l'Etat avant de se pencher sur ceux escomptés par l'Eglise aux termes d'une telle entente.

Au pouvoir civil, les ultramontains rappellent fréquemment qu'en se portant garante de sa légitimité, seule l'Eglise peut asseoir efficacement l'autorité de l'Etat sur ses gouvernés. Il suffit de se référer pour cela, affirment-ils, à l'enseignement traditionnel du catholicisme relativement à l'origine divine de l'autorité et aux droits subséquents reconnus au pouvoir en place.

---

113 A. Villeneuve, *La Comédie infernale*, Montréal, 1871, p. 46.

A l'intérieur d'un exposé portant principalement sur la signification et les répercussions politiques du Syllabus, l'abbé J.-S. Raymond évoque des passages de l'Ecriture destinés à prouver dans quel esprit de collaboration sincère avec l'Etat l'Eglise a constamment interprété les textes sacrés:

> «L'Eglise seule, par sa doctrine, donne à l'Etat une base réelle. Car elle enseigne que l'autorité civile est d'institution divine. Elle en donne la preuve par ces paroles sacrées: «Par moi les rois règnent et les législateurs rendent des lois justes, par moi commandent les princes et les juges de la terre? (prov.VIII). L'Eglise rappelle la parole de l'apôtre: «Tout homme est obligé d'obéir aux pouvoirs qui régissent la société, car tout pouvoir vient de Dieu; lui résister c'est troubler l'ordre que le Seigneur a établi et se mettre dans la voie de la damnation? (Rom. XIII)...
>
> L'Eglise a constamment considéré le pouvoir de l'Etat comme étant d'origine divine, quelle que soit la forme du gouvernement. Par là même elle donne à la puissance civile la base la plus assurée et le rempart le plus fort. Cherchez où pourrait être ailleurs que dans les enseignements de l'Eglise sur ce point le fondement de l'autorité politique»[114].

Un mois auparavant — soit le 25 août 1865 — le *Journal des Trois-Rivières* avait publié un article détaillé sur le même sujet en s'appuyant à son tour sur des textes de l'Ecriture (saint Paul en particulier).

L'année suivante c'était au tour de l'abbé Laflèche de consacrer deux chapitres des *Quelques considérations sur les rapports de la société civile avec la Religion et la Famille* pour expliquer l'apport irremplaçable de l'Eglise à l'œuvre de légitimation religieuse et morale de l'autorité civile [115]. Ici encore les épîtres de saint Paul figuraient en bonne place, accompagnés d'arguments philosophiques destinés à prouver l'origine et la nature divine de l'autorité ainsi que l'efficacité de ces thèses pour asseoir les fondements théoriques du pouvoir de l'Etat.

En même temps qu'elle rappelle le contenu de l'enseignement de l'Eglise l'idéologie ultramontaine ne manque pas d'en signaler les

---

114 J.-S. Raymond, «De l'Eglise et de l'Etat, à propos de l'Encyclique du 8 décembre 1864», RC, II (1865): 543.

115 L.-F. Laflèche, *op. cit.*, p. 78-88.

effets concrets sur le comportement politique du citoyen catholique. Ecoutons un rédacteur du *Nouveau Monde* résumer dans ses grandes lignes cet aspect majeur de la collaboration Eglise / Etat:

> «La loyauté envers le souverain est un principe catholique avant d'être une question de sympathie personnelle; c'est la manifestation toute logique de ce respect pour l'autorité et les lois qui se trouvent au sommet de notre code politique. Les catholiques vénèrent l'autorité partout où ils la trouvent... parce qu'ils en font remonter l'origine jusqu'à Dieu lui-même.
>
> C'est ainsi que nous raisonnons notre loyauté, en la rattachant à un principe éternel d'ordre et de justice...
>
> L'Eglise nous enseigne en effet à regarder les dépositaires de l'autorité comme les représentants de la Divinité; elle seule est cette grande école du respect dont parle de Maistre et un bon catholique fut toujours et dans tous les temps le sujet le plus soumis et le plus sincèrement dévoué à son roi et à son pays» [116].

De plus, selon l'idéologie, l'union de l'Eglise et de l'Etat ne limite pas ses avantages au seul niveau politique, mais les étend à l'ensemble de la structure sociale dont elle assure le fonctionnement et la sauvegarde. C'est le principe qui sous-tend la notion d'«ordre social», si chère aux ultramontains. Pour certains d'entre eux, c'est même là que réside le fond véritable du problème en cause, et c'est à la lumière de cet objectif commun que devrait se résoudre la rivalité qui a opposé jusque là l'Etat à l'Eglise. Dès la première édition du journal, le *Nouveau Monde* résume ainsi l'essentiel de cette thèse:

> «Il ne s'agit pas ici de la question de savoir si dans un gouvernement la suprématie appartient à l'Eglise ou à l'Etat, il s'agit simplement de décider s'il est avantageux ou non à la société civile d'emprunter au Catholicisme les principes de l'ordre social, s'il lui est avantageux ou non d'être chrétienne» [117].

Or l'ultramontanisme ne garantit la sauvegarde de l'«ordre social» que dans la mesure où l'Etat accepte de reconnaître à l'Eglise une entière liberté d'action sur le plan religieux et moral. La collaboration de l'Etat à ce niveau ne tarderait pas dès lors à se révéler d'une réelle

---

116 *NM*, 13 novembre 1868.
117 *NM*, 17 août 1867.

rentabilité pour ce dernier. Ecoutons le *Nouveau Monde* encore exposer les deux faces de cette alternative:

> «Faut-il établir une comparaison entre les services rendus de part et d'autre et faire voir de quel côté se trouve la balance des obligations?
>
> Tous les philosophes et les économistes, même athées, ont reconnu que la religion est le principe moralisateur par excellence, et que c'est la seule digue qui protège efficacement la société contre une dissolution complète.
>
> Fermez les églises, livrez le peuple à la seule inspiration de ses sens et de ses appétits, bientôt l'immoralité débordera, les crimes se multiplieront, les prisons ne seront plus assez grandes, la police assez nombreuse, et la ville deviendrait même inhabitable...»[118].

Lors d'un discours prononcé en l'honneur des Zouaves canadiens le 18 février 1868, Mgr Laflèche de son côté avait employé des images aussi sombres pour décrire l'état d'une société où la séparation de l'Eglise et de l'Etat serait parvenue à son terme.

Parmi les normes morales susceptibles de garantir le mieux la stabilité de l'ordre social, l'idéologie ultramontaine insistera surtout sur celles qui font appel à l'esprit de sacrifice et de résignation des gouvernés. Un rédacteur du *Nouveau Monde* s'explique là-dessus:

> «L'Etat peut tout au plus protéger la vertu, mais il ne saurait en ordonner la pratique. Le monde invisible, la conscience lui échappe; sa juridiction ne passe pas les limites du fait extérieur. Il doit donc de toute nécessité appuyer ses lois et ses répressions sur un dogme religieux qui lui assure le concours des volontés. Car de quel droit le législateur distribuerait-il les rôles dans une société, où l'enseignement divin n'aurait pas appris à l'homme la sublime économie d'une religion fondée sur l'abnégation, la souffrance et l'expiation?»[119]

Au cours d'un sermon à l'occasion de la Saint-Jean-Baptiste, le chanoine H. Hudon rappellera à son tour l'apport de l'Eglise au maintien de l'ordre social en signalant les vertus de patience que la «loi chrétienne» inspire aux pauvres, l'obéissance qu'elle demande au

---

118 *NM*, 13 janvier 1871.
119 *NM*, 12 septembre 1867.

serviteur face au maître ou encore la soumission respectueuse qu'elle exige des enfants vis-à-vis de leurs parents[120]. Mgr Bourget évoquera quant à lui la reconnaissance que doit l'Etat à l'Eglise pour l'esprit de sacrifice que la «Religion» enseigne à ses enfants sur le champ de bataille[121].

L'Etat est aussi tributaire à l'Eglise du respect des lois civiles observées par le citoyen catholique. Dans un ouvrage intitulé *L'Héritage des Canadiens-français*, l'abbé H. Beaudry l'affirme en ces termes:

> «L'Eglise enseignant que toute puissance vient de Dieu et qu'il faut s'y soumettre par devoir de conscience, doit être pour le législateur un merveilleux appui et pour les lois une sanction bien puissante... Si l'Eglise venait à perdre toute son influence, les lois civiles n'étant pas appuyées, comme chez les anciens, sur l'esclavage, l'autorité publique n'étant pas soutenue ou suppléée par l'autorité domestique, elles ne seraient plus assez fortes pour soutenir une populace sans vertus et sans mœurs»[122].

On voit que le refus par l'Etat de collaborer avec l'Eglise, dans le cadre d'une étroite union entre les deux puissances, entraînerait un dangereux état de choses où l'immoralité et les crimes domineraient l'avant-scène sociale. Certains idéologues évoqueront également la menace d'une dictature à base de «lois de fer», comme le soutient le chanoine Hudon dans une argumentation où il invoque à la fois Louis de Bonald, Montalembert et J.-J. Rousseau:

> «Or, il faudrait des lois de fer pour enchaîner des peuples sans religion; à la place des autels, il faudrait des cachots; au lieu des pasteurs, des soldats; au lieu de l'évangile un code de supplices effrayants: un peuple sans religion est un peuple indisciplinable»[123].

C'est enfin sur le terrain de l'histoire que l'ultramontanisme tend à se placer encore une fois pour justifier sa théorie unioniste. Le moyen-âge demeure bien entendu la référence la plus privilégiée à cet égard. Quand ils l'évoquent, les ultramontains cachent mal une véritable nostalgie vis-à-vis d'une époque qualifiée tantôt de «siècles

---

120 H. Hudon, *Sermon pour la fête nationale de St-Jean-Baptiste*, Montréal, 1847, p. 6-7.
121 Mgr Bourget, Lettre circulaire, 25 décembre 1861, vol. IV, 270.
122 H. Beaudry, *L'Héritage des Canadiens-Français*, Mile-End, 1887, p. 276.
123 H. Hudon, *op. cit.*, p. 7.

de foi» tantôt d'«âges catholiques» et présentée sans cesse comme le moment historique par excellence où s'est réalisée la forme idéale de l'union tant souhaitée entre l'Eglise et l'Etat.

En se référant à un passé moins lointain, l'idéologie tend à présenter l'époque de la Nouvelle-France comme un autre âge d'or où fut réalisée l'union intégrale de l'Eglise et de l'Etat. Les idéologues ultramontains en donneront souvent comme preuve l'héritage actuel d'une «législation encore si profondément chrétienne». Dans un ouvrage intitulé: *Etudes historiques et légales sur la liberté religieuse en Canada,* l'avocat ultramontain, S. Pagnuelo, tentera de repérer les racines historiques du caractère catholique de la législation bas-canadienne de son époque. Quant aux querelles qui opposèrent, à l'époque de la Nouvelle-France, l'Eglise à l'administration civile, elles sont perçues généralement comme des conflits mineurs qui n'auraient nullement empêché la mise en place définitive «d'une église toute Romaine, entièrement constituée en dehors du gallicanisme»[124].

Est-ce à dire qu'au terme de cette évocation quelque peu idéalisée du passé, les ultramontains estimaient improbable l'imminence d'une séparation complète entre l'Eglise et l'Etat? Les débats et les appréhensions multiples que livre le discours ultramontain à cet égard ne permettent pas de le croire. Il semblerait plutôt que le recours à un passé exemplaire constituait sur le plan idéologique une forme de conjuration d'un présent menaçant, en même temps qu'une justification de l'offensive ultramontaine en cours destinée à ressusciter ce passé dans son intégralité.

Ainsi, qu'elle s'oppose franchement à la puissance civile ou qu'elle lui propose au contraire une étroite collaboration, l'idéologie ultramontaine ne renonce à aucun moment à son objectif de départ, soit l'établissement de la suprématie concrète de l'Eglise sur l'Etat, et, de façon plus précise, à la domination hégémonique du clergé sur l'ensemble des classes sociales, au détriment bien entendu de la suprématie que tente d'y instaurer à son tour la petite bourgeoisie canadienne-française au milieu du XIXe siècle.

---

124 *NM*, 13 décembre 1870.

Les valeurs et les normes véhiculées par l'idéologie à travers la perception des rapports Eglise / Etat

On peut l'affirmer déjà à cette étape de l'analyse, l'idéologie ultramontaine paraît axée beaucoup plus sur la définition de valeurs et de normes abstraites que soucieuse de références systématiques à des problèmes d'ordre empirique. Et même lorsqu'il a lieu, le recours au réel n'ajoute pas d'éléments vraiment significatifs aux thèses initiales. La majorité des exposés ultramontains n'ont pas tendance à recourir non plus à des détours savants ou à une gymnastique intellectuelle subtile, pour masquer leurs intentions premières. L'ensemble de ces caractéristiques rendent la lecture du discours relativement facile lorsqu'il s'agit de repérer les *valeurs* et les *normes* qui sous-tendent les thèses ultramontaines relatives aux rapports Eglise / Etat. Pour y parvenir on se basera surtout sur le contenu spécifique des énoncés qui figurent déjà dans la présente analyse.

A la base de l'échelle de valeurs ultramontaines on retrouve tout d'abord la notion d'autorité. Il s'agit là d'un concept que l'abbé Laflèche a défini en ces termes: «L'autorité, c'est donc le droit de commander d'une part et le devoir d'obéir de l'autre. Voilà bien précisément ce qu'il faut entendre par l'Autorité»[125]. Aussi sommaire soit-elle, cette définition exprime bien la perception ultramontaine d'un concept où la notion de commandement ne se dissocie pas de celle d'obéissance.

Qu'elle s'exerce dans les domaines spirituel ou bien matériel, cette autorité à double dimension tire son origine de Dieu: «l'autorité (qui) descend du ciel» dira encore l'abbé Laflèche. Et l'on peut deviner à quel point cette filiation divine, sur laquelle s'entendent tous les auteurs ultramontains, tend à valoriser à leurs yeux la notion d'autorité.

Venue d'en haut, l'autorité est déléguée par Dieu aux hommes selon un plan divin auquel la majorité des humains n'ont pas accès (il en va autrement de l'Eglise, bien entendu, qui se dit seule au courant des intentions divines puisque c'est par elle qu'elles sont transmises aux hommes). C'est ainsi que, suivant en cela un tracé déterminé d'avance, cette autorité «qui descend du ciel» est canalisée vers trois pôles, comme l'explique à sa manière l'abbé Laflèche:

---

[125] L.-F. Laflèche, *op. cit.*, p. 80. A travers les thèmes développés dans les *Quelques considérations...* on retrouve de fait un condensé de la plupart des valeurs et des normes politiques qu'a véhiculées l'idéologie ultramontaine.

«Quelles sont donc ces puissances supérieures auxquelles Dieu a soumis l'homme ici-bas? Il n'est pas nécessaire d'une longue recherche pour les trouver; elles se présentent d'elles-mêmes à tout homme qui a des yeux pour voir, des oreilles pour entendre, un cœur pour aimer. Il suffit de nommer la famille avec son chef, la patrie avec son roi et la religion avec son Pontife Suprême. Oui, voilà bien les trois gouvernements auxquels Dieu a confié l'existence, la conservation et le bonheur de l'homme ici-bas. Dans chacune de ces organisations sociales ou gouvernements, il y a un pouvoir, une autorité propre descendue du ciel, avec ses attributions et sa forme particulière» [126].

L'on peut noter que dans chacune de ces trois institutions — familiale, gouvernementale et ecclésiastique — l'autorité tend à s'incarner dans un individu unique, qu'il s'agisse du père, du monarque ou du pape. On est ainsi en présence d'une structure pyramidale de l'autorité, structure qui en commande d'ailleurs d'autres similaires dans presque tous les domaines qu'aborde l'idéologie.

A ces individus qu'il a investis de l'autorité, Dieu aurait fait don de facultés spéciales en accord avec le caractère sublime des fonctions de commandement qu'ils sont appelés à exercer. Ainsi, à l'affirmation de l'origine divine de l'autorité et à la conception charismatique de son exercice se rattache, en guise de corollaire, un ensemble de valeurs dont la plus importante semble être l'obéissance ou encore la soumission, à condition bien sûr que cette dernière s'exerce à l'égard de l'autorité «légitime», c'est-à-dire définie par l'Eglise comme étant issue de Dieu. L'obéissance représente alors une vertu en soi, vertu depuis longtemps définie comme telle dans l'enseignement traditionnel de l'Eglise, mais insérée pour la première fois dans une problématique religieuse aux visées politiques aussi prononcées.

Comprise ainsi entre l'autorité d'un côté et l'obéissance de l'autre, sur quelles normes pouvait logiquement déboucher l'échelle de valeurs ultramontaines? On a déjà vu l'importance accordée par les ultramontains à la notion d'ordre, cet ordre qui régit tout l'univers et qui consiste en premier lieu à préserver intégralement le tracé initial des plans providentiels relatifs à l'orientation globale de la société. Tout comme les autres principes qui régissent l'univers, celui-ci obéit à son

---

126 *Ibid.*, p. 85.

tour à un déterminisme rigide: conçu et commandé par Dieu il se combine à l'ordre naturel pour empêcher la société de procéder par elle-même à un réaménagement quelconque de sa structure organisationnelle.

L'ordre politique et social s'incarne le mieux, selon les ultramontains, dans l'application du principe hiérarchique. On est ici en présence d'une autre norme importante de l'univers idéologique ultramontain; c'est pourquoi on la retrouvera aussi bien dans les plans politiques mis de l'avant par l'idéologie que dans les projets sociaux et la pensée religieuse qu'elle élabore et diffuse. La structure pyramidale de la société se prête bien d'ailleurs à sa hiérarchisation; de plus, l'obéissance, définie comme une vertu, doit aider le tout à demeurer stable.

Une fois accepté et valorisé, le principe hiérarchique débouchera tout naturellement sur celui d'inégalité. Cette dernière est définie à son tour comme partie intégrante de la dynamique sociale, indispensable au fond à son fonctionnement normal[127]. Et c'est le même principe d'inégalité, prévalant dans l'ordre naturel, qui est reproduit jusque dans l'ordre surnaturel, où il explique et justifie la supériorité en nature et en droit du pouvoir religieux sur le pouvoir civil.

Notons enfin que le type de gouvernement qui répond le mieux, selon plusieurs ultramontains, aux normes socio-politiques définies par l'idéologie, demeure la monarchie, une monarchie tempérée précisera l'abbé Laflèche dans ses *Considérations*...[128] Il s'agira somme toute d'un modèle politique où l'autorépression — obtenue à travers la soumission résignée des sujets — rendra vaine la tyrannie des gouvernants et où l'Eglise se voit garantir son hégémonie sur l'ensemble de la société par un pouvoir qui lui doit sa propre légitimation.

Ainsi, tout en se référant à des valeurs abstraites et à des normes théoriques, l'idéologie ultramontaine n'en débouche pas moins sur un modèle politique et social dont les implications concrètes favorisent en définitive le projet hégémonique initial du groupe définiteur.

Il reste à examiner à quelle forme de langage recourt le

---

[127] La portée de la norme inégalitaire sera analysée plus en détail dans le chapitre consacré à l'étude de la doctrine sociale ultramontaine.

[128] L.-F. Laflèche, *op. cit.*, p. 90-109.

discours idéologique ultramontain pour transmettre l'essentiel de son message.

Le poids du langage dans l'énoncé des thèses ultramontaines relatives aux rapports Eglise / Etat

Il faut préciser, à ce niveau, qu'il ne s'agira pas de mener ici une étude de langage de type exhaustif. L'objectif visé dans cette étude se limite plutôt à tenter de saisir, compte tenu de la tendance de toute idéologie à emporter le maximum d'adhésion parmi ses destinataires, dans quelle mesure la forme même du discours ultramontain a pu contribuer à favoriser à sa manière une telle adhésion.

C'est ainsi qu'une lecture plus attentive a permis de relever au moins deux caractéristiques qui contribuent, chacune à sa façon, à donner au discours ultramontain cet aspect de crédibilité indispensable à toute argumentation visant à convaincre au maximum son auditoire.

La première de ces caractéristiques relève plutôt de la forme même de l'argumentation que de celle du langage proprement dit. Il s'agit en fait d'un recours systématique à une série d'affirmations catégoriques, qui n'émanent pas toutes des auteurs mêmes des énoncés et dont les sources frappent parfois par leur aspect hétéroclite. L'évidence attachée à ces assertions (tout comme la crédibilité des références en cause) est supposée être tellement grande qu'aucune preuve n'a besoin d'intervenir pour établir leur bien-fondé. Le discours ultramontain exige donc de la part du lecteur une soumission — mentale cette fois — qui ne diffère pas en somme de celle qu'on attend de lui à tous les autres niveaux de l'existence, chaque fois qu'il se trouve en présence d'une autorité dite légitime.

Voici, à titre d'exemple, l'extrait d'un article du *Nouveau Monde* visant à justifier la thèse ultramontaine de l'union de l'Eglise et de l'Etat:

> «Que l'Eglise doive être unie à l'Etat, c'est ce que vient d'affirmer assez clairement Pie IX, en condamnant la proposition LV du Syllabus: «L'Eglise doit être séparée de l'Etat, et l'Etat être séparé de l'Eglise.» Comment au reste en douter, s'il est vrai, comme il faut bien l'admettre avec Jean-Jacques Rousseau, dont le témoignage n'est assurément pas suspect,

que la Religion soit la base des Etats eux-mêmes, puisqu'elle est la sauvegarde de la morale. Mais pour une société qui tient encore à se dire chrétienne, la Religion, c'est évidemment l'Eglise. Et l'Etat ne peut pas plus se séparer d'elle qu'il ne peut, sans se suicider, répudier la morale. C'est l'évidence de ces principes qui faisait dire à M. Thuillier, vice-président du Conseil d'Etat, réprouvant en plein Sénat et au nom du gouvernement français, le système de la séparation de l'Eglise et de l'Etat: «La séparation de l'Eglise et de l'Etat serait contraire à nos mœurs, à nos traditions, à notre esprit national. La religion est la base la plus sûre pour la société et pour le gouvernement; elle est la source de toute force et de toute grandeur».

Nous n'insisterons pas là-dessus. Mais comment faut-il entendre l'union de l'Eglise et de l'Etat? Car toute la difficulté est là. Or, voici notre réponse: Jésus-Christ, en s'emparant du monde, a assigné deux chefs et deux pouvoirs à la société humaine, lesquels, comme deux bras d'un même corps, doivent chacun dans l'office ou le domaine qui lui est propre, employer toutes leurs forces à procurer le bonheur de la société, à la soutenir et à la pousser vers son but»[129].

On constate qu'à partir d'une suite d'affirmations et de références à des personnages prestigieux, le discours entend bâtir une preuve qui se veut irréfutable, sans pour autant s'astreindre à une démonstration véritable.

En se référant à la majorité des énoncés ultramontains qui figurent dans le présent chapitre, on pourra constater la fréquence de ce type d'argumentation dont la structure fondamentale demeure en fait tautologique.

L'autre caractéristique qui distingue le discours ultramontain à ce niveau est le recours à l'imaginaire comme complément, sinon supplément, de l'argument en cours de démonstration (en ce qui a trait aux rapports Eglise/Etat l'imaginaire envahit moins toutefois le discours ultramontain qu'il ne le fait lorsque ce dernier se réfère aux idéologies adverses, en particulier lorsque le libéralisme est en cause).

L'imaginaire ici est toutefois circonscrit à des domaines limités et précis, en même temps que la gamme des images utilisées

---

[129] *NM*, 21 juillet 1868.

demeure restreinte. Ces dernières ont pour objet principal trois thèmes qui sont, par ordre d'importance: l'Eglise, l'Etat et les sujets de ce dernier. Les images projetées contribuent à établir entre ces trois éléments une relation d'ordre parental assez stable: c'est ainsi que l'Eglise est assimilée le plus souvent à la mère, l'Etat au père et les sujets aux enfants.

Il est à noter que, lorsqu'elle se présente sous une forme trinitaire, l'image contribue souvent à suggérer un tableau familial où les rapports qui lient entre eux les membres de la famille dégagent une impression d'harmonie parfaite. C'est ainsi que, traitant de l'Eglise et de l'Etat, un rédacteur du *Nouveau Monde* explique:

> «Ces deux pouvoirs sont à la société en général comme le père et la mère sont à la famille: socialement et inviolablement unis, dévoués à la même œuvre, chacun dans sa capacité, du bonheur de leurs communs enfants, et remplis de respect et d'amour l'un pour l'autre» [130].

A l'Eglise-mère est attribuée une autorité incontestable, mais aussi des responsabilités et des qualités de dévouement qui projettent d'elle une image sécurisante et qui justifient du même coup le sentiment de reconnaissance à son égard des sujets-enfants. C'est dans une optique semblable qu'un rédacteur du *Nouveau Monde* interpelle ceux qui refusent d'accepter le principe de la nullité d'une loi civile lorsqu'elle contredit une loi de l'Eglise:

> «En supposant, ce qui n'est pas, qu'une loi civile violente ici l'Eglise, de quel côté leur conscience et l'honneur les obligent-ils de se ranger? Au fond, où est le droit et la justice? où se trouve, dans ces questions, l'autorité véritable, est-ce dans l'Etat ou dans l'Eglise?...
>
> Eh! messieurs de l'école, qu'avez-vous donc aujourd'hui tant à craindre de cette mère et de cette Eglise qui vous a élevés, instruits, et faits, peut-être, tout ce que vous êtes?» [131].

Mais qu'advient-il de l'autorité de l'Eglise-mère face à celle d'un Etat-père qui, dans une perspective traditionnelle, représente le pouvoir suprême au sein de l'ensemble familial? Le discours ultramontain surmonte cette difficulté en opérant un croisement subtil des images évoquées plus haut de façon telle que, dans le cadre de

---

130 *NM*, 25 août 1868.
131 *NM*, 10 janvier 1871.

situations conflictuelles entre l'Eglise et l'Etat, ce dernier rejoint la position des sujets-enfants face à l'Eglise-mère. Cette dernière devient alors la mère de l'Etat aussi bien que de ses sujets. C'est ainsi qu'un rédacteur du *Courrier du Canada* parlera de l'Etat comme d'«un fils obéissant et dévoué (qui) doit toujours être prêt à reconnaître l'autorité de sa mère, à l'appuyer et à la faire respecter. Mais là se borne son action. Il ne doit pas faire comme ces mauvais fils qui, une fois devenus forts et grands, mettent leur mère à sa rente dans sa chambre, et se chargent de conduire toute la maison en son nom»[132].

Un autre article de même journal affirmait que «l'Etat est dans l'Eglise comme l'enfant est dans les bras de sa mère»[133].

Dans ce type de conjonction, on constate que la paternité est transférée implicitement à Dieu pendant que l'image de l'Eglise-mère se double de celle d'épouse du Christ.

Il est à noter enfin que l'image qui assimile l'Eglise à la mère présente un caractère véritablement mythique. Elle ne diffère pas essentiellement de celle que véhiculent plusieurs des mythes connus et analysés par les anthropologues. L'Eglise y apparaît comme une autorité sacrée, revêtue d'une puissance quelque peu magique et par-dessus tout redoutable. Ces caractéristiques justifient l'étendue de son pouvoir, un pouvoir qui peut aller jusqu'à lui conférer le droit de châtier ses fils désobéissants. Ecoutons à ce propos un auteur ultramontain commenter la conduite du «gouvernement» à l'égard de «l'Eglise du Canada»:

> «Quand il est devenu grand, sa mère, l'Eglise du Canada, lui a demandé de l'aide, il a aidé, mais il ne s'est pas contenté de cela, il a pris la direction de tout. Plus tard, cette mère a affermi ses droits à conduire, dans les conciles, mais il n'en a pas moins continué à tout conduire seul. Parce que cette mère n'a pas pris la verge pour châtier son fils coupable et reconquérir ses droits, ce fils s'est imaginé qu'elle y renonçait»[134].

Quoique ébauchée, cette brève analyse du discours ultramontain met cependant en lumière, en même temps que l'importance de la forme qu'y revêt l'argumentation, le rôle primordial des images qui jalonnent ce discours.

---

132 *CC*, 3 janvier 1870.
133 *CC*, 15 janvier 1868.
134 *CC*, 3 janvier 1870.

Tout se passe en somme comme si, dans le but d'emporter l'adhésion de l'interlocuteur, le langage idéologique s'adressait d'abord et avant tout à ses sentiments (obéissance, soumission, respect...) ou bien encore à ses facultés imaginatives, tout en reléguant au second plan ses facultés de raisonnement.

Chapitre III

Les idéologies politiques adverses dans le discours ultramontain

Chapitre III

Les idéologies politiques adverses dans le discours ultramontain

Le libéralisme ennemi

La lutte pour le pouvoir à l'intérieur de laquelle s'inscrit l'ultramontanisme, revêt à ce niveau la forme spécifique d'une lutte idéologique destinée à contrer l'influence intellectuelle et morale exercée par la classe antagoniste sur l'ensemble des classes sociales en présence. Sur le plan conjoncturel, dans le cadre des affrontements doctrinaux qui ont dominé l'avant-scène historique au Québec depuis 1848, on pouvait s'attendre à ce que les idéologues ultramontains accordent la priorité à la lutte anti-libérale, c'est-à-dire encore à la lutte contre l'idéologie que la bourgeoisie continuait à élaborer et à interpréter dans le sens de ses intérêts propres.

On a pu voir que, dans la conjoncture québécoise des années 1850 et 1860, le parti politique au pouvoir affichait officiellement une étiquette conservatrice. Cependant le clergé ne pouvait oublier pour autant ce qu'il considérait comme les ravages du libéralisme dans les pays d'Europe occidentale, ni ignorer la contamination évidente qu'avait subie à cet égard la société canadienne-française depuis quelques décennies déjà[135]. Et malgré les efforts investis par les idéologues cléricaux des deux continents dans la lutte anti-libérale, il était évident que le libéralisme continuait à marquer des progrès en Europe et commençait à faire école au Québec même. N'est-ce pas à cette enseigne que s'affichait ouvertement, depuis 1848 tout au moins, un journal comme l'*Avenir*, ou un organisme culturel important tel que l'Institut Canadien? Et même le *Pays,* qui en 1852 prenait la relève de l'*Avenir* dans le domaine journalistique, n'avait pu masquer

---

[135] Au sujet des débuts de l'affrontement entre le clergé et la petite bourgeoisie canadienne-française, on consultera avec profit une des premières analyses pertinentes qui ont porté sur ce sujet, soit l'article de F. Ouellet: «Mgr Plessis et la naissance d'une bourgeoisie canadienne-française», SCHEC, (1956): 83-100.

longtemps son allégeance libérale, malgré la prudente réserve que ses rédacteurs avaient réussi à observer dans les premiers temps.

Il est vrai que pour le parti au pouvoir, l'avenir semblait plus assuré, mais même là les garanties n'étaient pas toujours entièrement satisfaisantes. Que l'on se rappelle seulement l'inquiétude suscitée parmi le clergé par certains projets de lois dans le domaine de l'éducation (en 1845 ou encore en 1867) ou bien encore les discussions entourant en 1859 le bill sur le divorce ou enfin, et surtout, la demi-défaite enregistrée par Mgr Bourget dans sa tentative de subdiviser la paroisse montréalaise des Sulpiciens en 1871 (on se rappelle que Mgr Bourget avait dû se mesurer à George-Etienne Cartier dans cette affaire, alors que le leader conservateur assumant la défense des intérêts des Sulpiciens, ses anciens maîtres, refusa aux nouvelles paroisses créées par l'évêque de Montréal, le droit de tenir les registres civils). En ajoutant à ces éléments de politique intérieure le fait qu'en Italie les difficultés que connaissait le Saint-Siège étaient attribuées à ce même libéralisme, on comprendra que de 1848 à 1871 les conditions objectives d'un affrontement majeur entre ultramontains et libéraux au Québec étaient réunies. Elles se traduiront par une lutte idéologique intense qui, pour la période concernée, devait donner le dessus au camp ultramontain.

Tout en visant en premier lieu le libéralisme, la croisade ultramontaine n'épargnera entre-temps aucune école de pensée perçue comme dangereuse pour l'avenir de la suprématie cléricale au sein de la société. C'est ainsi que le socialisme prendra place à côté du libéralisme sur la liste des doctrines pernicieuses. On constate toutefois que, pour la période en cause (1848-1871), la pensée socialiste n'a pas polarisé la lutte ultramontaine de la même manière que l'a fait l'idéologie libérale. Cela peut s'expliquer du fait que l'opposition antilibérale des ultramontains s'adressait avant tout à l'idéologie de la classe en voie de domination effective, ce qui n'était pas alors le cas du prolétariat [136]. C'est pourquoi le socialisme ne figure que de façon secondaire, et quelque peu sporadique, à l'horizon des luttes idéologiques qui se situent dans le cadre chronologique qui nous intéresse.

---

[136] Le temps n'était pas encore venu où, à travers la doctrine sociale élaborée par l'Eglise, la condamnation et la lutte contre le socialisme représenteront des éléments importants du compromis qui interviendra entre le clergé d'une part, et la bourgeoisie comme classe d'autre part. En attendant, au cours des décennies 50 et 60, les idéologues ultramontains se contenteront d'attaquer les thèses socialistes surtout lorsqu'ils feront le lien entre ces thèses et la menace d'une atteinte possible au droit de la propriété.

Les idéologies politiques...

Sur le chemin de la lutte antilibérale, les idéologues ultramontains rencontreront enfin deux autres écoles de pensée, jugées toutes deux des dérivées directes du libéralisme. Il s'agit en l'occurrence du libéralisme catholique et du gallicanisme. Souvent identifiées l'une à l'autre, plus souvent encore dénoncées comme aussi malfaisantes que le libéralisme lui-même, ces deux écoles de pensée alimenteront tour à tour la guerre menée par les idéologues ultramontains contre ce qu'ils ont globalement identifié comme «les mauvaises doctrines».

La définition du libéralisme dans le discours idéologique ultramontain

Il apparaît plus significatif d'analyser la perception ultramontaine du libéralisme à partir des définitions qu'on retrouve à cet égard dans le discours ultramontain lui-même, puisque ce dernier s'attache souvent à donner sa propre conception du libéralisme (définition de son contenu, de ses objectifs, etc.).

On pourra ainsi constater qu'en traitant du libéralisme, les idéologues ultramontains insistent avant tout sur son caractère de doctrine érigée à la fois sans Dieu et contre lui. On parlera souvent à ce propos de «haine de Dieu»[137], d'«ennemi de la religion»[138], de doctrine qui consiste à mettre Dieu hors la loi»[139], etc.

Un article du *Courrier du Canada* résume ainsi la plupart des accusations portées contre le libéralisme sous l'angle de ses rapports avec Dieu:

> «Le Libéralisme, c'est la guerre au divin, c'est le naturalisme dans l'ordre social. Sous prétexte de sauvegarder les droits et la liberté de la conscience humaine, il supprime le domaine de Dieu sur la société...
>
> Dieu n'a presque pas de place; il est mis au secret, relégué dans le sanctuaire impénétrable de la vie privée et intime. On dit à Dieu: vous êtes le maître au ciel; l'homme seul gouverne sur la terre...

---

137 Mgr Laflèche, «Discours aux Zouaves pontificaux canadiens», in A. Savaète *Oeuvres oratoires de Mgr Laflèche*, 100.

138 Mgr Bourget, Mandement, 25 décembre 1863.

139 *CC*, 20 octobre 1871.

Dès que Dieu n'est compté pour rien dans le pouvoir, la souveraineté divine; le caprice remplace les principes, le fait chasse le droit. Mettre Dieu hors la loi, c'est tuer la loi et le pouvoir»[140].

Les idéologues ultramontains ont défini également le libéralisme en remontant à ses origines intellectuelles pour repérer ses affinités ou bien ses liens directs avec le «philosophisme», le «rationalisme» et le «naturalisme», etc.[141] Un mandement de Mgr Bourget, émis à la suite du troisième Concile provincial de Québec, dénoncera justement cette parenté intellectuelle suspecte du libéralisme. En mettant en garde les fidèles contre les présumés ravages persistants des doctrines libérales, l'évêque de Montréal actualise ainsi la menace que continuent, dit-il, à faire peser sur l'humanité ces «horribles monstres qui ne serpentent dans les Sociétés humaines qu'en se déguisant...»[142]

Dans le discours ultramontain, le libéralisme est encore défini à partir du concept qui en est le fondement même, soit celui de la liberté, et en particulier de la liberté de pensée et d'action qu'il est supposé prôner dans tous les domaines. Mais, dans l'idéologie ultramontaine, cette liberté est perçue justement sous un angle négatif, ce qui aboutit en fin de compte à la représenter comme l'unique liberté de mal penser et de mal faire (selon les normes ultramontaines, bien entendu). Ainsi Mgr Laflèche expliquera que c'est du plus «pur libéralisme» que se réclament les «doctrines erronées... de la liberté d'enseignement indépendamment de l'Eglise, de la liberté des cultes sans égard à la vérité... de la liberté illimitée de la presse, de la liberté de gouverner sans tenir compte de la fin de l'homme, de la liberté de s'associer sans considération du but, de la légitimité des faits accomplis, le socialisme, le communisme, enfin toutes les libertés que l'homme animal ou terrestre, dont parle saint Paul, peut désirer; libertés dont le bruit remplit l'univers et qui ne sont autres que des libertés de perdition...»[143]

Or parmi ces libertés moralement et politiquement dangereuses, il en est une en particulier qui menace encore plus que les autres

---

140 *Ibid.*

141 Ce sont là les écoles de pensée qui ont été le plus souvent associées au libéralisme dans les jugements portés par les ultramontains sur la pensée libérale.

142 Mgr Bourget, Mandement, 25 décembre 1863. L'évêque de Montréal consacrera plus de vingt pages à la mise en garde des catholiques contre les effets nocifs de ce qu'il identifiait comme les principaux «dangers des erreurs au milieu desquelles nous vivons».

143 Mgr Laflèche, *loc. cit.*, 105.

Les idéologies politiques... 129

l'avenir de la suprématie cléricale au sein de la société civile. On l'aura deviné, il s'agit de la liberté pour l'Etat de gouverner sans le concours politique et social de l'Eglise. Or c'est justement à la séparation de l'Eglise et de l'Etat qu'aboutissent, dit Mgr Laflèche, «les opinions fausses qui prétendent que l'autorité vient du peuple, que l'homme est libre de ses actes en matière politique et que le prêtre n'a pas le droit d'intervenir dans cet ordre de choses, et., etc.». Et l'auteur de conclure que dans ces conditions «la lumière se retire de l'intelligence... le catholique n'entend plus la voix de sa mère. Il est aux mains du libéralisme et aux mains de Satan» [144].

Tenant compte cependant de l'attrait éventuel qu'aurait pu exercer auprès d'une large fraction de la société la perspective d'une liberté accrue, les idéologues ultramontains se sont efforcés de neutraliser en quelque sorte le danger que représentait un tel concept en l'intégrant à leur tour dans leur propre dialectique. C'est ainsi qu'ils ont été amenés à expliciter ce qu'ils définissaient pour leur part comme «la vraie liberté» et à plaider même pour l'avènement de cette dernière (les termes de «vraie liberté», de «vrais amis de la liberté» ou encore de «véritable liberté catholique», reviennent en fait assez souvent dans les plaidoiries antilibérales des ultramontains).

Rappelant qu'à la suite de Grégoire XVI et de Pie IX le clergé et tous les catholiques «repoussent le libéralisme contemporain comme une fausse liberté», un article du *Nouveau Monde* insiste ainsi sur le fait que «s'il devenait un jour possible à tous les esprits honnêtes de s'entendre sur ce mot primordial et générateur de liberté, que de discussions inutiles, de malentendus déplorables et de luttes scandaleuses de moins dans le monde» puisque, affirme le rédacteur, «toute la confusion dans laquelle nous sommes entrés, vient de la fausse idée qu'on attache au mot de liberté» [145].

On s'aperçoit vite, toutefois, qu'en ce qui concerne le concept de liberté, les idéologues ultramontains ont eu tendance à opérer une véritable transposition de sens, de manière à substituer au sens original et commun du terme (soit le sens d'indépendance ou de libre-arbitre) celui de soumission ou encore d'obéissance. C'est ainsi que, de manière assez contradictoire, on aboutira à une équation du genre: liberté = soumission à l'égard de l'autorité = absence de liberté.

---

144 *Ibid.*

145 *NM*, 24 avril 1868. Il est frappant de constater que, selon cet organe ultramontain, la lumière ne semble pas encore avoir été faite (et nous sommes en 1868!) sur le contenu d'une notion qui alimentait depuis plus de vingt ans déjà la querelle ultramontaine-libérale.

Le paradoxe demeure frappant, mais se trouve cependant atténué du fait que la notion de libre-arbitre n'est pas totalement absente de la définition ultramontaine du concept de liberté. C'est qu'il s'agit en effet, dans l'équation mentionnée plus haut, d'une soumission ou d'une obéissance «librement» acceptée, du fait que le sujet a consenti au préalable à reconnaître volontairement à un agent autorisé (en l'occurrence Dieu ou le clergé catholique qui est son interprète) le droit de définir les frontières précises à l'intérieur desquelles devra s'exercer sa propre liberté. A partir d'une telle interprétation, il apparaît que le contenu véritable du concept de liberté est pratiquement évacué au profit de ce que l'on pourrait définir à plus juste titre, comme une soumission volontaire de la part des individus à l'égard de toute autorité perçue comme légitime.

Ayant opéré ainsi un véritable transfert de sens, le discours idéologique cherchera par la suite à établir fréquemment un lien entre la liberté et des notions qui, apparemment, ne se rapprochent guère. Ainsi, un article du *Nouveau Monde* titrant «Liberté, autorité, obéissance» associera à l'intérieur d'un même cadre conceptuel trois notions que l'auteur affirme ne pouvoir être dissociables depuis que Dieu lui-même a décidé de les réunir dans un «code divin» afin qu'elles deviennent «la pierre fondamentale sur laquelle reposent la famille et la société»[146].

Une vingtaine d'années plus tôt, les *Mélanges Religieux* avaient donné de la liberté une définition qui allait dans le même sens:

«Si l'on demande à un catholique une définition précise du mot liberté, il la définira une soumission à l'autorité légitime; dans l'ordre moral, c'est la soumission envers Dieu et son Eglise; dans l'ordre civil, c'est la soumission envers les autorités légitimes. Par cette définition, le catholique fait voir que non seulement il ne croit pas que l'autorité et la liberté soient incompatibles, mais qu'il croit que la vraie essence de la liberté consiste dans la soumission à l'autorité, en d'autres termes à l'ordre»[147].

C'est dans une perspective semblable que l'abbé A. Pelletier explicitera de son côté — dans le cadre d'une polémique avec Louis-Antoine Dessaulles — le sens à donner à «la véritable liberté de conscience». Ecoutons s'exprimer l'abbé Pelletier à ce sujet:

---

146 *NM*, 27 mars 1871.
147 *MR*, 23 avril 1852.

«Il y a une liberté de conscience, c'est incontestable; mais elle n'est pas celle que vous patronisez. La véritable liberté de conscience consiste à n'être pas forcé de parler ou d'agir contrairement à cette voix intérieure qui vous dit qu'il faut respecter les ordres de Dieu, et les injonctions de ceux qu'il a chargés de tenir sa place sur la terre pour guider les hommes dans la voie de la vérité et du bien. En un mot, la véritable liberté de conscience, c'est la faculté d'opérer notre salut en usant librement de tous les moyens que Dieu a mis à notre disposition pour que nous puissions graviter constamment vers lui et à son entière et pleine possession»[148].

Afin de compléter cet aperçu de la définition ultramontaine du libéralisme, il reste à rappeler les autres notions qui, dans le discours ultramontain, renvoient pour la plupart au même problème (même si elles empruntent, pour ce faire, une voie indirecte).

Les multiples références qui renvoient au libéralisme

La référence au libéralisme n'est pas toujours directe dans le discours ultramontain. Il arrive souvent que la pensée libérale ne soit visée que par le biais de condamnations portant plutôt sur des objets considérés comme les agents de diffusion officiels des «mauvaises doctrines» ou encore des «erreurs du siècle». C'est ainsi que les idéologues ultramontains stigmatiseront tour à tour: les «sociétés secrètes», les «mauvais livres» et par-dessus tout les «mauvais journaux».

La référence aux «sociétés secrètes» et à leurs méfaits politiques et sociaux, se retrouve fréquemment dans la pastorale de Mgr Bourget. Ce dernier semble avoir été un des premiers pasteurs canadiens à sonner l'alarme à ce sujet avec autant de persistance. Ceci n'étonne pas quand on se rappelle l'attachement filial et même la dévotion que l'évêque de Montréal a constamment manifestés à l'égard de Pie IX, calquant de près les grandes lignes de sa propre pastorale sur celles de son modèle romain. Or ce dernier n'avait cessé de dénoncer, dès les premières années de son pontificat, l'influence néfaste des sociétés secrètes. Et si au Bas-Canada même ces dernières

---

[148] A. Pelletier, *Le Don Quichotte Montréalais...*, p. 16. L'abbé Pelletier répondait alors à un pamphlet de L.-A. Dessaulles intitulé: *La Grande Guerre ecclésiastique*. Sur les démêlés d'un «Rouge» aussi notoire que Dessaulles avec le clergé, et plus particulièrement avec Mgr Bourget, voir J.-P. Bernard, *Les Rouges*, p. 201-213.

n'apparaissent pas alors aussi nombreuses, actives et dangereuses que tendraient à le faire croire les avertissements répétés de Mgr Bourget[149], il reste qu'elles avaient eu en Italie une part active dans le déferlement des vagues révolutionnaires qui s'étaient succédées dans la péninsule depuis le début du XIXe siècle, et que dans les Etats de l'Eglise elles continuaient à jouer un rôle important dans la propagation des idées révolutionnaires auprès des masses (que l'on pense seulement à l'importance du rôle d'une société secrète comme la «Carbonneria» dans le déclenchement des révolutions italiennes de 1820 et de 1831, rôle assumé plus tard par la «Giovine Italia» dont l'influence n'était pas étrangère aux révoltes qui secouaient les Etats pontificaux depuis 1844).

Ceci pourrait aussi expliquer la fréquence des mises en garde de Mgr Bourget et d'autres ultramontains comtemporains contre les «noirs complots» ourdis par les sociétés secrètes et destinés tous à «renverser la Religion et l'Etat»[150].

Les «mauvais livres» font également partie des objets dangereux contre lesquels l'idéologie met constamment en garde son auditoire. Ils sont généralement identifiés par leur caractère subversif sur le plan politique et religieux (c'est la subversion politique qui est mise en relief plus fréquemment), mais sont parfois dénoncés aussi, quoique plus rarement, pour le danger qu'ils représentent pour la morale et les mœurs. Un sermon (anonyme) de l'époque les décrit ainsi:

«Qu'est-ce donc qu'un mauvais livre? Un mauvais livre, M.F. est celui qui contient une doctrine, qui renferme des principes

---

149 On connait les difficultés d'implantation au Québec, à partir de 1867, d'une société miclandestine comme «Les Chevaliers de Saint-Crispin», début d'association syndicale dont l'action de type corporatiste et l'influence de courte durée (l'association se dissout aux environs de 1871, résistant mal à l'hostilité des milieux sociaux influents de l'époque) n'ont certes pas représenté un danger bien sérieux pour l'ordre existant. Quant à la franc-maçonnerie, malgré les cris d'alarme que font entendre à ce sujet les mandements et les lettres pastorales de Mgr Bourget, il n'a pas été prouvé jusqu'aujourd'hui qu'elle avait eu des assises bien solides parmi la population canadienne-française d'alors. Il apparaît donc assez probable que c'étaient les événements italiens, bien plus que la conjoncture québécoise, qui inspiraient les nombreuses mises en garde contre les sociétés secrètes que l'on retrouve chez Mgr Bourget aussi bien que chez d'autres ultramontains de l'époque (1848-1871).

150 Mgr Bourget, Lettre pastorale, 10 mars 1858. Dans les Mandements et Lettres pastorales que Mgr Bourget consacre à dénoncer les média de diffusion des idées révolutionnaires, il est rare que les sociétés secrètes ne figurent pas à côté des «mauvais livres» et des «mauvais journaux». A titre d'exemple, on retrouve une condamnation violente de ce type de société dans les Lettres pastorales et Mandements suivants: 10 mars et 31 mai 1858; 3 mars, 19 mars, 31 mai et 21 novembre 1860; 21 mai et 25 décembre 1863; 1er janvier 1865; 22 avril 1866; 6 décembre 1868. On remarquera que le plus grand nombre des condamnations se situent autour de 1858 et 1860, dates qui marquent justement un point culminant dans le différend qui oppose Mgr Bourget aux libéraux du *Pays* et de l'Institut Canadien, mais aussi un tournant décisif dans l'avenir des Etats Pontificaux aux prises avec les revendications territoriales des nationalistes italiens.

opposés à la vérité, ou qui étale des choses propres à blesser l'aimable vertu de pureté. Un mauvais livre est encore celui qui attaque la religion catholique, soit dans ses dogmes, soit dans sa morale, soit dans son culte, ses cérémonies, ses pratiques de dévotion, soit dans ses ministres» [151].

Un autre sermon, celui-là signé par «J. Primeau, Ptre», définit ainsi, à son tour, les «mauvais livres»:

> «On appelle en général *mauvais* livre toutes les productions littéraires qui, soit directement, soit indirectement attaquent la religion ou dans ses dogmes ou dans sa morale, tantôt dans ses ministres, tantôt dans sa discipline, presque toujours dans ses saintes cérémonies et ses salutaires pratiques... Le but principal de toutes ces œuvres que l'enfer projette sur le monde avec une profusion alarmante est le même, l'affaiblissement de la foi et la disparition de la morale...» [152]

Le traitement à réserver aux «mauvais livres» est généralement assez radical. On recommande souvent de les repousser avec horreur, de les dénoncer et surtout de ne jamais en garder à sa portée. Une homélie de l'époque ordonne même aux fidèles de «déchirer, brûler les mauvais livres» [153], se reférant en cela aux traitements que les premiers chrétiens réservaient, semble-t-il à ce type d'ouvrages.

Parmi les média susceptibles de véhiculer les «mauvaises doctrines» aucun cependant n'aura bénéficié d'une attention comparable à celle qui fut consacrée aux «mauvais journaux». D'après la fréquence des mises en garde qu'on retrouve à ce sujet dans les écrits et la pastorale ultramontaine de l'époque, on peut affirmer, sans risque d'erreur, que le journal est perçu comme un des moyens les plus efficaces de diffusion et de propagande des idéologies dangereuses.

C'est même, entre autres caractéristiques, par son action spécifique dans le cadre du journalisme que L.-H. Huot identifie le «Rouge». Ainsi affirme-t-il:

> «...un rouge, c'est surtout un homme qui ne veut en aucune manière voir l'Eglise redresser les torts de l'Etat, c'est de plus celui qui, par le journal, son organe ou dont il est le propriétaire, se fait l'écho de toutes les monstruosités que les

---

151 Sermon (sans date et sans nom d'auteur), ACAM, 990.019.
152 Sermon de J. Primeau, ACAM, 990.019.
153 Semon (sans date et sans nom d'auteur) ACAM, 990.019.

journalistes impies de l'Europe lancent tous les jours à la face de l'Eglise, de ses pasteurs et de ses fidèles»[154].

Mgr Bourget a pris soin, quant à lui, de diviser les «mauvais journaux» en plusieurs catégories. C'est ainsi qu'il distingue: «le journal irréligieux», «le journal hérétique», «le journal immoral», «le journal impie» et «le journal libéral»[155]. C'est aux deux dernières catégories qu'il consacrera cependant la plus grande partie de ses mises en garde.

Le critère commun à toutes ces variantes du «mauvais journal» demeure finalement l'hostilité déclarée ou déguisée à l'égard de la religion et du clergé. Un autre indice important qui devrait, semble-t-il, permettre d'identifier le «mauvais journal» est son ignorance à l'endroit du fait religieux. L'omission à cet égard paraît aux ultramontains aussi grave que l'action antireligieuse concertée. Ainsi, affirme l'auteur d'un sermon de l'époque: les «mauvais journaux» sont non seulement ceux qui «déchirent la réputation du prêtre» mais, est également un «mauvais journal» celui qui n'a jamais une ligne en faveur de la religion». C'est que, précise l'auteur, «l'absence seule de la religion dans les journaux comme partout, est un vide, une lacune, un mal»[156].

Dans son *Conseiller du Peuple,* H. Beaudry affirmera à son tour que les «mauvais journaux» sont ceux qui «affectent de ne jamais dire un mot de religion» alors que, poursuit-il, «celle-ci joue un rôle trop important dans la société pour qu'on n'ait jamais occasion d'en faire mention»[157].

Ainsi, qu'il s'agisse des «sociétés secrètes», des «mauvais livres» ou «des mauvais journaux», la guerre aux idéologies adverses, et plus particulièrement au libéralisme, passe fréquemment dans le discours ultramontain par la dénonciation systématique de ce que l'on considérait comme les instruments courants de diffusion de ces idéologies.

---

154 L.-H. Huot, *Le rougisme en Canada,* Québec, 1864, p. 8.

155 Mgr Bourget, Lettre pastorale, 31 mai 1858. Le différend qui opposait Mgr Bourget au journal libéral *Le Pays* avait atteint cette année-là son point culminant. La règle observée était alors de ne jamais nommer les objets précis qui faisaient les frais des foudres épiscopales. Il n'était pas difficile toutefois pour les diocésains de Montréal, de reconnaître *Le Pays* à travers les dénonciations répétées de leur évêque.

156 Sermon de G.-D. Lesage, intitulé «Les mauvais journaux», ACAM, 990.019.

157 H. Beaudry, *Le Conseiller du Peuple,* Montréal, 1861, p. 122-123.

Libéralisme catholique et gallicanisme dans le discours idéologique ultramontain

S'il apparaît intéressant d'associer, au niveau de l'analyse, ces deux écoles de pensée, c'est qu'elles le furent également dans l'univers idéologique ultramontain au cours de la période considérée (1848-1871). Les idéologues ultramontains vont même jusqu'à donner l'impression qu'ils n'ont pas su faire toujours la distinction entre deux doctrines qui avaient toutes deux en commun le défaut majeur, à leurs yeux, de ne pas admettre sans restriction la suprématie absolue de l'Eglise sur l'Etat[158].

Etablie sur cette base, et tout en n'étant pas entièrement injustifiée, la jonction opérée entre le libéralisme catholique et le gallicanisme risquait cependant d'être trop hâtive. De fait si les gallicans de ce milieu du dix-neuvième siècle européen mettaient surtout l'accent sur l'autonomie des Eglises nationales et sur une limitation de la suprématie pontificale au profit du pouvoir épiscopal et des décisions conciliaires, les catholiques libéraux, quant à eux, privilégiaient avant tout une certaine réconciliation entre le catholicisme et les idées qui avaient cours dans le monde moderne, plus particulièrement les idées libérales[159].

Cependant, qu'il s'agisse des gallicans ou des catholiques libéraux, les deux écoles se trouvaient à reconnaître en un certain sens une autonomie relative de l'Etat laïc vis-à-vis de l'Eglise, soit dans le but de se protéger contre un abus du pouvoir pontifical, dans le cas des gallicans, soit pour éviter un divorce, jugé dangereux, entre ce même Etat et l'Eglise, dans le cas des catholiques libéraux.

Ce qui pouvait inciter encore plus certains ultramontains à confondre le libéralisme catholique avec le gallicanisme (et vice versa) est le fait que les deux options se côtoyaient souvent chez les mêmes

---

158 Au Québec, l'association que font les ultramontains entre le libéralisme catholique et le gallicanisme est illustrée par des écrits comme celui de Mgr Pinsonnault intitulé: *Le dernier chant du cygne sur le tumulus du gallicanisme*, Montréal 1870. S'adressant à Mgr Dupanloup, l'auteur y dénonce en principe la doctrine gallicane, mais en pratique il s'attaque surtout, et nommément, aux principales thèses de ce qu'il appelle «le libéralisme bâtard, soit-disant catholique». De même dans un ouvrage intitulé: *Le grand-vicaire Raymond et le libéralisme catholique* (écrit sous le pseudonyme de Binan) l'abbé Alphonse Villeneuve associe constamment le libéralisme catholique et le gallicanisme, allant même jusqu'à assimiler parfois totalement l'une à l'autre des deux doctrines.

159 Les deux tendances étaient représentées en France par des personnalités marquantes. Alors que le doyen de la faculté de théologie à la Sorbonne, Mgr Maret, l'influent Mgr Sibour, évêque de Digne, l'évêque d'Orléans, Mgr Dupanloup ou l'archevêque de Paris, Mgr Darboy, ne craignaient pas d'afficher leurs opinions gallicanes, les thèses du libéralisme catholique étaient défendues par des hommes aussi prestigieux que Montalembert et toute l'équipe qui gravitait autour du journal *Le Correspondant*.

individus, dualité à laquelle incitait d'ailleurs l'ultramontanisme intransigeant d'un Pie IX, aussi épris de centralisation hiérarchique que farouchement opposé à toute libéralisation de la pensée catholique.

Au Bas-Canada, libéralisme catholique et gallicanisme furent non seulement fréquemment associés dans l'univers idéologique ultramontain, mais ces étiquettes furent parfois attribuées de façon hâtive à toute pensée, même orthodoxe, que son expression modérée rendait vite suspecte au regard d'une censure ultramontaine constamment aux aguets. Dans le climat de suspicion créé à la fois par le zèle excessif de certains militants ultramontains et par leur confrontation permanente avec les «rouges», plusieurs idéologues en viendront à penser que seule une intransigeance sans faille pouvait encore sauver le catholicisme canadien de la contamination libérale. D'où ces dénonciations violentes du libéralisme catholique, identifié souvent comme «la grande erreur du temps», ou encore comme «la très grande plaie de notre époque, plaie qui, au dire de Pie IX lui-même, fait un bien plus grand mal à la religion que l'impiété déclarée»[160].

C'est qu'au regard des ultramontains, «le libéralisme qui prend le titre de catholique»[161] est d'autant plus dangereux qu'il risque d'abuser les catholiques de bonne foi qui espèrent, moyennant quelques concessions mineures et à caractère plutôt formel, opérer la réconciliation entre deux doctrines (le libéralisme et le catholicisme) qui pourtant, affirment les ultramontains, ne peuvent que s'exclure mutuellement. C'est ainsi qu'un rédacteur du *Nouveau Monde* proclame qu'il faut cesser une fois pour toutes de «se dire catholique si l'on veut être libéral, etc., se dire libéral si l'on désire rester catholique»[162].

Ceux qui persisteraient à maintenir cette double allégeance sont, selon les ultramontains, soit les victimes d'un complot machiavélique de la part des libéraux — qui les utilisent pour se donner une apparence de respectabilité — soit encore des hypocrites chez qui «la tournure catholique du langage» ne sert qu'à masquer «une indigne parodie de la vérité»[163].

Mais quels pouvaient être au fait ces dangers mortels pour le catholicisme que recélait, selon les ultramontains, la thèse catholique

---

160 A. Pelletier, *Quelques observations critiques...*, p. 5.
161 *Ibid.*
162 *NM*, 17 avril 1868.
163 A. Villeneuve, *Le grand-vicaire Raymond et le libéralisme catholique*, p. 34-35.

Les idéologies politiques... 137

libérale? Il est certain que pour les catholiques farouchement intégristes qu'étaient les ultramontains il était difficile, au départ, d'accepter, des accommodements quelconques avec l'Etat bourgeois moderne et son idéologie officielle qu'était le libéralisme. Conclus avec un partenaire plus fort, ces accommodements risquaient d'aboutir, dans la pratique, à des concessions unilatérales aussi bien sur le plan de la doctrine que sur celui des privilèges concrets dont jouissait encore le clergé dans la société bourgeoise moderne. Or, inconscients semble-t-il de l'ensemble de ces dangers, et tout en niant la légitimité des principes libéraux dans l'absolu, certains catholiques étaient prêts à accepter justement de tels accommodements et à courir ainsi des risques dont la gravité, assuraient les ultramontains, semblait leur échapper. Ces catholiques «imprudents» agissaient ainsi par souci de sauvegarder le bien futur de l'Eglise moyennant un certain réalisme face aux exigences nouvelles des temps présents. Cette attitude les portait à faire montre d'une attitude tolérante à l'égard de la société moderne et des idées qui y prévalaient. C'est justement cette tolérance que les ultramontains — Pie IX en tête — interprétait comme une scandaleuse démission. Ecoutons l'abbé Alexis Pelletier décrire l'origine et les conséquences de l'attitude conciliante propre aux catholiques libéraux:

> «Le libéralisme catholique enseigne que la paix, la tranquillité, la conformité de pensées et de sentiments sont des biens tellement précieux que, pour les obtenir, on peut sacrifier certains droits de la vérité; que, pour se concilier ceux qui professent l'erreur, les amener insensiblement à l'abjurer, il est permis de faire quelques concessions, de plier tant soit peu certains principes aux manières de voir des adversaires, quand ces principes choquent trop par leur inflexibilité...
>
> En deux mots voici ce qui caractérise le libéralisme qui se dit catholique: parfois il dénature, il amoindrit la vérité sous prétexte qu'elle a besoin d'adoucissements, et il travaille ainsi très efficacement, sans se l'avouer, au profit de l'erreur... il ne défend pas l'erreur; mais il la favorise indirectement par la ligne de conduite qu'il conseille à ses partisans de suivre»[164].

A l'instar du libéralisme catholique, le gallicanisme n'a pas bénéficié d'une grande indulgence à l'intérieur des discours et des écrits ultramontains dans le Québec de ce milieu du XIXe siècle. Il

---

[164] A. Pelletier, *Quelques observations critiques sur l'ouvrage de l'abbé B. Paquet intitulé: le libéralisme*, Montréal, 1872, p. 7.

était rare que la polémique ultramontaine ne l'associe pas au libéralisme catholique ou encore au libéralisme tout court, qualifiés l'un ou l'autre de «produit du gallicanisme»[165] ou encore d'«héritier du gallicanisme»[166].

Cependant, et malgré l'usage fréquent à son égard d'épithètes telles que: «la souillure gallicane», la «plaie cancéreuse du gallicanisme»[167] ou encore «le gallicanisme, cette erreur à jamais funeste»[168], il reste que la doctrine gallicane remontait à une période historique plus lointaine que celle où s'inscrivait la pensée libérale. A ce titre, le gallicanisme semble avoir représenté aux yeux des ultramontains un danger relativement moins imminent que le libéralisme catholique, ce qui permet de comprendre que ce dernier ait eu la préséance dans le cadre des guerres ultramontaines menées sur le terrain des idéologies adverses (on s'aperçoit, par exemple, que dans son ouvrage intitulé *Le dernier chant du cygne sur le tumulus du gallicanisme*, et consacré en principe à l'attaque des idées gallicanes, Mgr Pinsonnault accorde nettement la priorité à la dénégation des principes du catholicisme libéral).

A ceci s'ajoute le fait qu'en ce qui concerne l'histoire bas-canadienne des années 50 et 60, l'attitude conciliante du gouvernement conservateur ne donnait pas facilement prise à des accusations de gallicanisme. Jusqu'en 1870, ces dernières ne furent brandies que de façon sporadique et très circonstancielle, de fait chaque fois que le pouvoir en place était soupçonné de vouloir modifier quelque peu sa politique conciliante à l'égard de l'Eglise en général et du groupe ultramontain en particulier[169].

On peut donc affirmer que dans l'univers idéologique ultramontain, c'est le libéralisme catholique qui est demeuré (après le libéralisme lui-même) la préoccupation première d'un groupe social dont le statut et les intérêts étaient étroitement liés à la préservation intégrale des idéaux catholiques dans leur aspect le plus traditionnel.

---

165 F.-X. Trudel, «Quelques réflexions...», RC, VIII (1871): 203.
166 Mgr Pinsonnault, *op. cit.*, p. 26.
167 A. Villeneuve, *Franc-Parleur*, 25 mai 1871,
168 A. Villeneuve, *Le Grand-vicaire Raymond*..., p. 26.
169 Ce fut le cas en particulier lors des tentatives d'émancipation du parti conservateur face aux pressions ultramontaines lorsque se posa en 1869 le problème de la subdivision par Mgr Bourget de la paroisse montréalaise des Sulpiciens et du droit pour les nouvelles paroisses, ainsi créées, de tenir les registres civils.

Les idéologies politiques... 139

L'identification des autres «mauvaises doctrines»

Les autres «mauvaises doctrines» identifiées comme telles dans le discours ultramontain le furent, le plus souvent, soit à titre d'ancêtres du libéralisme, soit à cause de leurs affinités, réelles ou supposées, avec lui. Il s'agit dans ce domaine, du rationalisme, du naturalisme et, dans une certaine mesure seulement, du protestantisme.

La rationalisme et ses dérivés (philosophisme, scientisme, etc.) ont certainement accaparé une grande partie des polémiques ultramontaines relatives aux erreurs propagées dans la société moderne par les ennemis de l'Eglise. Les ultramontains y ont vu — non sans raison d'ailleurs — une justification philosophique du libéralisme contemporain. C'est donc à titre de postulats dangereux du libéralisme qu'ils ont été souvent l'objet des attaques ultramontaines.

Ce problème du rationalisme — comme bien d'autres parmi ceux qui ont monopolisé les énergies ultramontaines dans ce milieu du dix-neuvième siècle — n'était ni nouveau au sein du catholicisme, ni même exclusif à l'école ultramontaine. Il remonte, comme on le sait, aux controverses suscitées au sein de la théologie catholique du XVIIe et du XVIIIe siècles par le contenu philosophique et la portée religieuse des thèses cartésienne et kantienne. Ce problème devait émerger à nouveau au milieu du XIXe siècle lors des polémiques soutenues par les tenants de la scholastique péripatéticienne à Rome contre l'ontologisme avoué d'un Rosmini en Italie ou d'un abbé Maret en France, ontologisme soupçonné de déboucher en fin de compte sur un panthéisme à caractère rationaliste. Un débat analogue opposera à la même époque en Allemagne les tenants de la scholastique médiévale — appelés encore le groupe de Mayence — à des théologiens plus ouverts aux courants nouveaux qui traversaient la pensée moderne, comme ce fut le cas de Döllinger à Munich, ou encore de Günther en Autriche.

Cependant, si les ultramontains en Europe n'étaient pas les seuls dans l'Eglise à mener l'offensive contre le rationalisme ils en demeuraient toutefois les principaux instigateurs (que l'on se rappelle seulement le rôle important joué dans ce domaine par les Jésuites italiens et le groupe réuni autour de la *Civiltà Cattolica* à Rome). Quant à leurs homologues québécois, ils devaient assumer également leur part dans cette croisade antirationaliste dont ils brandirent souvent l'étendard lors des polémiques qu'ils soutinrent contre les idéologies adverses.

C'est ainsi qu'une lettre circulaire de Mgr Bourget décrivait le rationalisme et son influence au sein de la société moderne:

> «L'on sait l'infernal travail qu'y fait le rationalisme qui proteste contre l'action divine dans les actions humaines; qui interdit à Dieu le gouvernement du monde; qui met en principe que la raison divine n'est pas plus sinon moins que la raison humaine...»[170]

C'est en effet dans l'optique d'une opposition systématique entre «la raison humaine» et la «raison divine» que les ultramontains ont posé fréquemment le problème. Dans une telle perspective, «la raison humaine» était constamment dévalorisée, dénoncée à la fois comme impuissante et prétentieuse.

Alors qu'il charge violemment les discours et les écrits d'un «Rouge» notoire, Louis-Antoine Dessaulles, l'abbé Alexis Pelletier décrit ainsi les limites où se meut la raison humaine:

> «Cette raison humaine, considérée humainement, que peut-elle la plupart du temps?... je viens de vous le mettre sous les yeux: se contredire et entasser inepties sur inepties sitôt qu'elle veut construire de ses propres mains un édifice religieux»[171].

Impuissante de par sa nature même, la raison humaine l'est encore plus, assure le même auteur, lorsqu'il lui faut guider l'homme sur le chemin qui mène à son salut. C'est qu'il s'agit là, précise-t-il, d'un outil inapproprié pour permettre à l'intelligence humaine d'accéder aux vérités surnaturelles. Ecoutons l'abbé Pelletier expliciter cette assertion:

> «La raison humaine seule ne peut nous servir de guide... l'homme étant appelé à une fin absolument surnaturelle, doit de toute nécessité croire des vérités absolument surnaturelles, c'est-à-dire des vérités que nulle intelligence créée, si parfaite qu'on la suppose, ne comprendra jamais. La chose est évidente car autrement l'ordre surnaturel ne serait pas lui-même, ce qui est absurde»[172].

Or voilà que cette raison humaine considérée comme déficiente, et qu'on a qualifiée même parfois d'«impuissante» ou encore d'«affaiblie», ose récuser «ces barrières du mystère que le péché lui a faites si

---

[170] Mgr Bourget, Lettre circulaire, 10 mai 1872.
[171] A. Pelletier, *Le Don Quichotte Montréalais*..., p. 12.
[172] *Ibid.*

Les idéologies politiques... 141

opiniâtres et si compactes»[173]. Si la raison humaine agit ainsi, affirment les idéologues ultramontains, c'est qu'elle est victime d'une vanité et d'un orgueil démesurés. Le danger le plus grave d'une telle méprise, poursuivent-ils, provient du fait que c'est sur la foi des conclusions de cette raison si déficiente que la liberté de pensée est revendiquée au sein de la société moderne par les ennemis les plus acharnés de l'Eglise; et l'abbé Alexis Pelletier de se scandaliser de la «stupidité» d'une telle prétention:

> «Peut-on rien imaginer de plus affreux, de plus orgueilleusement bête? Je ne le pense pas. Il n'y a pas de système plus propre que celui-là à mettre la stupidité en honneur. En effet, plus on est stupide, moins on comprend, et comme on ne doit admettre que les vérités que l'on comprend, il s'en suit que les plus stupides seront les plus libres, n'étant pas obligés de croire les vérités dont ils ne voient point la rectitude et qui les gêneraient dans la pratique»[174].

Les constatations précédentes amènent les ultramontains à exhorter les catholiques sincères à substituer sans cesse la foi à la raison, chaque fois qu'ils veulent parvenir à la possession ultime de la vérité. C'est dans ce sens qu'Alphonse Villeneuve conclut une de ses conférences donnée devant les membres de l'«Union Catholique de Montréal»:[175]

> «Reconnaissons humblement les limites posées à notre intelligence; portons noblement cette faiblesse de notre nature; croyons sans hésiter les vérités naturelles et surnaturelles que nous ne comprenons pas... et nous puiserons dans ce renoncement sublime, la force de nous élever jusqu'à la vérité»[176].

C'est en particulier dans le domaine de la science qu'il faut porter l'attaque, affirment les ultramontains, là où la raison humaine est portée le plus à exalter inconsidérément ses découvertes et ses progrès, là où le rationalisme cherche à supplanter de toutes ses forces la révélation et la foi. Or tout chrétien sait bien, affirme un auteur ultramontain dans les colonnes du *Nouveau Monde,* que «l'Ecriture Sainte ne se trompe jamais» alors que «la science humaine (elle) est

---

[173] A. Villeneuve, *Conférences...*, p. 12-31.

[174] A. Pelletier, *Le Don Quichotte montréalais...*, p. 13-14.

[175] Il s'agit du cercle littéraire, fondé par le Père Vignon, s.j., en 1854 pour contrer l'influence de l'Institut Canadien de Montréal et qui s'intitulait plus précisément «Union Catholique de Montréal pour l'alliance de la Religion et des Lettres».

[176] A. Villeneuve, *Conférences...*, p. 33.

faillible»[177].

S'il fallait, affirmait un peu plus tôt le même auteur, qui signe «Un Chrétien», concilier à tout prix la vérité scientifique avec la vérité révélée, ce serait à la première à faire les concessions nécessaires. C'est ainsi assure «Un Chrétien» qu'il est permis d'«examiner les questions scientifiques pour voir s'il n'est pas possible de concilier, non pas l'Ecriture, qui est la parole de Dieu, avec la science humaine, qui est peu de chose ou rien, mais les résultats apparents ou réels des recherches de l'homme avec les textes de l'Ecriture interprétés par les docteurs de l'Eglise»[178].

Il est évident que, dans l'optique ultramontaine, toute prérogative reconnue à la science est d'autant plus dangereuse qu'elle risque d'aboutir à une remise en cause de l'autorité de l'Eglise en matière d'interprétation de l'ordre naturel autant que surnaturel. On s'aperçoit vite qu'à l'instar des autres questions abstraites qu'aborde la polémique ultramontaine, celle-ci recèle à son tour une dimension politique assez nette. Ainsi les questions soulevées par le scientisme, le philosophisme ou le rationalisme déboucheront maintes fois sur un problème de pouvoir, autant de pouvoir *dans* l'Eglise que *de* l'Eglise. Il s'agira en effet de défendre l'autorité doctrinale de l'Eglise face à la société civile et à ses productions idéologiques, mais aussi de promouvoir au sein de la hiérarchie cléricale un pouvoir centralisé qui garantirait l'uniformité des croyances au sein de l'Eglise et dont le haut lieu résiderait à Rome.

C'est dans un sens analogue que se situent les attaques ultramontaines à l'endroit du naturalisme, cette «grande erreur du temps» que l'idéologie ne se contente pas de considérer dans une perspective d'opposition Dieu-Nature, mais dont elle perçoit de façon aiguë la dimension et les conséquences à caractère politique. Un article du *Nouveau Monde* expliquera ainsi comment l'action des révolutionnaires italiens était directement liée à l'influence du naturalisme:

«Leurs doctrines n'aboutissent-elles pas à l'assassinat politique, au meurtre, au pillage, au renversement de toute autorité civile et religieuse?

Quand en effet, le naturalisme n'a rien laissé debout dans les âmes, quand il a détruit une à une les convictions qui font

---

177 *NM*, 21 mai 1869.
178 *NM*, 14 avril 1869.

l'homme croire en Dieu et à une vie éternelle, dès ce moment se trouve posé en principe le droit du plus fort et la souveraineté du but. Ne nous étonnons donc pas qu'une fois que la raison surnaturelle de l'ordre social a disparu, les individus qui le composent deviennent autant d'ennemis acharnés prêts à s'entre-détruire sur l'heure» [179].

Un an auparavant on pouvait lire dans le même journal un long exposé relatif aux effets socio-politiques néfastes du naturalisme. Cette «erreur» affirmait-on était non seulement responsable de la négation de toute intervention divine dans les affaires humaines, mais servait à justifier les principes à la base de la «démocratie pure», soit encore, affirmait l'article, de la doctrine politique qui favorisait «la force brutale, c'est-à-dire du nombre ou de la majorité des votes...» [180]

Quant au protestantisme, on s'aperçoit qu'il n'a pas occupé dans l'idéologie ultramontaine la même place, ni bénéficié du même degré d'intérêt accordé aux autres «mauvaises doctrines» objets des dénonciations ultramontaines.

Bien sûr le prosélytisme protestant a souvent été dénoncé du haut de la chaire et l'on retrouve à ce sujet plusieurs mises en garde dans la pastorale des évêques (de l'évêque de Montréal surtout). Mais il demeure que la croisade antiprotestante a occupé une place relativement modeste dans les polémiques ultramontaines des années 50 et 60. Etait-ce par souci, de la part des ultramontains, de ne point s'aliéner une fraction trop influente de la société québécoise? Ou encore parce qu'en tant que doctrine à caractère d'abord religieux le protestantisme n'entraînait pas des conséquences socio-politiques aussi immédiates que le faisaient les autres «erreurs» secrétées par la société moderne? [181] Le fait que ce soient plutôt les implications politiques du protestantisme qui aient surtout retenu l'attention des idéologues ultramontains tendrait à accréditer plutôt la deuxième hypothèse.

C'est ainsi qu'un article des *Mélanges Religieux* expliquera comment le protestantisme s'allie au «philosophisme» dans certains pays européens pour aboutir à la mise en pratique des principes

---

179 *NM*, 13 avril 1868.

180 *NM*, 5 décembre 1867.

181 Au plus fort de la controverse avec les radicaux de l'*Avenir*, un rédacteur des *Mélanges Religieux* ira même jusqu'à constater avec amertume, en parlant des protestants: «Nos frères séparés, parmi lesquels, il faut le dire, nous rencontrons souvent plus de loyauté et de sympathie que parmi ceux de qui nous aurions droit d'en attendre...» (*MR*, 2 octobre 1849).

révolutionnaires[182]. Un autre article, du *Nouveau Monde* cette fois, expliquera comment la religion protestante, qui autorise le libre-examen des Ecritures, ne peut faire autrement que de déboucher sur la libre-pensée dans tous les domaines et finir ainsi par «l'établissement du rationalisme sur les ruines du christianisme, en niant la nécessité d'un médiateur entre Dieu et les hommes»[183].

Ainsi les doctrines philosophiques et religieuses identifiées comme dangereuses dans l'idéologie ultramontaine, le furent le plus souvent en raison de leurs effets dits néfastes dans les domaines qui débordent le cadre unique de la religion ou de la philosophie.

Par ailleurs, dans une perspective idéaliste de l'histoire (les idées menant supposément le monde), et au nom d'un ordre historique immuable, fixé une fois pour toutes par la Providence au profit de la suprématie de l'Eglise, toute pensée conçue en dehors de cette dernière est perçue comme l'étant à son détriment, et partant, au détriment de la société tout entière. Ce sera le cas, comme nous le verrons, de toutes les «mauvaises doctrines» identifiées plus haut, et plus particulièrement encore de la doctrine libérale.

Les conséquences politiques et sociales des «mauvaises doctrines»

Les conséquences dites nuisibles des «mauvaises doctrines» sont presque toutes résumées dans cette définition qu'un article de l'*Ordre* donne du «Rouge»:

> «Qu'est-ce qu'un *Rouge*: A proprement parler, un Rouge est celui qui demande: 1° la Séparation de l'Eglise et de l'Etat; 2° l'abolition du droit de la propriété; la Souveraineté du peuple. D'après cela, un Rouge c'est donc celui qui soutient et défend trois principes abominables, gros d'anarchie et de résultats funestes et qui ne peuvent jamais s'accorder avec la conscience d'un chrétien éclairé»[184].

On a pu constater déjà à quel point l'ultramontanisme percevait comme dangereuse l'éventualité d'une séparation entre l'Eglise et

---
182 *MR*, 22 janvier 1850.
183 *NM*, 16 février 1869.
184 L'*Ordre*, 13 mai 1859.

l'Etat telle qu'elle était prônée par l'idéologie libérale. On s'aperçoit qu'à côté ou au-delà de cette séparation tant décriée l'ultramontanisme identifie deux autres résultats néfastes liés à la propagation des «mauvaises doctrines» et du libéralisme en particulier. Il s'agit bien — comme le spécifiait l'énoncé précédent relatif à la définition du «Rouge» — de la démocratie (désignée ici par «la Souveraineté du peuple»), du socialisme (défini dans la dialectique ultramontaine par l'abolition du droit de propriété), ainsi que des bouleversements sociaux qui sont vus comme leurs conséquences inévitables.

Dans ses *Quelques considérations sur les rapports de la société civile avec la religion et la famille,* l'abbé Laflèche avait identifié la démocratie comme «la forme la plus imparfaite de gouvernement», celle qui «présente le moins de garanties pour la paix» étant donné que le libre-choix dévolu à la majorité ne pouvait aboutir, selon l'auteur, qu'à l'instabilité politique et à l'anarchie sur le plan social [185].

L'année même de la publication des *Quelques considérations...* un article du *Nouveau Monde* expliquait comment la «démocratie pure» ne représentait pas finalement autre chose que «la force brutale du nombre» et ne pouvait déboucher que sur la dictature [186].

Un rédacteur des *Mélanges Religieux* avait déjà dénoncé (une quinzaine d'années auparavant, la démocratie comme «l'ennemie de la liberté» tout en ridiculisant ce qu'il affirmait être «une belle utopie»:

> «Il faut voir le talent avec lequel les nouveaux journalistes (du *Pays*) définissent cette belle utopie. Elle vient de Dieu, ni plus ni moins; elle fait tout l'homme, elle est sa dernière fin en cette terre. L'Evangile n'en dit pas plus de la grande affaire du salut éternel de l'homme...
>
> Non, si le catholicisme était l'ami de la démocratie, il serait en vérité ce que ses ennemis le disent être, en un mot, l'ennemi de la liberté, et l'ennemi de la race humaine toute entière» [187].

Enfin la démocratie a été identifiée également au matérialisme le plus dégradant qui puisse guetter l'humanité à ce tournant de son histoire. Ecoutons un rédacteur du *Courrier du Canada* l'expliquer ainsi:

---

[185] Abbé L.-F. Laflèche, *op. cit.*, p. 114 et ss.
[186] *NM*, 5 décembre 1867.
[187] *MR*, 13 janvier 1852.

«La démocratie est une personne originale qui marche toujours contre le bon sens et la raison... Dans ses magnifiques et profondes méditations, elle a découvert que la morale est indépendante des opinions religieuses, indépendante du dogme chrétien. Mais telle est la force de cette vérité que, quand elle a proclamé que l'homme devait satisfaire ses *goûts* et ses *besoins,* sans danger pour sa morale, elle a été obligée de sacrifier ses propres enfants, ses propres apôtres, après avoir massacré ses adversaires!

C'est un principe d'éternelle vérité que la matière, que l'étude de la matière n'a jamais fait un peuple libre et puissant, content et heureux; c'est un principe d'éternelle vérité qu'une éducation matérielle n'a jamais produit que des peuples dégradés et abrutis, insensibles à l'honneur et à la gloire, ces deux puissants aiguillons des grands cœurs et des grandes âmes. La démocratie, elle, vit de progrès et de matière; elle les proclame éternels et destinés à conquérir le monde, à être la seule religion du genre humain...» [188]

Tout comme le libéralisme dont il est dit dériver, le système démocratique est présenté à son tour comme totalement étranger à l'histoire et à la «nationalité» canadienne-française («nationalité», entendue le plus souvent dans le sens de «culture»). Ce type d'affirmation s'insère fréquemment dans le cadre d'une comparaison menée entre la participation de l'Eglise d'une part et celle de la «démocratie» d'autre part à l'édification de l'histoire canadienne.

Un idéologue ultramontain a dressé le bilan suivant de l'œuvre comparée de la «religion» et de la «démocratie» en terre canadienne:

«Mais regarde, peuple Canadien, le sol de tes ancêtres: contemple aussi ce que la démocratie a fait pour ton avancement, depuis son arrivée au milieu de nous. La religion; ah! contemple l'action de son sacerdoce sur la vie sociale; vois tes riches campagnes, heureuses, paisibles, éclairées; vois tes magnifiques cités remplies d'utiles et pieuses institutions, vois ces collèges classiques qui donnent à tes enfants la haute éducation intellectuelle et morale, qui versent sur ton sol la lumière et la civilisation... N'est-ce pas l'œuvre du génie de ton sacerdoce, de ta *vieille* religion? Paraissez maintenant,

---

188 *CC*, 7 septembre 1857.

démocrates d'un jour, venez!... Montrez-nous vos œuvres pour que nous croyons à vos paroles? Pour Dieu, montrez-nous ce que vous avez fait pour la grandeur, pour la liberté, pour l'instruction, pour la nationalité du peuple canadien, afin que nous nous prosternions devant votre drapeau» [189].

La méfiance ultramontaine à l'égard des principes démocratiques a été jusqu'à présenter ces derniers non seulement comme étrangers à l'histoire et à la «nationalité» canadienne-française mais aussi comme dangereux pour la survie même de cette «nationalité». Un rédacteur du *Courrier du Canada* l'affirme en ces termes:

> «La démocratie, l'hérésie et les institutions matérielles; voyez, comme ces trois choses s'allient bien, se recherchent et s'aiment d'un amour sincère... Ces trois sœurs qui marchent de concert avec un poignard à la main, au renversement de notre religion et de notre nationalité...» [190]

Toutes les «mauvaises doctrines» dénoncées par l'ultramontanisme — qu'il s'agisse du libéralisme, du rationalisme ou de leur corollaire, le système démocratique — sont censées entraîner dans leur sillage des répercussions sociales catastrophiques. Il s'agira le plus souvent de guerres, de révolutions sanglantes et d'autres sortes de malheurs collectifs présentés comme les conséquences inévitables des «erreurs du siècle».

Mgr Bourget, le leader incontesté des idéologues ultramontains de ce milieu du dix-neuvième siècle, fut un des premiers à saisir l'importance d'une équation à établir entre les «mauvaises doctrines» d'une part et les catastrophes révolutionnaires d'autre part. Dans une lettre circulaire qu'il adresse à son clergé à l'occasion d'un mandement relatif aux «mauvais principes» il lui recommande «d'ouvrir les yeux du peuple sur le malheur des nations qui ont passé par ces terribles commotions» [191]. Il poursuit en précisant: «Il faudra insister là-dessus pour lui inspirer une vive horreur de ces révolutions, qui semblent devoir faire le tour du monde». Un peu plus tard, l'évêque de Montréal reviendra à nouveau sur la nécessité de pratiquer cette forme de pastorale (à caractère préventif) en conseillant à ses prêtres d'«entretenir souvent (le peuple) des malheurs qui affligent un pays en révolution» afin de le prémunir «contre tout danger de se laisser séduire

---

189 *Ibid.*
190 *CC*, 11 septembre 1857.
191 Mgr Bourget, Lettre circulaire, 10 mars 1858.

par l'esprit révolutionnaire qui fait le tour du monde»[192].

Mgr Bourget donnera lui-même l'exemple à son clergé en évoquant fréquemment dans sa propre pastorale les «furieuses tempêtes» et les «maux affreux» qui menacent toute nation coupable de s'être laissée impunément séduire par les «erreurs» et les «fausses maximes» véhiculées par de «pernicieux écrits» ou propagées par des agents révolutionnaires[193].

Un autre ultramontain convaincu, le juge Adolphe-Basile Routhier, parlera de «la Révolution (qui) est devenue la plus grande puissance que Satan ait jamais organisée sur cette terre; puissance telle, que sans la résistance qu'elle a rencontrée à Rome, elle aurait précipité l'Europe entière dans l'anarchie la plus funeste». Or pour lui préparer le terrain, voilà que «le libéralisme, son agent le plus subtil et le plus insinuant, a fait des ravages étonnants dans tous les pays catholiques»[194].

Un rédacteur des *Mélanges Religieux* avait, deux décennies plus tôt, attribué un pouvoir analogue à la «philosophie», affirmant à son propos:

> «Voilà ce que la *philosophie* travaille à faire parmi nous. En France, cette semence de mort engendra des fruits de mort. Un jour le peuple enivré se rua sur la lumière; il brisa, il dévasta, il égorgea même ceux qui l'avaient enivré de leurs poisons... Alors le peuple était *libre* et souverain — il n'y avait plus de Sacerdoce, plus de communautés religieuses pour prendre soin de son âme et de son corps, mais de la poudre et de la mitraille!... Voilà ce que la philosophie a fait du peuple catholique en France; voilà ce qu'elle voudrait en faire en Canada. Elle s'est alliée ici au protestantisme pour semer le doute, la jalousie, le mépris, la haine dans le cœur du peuple contre le Sacerdoce...»[195].

Enfin à côté des bouleversements sociaux imputés aux «mauvaises doctrines», figure l'annonce de calamités naturelles présentées sous la forme de «maladies pestilentielles», d'«effroyables tremble-

---

192 Mgr Bourget, Lettre circulaire, 31 mai 1858.

193 *Ibid.*, Mandement, 1er janvier 1865. Les passages extraits de ce mandement le sont à titre d'exemple de plusieurs descriptions similaires relatives aux «mauvaises doctrines» et à leurs conséquences, qu'on retrouve fréquemment sous la plume de Mgr Bourget.

194 A.-B. Routhier, *Causeries du dimanche*, Montréal, 1871, p. 28 et 45.

195 *MR*, 22 janvier 1850.

ments de terre» ou d'autres cataclysmes du même genre qui fondent sur l'humanité en guise de punition divine lorsqu'elle se laisse aller à adhérer aux «mauvaises doctrines»[196]

En ce qui concerne le socialisme et ses répercussions, les dénonciations ultramontaines s'avèrent relativement moins nombreuses que celles qui ont trait aux doctrines libérales ou au système démocratique. Ceci pourrait s'expliquer du fait qu'en tant que résultat concret des «mauvaises doctrines», le socialisme représentait dans ce milieu du dix-neuvième siècle québécois une menace moins imminente que celles que faisaient peser sur l'ordre établi le libéralisme ou le système démocratique. Si, à la même époque, dans les pays les plus industrialisés d'Europe (tels que l'Allemagne, la France ou l'Angleterre) une certaine effervescence se faisait jour autour des principes socialistes, le Bas-Canada ne semblait pas, quant à lui, sérieusement engagé dans cette voie. Ceci n'empêchera pas toutefois les idéologues ultramontains au Québec de servir de temps à autre à leurs concitoyens quelques mises en garde relatives aux méfaits du socialisme, associé comme les autres «mauvaises doctrines» à des images de bouleversements sociaux et de cataclysmes naturels. Toutefois, dans le cas des principes socialistes, des appréhensions supplémentaires sont venues s'ajouter à toutes celles évoquées précédemment; elles se dégagent des professions de foi ultramontaines relatives à la propriété privée et à l'inégalité sociale, deux données dont l'ultramontanisme estimait la remise en cause comme aussi dangereuse qu'inconcevable.

Les théories ultramontaines concernant la propriété privée furent élaborées le plus souvent à partir de problèmes spécifiques soulevés par la conjoncture socio-politique de l'heure. C'est ainsi qu'au cours des années 50 en particulier, l'abolition de la tenure seigneuriale, la question des biens des Jésuites ainsi que le partage des États de l'Église alimenteront tour à tour des discussions à caractère abstrait, mais où se devine de temps à autre le profil de la réalité concrète qui les inspire.

Dans la dialectique ultramontaine, le droit de propriété apparaît revêtu d'un caractère sacré et inaliénable parce que constituant «la

---

[196] Plusieurs menaces de ce genre figurent par ailleurs dans l'encyclique de Pie IX octroyant un jubilé, ainsi que dans la lettre pastorale de Mgr Bourget qui l'accompagne (octobre 1854). On aura l'occasion d'observer plus en détail la mise en application de ce type d'argumentation et d'image au cours des analyses qui se rapportent à la catégorie «langage».

[197] Il s'agit d'une série d'articles publiés dans l'*Ordre* au cours du printemps de 1859 alors qu'était discuté en Chambre un projet de loi relatif au règlement du rachat des droits seigneuriaux dont l'abolition légale avait été décrétée cinq années plus tôt (1854).

base de toute société» comme l'explique E.-L. de Bellefeuille dans son *Essai sur le Rougisme:* [197]

> «... il est une vérité fondamentale que beaucoup ont nié., mais jamais impunément; une vérité qui est la base de la vie sociale, c'est que, l'état n'a pas le droit, quelque (sic) soient les événements et les circonstances d'arracher aux individus de vraies propriétés pour se les approprier à lui-même, foulant ainsi aux pieds un des droits de l'homme le plus sacré; un droit qui est la base de toute société; un droit sans lequel il n'est plus de vie possible pour celui qui forme partie d'une communauté quelconque dans laquelle on ne fait pas vœu de pauvreté» [198].

Selon le même auteur, l'abolition du droit de propriété est un principe défendu à la fois par le rougisme et par le protestantisme, intéressés tous deux à dépouiller l'Eglise catholique de ses biens dans le but manifeste de l'anéantir.

D'ailleurs, expliquera un autre ultramontain, Alphonse Villeneuve, «se dépouiller de toute propriété, préférer l'intérêt général à l'intérêt particulier sous la direction d'une autorité (car telles sont les exigences du socialisme), c'est le propre de la vertu et de la grâce d'en haut»; auxquelles le socialisme ne peut prétendre recourir puisqu'il exclut «la religion et la foi» qui seules en permettent l'accès [199].

Ainsi l'abolition du droit de propriété est vue de façon assez paradoxale tantôt comme contraire aux principes du catholicisme (thèse de E.-L. de Bellefeuille), tantôt comme dépendant uniquement de «la religion et de la foi» (thèse d'A. Villeneuve).

Quant au droit de propriété relatif aux Etats de l'Eglise (ou Etats pontificaux) il prit aux yeux des ultramontains une importance d'autant plus grande que toute atteinte à ce droit risquait de compromettre, selon eux, la survie même du catholicisme. Aussi retrouve-t-on à ce sujet de très nombreuses mises en garde dans les écrits ultramontains de l'époque.

En ce qui concerne le principe d'égalité, il fut dénoncé par les idéologues ultramontains comme une des autres doctrines subversives prônées par le socialisme. A l'appui des condamnations ultramontaines s'alignaient des arguments puisés tantôt dans le dogme religieux,

---

198 *L'Ordre*, 7 juin 1859.
199 A. Villeneuve, *La Comédie infernale*, 415.

tantôt dans l'ordre naturel, tantôt dans les lois dites présidant au fonctionnement normal des sociétés.

Dans la perspective ultramontaine l'inégalité des conditions est partie intégrante d'un plan providentiel de «distribution des dons de l'intelligence et des talents» qui doit aboutir à unir les membres de la société tout en assurant le bonheur des individus dès ici-bas. Un article des *Mélanges Religieux* l'affirme en ces termes:

> «Les socialistes ont osé de nos jours revendiquer en faveur de leurs criminelles rêveries, Jésus-Christ lui-même et l'enseignement apostolique... Jésus-Christ avait dit la *charité*, et dirigeant en maître la distribution des dons de l'intelligence et des talents parmi les humains, il avait réglé par sa providence les conditions diverses destinées aux individus de la grande famille. Ce mot d'une providence divine, loin de renverser les bases de la société humaine, unit les hommes entre eux pour leur bonheur commun sur la terre, et les place tous au même niveau devant celui qui doit les juger» [200].

On retrouve essentiellement la même thèse soutenue, deux décennies plus tard, par un collaborateur du *Franc-Parleur*, Alphonse Bellemare, dont l'argumentation s'édifiait autour du postulat suivant: «Sans l'inégalité des conditions, la société ne pourrait pas se maintenir parce que cette inégalité est dans l'ordre établi par la divine providence» [201].

On s'aperçoit que la loi divine se combine encore une fois avec la loi naturelle pour fournir aux arguments ultramontains une référence doublement rassurante. Ainsi l'inégalité des conditions humaines, qui est dite voulue par Dieu, est présentée en même temps comme une garantie indispensable au fonctionnement normal de la société et à la division des tâches qui doit y prévaloir. Elle est dite également nécessaire au maintien de la structure hiérarchique qui est à la base de l'organisation sociale ainsi qu'à la sauvegarde du principe d'autorité qui doit régir la société civile autant que la société domestique [202].

L'inégalité des conditions serait même bénéfique aux «classes inférieures» comme tente de l'expliquer A. Bellemare à travers la dialectique suivante:

---

200 *MR*, 14 décembre 1849.

201 *Le Franc-Parleur*, 10 mars 1871.

202 *Ibid.* Des arguments similaires étaient développés trois ans plus tôt dans un article du *Nouveau Monde* daté du 20 novembre 1868.

«... les prérogatives des premiers rangs dans un état ordonnent, défendent et garantissent les droits des classes inférieures. Le malheur des grands atteint les petits. L'exemple de l'obéissance est donné par les conditions supérieures aux conditions inférieures; toutes apprennent à tempérer les rigueurs du commandement. C'est de là que naissent ces beaux sentiments d'honneur, de respect et de protection, cette politesse qui forme les mœurs sociales et lie tous les états. Et pourtant bien des voix se sont élevées contre les ordres intermédiaires, qui sont comme des ancres qui retiennent le vaisseau de l'Etat entre deux écueils également redoutables, le despotisme et l'anarchie»[203].

Et l'auteur de conclure «l'inégalité de condition qui n'a rien après tout que de conforme à la raison et à la justice naturelle est donc nécessaire».

Afin de compenser ce principe d'inégalité, qui est dit inscrit dans l'ordre divin et naturel, les idéologues ultramontains ont rappelé à l'occasion l'existence d'une «égalité morale» prônée par la religion, «la seule (forme d'égalité) qu'on puisse prêcher sans bouleverser le monde...»[204]

Enfin l'idéologie a fréquemment signalé l'égalité de tous les citoyens devant la loi civile, tout comme celle dont sont dites jouir la totalité des créatures face au tribunal de la justice divine[205].

Au terme de l'analyse des condamnations portées à l'endroit des mauvaises doctrines et de leurs conséquences sociales, on s'aperçoit que les polémiques ultramontaines à ce sujet présentent un dénominateur commun. Il s'agit dans tous les cas de dénoncer à travers l'idéologie adverse toute théorie ou tout projet socio-politique susceptible de remettre en cause ce que l'on pourrait qualifier de statuquo ante. Pour l'ultramontanisme, qui défend avant tout les intérêts du clergé, cette position aboutit à privilégier un type de société particulière: il s'agit d'une société figée qui s'insère dans un monde où les

---

[203] *Le Franc-Parleur*, 10 mars 1871.

[204] *CC*, 6 décembre 1858. Dans son *Conseiller du Peuple*, l'abbé H. Beaudry a insisté à son tour sur ce type d'égalité morale et spirituelle que seule la religion est en mesure d'assurer aux hommes (Cf. pages 52-55).

[205] La valorisation du principe de l'égalité juridique, tout comme d'ailleurs l'acceptation de celui de l'inégalité des conditions sociales, ne présente pas en soi un aspect original, puisque telle était la thèse défendue autant par la doctrine libérale que par l'idéologie ultramontaine. Ce qui distingue essentiellement la dialectique ultramontaine c'est l'alliage (de type syncrétique) qu'elle opère entre l'ensemble de ces thèses et une vision providentielle et théocratique de l'histoire et de la société.

règles du jeu ont été fixées une fois pour toutes par la Providence, ce qui donne immédiatement un caractère sacrilège à toute tentative de changement de l'ordre social existant.

Les valeurs transmises à travers la dénonciation des idéologies politiques adverses

L'idéologie ultramontaine tendait, comme on l'a vu, à accréditer l'image d'un ordre social parfaitement adapté aux plans providentiels à condition qu'aucune modification n'en vienne perturber le cours. C'est dans ces conditions que les principes libéraux, démocratiques, ou égalitaires furent dénoncés comme autant d'antivaleurs dangereuses. C'est dans ces conditions également que les doctrines conservatrices qui garantissaient le maintien du statu quo furent privilégiées au point que le conservatisme acquit graduellement aux yeux des ultramontains le statut d'une valeur en soi.

Alors que les idéologies adverses — et plus particulièrement le libéralisme — furent présentées comme non seulement dangereuses pour la foi et le bonheur des peuples, mais aussi comme génératrices d'«hypocrisie», de «jalousie», d'«orgueil», de «mépris», de «haine», et même de «passions vicieuses»[206], les principes conservateurs ont bénéficié, dans l'idéologie ultramontaine, d'un prestige notoire.

Il faut tenir compte du fait que, dès le milieu des années 50, l'alliance entre les ultramontains et le Parti Conservateur s'était faite plus étroite et commençait à prouver son efficacité sur le plan électoral. Ceci peut expliquer en partie le fait qu'à travers la dialectique ultramontaine des années 60 en particulier, une association de plus en plus marquée se fait jour entre les valeurs conservatrices et les valeurs dites catholiques.

Ainsi dès la publication de sa première édition, le *Nouveau Monde* tenait à afficher sa double allégeance catholique et conservatrice. Expliquant quel type de journal elle entendait promouvoir, la direction du *Nouveau Monde* affirme:

---

206 Comme on a pu le constater à travers la lecture des énoncés qui figurent dans le présent chapitre, ces termes sont fréquemment associés aux «mauvaises doctrines», soit comme inhérentes à leur nature, soit comme faisant partie des maux inévitables qu'elles engendrent. Un article des *Mélanges Religieux* parlera des «passions vicieuses» que traîne dans son sillage l'esprit révolutionnaire (*MR*, 28 septembre 1849), pendant qu'un autre évoquera «les passions érotiques» que ce même esprit déchaîne (*MR*, 14 décembre 1849).

«Le *Nouveau Monde* sera en premier lieu un journal religieux: c'est là sa destination principale...

Il sera de plus un journal politique, et, comme tel, entreprendra de traiter au point de vue catholique et dans le sens des principes conservateurs, les questions de droit public constitutionnel et municipal qui surgissent parmi nous» [207].

Deux années plus tard, le journal estimait utile de rappeler la profession de foi qu'il proclamait à sa naissance:

«Le *Nouveau Monde* n'est pas un journal de parti ni voué à la défense perpétuelle d'aucun homme; mais ses principes sont essentiellement conservateurs parce qu'ils sont catholiques» [208].

La promulgation du «Syllabus des Erreurs» en 1864 avait également donné lieu à des professions de foi conservatrices où les auteurs s'identifiaient ainsi: «nous, conservateurs et catholiques, etc.» [209]

Quant aux contingences politiques qui sous-tendaient en fait cette valorisation accentuée du conservatisme, elles affleuraient rarement à la surface du discours ultramontain. La réalité socio-politique qui a déterminé en grande partie les prises de position ultramontaines à l'endroit des valeurs conservatrices deviendra plus tangible lors de la publication par les ultramontains du «Programme Catholique» (1871) [210]. L'inquiétude suscitée dans les rangs conservateurs par le caractère extrémiste du document amènera les idéologues ultramontains à tenter de dissiper le malaise créé en valorisant de façon explicite le Parti Conservateur au pouvoir. Le printemps de 1871 sera ainsi témoin d'une recrudescence de louanges à l'égard des valeurs conservatrices, associées désormais dans l'idéologie ultramontaine non seulement aux principes catholiques mais aussi au patriotisme et à l'intérêt national bien compris.

Faisant sienne la pensée exprimée par le *Journal des Trois-Rivières* (un des premiers à avoir assuré la publication du «Pro-

---

207 *NM*, 17 août 1867.
208 *NM*, 8 janvier 1869.
209 *NM*, 27 septembre 1867.
210 Présenté sous forme de recommandations adressées aux électeurs à la veille des élections de 1871, le Programme Catholique, conçu et rédigé par quelques-uns des plus militants parmi les ultramontains, faisait figure de tentative d'application concrète du fameux principe de la suprématie de l'Eglise sur l'Etat. C'est du moins ainsi que l'interprétèrent tous les partis politiques en présence.

gramme»), le *Nouveau Monde* affirmait:

> «Par le *parti conservateur* nous n'entendons pas toute réunion d'hommes n'ayant d'autre lien que celui de l'intérêt et de l'ambition personnelle, mais un groupe d'hommes professant sincèrement les mêmes principes de religion et de nationalité, conservant dans leur intégrité les traditions du vieux parti conservateur qui se résument dans un attachement inviolable aux doctrines catholiques et dans un dévouement absolu aux intérêts nationaux du Bas-Canada»[211].

Un peu plus tard le même journal (considéré alors comme un des porte-parole les plus autorisés de l'ultramontanisme) réaffirmait à nouveau son attachement au parti conservateur, un parti tellement «dévoué aux intérêts religieux et nationaux du Bas-Canada», un parti qui n'était justement «rendu si fort et si puissant» que parce qu'il avait su associer «le sentiment religieux et le sentiment national»[212].

On voit ainsi au nom de quelles affinités de principes certes, mais aussi par quelles contingences particulières passe la valorisation intensive du conservatisme dans l'idéologie ultramontaine. Pendant que toute idée visant à réaménager l'ordre social existant est qualifiée de fondamentalement mauvaise sinon blasphématoire, la conversation figée de cet ordre est présentée comme une valeur en soi, une valeur dont la définition pèsera longtemps comme on le sait sur l'avenir social et politique de la société québécoise.

Le poids du langage

Les dénonciations ultramontaines à l'endroit des «mauvaises doctrines» se sont exprimées dans un style dont la forme s'inspirait au fond des caractéristiques propres à l'écriture d'une époque. C'est dire que l'emphase et l'allure déclamatoire qu'affectaient alors maints écrits ultramontains ne tranchaient pas véritablement sur le ton général d'une littérature encore marquée par le courant romantique du début du siècle. Ceci n'empêche pas le discours idéologique ultramontain de présenter, au niveau du langage, un ensemble de traits communs qui concourrent à lui conférer une véritable originalité, particulièrement en ce qui a trait aux polémiques visant à contrecarrer l'influence des «mauvaises doctrines».

---

211 *NM*, 26 avril 1871.
212 *NM*, 8 mai 1871.

La marque la plus distinctive du langage utilisé dans la critique des idéologies adverses, demeure la mise en place et le fonctionnement d'un véritable réseau de l'imaginaire. Une lecture plus attentive des condamnations ultramontaines à l'endroit des «mauvaises doctrines» permet en effet de constater à quel point les images y occupent une place importante. Elles y assument également une fonction primordiale, celle de remplacer pratiquement une argumentation qui fait souvent défaut, lorsqu'il s'agit d'expliciter le fondement des accusations formulées.

On peut ramener à trois catégories principales les diverses images qui émaillent constamment le langage polémique des idéologues ultramontains. Il s'agit de séries d'images se rapportant tantôt à des cataclysmes d'origine naturelle ou surnaturelle, tantôt à des maladies à caractère mortel, tantôt à la représentation d'un chaos social générateur de désintégration ou même d'anéantissement total.

On peut classer dans la première de ces catégories les comparaisons fréquentes établies entre les «mauvaises doctrines» — ou leurs moyens de diffusion — et les torrents dévastateurs ou bien les abîmes dangereux qui engloutissent les imprudents qui ne s'en écartent pas assez. C'est à ce type d'image que recourt un sermon de l'époque pour évoquer les effets du «mauvais journal»:

> «Le mauvais journal travaille à enlever aux plus mauvaises passions toute retenue et qui peut calculer tout le mal qu'enfantent ces passions ainsi déchaînées! Que produit un torrent si la digue qui le retient est une fois enlevée? Le torrent dévastateur déborde pour porter la désolation dans les campagnes d'alentour.
>
> Les mauvaises feuilles sont poussées par le vent des révolutions pour répandre partout le désordre et la mort. Alors un esprit de vertige s'empare des peuples et les précipite dans l'abîme des erreurs... et ces déplorables résultats, un seul mauvais journal peut les produire!» [213]

D'autres fois c'est aux sociétés secrètes qu'est attribué ce pouvoir de dévastation meurtrier. Un mandement de Mgr Bourget situe ces dernières dans un décor d'obscurité et de noirceur destiné à évoquer le danger que représente le refus de ces associations d'opérer au grand jour. L'évêque de Montréal décrit leur effet nuisible:

---

213 Sermon de l'abbé G.-D. Lesage, ACAM, 990.019.

Les idéologies politiques... 157

«Car dans ces jours mauvais, il s'exhale des noirs souterrains dans lesquels s'abritent les sociétés secrètes, des miasmes contagieux qui obscurcissent toutes les vérités et corrompent tous les esprits et les cœurs. Toutes les puissances humaines ne sauraient dissiper ces nuages terribles qui font trembler toutes les sociétés parce qu'ils menacent de répandre partout la désolation et la mort»[214].

Il arrive également que l'effet de frayeur soit suscité par l'intervention de monstres à caractère mythique ou encore d'animaux dangereux symbolisant les révolutions qu'entraînent dans leur sillage l'ensemble des «mauvaises doctrines». Ainsi Mgr Laflèche dira de la révolution qu'elle est «un monstre sur la foi duquel on ne saurait compter». Il expliquera encore comment «l'Autriche tenait la Révolution enchaînée aux pieds des Alpes» avant de la laisser errer et opérer des ravages dans les pays environnants[215].

Les erreurs modernes seront aussi assimilées à d'«horribles serpents» qui se glissent parmi les hommes afin de les empoisonner et de détruire ainsi les sociétés qui ne font pas montre de vigilance à leur égard[216].

La récurrence des images évoquant ou symbolisant l'enfer est également frappante. Il s'agit le plus souvent d'interventions sataniques ou d'objets généralement associés à des fresques apocalyptiques. Mgr Laflèche explique ainsi l'histoire des schismes et des hérésies à partir d'une série d'images représentant la lutte gigantesque que mène Satan contre l'Eglise catholique[217]. Mgr Bourget rappelle à ses diocésains que leur pays court un danger de mort par suite de la propagation croissante des «mauvaises doctrines», signe «que les portes de l'enfer sont horriblement agitées dans ce temps mauvais!»[218] L'auteur d'un sermon de l'époque expliquera à son tour comment les «mauvais journaux» aident les écrivains impies à «répandre et vomir au loin les flots brûlants de leurs calomnies et de leurs blasphèmes». Il affirmera également que ces «mauvais journaux» sont eux-mêmes «ce

---

214 Mgr Bourget, Mandement, 31 mai 1860.

215 Mgr Laflèche, «Discours en l'honneur des soldats pontificaux» in A. Savaète, *Oeuvres oratoires de Mgr Laflèche*, 24.

216 Mgr Bourget, Mandement, 27 février 1855. Des images semblables reviennent également dans le mandement du 25 décembre 1863 qui est consacré aux «erreurs réprouvées dans le premier synode de Ville-Marie» (soit le 3e Concile de Québec).

217 Mgr Laflèche, *loc. cit.*, p. 15-16.

218 Mgr Bourget, Mandement, 8 décembre 1850.

feu sorti de l'abîme qui cause un si fatal embrasement» [219].

Les images évoquant la maladie et la mort jouent aussi un rôle important dans l'assimilation des «mauvaises doctrines» à des objets physiquement dangereux ou même mortels. A Villeneuve compare ainsi le gallicanisme à une «plaie cancéreuse» et dit espérer délivrer les lois de son pays de la «souillure gallicane» [220]. Mgr Bourget incitera les fidèles à épargner à la société ces «plaies hideuses» que sont le «Rationalisme», l'«Indifférentisme» et le «Philosophisme» qui ne représentent rien d'autre, selon lui, que des «sources infectées d'où coulent les torrents d'erreurs qui empoisonnent le monde» [221].

Sous la plume d'un rédacteur des *Mélanges Religieux* la philosophie devient «cette semence de mort qui engendra des fruits de mort» [222]. Le *Nouveau Monde* quant à lui parlera de l'«erreur» comme d'une «eau fétide» susceptible d'empoisonner les bons catholiques et le rédacteur conclut, en évoquant la surveillance exercée par l'Eglise à cet égard: «Et l'on s'indigne contre une mère, uniquement parce qu'elle refuse à son enfant la cruelle liberté de s'empoisonner lui-même ou d'empoisonner ses frères!» [223] Enfin les instruments de propagation des idéologies adverses ont été décrits par un prédicateur ultramontain comme des «chaires de pestilence» et leur action comparée à celle d'«un poison subtil qui se glisse insensiblement dans le cœur de la jeunesse» pour y distiller des «traits empoisonnés» et provoquer des «blessures mortelles» [224].

Dans une lettre circulaire adressée à son clergé, ce sera au tour de Mgr Bourget de mettre en garde les pasteurs contre ces «chaires de pestilence qui proclament les nombreuses erreurs que condamne la Chaire Apostolique» et l'évêque de comparer lui aussi ces erreurs à «de venimeux serpents» [225].

Dans le langage propre à l'idéologie ultramontaine le réseau de l'imaginaire comprend enfin une troisième catégorie d'images destinées à évoquer le chaos social et l'anarchie engendrés par les doctrines révolutionnaires. On retrouve fréquemment à l'intérieur de

---

219 Sermon..., ACAM, 990.019.
220 A. Villeneuve, *Le Franc-Parleur*, 25 mai 1871.
221 Mgr Bourget, Lettre circulaire, 22 avril 1866.
222 *MR*, 22 janvier 1850.
223 *NM*, 2 mars 1870.
224 Sermon..., ACAM, 990.019.
225 Mgr Bourget, Lettre circulaire, 13 juin 1872.

ce type de représentations des tableaux reproduisant des scènes de massacres, d'incendies, de pillages tel que l'illustre cet extrait d'une lettre pastorale de Mgr Bourget évoquant l'action des révolutionnaires tout au long du dix-neuvième siècle:

> «Armés de toute la malice de l'Enfer, ils réussirent à séduire de grandes nations et à renverser de puissants empires. Mais ce ne fut qu'en massacrant ou chassant les ministres de la religion, en brûlant ou pillant les Temples du vrai Dieu, et en renversant ses autels, qu'ils accomplirent leurs abominables projets»[226].

C'est encore Mgr Bourget qui parlera à ses diocésains des «scènes d'horreur» engendrées par toute révolution, dont aucune ne peut éviter de faire couler le sang en abondance[227].

On s'aperçoit par ailleurs que l'imaginaire auquel recourt abondamment le discours polémique ultramontain à l'endroit des «mauvaises doctrines» remplit des fonctions précises dont la plus importante certes demeure la substitution de l'image ou du tableau à toute véritable argumentation. Tout se passe en somme comme s'il s'agissait avant tout de lier dans l'esprit ou l'inconscient de l'interlocuteur (devenu spectateur) toute idée de contestation ou toute velléité de changement à un objet ou à un phénomène excessivement dangereux. La crainte ou l'effroi provoqués par les conséquences des «mauvaises doctrines» dispensent dès lors les auteurs du discours de toute véritable explication relative aux liens qui unissent la cause à ses résultats.

Enfermés dans une dialectique particulière où le «comment» l'emporte nettement sur le «pourquoi», les idéologues ultramontains ont ainsi réussi à mettre au point un type d'écriture dont le propre est de réussir, comme le dit si bien Roland Barthes en parlant de l'écriture stalinienne, à «faire l'économie d'un procès» ou encore à «donner le réel sous sa forme jugée»[228].

---

226 Mgr Bourget, Lettre pastorale, 10 mars 1858.
227 Mgr Bourget, Lettre pastorale, 19 mars 1860 et Mandement du 25 décembre 1863.
228 R. Barthes, *Le degré zéro de l'écriture*, Paris, Gonthier, 1973, p. 25.

Chapitre IV

La dimension religieuse du discours idéologique ultramontain

Chapitre IV

La dimension religieuse du discours idéologique ultramontain

Place de Pie IX, et de la papauté en général, dans le discours idéologique ultramontain

Le pape ainsi que le pouvoir temporel de la papauté furent au centre même des perspectives religieuses de l'ultramontanisme au cours du siècle dernier. La majorité des idéologues ultramontains ne définissaient eux-mêmes leur école que par rapport à sa fidélité indéfectible à l'endroit de la papauté et de tout ce qui émanait de Rome. Mgr Bourget attribuait même à un traité sur l'autorité pontificale, rédigé par son prédécesseur, Mgr Lartigue, l'origine de «l'atmosphère ultramontaine» qui régnait dans son diocèse. En annonçant sa décision d'imposer la lecture de ce traité aux prêtres nouvellement ordonnés de son diocèse, l'évêque de Montréal affirmait: «c'est principalement à cet excellent ouvrage que l'on peut attribuer le précieux avantage dont jouit le diocèse de ne respirer que l'atmosphère ultramontaine»[1]. Une année plus tard, il dira encore, en se référant au groupe ultramontain, qu'il s'agit essentiellement d'une «école qui s'attache cordialement aux enseignements du Saint-Siège, qui approuve tout ce que le Pape approuve, et qui condamne tout ce que le Pape condamne...»[2] L'abbé A. Villeneuve définit à son tour l'école ultramontaine essentiellement par rapport à son allégeance au pape et aux doctrines romaines, affirmant à ce propos: «... cette école ultramontaine qui est la quintessence des doctrines romaines!»[3]

Il faut comprendre toutefois que les ultramontains — et leurs adversaires le souligneront à maintes reprises — ne détenaient pas seuls le monopole du dévouement à la papauté et de l'attachement aux

---

1 Mgr Bourget, Lettre circulaire, 12 mars 1871.
2 Mgr Bourget, Lettre circulaire, 19 mars 1872.
3 A. Villeneuve, *Neuvième lettre à l'Honorable L.A. Dessaulles*, Montréal, 1874, p. 30.

doctrines romaines. Les menaces qui pesaient depuis 1848 sur la souveraineté temporelle du pape, ainsi que l'ensemble des événements relatifs à la question romaine, représentaient autant d'éléments susceptibles de susciter ou de raviver dans le monde catholique un fort sentiment d'allégeance à l'endroit de la papauté. Au Québec même, les marques de sympathie à l'égard de Pie IX n'émanèrent pas toutes des seuls milieux ultramontains. On constate toutefois, qu'entre la fin des années 1840 et le début des années 1870, ce furent ces milieux qui exprimèrent le plus fréquemment et le plus haut leur fidélité inconditionnelle au pape et à sa cause.

Lorsque, pour la période allant de 1848 à 1871, on compare sous l'angle de l'obédience à Rome, la pastorale des évêques de Québec (Mgr Turgeon, Mgr Baillargeon et Mgr Taschereau) à celle de Mgr Bourget, on s'aperçoit à quel point l'enseignement de ce dernier est plus axé que celui de ses pairs sur la fidélité au pape et aux doctrines romaines[4].

Pour la majorité des ultramontains, il s'agissait en outre d'une sympathie active qui ne se limitait pas à une simple déclaration de principes. La dévotion au pape a alimenté en effet maintes formes de pratiques religieuses et donné lieu, dans le diocèse de Montréal en particulier, à plusieurs manifestations concrètes de solidarité à l'endroit de la cause pontificale, tout au long du conflit qui opposa le pape aux partisans de l'unité italienne.

C'est encore l'évêque de Montréal qui a eu le plus vivement conscience de l'effet catalyseur que pouvait avoir sur la foi des fidèles les difficultés confrontées par le pape dans le cadre de la question romaine. Exposant à son clergé son point de vue sur ce sujet, Mgr Bourget affirme en effet: «Les souffrances de Notre Saint-Père sont à nos yeux, une mine précieuse qu'il faut exploiter au profit de la Foi de notre bon peuple, en lui inspirant une profonde vénération pour le Chef de l'Eglise et une souveraine horreur pour les révolutions dont il est victime, et qui pourraient bien quelque jour nous atteindre»[5]. L'ensemble des évêques partageaient d'ailleurs cette perspective puisque dans une circulaire commune, émise en 1850 à l'intention du clergé, ils proclamaient une conviction similaire: «Ce qui affirmit la foi dans un

---

4 Au terme d'une étude comparative des pastorales de Mgr Baillargeon et de Mgr Bourget (mandements, lettres pastorales et lettres circulaires) pour les années allant de 1860 à 1870, étude menée autour d'un thème particulier, soit celui de la nécessité pour le monde catholique de soutenir Pie IX dans la défense de ses Etats, on constate que ce thème apparaît six fois dans la pastorale de Mgr Baillargeon alors qu'il revient trente-quatre fois dans celle de Mgr Bourget.

5 Mgr Bourget, Lettre circulaire, 18 janvier 1849.

pays, c'est l'attachement au Saint-Siège Apostolique. Plus on a de rapports intimes avec la chaire de St-Pierre, plus la foi est ferme et éclairée»[6]. Une dizaine d'années plus tard — en 1861 — Mgr Bourget rappelait encore à son clergé les effets bénéfiques d'une référence constante aux enseignements du pape; il invoquait en particulier la raison suivante: «Car quoique le sentiment religieux soit affaibli, il n'en est pas moins vrai que nous y gagnerons toujours beaucoup, vous à faire parler l'Evêque, et moi à faire parler le Pape»[7].

L'importance de la papauté était d'autant plus grande aux yeux du principal leader ultramontain, que la survie même de la religion lui semblait en dépendre. Il l'affirmait à son clergé en ces termes: «notre vie, comme celle du serpent, est dans notre tête. Aussi à l'exemple de ce prudent animal, ferons-nous tous nos efforts pour conserver intact le respect religieux qu'avaient nos pères pour le Siège Apostolique...»[8] Il dira également: «Toute la vie de la sainte Eglise résidant éminemment dans son Chef Suprême, notre intérêt, aussi bien que notre devoir est de le défendre»[9].

Le grand-vicaire de Saint-Hyacinthe, J.-S. Raymond, a établi à son tour un lien de cause à effet entre la destruction du pouvoir temporel des papes et celle de l'Eglise entière. Il dira ainsi en traitant du pouvoir temporel des papes: «plus de pouvoir temporel, plus d'après les vues humaines, de pontife indépendant, plus de pape, plus d'Eglise, plus d'autorité sur les âmes... Oh! voilà la question, la question majeure, devant laquelle pâlissent toutes les autres»[10].

Au-delà même de la religion, c'est la société entière qui, selon les ultramontains, courait un danger mortel advenant une atteinte aux droits de la papauté. Mgr Bourget dira: «nous sauvons notre société en y conservant le respect pour la Papauté»[11], ou encore: «nous devons travailler à conserver dans l'esprit des peuples le principe de l'autorité sacrée qui réside dans l'auguste Chef de la sainte Eglise. Car du moment que cette divine autorité cesserait d'exercer sa puissante action dans notre religieux pays, on y verrait s'écrouler la religion elle-même...»[12]

---

6 Circulaire des évêques de Sydime, de Montréal, de Carrha, de Martyropolis et de Bytown, 11 mai 1850, vol. II, 123.

7 Mgr Bourget, Lettre circulaire, 25 avril 1861.

8 Mgr Bourget, Lettre circulaire, 26 février 1862.

9 Mgr Bourget, Lettre circulaire, 3 mars 1860.

10 J.-S. Raymond, «Destinées providentielles de Rome», RC, I (1964): 105.

11 Mgr Bourget, Lettre circulaire, 26 février 1862.

12 Mgr Bourget, Lettre circulaire, 22 avril 1866.

Cette perception de l'importance vitale de la papauté, à la fois pour l'Eglise et pour la société entière, s'est doublée chez les ultramontains, d'une admiration profonde à l'endroit de Pie IX, un pape dont les perspectives religieuses et sociales coïncidaient avec celles des ultramontains et les inspiraient tout à la fois.

L'image de Pie IX que projette le discours idéologique ultramontain

A travers ce discours, la figure de Pie IX apparaît entourée d'une auréole de vertus qui contribuent tantôt à l'identifier au personnage du père, tantôt à l'assimiler au Christ lui-même. Les qualités prêtées au pape tendent ainsi à susciter à son égard des sentiments d'amour, de respect et d'admiration. Parfois, ces sentiments culminent même en une dévotion, sinon en un véritable culte, à l'endroit du personnage presque mythique que le discours parvient ainsi à créer au terme de ses descriptions.

A Pie IX sont attribués fréquemment des comportements liés à l'existence d'une force redoutable dont l'exercice serait tempéré toutefois par une très grande douceur. Force et douceur alliées se traduiraient finalement par une attitude de profonde sérénité, attitude dont le pape est dit se départir rarement, même en présence des pires difficultés. Evoquant ainsi les revers militaires subis par le pouvoir pontifical en 1859, l'*Ordre* écrit:

> «On parle de la faiblesse du pouvoir pontifical. Tout sceptre qui a frappé cette faiblesse s'est trouvé fragile et quiconque a cessé de s'appuyer à cette faiblesse a tari en soi-même les sources de la vie...
> L'ardeur des dissidents à combattre (le pape) n'est qu'un effort furieux et suprême pour l'entraîner dans leur ruine imminente ou pour lui échapper. Ils tomberont à ses pieds et sa bénédiction les relèvera. Quant à lui, prince des siècles, pasteur des nations pour toute la durée du temps, qui donc l'a vaincu et se flattera seulement de l'avoir ébranlé!»[13]

Tout en demeurant inébranlable face aux revendications de ses sujets révoltés et tout en s'avérant redoutable pour les impies, le pape, dira Mgr Bourget, ne cesse de présenter au monde «un visage

---

13 L'*Ordre*, 22 avril 1859.

calme et serein». Commémorant le vingt-cinquième anniversaire de l'accession de Pie IX à la papauté, une lettre circulaire de l'évêque de Montréal souligne l'événement en des termes qui illustrent bien quelle image contrastée du pape offre aux fidèles le discours ultramontain. Mgr Bourget explique en effet à cette occasion:

> «Ce jour solennel et unique dans l'histoire, c'est le vingt-cinquième anniversaire de l'élection et du couronnement de Notre Saint-Père le Pape. Car, c'est le plus long Pontificat, depuis celui de St-Pierre, qui se soit vu, dans la suite des siècles passés. Ce que nous avons à faire, dans ce jour mémorable, c'est donc de bénir le Seigneur d'avoir donné à son Eglise, dans ces temps mauvais que nous traversons, un Pontife si sage, si zélé, si bon et si ferme, et d'avoir prolongé ses années, pour qu'il eût le temps de présider aux destinées des peuples chrétiens en foudroyant l'erreur, en proclamant la vérité, en tenant d'une main si ferme le gouvernail de la Barque de Pierre, en marchant à la tête de son siècle par ses éminentes qualités, en répandant partout l'esprit de foi et de piété, en sortant victorieux de tous les combats dans lesquels l'a engagé le Seigneur, pour le triomphe de son Eglise, en se montrant inébranlable, au milieu des plus furieuses tempêtes, en se tenant calme et serein, pendant que se soulèvent les flots courroucés de l'impiété, qui viennent se briser contre le rocher immobile de la Chaire Apostolique»[14].

Trois ans auparavant, à l'occasion de l'inauguration d'un portrait de Pie IX à l'Université Laval (en 1868), l'abbé Méthot brossait du pape un tableau analogue. Là aussi la puissance, se combinant au «calme» et à la «sérénité», contribuait à donner du pape l'image rassurante d'une force immuable et sûre. C'est en ces termes que l'abbé Méthot rappelait à son auditoire les traits principaux qui caractérisaient, selon lui, la personnalité de Pie IX:

> «Oui, Messieurs, quand je pense à notre vénéré Pontife, j'unis, pour ainsi dire, involontairement dans mon esprit les idées de force et de douceur, de sérénité et de résistance au mal, de patience et de résolution. Oui, force et douceur; force dans la volonté et douceur dans les actes; énergie dans la résolution et calme, sagesse, sérénité dans l'exécution: tel est bien Pie IX, tel il nous est révélé par toute la suite de sa longue

---

14 Mgr Bourget, Lettre circulaire, 4 juin 1871.

vie, et tel aussi, vous en conviendrez avec moi, nous le laisse facilement deviner cette magnifique peinture»[15].

Dès qu'il s'agit de Pie IX, les descriptions de ce genre abondent de fait dans les écrits ultramontains au cours de la période concernée (1848-1871). Les journaux ultramontains, de leur côté, ont transmis des comptes rendus détaillés de séances publiques organisées dans certains collèges classiques de la région de Montréal en l'honneur de Pie IX (en particulier vers la fin des années 60, alors que l'épisode des zouaves pontificaux canadiens occupait encore l'avant-scène de l'actualité religieuse). Poèmes, discours et pièces de théâtre composaient ordinairement le programme de ces manifestations. Or les références au pape qu'on y trouve permettent de constater à quel point l'image de Pie IX, véhiculée par l'idéologie ultramontaine, a influencé la perception du pape qu'eurent alors la majorité des collégiens-compositeurs de cette époque. Voici à titre d'exemple, l'extrait d'un discours prononcé par un élève de rhétorique du Collège de l'Assomption (diocèse de Montréal) en l'honneur du cinquantième anniversaire de l'accession à la prêtrise de Pie IX:

> «Quel imposant spectacle, Messieurs, que de voir sur le fond de cette scène que secoue la tourmente, depuis tant d'années, se dessiner le front de ce vénérable vieillard, calme et serein comme le soir d'un beau jour; tout tremble, tout frémit; les souverains s'en vont, les trônes s'écroulent, les vaines créations des hommes sont balayées, comme le sable brûlant par des vents impétueux, lui seul est tranquille au milieu du fracas universel. Ah! c'est bien le juste d'Horace qui voit sans sourciller l'univers s'abimer dans le néant! Mais que dis-je! il n'a pas été donné au poète payen de contempler une aussi belle figure; seul le pinceau du catholicisme peut dessiner des traits comme les traits de Pie IX; seule la religion donnée par l'Homme-Dieu, prêchée par les apôtres, fécondée par le sang des martyrs, consacrée par un triomphe dix-huit fois séculaire, peut élever l'homme déchu à cette sublime hauteur, et poser sur son front ce bandeau royal, dont la douce majesté semble un reflet des cieux»[16].

Ce discours (qui différait peu en somme, de ceux prononcés par quatre autres collégiens au cours de la même soirée) donne du

---

15 Abbé Méthot, *Eloge de Pie IX*, Québec, 1868, p. 13.
16 *NM*, 23 avril 1869.

pape une image plus poétisée encore, mais finalement peu éloignée de celle suggérée antérieurement par les descriptions de Mgr Bourget ou de l'abbé Méthot.

On peut noter, cependant, que les qualités de fermeté, de bonté et de force alliées, correspondent aux attributs qu'on prête traditionnellement au père, du moins dans la culture occidentale. C'est bien d'ailleurs au personnage du père que réfère explicitement le discours ultramontain, lorsqu'il s'agit de Pie IX. Dans la trame de ce discours, l'assimilation du pape au père déborde en effet le cadre des expressions usitées dans la terminologie catholique, telles que: «le Saint-Père» ou «notre saint-père le pape Pie IX», etc. Il s'agit fondamentalement d'une identification systématique du pape au père de famille. Cette identification s'opère non seulement par le biais d'attributs traditionnellement conférés au père, mais par des références explicites au pape-père ainsi que par un appel aux sentiments et aux comportements qu'une telle réalité est supposée commander chez les catholiques-enfants.

Mgr Bourget parlera donc du «Père de la grande famille», de «Pie IX, notre père à tous» ou encore de «ce père bien aimé»[17]. Il dira par exemple, en évoquant le pontificat de Pie IX: «pendant ce long Pontificat... l'on voit que les pieux enfants de l'Eglise ont toujours eu à s'associer aux joies et aux douleurs de leur Père Commun... L'on n'a pas oublié ces jours d'amères épreuves pour le Père comme pour les enfants...»[18]

Dans le cadre d'un sermon qu'il intitule «Pie IX, l'Homme du XIXe siècle. Hommage à Pie IX», l'abbé Frédéric Colin met également l'accent sur ce caractère de paternité attribué à Pie IX. Il le désignera successivement comme «le père du monde», «le père des malheureux», «le père commun», etc.[19]

Lors d'une allocution qu'il prononce en l'honneur de Pie IX, le collégien Adélard Bérole conclut à son tour:

---

17 L'identification du pape au père de famille est particulièrement fréquente dans la pastorale de Mgr Bourget. Voir, à titre d'exemple, les lettres pastorales, les lettres circulaires et les mandements suivants, dont la plupart d'ailleurs sont consacrés entièrement à l'éloge de Pie IX: 18 janvier 1849, 1er janvier 1853, 27 février 1855, 27 août 1855, 22 décembre 1856, 31 mai 1860, 21 novembre 1860, 26 février 1862, 20 février 1867, 17 novembre 1867, 8 décembre 1867, 8 décembre 1868, 6 novembre 1870, 12 mars 1871 et 4 juin 1871.

18 Mgr Bourget, Lettre circulaire, 4 juin 1871.

19 Abbé F. Colin, *Hommage à Pie IX*, Montréal, 1869.

«Pie IX a atteint le cinquantième anniversaire (de son ordination)... partout on fête ce glorieux anniversaire; nous les élèves du collège de l'Assomption, nous n'avons pas voulu rester en arrière; nous aimons notre bon père Pie IX, déjà il a daigné nous bénir; nous avons voulu... chanter nous aussi de toute la force de notre jeunesse, le chant de joie et d'amour que la grande famille catholique redit à son Prince, à son Père et à son Pontife; voilà pourquoi, Messieurs, vous êtes réunis ce soir, et cette ivresse que je vois rayonner sur vos fronts, m'annonce que cette fête vous plaît, que vous aimez votre Père, que votre plus grand bonheur est d'entendre raconter sa gloire et exalter ses vertus»[20].

C'est encore au pape-père que se réfèrent les auteurs de ces deux poèmes, rédigés à l'occasion du départ des zouaves pontificaux canadiens en 1868, dont voici deux extraits:

«Partez, braves enfants de la Nouvelle-France;
Vous avez entendu ce long cri de souffrance
    Qui rententit au loin!
Votre Père est en lutte avec la noire envie,
Allez le secourir et veiller sur sa vie,
    Allez, ne tardez point!»[21]

«Quand notre père à tous, jette un cri par le monde,
Ne faut-il pas qu'au moins chaque foyer réponde?
Réponds pour nous, mon fils, réponds, et, fier chrétien
Va dire au monde entier ce qu'est un canadien»[22].

A partir de cette identification du pape au père, l'idéologie ultramontaine ira même jusqu'à lier le respect de l'autorité du père dans sa famille à celui que portent ses enfants au pape. C'est ce qui ressort en particulier de recommandations faites en ce sens par l'évêque de Montréal «aux pères et aux mères» ainsi qu'à «tous ceux enfin qui sont constitués en autorité». Mgr Bourget les met en garde en ces termes: «si, par malheur, il arrive que le Pape ne soit plus respecté dans ce pays, comme il l'a toujours été jusqu'ici, tous tant que nous sommes, nous ne serons plus rien...» Et le prélat de conclure à ce

---

20 A. Bérole, «Discours», in *Le Nouveau Monde*, 23 avril 1869.
21 L.-A. Nolin, «Les Zouaves Canadiens» (poème), RC, V (1868): 149.
22 A. Bellemare, «Les Zouaves Pontificaux du Canada», RC, V (1868): 223.

sujet: «il y va du plus grand intérêt de vos famille»[23].

Les descriptions relatives à Pie IX, dans le discours idéologique ultramontain, font d'ailleurs plus qu'identifier le pape au père. Elles vont jusqu'à lui conférer un caractère presque divin. Saint, sacré, infaillible, universel et même immortel, sont en effet des qualités que le discours attribue couramment à Pie IX. On serait tenté de mettre ces qualificatifs sur le compte d'une certaine forme de rhétorique propre à l'écriture d'une époque n'était qu'ils s'insèrent tous dans la trame d'une description globale qui aboutit à identifier finalement Pie IX à Dieu ou au Christ.

Ainsi, à la désignation courante de «Saint-Père», s'ajoutent dans le discours ultramontain, d'autres du genre suivant: «Pie IX, notre saint-pape», «ce saint et auguste vieillard», etc. Enfin, à la sainteté constamment soulignée de Pie IX s'adjoint le caractère de sacralité reconnu à sa personne. La pastorale et les écrits ultramontains de l'époque évoquent souvent la «personne sacrée» du pape, les paroles et les souhaits émis par sa «bouche sacrée», etc. Dans une lettre pastorale visant à fustiger les critiques de Pie IX, qui avaient osé dénoncer l'orientation de sa politique dans les colonnes de l'*Avenir*, Mgr Bourget rappellera les risques encourus par ceux qui osent s'attaquer à une personne sacrée:

> «Mais ce qui nous a accablé de douleur, ça était la pensée que nos propres enfants, des enfants pour qui nous donnerions tout notre sang, s'exposaient à de terribles châtiments en méprisant notre Père à tous. Les Saintes Ecritures et les histoires sacrées sont pleines de ces épouvantables malédictions qui tombent toujours sur la tête des téméraires qui osent attaquer l'Oint du Seigneur»[24].

Quant à l'infaillibilité, il s'agit d'un attribut que l'idéologie a conféré à Pie IX bien avant que la question ne fût véritablement à l'ordre du jour des débats ecclésiologiques de la fin des années 60. En effet dès 1849, à l'occasion d'un sondage effectué par Rome auprès des évêques au sujet de l'opportunité de la proclamation du dogme de l'Immaculée Conception, Mgr Bourget proclamait dans une lettre pastorale publiée à cet effet, sa foi en l'infaillibilité du Souverain Pontife. Traitant, cinq ans plus tard, du même sujet (le dogme de

---

23 Mgr Bourget, Lettre circulaire, 19 mars 1860.
  Au cours des premières années de la décennie 60, Mgr Bourget recommande maintes fois d'ailleurs à ses diocésains l'addition de prières spéciales à l'intention du pape, prières à réciter le soir en famille. Voir plus particulièrement à ce sujet l'instruction pastorale du 30 avril 1864 (vol. IV, 469-470).
24 Mgr Bourget, Lettre pastorale, 31 décembre 1849.

l'Immaculée Conception), l'évêque de Montréal affirmera que «par cette sage et prévoyante disposition, toutes les églises du monde se trouveront réunies autour de la Chaire du Bienheureux Pierre. Elles entendront la voix de son successeur, infaillible comme lui, quand il leur parle ex Cathedra...»[25]

Le grand-vicaire de Saint-Hyacinthe, J.-S. Raymond, exposera de son côté, en 1865, les multiples raisons qui contribuaient, selon lui, à prouver «en toute logique» l'infaillibité du pape. Il concluait avec optimisme à ce sujet: «Je ne sais s'il est encore des catholiques qui diraient: «Le Pape n'est pas infaillible»[26].

Aux attributs d'infaillibilité et de sainteté conférés au pape, le discours ultramontain ajoutait aussi l'universalité. Ainsi Mgr Bourget dira dans un de ses mandements:

> «Le Pape comme Dieu dont il est le Représentant sur la terre, est pour tous et l'homme de tout le monde... l'homme de tous les pays, de tous les siècles, de tous les rangs, de toutes les conditions, enfin l'homme universel...»[27]

Les termes servant à désigner Pie IX incluaient également des expressions telles que «notre immortel Pontife», «l'immortel Pie IX», etc. Le discours ultramontain ne conférait pas, de toute évidence, un sens littéral à ce dernier attribut mais celui-ci n'en contribuait pas moins autant à idéaliser l'image du pape, dans le cadre d'une description globale entièrement tendue vers cet objectif.

Les idéologues ultramontains ont enfin décrit Pie IX comme un être exceptionnel, un homme désigné par Dieu pour sauver l'humanité et remédier en particulier aux maux de son siècle. En 1868, l'auteur d'une homélie se référait à Pie IX en ces termes:

> «... il est des hommes tels, que la postérité commence pour eux de leur vivant même. A l'égard de ces hommes extraordinaires, le jugement se fait d'avance, et la mort qui survient ne saurait rien y changer tant leur renommée est solidement établie, tant les pages de leur vie sont librement ouvertes aux yeux de tous, tant leurs qualités et leurs vertus sont universellement appréciées.
>
> Messieurs, c'est l'honneur et la joie de l'Eglise d'avoir, de nos

---

25 Mgr Bourget, Mandement, 19 octobre 1854.

26 J.-S. Raymond, «De l'Eglise et de l'Etat», RC, II (1865): 671-673.

27 Mgr Bourget, Mandement, 22 février 1862.

jours, pour Pontife Suprême, un de ces hommes rares, dont la divine Providence fait, de temps à autre, présent à la terre...»[28]

Un an plus tard, l'abbé F. Colin introduisait à son tour un sermon donné à l'église Notre-Dame, en rappelant la place et le rôle que réservait la Providence à Pie IX en tant qu'élu de Dieu:

> «L'histoire de l'humanité n'est que le développement du plan éternel formé sur nous dans les desseins de Dieu. Quand ce Monarque suprême veut éprouver son peuple, il évoque un de ces hommes que l'Ecriture appelle les Verges de sa colère... Quand il veut, au contraire, faire éclater ses miséricordes, il évoque d'autres hommes auxquels ne se rattache que la pensée des bienfaits et des gloires des siècles qui les ont vu naître; l'Ecriture les appelle les hommes de la droite de Dieu, virum dexterae tuae, les hommes de sa Providence, les hommes de son choix et de sa prédilection; ainsi s'offrent à nous, comme d'impérissables monuments de bénédictions et de grandeurs, les Moyse, les David, les Ezéchias, les Judas Macchabée... et, de nos jours Notre Auguste Pontife, l'incomparable Pie IX»[29].

Se référant enfin au pouvoir «surhumain» et «divin» que détient le pape, l'orateur conclut:

> «A quoi tient donc, mes chers Frères, la force mystérieuse de ce pouvoir surhumain?... C'est Jésus-Christ vivant en cette puissance, dans le sein de Pie IX, et par Pie IX, avec une autorité suprême, gouvernant l'univers»[30].

On voit comment le caractère charismatique des attributs conférés à Pie IX dans le discours ultramontain a débouché en fin de compte sur une identification du pape au Christ lui-même. Comme le Christ, Pie IX se verra attribuer ainsi le titre de «bon Pasteur», de «Pasteur universel», etc. Mgr Bourget affirmera à son propos que «le mépriser, c'est mépriser Jésus-Christ lui-même»[31]. Il dira encore, au sujet du pape: «il représente Dieu sur la terre... ceux qui n'aiment pas le Pape, n'aiment pas Dieu»[32]. Dans une lettre pastorale, l'évêque de

---

28 Abbé Méthot, *Eloge de Pie IX*, p. 8.
29 Abbé F. Colin, *Hommage à Pie IX*, p. 1.
30 *Ibid.*, p. 22.
31 Mgr Bourget, Mandement, 31 mai 1860.
32 Mgr Bourget, Mandement, 22 février 1862.

Montréal s'adressait (de façon fictive) au pape en disant: «Comme Jésus vous embrassez votre croix... Comme Jésus vous succombez plusieurs fois sous le poids de cette énorme croix... Comme Jésus vous êtes dépouillé et attaché à la croix... Comme Jésus vous êtes enseveli dans le tombeau..., etc...»[33]

On note par ailleurs qu'aussi bien dans la pastorale de Mgr Bourget que dans plusieurs sermons ultramontains de la période envisagée (1848-1871), l'évocation des vertus attribuées à Pie IX coïncide avec celle de ses déboires politiques ou bien de sa lutte contre le libéralisme. On peut se demander dès lors si ce culte de Pie IX auquel s'est voué l'idéologie ultramontaine, ne constituait pas en définitive un mécanisme de compensation, destiné en grande partie à contrecarrer l'impression défavorable qu'aurait pu susciter chez les fidèles l'intransigeance du pape à l'endroit des idées et des aspirations nouvelles de son siècle. Ce qui demeure certain, c'est que les éloges destinés à Pie IX furent rarement dissociés, dans le discours ultramontain, de l'allusion, directe ou indirecte, aux problèmes affrontés par la papauté dans le cadre de la question romaine (soit l'ensemble des problèmes et des événements liés à la revendication des Etats de l'Eglise par le mouvement nationaliste italien au milieu du siècle dernier). Il faut se rappeler que, par ailleurs, cette question a occupé de façon presque permanente le fond du tableau conjoncturel sur lequel s'inscrivaient les perspectives religieuses de l'ultramontanisme. Elle a revêtu de fait une importance telle aux yeux des ultramontains qu'une compréhension exacte de leurs thèses religieuses doit inclure nécessairement l'analyse de leur perception de la question romaine et du sens qu'ils lui ont attribué.

La question romaine dans le discours idéologique ultramontain

Les événements et les problèmes que suscita la revendication des Etats de l'Eglise par les promoteurs de l'unité italienne furent perçus manifestement par les idéologues ultramontains comme autant d'éléments d'un vaste complot infernal, ourdi avec le concours des forces révolutionnaires italiennes, dans le but d'ébranler les assises mêmes du catholicisme à travers le monde. La perception de la question romaine par les ultramontains s'est donc ressentie de ce

---

33 Mgr Bourget, Lettre pastorale, 21 novembre 1860. La comparaison de Pie IX avec le Christ revient dix fois à l'intérieur de cette lettre pastorale.

La dimension religieuse...

transfert, sur le plan religieux et moral, d'une question qui, historiquement, était pourtant avant tout d'ordre politique et social. Les principales références à l'aspect socio-politique du problème qu'on trouve dans le discours ultramontain consistent surtout en une présentation idéalisée des conditions matérielles dans lesquelles étaient censés évoluer les citoyens des Etats pontificaux. Dans le discours ultramontain, le mouvement nationaliste italien a été, du même souffle, associé à des tableaux impressionnants de violences, de meurtres et de pillages.

C'est en particulier dans la pastorale de Mgr Bourget qu'on trouve le plus de descriptions avantageuses ayant trait aux conditions de vie idéales dont étaient supposés jouir les sujets du pape.

L'évêque de Montréal s'est prévalu à ce sujet de ses fréquents voyages à Rome pour donner à ses affirmations les poids d'un témoignage vécu. Il affirmera ainsi avoir noté lui-même que dans les Etats pontificaux: «chacun vit heureux et content et tous les bons citoyens sont à l'aise et en paix sous le gouvernement paternel du Pontife-Roi»[34]. Il dira également que: «il n'y a pas au monde de gouvernement plus doux, plus paternel, plus désireux de faire le vrai bonheur d'un peuple»[35]. Quant à Rome, c'est la ville par excellence où se vérifie, selon Mgr Bourget, la douceur et la clémence du gouvernement temporel du pape. Le *Nouveau Monde* à son tour insistera souvent sur les conditions de vie particulièrement avantageuses dont étaient dits bénéficier les sujets du pape, et surtout les citoyens de Rome. Le journal répliquait ainsi en 1868, aux accusations portées par le *Witness* (journal anglophone montréalais au protestantisme militant) au sujet du caractère réactionnaire attribué au gouvernement de Pie IX:

> «Le *Witness* aime à parler de Rome, tous les arguments l'y mènent: nous voudrions l'en ramener pour le moment. Nous lui concéderons qu'en effet le peuple romain n'a rien de ces dehors brillants de prospérité matérielle qui éblouissent tant de gens; il n'est ni commerçant, ni industriel, ni fortuné; il ne lit pas la bible comme le veut le *Witness:* mais, en revanche, son gouvernement est paternel; il ne paie pas d'impôts; l'affaire de son salut lui est facilitée par tous les moyens possibles, et il s'adonne à la culture des beaux-arts dont sa ville possède les plus riches et les plus illustres chefs-d'œuvre.

---

34 Mgr Bourget, Mandement, 8 décembre 1862.
35 Mgr Bourget, Lettre pastorale, 17 février 1860.

Il serait le peuple le plus heureux du monde si l'école de Garibaldi, qui est celle du *Witness,* voulait bien l'y laisser tranquille. Son régime politique est le plus parfait, parce que c'est celui qui a le plus en vue de faire atteindre à la société le but qui lui est assigné par Dieu. Pour toutes ces raisons, le sort du peuple romain est préférable à celui de n'importe quel autre»[36].

Pourtant certains ultramontains acceptèrent de reconnaître que le gouvernement de Pie IX ne répondait pas tout à fait aux critères habituels d'un gouvernement démocratique, mais c'était pour affirmer du même souffle que les sujets du pape y gagnaient largement. Ainsi Mgr Bourget dira au sujet des conseillers qu'avait accepté de s'adjoindre Pie IX en 1860:

«A la vérité ces consultateurs ne sont pas nommés par le peuple, mais à la place, ils sont choisis avec soin...
Ainsi choisis, ils n'en sont que mieux qualifiés pour procurer le bien public, parce qu'ils sont indépendants de la faveur populaire»[37].

J.-S. Raymond reconnaissait, quant à lui, que les sujets de Pie IX ne jouissaient pas en définitive de la liberté d'expression dont se targuaient ceux des gouvernements libéraux d'Europe, mais, dira-t-il, «à Rome on est libre de faire tout le bien que l'on veut; rien n'y entrave l'exercice du juste droit»[38].

D'autres, enfin, attribuaient la différence, entre leurs propres normes politiques et celles dont s'inspirait le gouvernement pontifical, au caractère exceptionnel d'un tel gouvernement. Un rédacteur de l'*Ordre* dira à ce propos:

«Les ennemis du Saint-Siège... trouvent que cette souveraineté est mal organisée, qu'elle est oppressive, cléricale et veulent absolument y apporter de profondes modifications. Ces prétendus amis (du Saint-Siège), entichés de leurs idées de réformes ne s'aperçoivent pas qu'ils sapent par la base la souveraineté temporelle des Papes et la conduisent directement à sa ruine. Si la souveraineté des Papes est une souveraineté unique, exceptionnelle, ne ressemblant en rien aux autres

---

36 *NM*, 23 novembre 1868. Voir également à ce sujet l'*Ordre*, 24 février 1860.
37 Mgr Bourget, Instruction pastorale, 19 mars 1860.
38 J.-S. Raymond, «De l'Eglise et de l'Etat», RC, 11 (1865): 542.

souverainetés, elle doit nécessairement posséder des règles particulières et exceptionnelles; car qui dit exception, dit précisément une chose qui échappe à la loi générale: or vouloir appliquer au pouvoir des Papes les règles qui existent dans les autres états, c'est vouloir lui enlever ce qui constitue sa nature exceptionnelle, c'est l'amoindrir et le faire descendre au rang de tous les autres pouvoirs humains. Toutes choses dans la nature ne peuvent exister et vivre que suivant les règles qui lui sont assignées par Dieu: hors de là on ne trouve que destruction ou mort. Or, n'est-ce pas une folie inqualifiable que de vouloir faire vivre la Papauté en dehors des lois constitutives de son existence?»[39]

En se refusant à toute réforme, le gouvernement de Pie IX obéissait ainsi, selon l'auteur, à des desseins providentiels, puisqu'en risquant d'altérer la nature d'un tel gouvernement, tout changement pouvait ainsi devenir sacrilège.

L'image idéalisée que le discours ultramontain projetait du pape et de son gouvernement devait paraître d'autant plus avantageuse qu'elle contrastait avec la version que donnait l'idéologie du mouvement révolutionnaire italien (mouvement axé comme on le sait sur l'édification de l'unité italienne aux dépens de l'existence d'Etats séparés, dont les Etats de l'Eglise). La presse ultramontaine a reproduit abondamment des faits divers ainsi que des commentaires puisés dans certains journaux européens, visant à démontrer la cruauté et la mauvaise foi des nationalistes italiens (symbolisés souvent par le personnage de Garibaldi). Mais c'est encore dans la pastorale de Mgr Bourget que ces accusations étaient les plus fréquentes et revêtaient en même temps un caractère plus officiel. Dans les instructions religieuses émises par l'évêque de Montréal à l'intention de ses diocésains, on retrouve fréquemment le mouvement nationaliste et unitaire italien lié à des tableaux de profanation, de meurtres et de pillage.

Cette perspective, en quelque sorte manichéenne du problème, amènera les idéologues ultramontains à présenter en fin de compte l'opposition entre Pie IX et les nationalistes italiens comme le symbole d'une lutte à finir entre les forces du Bien et celles du Mal (dissimulées sous les traits des révolutionnaires italiens). J.-S. Raymond — un des idéologues ultramontains qui, après Mgr Bourget, s'est le plus intéressé aux répercussions spirituelles et morales de la question

---

[39] L'*Ordre*, 2 septembre 1859.

romaine — parlera ainsi du «génie du mal» qui pousse les ennemis du pape «à une guerre continuelle contre tout ce qui est vrai et tout ce qui est bon». Quant aux révolutionnaires italiens, ils représentaient, selon lui, «tout ce qui croupit au fond de cale de la société»[40].

Autant qu'une réprobation ou même une impression d'horreur à l'endroit de la révolution italienne, l'idéologie ultramontaine a visé également à susciter un sentiment d'identification totale entre les intérêts du pape et ceux de la catholicité entière. Ces intérêts, dits communs au pape et à tous les catholiques — les catholiques du Québec en particulier — étaient présentés comme étant à la fois d'ordre spirituel, moral et même matériel.

Ainsi, à part le lien qu'il établissait entre le pouvoir temporel du pape et la survie du christianisme, le discours ultramontain a insisté sur la garantie morale que représentait pour tous les peuples, le maintien d'un tel pouvoir. Celui-ci était réputé indispensable à la sauvegarde de tout principe de civilisation et de progrès à travers le monde. Dans une homélie, l'abbé Méthot appuyait cette thèse sur le fait que des jeunes gens de diverses confessions religieuses combattaient aux côtés des soldats pontificaux, convaincus qu'ils étaient de défendre en ce faisant «la cause du droit contre l'injustice»[41].

Le pouvoir temporel de la papauté fut présenté également, dans le discours ultramontain, comme étant lié aux intérêts politiques de tous les pouvoirs légitimement constitués. La stabilité des Etats et l'ordre dans les sociétés étaient dits en dépendre. Aussi, selon les idéologues ultramontains, les souverains d'Europe devraient, dans leur propre intérêt, agir rapidement pour aider le pape à freiner le mouvement révolutionnaire italien. Il s'agit, dira Mgr Bourget, d'une révolution à caractère contagieux puisqu'elle vise en même temps à «secouer le joug de toute autorité légitime»[42]. L'*Ordre* était encore plus catégorique à ce sujet:

> «La révolution est partout la même, partout elle commence au nom de la liberté, par mettre la main sur les biens de l'Eglise et des pauvres...
>
> Il est vraiment honteux pour les puissances catholiques de laisser ainsi la révolution dominer et faire impunément ses

---

40 J.-S. Raymond, «Destinées providentielles de Rome», RC, I (1864): 220.
41 Abbé Méthot, *Eloge de Pie IX*, p. 9.
42 Mgr Bourget, Lettre pastorale, 21 novembre 1860.

orgies dans les états pontificaux sans prendre en main la défense du Saint-Siège et rendre à son autorité les provinces révoltées. Croit-on que cette atteinte portée à l'autorité, dans la personne auguste de Pie IX, ne produira pas ses fruits et que les peuples qui auront appris à mépriser le pouvoir le plus saint qui existe au monde, respecteront beaucoup le pouvoir des autres souverains?»[43]

Enfin, selon les idéologues ultramontains, du respect du pouvoir temporel des papes dépendait surtout la sauvegarde de l'ordre social. En effet, autant que les Etats, les individus eux-mêmes étaient dits menacés dans leur sécurité, et surtout dans leurs biens, advenant la perte par le pape de ses Etats (définis par ailleurs comme le bien de toute la chrétienté). Mgr Bourget parlera des Etats pontificaux comme du «bien commun de la grande famille catholique» ou encore comme de «notre bien à tous». Dans une allocution adressée en 1871 aux anciens zouaves pontificaux, Testard de Montigny — ex-zouave lui-même — s'inspirait d'une perspective semblable pour affirmer:

> «Vous avez droit comme citoyens de demander que l'ordre soit conservé dans le monde, que vos propriétés ne soient pas spoliées; que vos enfants ne soient point dépouillés, que les sueurs de votre travail ne soient point stériles, que la moralité de votre pays ne soit point perdue et que vous soyez libres de pratiquer le bien et de le faire pratiquer à vos familles.
>
> Or si la Révolution, qui prêche le désordre, la démoralisation, et le vol et la tyrannie, reste victorieuse à Rome, elle le sera partout.
>
> Vous avez donc droit de protester énergiquement contre les envahissements; vous avez le droit de demander à votre gracieuse Reine qu'elle protège ce que vous avez de plus cher comme citoyens; vous avez droit de demander à votre Souveraine d'intervenir au nom de la justice, de la liberté, de la propriété, de l'ordre et du droit des gens, auprès des Puissances étrangères, afin de faire restituer au Pape la Souveraineté de Rome et des Provinces dont il a été violemment et injustement dépouillé»[44].

Dans un discours qu'il a fait à la même époque, à l'occasion

---

43 L'*Ordre*, 6 septembre 1859.
44 *NM*, 31 mars 1871.

d'une assemblée publique convoquée par les Frères des Ecoles Chrétiennes en vue d'appuyer la cause du pape, l'avocat montréalais Côme-Séraphin Cherrier développe une thèse similaire:

> «L'invasion des Etats Pontificaux entraîne un ébranlement social, la destruction de tous les droits, surtout du droit de propriété. Or ce sont les laïques qui sont le plus intéressés au maintien inaliénable de ces droits sur lesquels repose l'existence de la société»[45].

Au cours de la même assemblée rapportée par le *Nouveau Monde*, un autre orateur, M. Cassidy, affirmait de son côté: «Le droit de propriété a été violé; or il est de notre intérêt de protéger ce droit. Donc nous avons de puissants intérêts à défendre la cause de la Papauté et ces intérêts justifient notre conduite».

Quant à Mgr Bourget, il ira même jusqu'à imaginer dans les détails, les effets d'une transposition au Canada du mouvement révolutionnaire italien. Dans une lettre adressée au *Pays* en février 1862, l'évêque de Montréal décrit ainsi les résultats probables de l'éventualité évoquée ci-haut:

> «Nous verrions se renouveler ici ce qui se passe maintenant dans ces malheureux pays (les Etats de la péninsule italienne). Nous aurions notre Garibaldi, notre Cavour... et bien d'autres qui, en se disputant le pouvoir, ou en culbutant les gouvernements éphémères qui ne s'accommoderaient pas à leurs passions et à leurs intérêts, mettraient tout à feu et à sang. On verrait des villes entières ruinées et leurs habitants égorgés... On verrait des fusillades, des massacres, des justices sommaires qui s'accompliraient par le gouvernement révolutionnaire du Canada, comme ils s'accomplissent aujourd'hui par le Piémont dans toute l'Italie. Hélas! on verrait ici comme à Naples, le bon peuple mené à la boucherie comme un troupeau de bêtes, et des gens armés qui parcourraient en tous sens nos riches campagnes pour y commettre des vols et des assassinats sans nombre, qui, il ne faut pas l'oublier, ne seraient que le louable effort de la populace ou des communistes, pour partager plus justement les richesses, c'est-à-dire pour dépouiller les honnêtes agriculteurs, les actifs négociants, les industrieux ouvriers qui auraient acquis des fortunes honorables par leur économie et leur travail, et en enrichir

---

45 *NM*, 21 mars 1871.

des paresseux, des ivrognes, des vagabonds et autres gens de cette espèce»[46].

En fait l'épisode des zouaves pontificaux canadiens, en 1868, s'inscrit dans cette perspective d'identification totale entre les intérêts du pape et ceux des catholiques canadiens-français. Allocutions et discours élaborés à cette occasion ont tous insisté en effet sur la double mission que se proposaient d'accomplir les volontaires qui se portaient ainsi à la défense des Etats pontificaux. Il s'agissait, leur dira-t-on, de défendre à la fois la religion et la patrie, menacées toutes deux dans leur survie par toute atteinte portée au pouvoir temporel du pape. Parlant de l'engagement des zouaves canadiens au service du pape. Mgr Bourget enjoignait aux curés de son diocèse d'expliquer ainsi cet événement à leurs ouailles:

> «Il faut le présenter au peuple comme un acte de dévouement qui ne peut que contribuer grandement à l'honneur de la religion et faire refléter sur ce pays une gloire immense»[47].

Dans le but d'encourager les laïcs à se sentir plus impliqués dans la défense des intérêts du pape, Mgr Bourget recommandera également à ses clercs: «autant que possible vous ferez parler des laïcs pour expliquer aux assistants (des assemblées publiques organisées) l'état de la question»[48].

De fait l'objectif visé par les ultramontains donna, dans le diocèse de Montréal surtout, des résultats probants. Assemblées publiques, manifestations dans les écoles, adresse à la reine Victoria en faveur du pape, représentaient toutes des marques concrètes de sympathie à l'endroit de la cause pontificale. Elles étaient pour la plupart axées sur le thème des liens unissant les intérêts du pape à ceux de la nation canadienne-française dans son ensemble.

Les valeurs rattachées à l'importance de la papauté et au culte de Pie IX dans l'idéologie ultramontaine

Il semble bien que l'image du pape et la dévotion à son égard

---

[46] Mgr Bourget, Lettre au *Pays*, 14 février 1862. Il est à noter que les directeurs du journal n'acceptèrent pas de publier cette lettre.

[47] Mgr Bourget, Lettre circulaire, 8 décembre 1868.

[48] Mgr Bourget, Lettre circulaire, 3 mars 1860.

qui se trouvaient au centre des perspectives religieuses de l'ultramontanisme, tendaient à consacrer un certain nombre de valeurs, à la fois spirituelles et sociales, qui cadraient bien du reste avec l'orientation globale de l'idéologie. Liées à une conception rigide et autoritaire de la société et de son fonctionnement, les thèses ultramontaines en matière de religion valorisaient en effet un modèle de société religieuse aussi fortement centralisé et hiérarchisé que le modèle de société civile préconisé de surcroît par l'idéologie. Or, en ce qui avait trait à l'application de telles normes, nulle institution ne pouvait certes offrir autant de garanties que le faisait la papauté, en particulier sous le pontificat de Pie IX. L'évêque de Montréal affirmait nettement à ce sujet:

> «C'est donc à défendre la Papauté que doivent se consumer aujourd'hui toutes nos forces, parce que seule elle est pour le monde entier, la vive représentation, et comme la personnification de la véritable autorité, qui est pour tous un principe de vie»[49].

L'attachement à la personne du pape, qui a caractérisé la pensée et l'action ultramontaines au cours du siècle dernier, semble avoir été d'autant plus prononcé que les options politiques et sociales de Pie IX cadraient parfaitement avec celles des ultramontains eux-mêmes. Le rejet des valeurs bourgeoises — des valeurs libérales et démocratiques en particulier — contituait en effet un terrain d'entente idéal où Pie IX et les ultramontains québécois se retrouvaient constamment unis. Ils l'étaient également dans le même acharnement à combattre et triompher des mouvements libéraux dans chacun de leur pays respectif. Dans ce contexte, le Syllabus des Erreurs publié par le pape en 1864, fut considéré par les ultramontains québécois (comme du reste par ceux de tous les autres pays) comme la charte officielle du catholicisme. Il s'agissait en outre d'un instrument tout désigné pour démasquer et anéantir une fois pour toutes des adversaires politiques (les libéraux) dont les thèses s'alimentaient à des valeurs dites impies, au risque de perturber l'ordre social existant. Un article du *Nouveau Monde* affirmait ainsi en 1868, au sujet du Syllabus et de l'encyclique «Quanta cura» qui l'accompagnait:

> «Ce document ne permet plus de doutes ni d'équivoques sur les doctrines sociales et politiques du St-Siège. Le Pontife romain ne peut ni ne doit se réconcilier et transiger avec le

---

49 Mgr Bourget, Lettre circulaire, 26 février 1862.

progrès, le libéralisme et la civilisation moderne, tel est le dernier mot de l'Eglise aux libéraux de tous les pays... On peut dire que ce sont les limites de cette question qui circonscrivent l'arène où se livre aujourd'hui la grande lutte du bien et du mal. Pie IX est d'un côté et l'incrédulité de son siècle de l'autre; et il faut que le chef de l'Eglise triomphe de l'erreur et du mal, ou bien que toutes les forces réunies du monde moderne ne lui passent sur le corps»[50].

Les positions adoptées par Pie IX en ce qui avait trait au libéralisme étaient de plus assorties d'un encouragement officiel à l'endroit des principes conservateurs, ce qui cadrait bien encore une fois avec les thèses politiques et sociales de l'ultramontanisme. Aussi pour les ultramontains, la lutte menée par le pape contre les libéraux italiens constituait, comme le déclarait en 1859 Joseph Royal dans les colonnes de l'*Ordre*, «le seul boulevard du droit véritable, des idées saines et conservatrices».

Il faut surtout se rappeler qu'en défendant ses Etats contre les revendications des nationalistes italiens, Pie IX consacrait en même temps la priorité des valeurs rattachées à la propriété et à la défense de l'ordre social, valeurs auxquelles les ultramontains accordaient, comme on l'a vu, la plus grande importance.

Le poids du langage

En étudiant les attributs de Pie IX dans le discours ultramontain on a pu constater l'existence d'un véritable réseau de l'imaginaire mis au service d'une présentation, la plus avantageuse possible, du portrait du pape. En examinant de près la facture du langage qui a servi à transmettre cette image idéalisée de Pie IX, on s'aperçoit qu'aux niveaux de la rhétorique et du style tout au moins, ce langage présente des caractéristiques communes. Elles visent toutes un même objectif: donner encore plus d'éclat à des descriptions élogieuses destinées à valoir au pape la sympathie et l'admiration de tous les fidèles. On peut ramener à trois les caractéristiques particulières de l'écriture ultramontaine dans ce domaine: il s'agit: 1°, d'un recours fréquent aux notions de merveilleux et de sacré; 2°, d'un lyrisme accentué du style et 3°, d'une certaine forme de dramatisation, obtenue au moyen d'une juxtaposition d'images ou de tableaux

---

[50] *NM*, 18 juillet 1868.

descriptifs évoquant côte à côte des réalités opposées (le bien et le mal, la gloire et la persécution, etc.).

Dans le discours ultramontain, le recours au merveilleux a lieu surtout lorsque la plume de l'écrivain s'attarde à décrire ou à imaginer la personne du pape: son attitude, les expressions de son visage ou même le cadre romain dans lequel il évolue. On note alors que la plupart de ces descriptions s'inscrivent dans un décor presque irréel où l'harmonie des sons se conjugue à celle des lumières — dites parfois d'origine céleste — pour former des tableaux où le merveilleux l'emporte. C'est ainsi que Mgr Bourget évoquera le «feu Séraphique qui illuminait la face majestueuse (du pape)»[51], ou parlera des «rayons de lumière» qui brillent sur son visage[52]. Un autre auteur ultramontain s'extasie devant la lumière qui auréole le visage du pape et qui n'est dit-il qu'un «reflet des cieux»[53].

Les descriptions que font de Rome certains écrits ultramontains baignent à leur tour dans la même atmosphère irréelle, faite de lumières, d'images vaporeuses et de sons harmonieux. Ce type de description, joint à l'accent lyrique du style, accentue le caractère merveilleux ou sacré attribué à la ville des papes. Cette forme d'écriture est souvent celle qu'adoptent les relations de voyage à Rome qu'on trouve dans les journaux ultramontains de l'époque. Elle est également celle de Mgr Bourget lorsqu'il se réfère à Rome dans ses mandements et lettres pastorales. Ecoutons ainsi l'évêque de Montréal décrire, au profit de ses diocésains, sa perception de la «ville sainte» et de l'atmosphère qui y prévaut:

> «A Rome... les solennités les plus imposantes et les cérémonies les plus majestueuses s'y succèdent sans interruption d'un bout de l'année à l'autre. Sur tous les points de sa vaste enceinte, on entend les cantiques les plus joyeux et les concerts les plus harmonieux; on respire le parfum de la prière et du sacrifice qui monte au Ciel en odeur de suavité; l'on rencontre des troupes de suppliants qui implorent les bénédictions du Père céleste en faveur des pauvres pécheurs: dans toutes les places publiques et dans les rues brillent de saintes images que la foi a rendu (sic) miraculeuses; et des lampes ardentes témoignent de la vénération qu'on leur porte»[54].

---

51 Mgr Bourget, Lettre circulaire, 14 novembre 1864.
52 Mgr Bourget, Lettre pastorale, 9 août 1870.
53 *NM*, 23 avril 1869.
54 Mgr Bourget, Lettre pastorale, 9 août 1870, vol. VI, 100.

La dimension religieuse...

J.-S. Raymond recourt à son tour à ce type de narration dans un texte intitulé «Destinées providentielles de Rome» et étalé sur plusieurs numéros de la *Revue Canadienne* (en 1864). Semblable en cela à Mgr Bourget, l'auteur utilise pour évoquer ou décrire la cité des papes, un langage marqué du même parfum paradisiaque. Voici quelques passages significatifs de ce texte:

> «Tout chrétien qui a eu le bonheur de voir la ville sainte et a réfléchi sur le sort que Dieu lui a fait, se forme bientôt à l'idée qu'elle est une cité mystérieuse qui demande à être régie par une autorité sacrée...
>
> «La destinée mystérieuse de Rome apparaît sans son site... Eh bien! ce site qui charme ainsi vos yeux et votre âme, qui nécessairement porte l'intelligence à de hautes contemplations, n'indique-t-il pas une destinée mystérieuse à la cité assise en un tel lieu?... Insensiblement une impression religieuse saisit l'âme aux approches de cette reine du monde et lorsqu'à une distance assez grande de ses portes, on aperçoit le dôme de St-Pierre briller dans les airs, on sent quelque chose de la vision de Jacob; et l'on est prêt à dire comme lui: Oui le Seigneur est vraiment ici. Ce lieu est la demeure où il fait éclater les merveilles de sa puissance, et cette cité, appelée la ville éternelle, peut être aussi nommée la porte du ciel» [55].

En plus de faire appel aux notions de merveilleux et de sacré, le langage ultramontain relatif à Rome et au pape vise également à provoquer un effet de dramatisation, destiné à maintenir le degré d'intérêt suscité par le discours. Cette forme d'écriture (dramatique) s'inscrit bien entendu dans le cadre d'un mode d'expression romantique propre à une époque. Il demeure que le langage ultramontain tend à une dramatisation du style encore plus accentuée lorsqu'il s'agit de Pie IX ou de la question romaine. Lorsqu'ils s'expriment sur ces sujets, les auteurs ultramontains font un usage fréquent de l'exclamation, de l'interpellation, de la répétition ou recourent à une forme de rhétorique les incluant toutes à la fois. Tel est, à titre d'exemple, le cas du style qui prévaut dans ce sermon de l'abbé F. Colin, donné à l'église Notre-Dame en 1867 et consacré entièrement à l'éloge du pape. L'auteur imagine ainsi les paroles qu'adresse le Christ à Pie IX le jour de son ordination:

> «Lève-toi, O lévite généreux, lève-toi ton offrande est agréée. Tu seras l'homme du Calvaire, l'homme de la Croix, prends

---

55 J.-S. Raymond, «Les destinées providentielles de Rome», RC, I (1864): 106-107 et 110-111.

ce redoutable Sacerdoce, prends-le généreusement avec tout son fardeau; ne fléchis pas, ne tremble pas, car c'est toi que Dieu a choisi pour être l'homme de sa droite... C'est toi qu'il réserve aux plus grandes choses et aux plus formidables combats. Tu seras l'homme de ton siècle, tu seras un jour Pie IX»[56].

Et l'orateur continue en substituant à cette voix prophétique, les accents lyriques de sa propre voix pour exprimer son admiration à l'endroit de Pie IX:

«O pensées, ô souvenirs! ô amour du plus vénéré des Pontifes, ô dévouement à la plus sainte des causes! c'est vous qui enveloppez de splendeurs ces autels et qui les couronnez de lumières étincelantes! c'est vous qui inspirez ces chants magnifiques et cette puissante et sublime harmonie!... C'est pour vous, ô Pie IX, pour vous, ô notre Roi, ô notre Pontife, ô notre infaillible Docteur, pour vous le gardien de notre foi, le protecteur de nos consciences; pour vous, en qui se sont retirées toutes les espérances et les convictions de la terre; c'est pour vous, que se développe avec éclat cette incomparable pompe...»[57].

Or on retrouve ces mêmes caractéristiques du style — lyrisme et dramatisation — dans la majorité des références à Pie IX que comportent autant les sermons que l'ensemble de la pastorale ultramontaine de l'époque (1848-1871).

Lyrisme et dramatisation sont également accentués lorsque les auteurs ultramontains évoquent les dangers auxquels le pape et sa ville sont exposés par la faute des révolutionnaires italiens. Un exemple en est donné dans le texte suivant où la référence à Rome en est plutôt une à la papauté elle-même:

«Et le schisme jaloux et l'hérésie persécutrice et l'impiété haineuse de tout bien et de toute vertu, ont rugi de colère. Quoi! après tant de siècles d'efforts pour abattre Rome, après tant d'insultes, tant de calomnies, tant de préjugés répandus contre elle, lui voir une domination plus brillante qu'elle n'avait jamais eue encore! Ah! ce serait à perdre désormais toute confiance dans les attaques contre son empire... Rome vient de manifester une trop grande force pour qu'on attaque

---

56 Abbé F. Colin, *Sermon — Pie IX, l'homme du XIXe siècle. Hommage à Pie IX*, 7.
57 *Ibid.*

directement son autorité spirituelle; alors le mot d'ordre est donné à tous ses ennemis: «A bas son pouvoir politique»! Et tout ce qui croupit au fond de cale de la société apparaît, hurlant ce cri destructeur»[58].

Une autre forme d'écriture destinée également à accroître l'intérêt à l'égard du pape en dramatisant le style, consiste enfin à juxtaposer au sein d'une même description, des images très contrastées. Ainsi les vertus de Pie IX apparaîtront rehaussées de plus d'éclat encore au contact des vices attribués à ses ennemis. On a pu constater, dans la majorité des portraits que les idéologues ultramontains ont brossé du pape, à quel point la «douceur» et la «bonté» qu'on lui conférait, étaient à l'opposé de la «violence» et des «crimes» dont sont dits s'être rendus coupables ses sujets révoltés et les nationalistes italiens en général. On a vu également à quel point la «sérénité» de Pie IX contrastait avec les «furieuses tempêtes» que la révolution soulevait autour de lui et les «ruisseaux de sang» qu'elle faisait couler. Il n'est pas jusqu'à la «faiblesse» attribuée à cet «auguste vieillard» — comme le désignent certains auteurs — qui ne fasse apparaître encore plus odieuses les forces mises en œuvre pour s'approprier ses Etats[59]. On note également que les difficultés affrontées par le pape dans le présent apparaissent plus tragiques dans les textes où elles sont constamment comparées avec les succès et la popularité de Pie IX dans le passé. Un exemple de cette alternance nous est donné par les extraits suivants d'un mandement de Mgr Bourget daté de 1871:

> «Cet anniversaire (de l'élection du pape en 1846) nous arrive cette année sous des circonstances si particulières que la joie de cette fête ne peut qu'être mêlée d'une amère douleur. Au reste, il en a été ainsi de tous les événements qui se sont accomplis pendant ce long Pontificat...
>
> Il y eut une jubilation universelle lorsque cet immortel Pontife monta sur la Chaire de St-Pierre... Aussi le commencement de son Pontificat fut-il salué par des ovations splendides et par des démonstrations de joie inouïes jusqu'alors.
>
> Mais ce Roi pacifique était à peine assis sur le trône de St-Pierre que la révolution répandait la terreur dans la Ville Sainte et faisait couler le sang de ses fidèles sujets... L'on n'a

---

58 J.-S. Raymond, *loc. cit.*, 220.
59 Voir, au sujet des termes et des expressions rapportés ici, les textes qui figurent dans le présent chapitre.

pas oublié ces jours d'amères épreuves pour le Père comme pour les enfants de l'Eglise; et l'on se rappelle avec quelle ferveur le monde entier pria pour la délivrance de son Pasteur. Ces prières qu'animaient les soupirs et les gémissements furent exaucées; et bientôt des jours sereins succédèrent aux jours mauvais, et Pie IX rentrait à Rome, aux applaudissements de l'univers catholique...

Mais le temps de nouvelles et dures épreuves ne se fit pas attendre...

C'est ainsi que pendant tout le long Pontificat de l'immortel Pie IX, les événements les plus déplorables ont succédé aux jours de joie et de prospérité...»[60]

Ainsi, en ce qui a trait aux thèses ultramontaines relatives au pape, la forme de l'écriture (style, rhétorique et agencement des images en particulier) nous a paru jouer un rôle aussi important que le contenu idéologique de ces thèses elles-mêmes. Mise au service d'une idéologie aux objectifs clairement définis, cette écriture aura contribué à sa façon à donner de Pie IX cette image presque mythique qui fut au centre des perspectives religieuses de l'ultramontanisme au siècle dernier.

Les pouvoirs et les droits du clergé dans le discours idéologique ultramontain

L'image du clergé que livre le discours idéologique ultramontain ne diffère pas essentiellement de celle qui, au sein de ce même discours, se rapporte au pape, à ses attributs et à ses droits. Axée essentiellement sur la suprématie de l'Eglise sur l'Etat, ou encore, comme l'a traduit parfois le discours idéologique, sur la suprématie de la société religieuse sur la société civile, l'idéologie ultramontaine s'est efforcée de donner du clergé une définition et une image propres à justifier une telle suprématie.

Il faut noter qu'ici, comme dans bien d'autres domaines d'ailleurs, l'ultramontanisme n'innovait pas par rapport à l'enseignement catholique traditionnel. Son originalité véritable a consisté plutôt à adapter des doctrines ecclésiologiques déjà formulées dans le

---

60 Mgr Bourget, Lettre circulaire, 4 juin 1871.

La dimension religieuse... 189

passé, à une réalité historique présente, jugée propre à les intégrer. Ainsi le thomisme avait déjà, bien avant l'ultramontanisme du siècle dernier, posé les jalons théoriques nécessaires à l'organisation pratique d'un pouvoir clérical susceptible d'asseoir efficacement la suprématie de l'Eglise sur l'Etat[61]. On sait comment, aux yeux du docteur angélique, la papauté constituait la pierre angulaire d'un tel pouvoir. Quant aux clercs, ils en étaient les mandataires, véritables agents ministériels aux attributs importants, mais au rôle précis et bien délimité.

Or les perspectives ultramontaines en matière ecclésiologique s'inspirent fondamentalement de cette structure pyramidale de l'autorité au sein de l'Eglise. Le pouvoir pontifical revêt, selon les thèses ultramontaines, le caractère d'un pouvoir absolu. Mandataires de ce pouvoir, les évêques l'exercent à leur tour, de façon aussi absolue, à l'endroit de leurs clergés respectifs et de leurs diocésains. Les clercs doivent veiller, quant à eux, à la mise en application, par l'ensemble des laïcs confiés à leur charge, des directives pontificales et épiscopales.

Transmis par délégations successives à tous les échelons de l'institution ecclésiastique, mais alimenté toujours à la même source (le pape), le pouvoir clérical pouvait ainsi maintenir intacte sa cohésion interne et mieux asseoir son autorité au sein de la société civile.

Quant au laïc, le rôle principal qui lui est réservé, à travers un tel schéma, en est essentiellement un d'administré. Il est dit d'ailleurs le premier bénéficiaire de cette structure d'autorité (hiérarchisée et fortement centralisée) et du type de pouvoir clérical qui en découle. La participation qu'on requiert de lui sur le plan spirituel consiste à lui demander de se faire avant tout le porte-parole zélé des directives cléricales dans tous les domaines, aussi bien spirituels que matériels[62]. L'attitude du laïc envers le clergé devra, selon l'idéologie ultramontaine, être d'autant plus soumise et respectueuse, que le prêtre est censé détenir des pouvoirs extraordinaires capables d'orienter tant le cours de l'existence ici-bas que la vie future dans l'au-delà.

---

61 Pour une analyse appropriée de l'enseignement thomiste relatif à l'organisation du pouvoir clérical, voir en particulier l'ouvrage récent de P. Thibault, *Savoir et pouvoir, Philosophie thomiste et politique cléricale au XIXe siècle*, Québec, Presses de l'Université Laval, 1972.

62 Tel fut en effet le rôle qu'assumèrent fidèlement les idéologues ultramontains laïcs qui acceptèrent de reprendre entièrement à leur compte chacune des directives émises alors par les principaux leaders ultramontains au sein du clergé.

La pastorale de Mgr Bourget constitue un témoignage éloquent des attributs et des pouvoirs conférés au prêtre en ce qui a trait au contrôle des calamités de toutes sortes qui guettent les humains, et plus particulièrement des calamités naturelles qui menacent le monde rural. Le curé y fait figure d'exorciseur, capable d'éloigner de sa paroisse tempêtes, inondations, incendies et cataclysmes de toutes sortes, ou du moins d'en réduire les effets en procédant pour cela à des prières et à un rituel appropriés[63].

Les attributs et les pouvoirs conférés au prêtre dans le discours ultramontain, tout en ne dépassant pas quant au fond ceux que lui reconnaît le dogme catholique en matière spirituelle, revêtent cependant un caractère plus accentué. Magnifiés autant dans le discours que dans la pratique, ces attributs et ces pouvoirs débouchent, on le verra, sur la revendication de droits précis qui concourent tous à accroître le prestige du clergé et à étendre son influence dans tous les domaines.

Ainsi Mgr Bourget rappellera à ses diocésains les «pouvoirs sans bornes» que détient l'évêque, pouvoirs qui le mettent en mesure de «briser les chaînes de fer qui retiennent dans les cachots brûlants du Purgatoire, les âmes de vos chers défunts»[64]. L'abbé Mailloux évoquera de son côté les raisons qui, dit-il aux fidèles, doivent «vous convaincre du respect, de l'amour, de la reconnaissance et de la soumission que vous devez à votre curé». Un peu plus loin, l'auteur résumait ainsi l'ensemble de ses directives à ce sujet:

1° La dignité dont est revêtu votre curé étant redoutable aux anges mêmes, vous devez toujours et partout la respecter, dans vos paroles et dans toute votre manière d'agir à son égard.

2° Les pouvoirs qu'il a sur vos âmes surpassent même ceux des anges; vous devez avoir une haute idée de la place qu'il occupe parmi vous, comme premier supérieur religieux de la paroisse.

3° Son autorité représentant celle de votre archevêque, et par suite celle de Jésus-Christ, vous devez vous y soumettre

---

[63] Voir en particulier à ce sujet, les lettres pastorales, les lettres circulaires et les mandements de Mgr Bourget en date du 5 août 1846, 25 avril 1854, septembre 1856, 30 août 1870, 29 septembre 1871 et 13 juin 1872. Il faut souligner qu'une telle perspective religieuse ne constitue pas, à vrai dire, une caractéristique propre à la seule idéologie ultramontaine. Elle se retrouve en effet dans la pastorale des autres évêques de la période, en particulier celles de Mgr Turgeon et de Mgr Baillargeon, surtout lorsque l'enseignement religieux de ces prélats s'adressait au milieu rural.

[64] Mgr Bourget, Mandement, 6 juin 1850.

religieusement dans tout ce qui regarde votre conscience et votre salut.

4° Votre curé étant votre conducteur dans le chemin du ciel, vous devez, quel que soit d'ailleurs le rang que vous occupez dans sa paroisse, suivre avec docilité la route qu'il vous montre»[65].

L'abbé Mailloux concluait enfin par un avertissement non équivoque destiné à convaincre jusqu'aux plus récalcitrants:

«Souvenez-vous que, comme Jésus-Christ qu'il représente, (votre curé) est placé dans votre paroisse, *pour la ruine ou le salut de vos âmes*. Il n'y a pas de milieu: il doit vous sauver ou vous perdre. Vous sauver, si vous suivez avec docilité ce qu'il vous enseigne, ou vous perdre si vous résistez à son autorité»[66].

La pastorale du principal leader ultramontain, Mgr Bourget, constitue un autre exemple éloquent de la portée que revêtent dans le discours ultramontain les attributions et les pouvoirs attachés à la fonction sacerdotale. Dans le cadre de cette pastorale, l'idéologie a opéré — tout comme dans le cas du pape — une identification constante entre la personne de l'évêque et celle du Christ lui-même. Cette assimilation au Christ est particulièrement frappante à l'intérieur des mandements et lettres pastorales auxquels donna lieu chacune des visites effectuées par Mgr Bourget dans les diverses paroisses de son diocèse (dans le cas de Mgr Bourget, en particulier, ces visites furent fréquentes et seuls des motifs tels que la maladie ou encore les voyages à Rome du prélat, l'ont empêché de les effectuer tous les ans). Bien plus que ne l'ont fait alors ses homologues de Québec, l'évêque de Montréal fut certainement celui qui accorda le plus d'importance et insista le plus sur la pompe et la magnificence que devraient revêtir les cérémonies entourant la visite épiscopale dans les paroisses[67]. En décrivant les habits et les ornements revêtus par l'évêque à cette occasion, Mgr Bourget tient à rappeler à ses diocésains qu'il s'agit «d'ornements sacrés auxquels sont attachées des significations mystérieuses et les grâces spéciales du ministère»[68]. Quant au cérémonial

---

65 Abbé A. Mailloux, *Manuel des parents chrétiens*, Québec, 1851, p. 302.

66 *Ibid.*, p. 303.

67 Une étude comparative, menée sous cet angle, a permis en effet de constater que les visites épiscopales des évêques de Québec — Mgr Signay et Mgr Baillargeon en particulier — n'ont pas donné lieu à des directives analogues à celles qui accompagnèrent les visites épiscopales de Mgr Bourget.

68 Mgr Bourget, Mandement de visite, 6 juin 1850.

(compliqué) qui accompagne la visite, le prélat conclut à ce propos: «A un appareil si pompeux, vous reconnaissez Jésus-Christ que St-Paul appelle la splendeur de la gloire de Dieu...» C'est en effet l'assimilation fréquente au Christ qui constitue la caractéristique la plus frappante des directives épiscopales émises à l'occasion de ces cérémonies. Ainsi Mgr Bourget affirmera encore à ses diocésains: «ce n'est pas l'homme que vous allez recevoir, mais Jésus-Christ lui-même»[69]. Il leur dira également:

> «La foi vive qui vous anime... vous fait apercevoir dans cette Visite de votre premier Pasteur, celle de Notre-Seigneur, qui vient à vous, plein de grâce et de vérité et qui aujourd'hui comme au temps de sa vie mortelle, doit marquer son passage par d'innombrables bienfaits. Et en effet quiconque voudra fermer les yeux de la chair, qui lui feraient ne voir en Nous que l'homme, y découvrira sans peine, avec les lumières de la foi, l'homme de Dieu dispensant ses redoutables mystères, et l'Ambassadeur de Jésus-Christ, exerçant sa puissance et sa charité, pour le salut des hommes»[70].

En ce qui a trait à cette identification de l'évêque au Christ, les instructions pastorales qui accompagnaient, une année auparavant, la visite épiscopale de 1849, étaient également significatives. Evoquant les avantages spirituels attachés à cette visite, Mgr Bourget concluait en effet en ces termes:

> «Mais pour participer à tant d'avantages, vous devez, Nos Très-Chers-Frères, préparer les voies du Seigneur et rendre droit ses sentiers... car voici Jésus-Christ lui-même qui, sous l'humanité de notre personne, va visiter votre Paroisse, faisant du bien à tous, et guérissant tous ceux qui, par leurs criminelles habitudes, se seront mis sous l'esclavage du démon»[71].

Enfin à l'occasion de la visite épiscopale de 1857, l'évêque de Montréal rappelait ainsi aux fidèles les moments précis où sous les traits de l'évêque, ils devraient, avec les yeux de la foi, apercevoir ceux du Christ lui-même:

> «Ainsi dans la pompeuse entrée de l'Evêque dans votre

---

69 *Ibid.*
70 *Ibid.* Voir également sous cet angle, le mandement de visite du 22 mars 1852.
71 Mgr Bourget, Mandement de visite, 1er février 1849.

La dimension religieuse... 193

paroisse, ne voyez que Jésus-Christ entrant en triomphe dans la ville de Jérusalem. Lorsqu'en présence de vous tous, l'Evêque visitera l'Eglise, le Tabernacle, les Fonts Baptismaux, ne considérez que Jésus-Christ faisant la visite de son Temple, pour forcer les hommes à lui rendre l'honneur religieux qui lui était dû. Lorsque vous suivrez l'Evêque dans votre cimetière, qui pour vous est une paroisse de morts, contemplez Jésus-Christ au tombeau de Lazare... C'est aussi pendant ces jours de salut que Jésus-Christ se montre dans les villes et les campagnes, plein de grâce et de vérité; et qu'il sort de toute la personne de Celui qui le représente, une vertu salutaire qui guérit toute espèce d'infirmité»[72].

Cette identification du prêtre (et surtout de l'évêque) au Christ, se double, dans le discours ultramontain, d'une analogie entre le clergé et la religion elle-même, entre le respect et l'amour manifestés envers le premier et ceux éprouvés à l'endroit de la seconde. L'abbé G.-D. Lesage développait ainsi cette thèse dans un sermon portant sur les «mauvais journaux»:

«Les prêtres, il est vrai, ne sont pas la religion, mais il y a entre eux et la religion un tel rapport, une telle connection, que l'un ne peut être blessé sans que l'autre en ressente les blessures: de même si le peuple aime et respecte le prêtre, on peut juger à coups sûrs que ce même peuple aime, respecte et pratique sa religion»[73].

Les attributs conférés au sacerdoce ont été manifestement plus magnifiés dans le discours ultramontain qu'ils ne le furent dans les autres discours religieux de ce milieu du dix-neuvième siècle. Ils ont débouché également sur une revendication plus ferme des droits et des privilèges attachés à la fonction sacerdotale. Ainsi les ultramontains furent ceux qui rappelèrent le plus souvent à leurs concitoyens que ces droits et ces privilèges ne devaient pas se limiter au seul contrôle de la vie et de la pratique religieuse au sein de la société, encore que ce contrôle a semblé être assez rigoureux[74]. On a vu par ailleurs (dans le

---

[72] Mgr Bourget, Mandement de visite, 18 mai 1857.
[73] G.-D. Lesage, Sermon, ACAM, 990.019.
[74] Voir à ce sujet les instructions dans la lettre circulaire de Mgr Bourget en date du 11 mai 1861, relative au contrôle de la pratique religieuse dans les paroisses. Voir également le «Résumé des règles uniformes adressées par Mgr l'Evêque de Montréal aux confesseurs de son diocèse» en date du 1er mars 1868 et où l'évêque exige des confesseurs d'avoir «une connaissance extérieure suffisante de leurs pénitents, pour pouvoir donner aux Curés qui s'en informent, les noms de ceux qu'ils ont à leur confessionnal».

cadre de l'analyse de la dimension politique du discours) comment les idéologues ultramontains ont revendiqué avec insistance le droit pour le clergé de contrôler également l'orientation et la pratique de la vie politique au sein de la cité.

Il faut noter pourtant que le «Règlement disciplinaire», adopté en juin 1854 par le Second Concile provincial de Québec, comportait certaines restrictions relatives à l'ingérence du clergé dans le domaine politique. Le Règlement affirmait ainsi: «Le clergé doit, dans sa vie publique et privée, demeurer neutre dans les questions qui ne touchent en rien aux principes religieux». Mais les ultramontains, quant à eux, considéraient que peu de questions échappaient vraiment au cadre des préoccupations religieuses d'une société. Ceci du fait que, comme l'expliquait un rédacteur du *Nouveau Monde*, «la Religion est le fondement de l'ordre moral et de l'ordre social...(aussi) il est peu de questions de quelque importance où le prêtre n'ait à s'assurer si les principes qu'il est chargé de prêcher et de défendre, ne recevraient pas quelque atteinte»[75].

Mais si la religion doit être considérée comme le fondement de l'ordre social, sa présence à tous les niveaux, diront les ultramontains, doit entraîner nécessairement à sa suite celle du clergé également. C'est ce que soutiendra de fait l'abbé J.-S. Raymond au cours d'une réunion, en 1867, des membres de l'Union Catholique de Saint-Hyacinthe. Au terme d'une conférence intitulée «De l'intervention des Prêtres dans l'ordre intellectuel et social», l'abbé Raymond conclut: «D'après ces considérations, Dieu est donc intéressé, si je puis ainsi dire, dans toutes les œuvres de ses créatures... Mais où Dieu intervient, le prêtre doit intervenir car il est son organe... Il suit de là que l'exclusion du prêtre, c'est l'exclusion de Dieu»[76].

Quant à l'abbé Laflèche — celui qui, parmi les ultramontains, a examiné le plus en détail la question des droits politiques du clergé — il dénoncera avec vigueur «ces hommes dangereux» qui nient au prêtre le droit d'intervenir dans les affaires politiques pour «éclairer le fidèle sur la gravité de ses devoirs d'électeur», ou qui affirment encore que: «les prêtres n'ont pas le droit de se mêler d'élections»[77].

Or pour l'abbé Laflèche, le droit du prêtre d'éclairer la

---

75 *NM*, 2 janvier 1868.
76 J.-S. Raymond, in *Le Nouveau Monde*, 27 février 1867.
77 L.-F. Laflèche, *Quelques Considérations sur les Rapports de la Société civile avec la Religion et la Famille*, p. 199-200.

La dimension religieuse...

conscience des électeurs revenait manifestement à revendiquer pour le clergé celui de contrôler l'orientation de la vie politique du pays, du moins à partir des principes qui devaient en inspirer les grandes lignes. L'auteur fondait son raisonnement sur le fait que le choix politique des électeurs devait tendre avant tout à l'accomplissement des desseins providentiels. C'est ce qu'exprime plus spécifiquement l'abbé Laflèche à travers l'énoncé suivant:

> «Chaque électeur doit... se convaincre que son vote dans les élections n'est pas seulement un droit dont il peut user pour s'assurer sa part légitime d'influence dans la législation et l'administration des affaires de son pays, mais que c'est de plus un devoir bien grand que la divine Providence lui a imposé, de concourir, dans la mesure de ses forces, à donner à sa patrie les législateurs et les gouvernants que Dieu lui-même a appelés et qu'il a choisis»[78].

A ceux qui osèrent mettre en doute le désintéressement du clergé dans le choix des critères politiques qui furent les siens, les idéologues ultramontains ont riposté par des arguments de divers ordres dont les principaux furent les suivants: 1°, l'appartenance nationale du clerc l'habilite, autant que tout autre citoyen, à exercer ses droits en matière politique; 2°, le dévouement, passé et présent, du clergé envers la collectivité nationale est une preuve éloquente de l'intégrité de ses intentions dans le domaine politique et 3°, les attributs et les pouvoirs du clergé dans le domaine spirituel devraient lui assurer la priorité en ce qui a trait à l'exercice d'un leadership politique valable.

La première de ces thèses a été particulièrement développée par L.-F. Laflèche. Ce fut lui qui défendra avec le plus de vigueur la théorie de l'appartenance nationale du clergé et des droits politiques qui en découlent. Dans un chapitre intitulé «Bilan de la générosité sacerdotale et démagogique», l'auteur des *Quelques Considérations...* défend ainsi son point de vue:

> «Quelle est la loi de notre pays qui frappe de mort civile l'homme qui entre dans les rangs du sanctuaire pour être utile à son prochain en servant son Dieu plus fidèlement?... Nous ne connaissons aucune loi divine ou humaine qui défende au Prêtre de dire son opinion sur les affaires de son pays en la manière qu'il jugera convenable et conforme aux règles de

---

[78] *Ibid.*, p. 193.

conduite que lui tracent ses supérieurs. D'ailleurs le prêtre est citoyen, et comme tel il est sur un pied d'égalité avec tous ses compatriotes... Puisque la loi de Dieu et des hommes ne défend point au clergé, en sa qualité de partie intégrante de la nation, de prendre part, autant qu'il le juge convenable, aux affaires de son pays, sur quoi donc peuvent-ils s'appuyer pour lui faire un crime d'user d'un droit qui lui appartient tout aussi bien qu'aux autres citoyens»[79].

L'abbé Laflèche dénoncera en particulier ceux qui se défient du clergé, accusant ce dernier d'user de ses prérogatives en matière politique pour défendre avant tout ses intérêts matériels (en l'occurrence le droit de collecter la dîme). Il rappellera à cette occasion la prise en charge par le clergé canadien-français de la majorité des œuvres d'éducation et de charité à travers le pays et cherchera à prouver ainsi que les intérêts matériels de ce clergé s'identifient en fin de compte avec ceux de la nation entière[80]. On retrouve ce même type d'argument dans les organes de la presse ultramontaine chaque fois qu'il s'agira, au lendemain d'une élection, de répondre aux accusations «d'influence indue» formulées par l'*Avenir* ou le *Pays* à l'endroit du clergé.

Enfin, tout comme les vertus et les pouvoirs spirituels conférés à la papauté dans le discours ultramontain, ceux attribués au clergé dans ce même discours débouchent à leur tour sur des préoccupations d'ordre politique. Ainsi pendant que les libéraux dénonçaient avec amertume l'influence politique indue du clergé — en période électorale surtout — les ultramontains ont cherché à démontrer de leur côté comment les qualités et les pouvoirs spirituels attribués à ce clergé l'habilitaient à être finalement le meilleur guide possible de la nation en matière politique. L'abbé Laflèche s'exprimera ainsi à ce sujet:

> «Vous admettez que le prêtre canadien a assez de lumières et de vertu pour diriger les consciences dans les sentiers du devoir et de l'honneur. Pourquoi donc venez-vous ensuite crier sur tous les tons et écrire dans vos journaux qu'il faut se défier de lui; que s'il cherche quelquefois à éloigner des conseils de la nation des hommes dont il connaît les tendances

---

79 *Ibid.*, p. 256.

80 *Ibid.*, p. 258-261. Ces mêmes arguments reviennent également (quoique exposés avec moins de vigueur) dans la lettre pastorale à laquelle donna lieu le quatrième concile provincial de Québec en 1868. Les Pères du concile ont rappelé en effet à ceux qui accusaient le clergé d'ingérence indue en matière politique, que ce même clergé était à l'origine de la grande majorité des établissements de charité et d'éducation dont s'enorgueillissait le pays.

La dimension religieuse...

perverses et les principes dangereux, ce n'est, dites-vous que par un vil intérêt qu'il agit de la sorte?... Vraiment, c'est à n'y pas croire, surtout en présence des monuments dont sa générosité et son dévouement ont jalonné les deux rives du grand fleuve jusque dans la profondeur de nos forêts[81].

Les arguments avancés une année plus tard (en 1868) par le quatrième concile de Québec allaient également dans le même sens. Dénonçant les détracteurs du clergé, qui l'accusaient de «vouloir dominer et tyranniser les consciences», les auteurs du mandement conciliaire soulevaient les questions suivantes, destinées à rappeler aux fidèles les pouvoirs spirituels du clergé et les priorités de choix qu'entraînaient ces mêmes pouvoirs:

> «Avez-vous jamais trouvé auprès de ces hommes (les détracteurs du clergé) la consolation et l'espérance dans vos revers? Les ferez-vous appeler à votre lit de mort pour demander à leurs désolantes doctrines le néant ou le désespoir? Ne serait-ce pas le comble de la folie que de suivre aveuglément pendant votre vie des guides qu'au moment de votre mort vous repousseriez avec énergie?»[82]

Ainsi, dans le discours idéologique ultramontain, les vertus et les pouvoirs attribués au clergé dans le domaine spirituel débouchèrent souvent sur l'affirmation explicite de son droit à l'exercice d'un leadership sur le plan politique. A la base des revendications ultramontaines dans ce domaine, il y a certes la conviction profonde d'une suprématie de droit du spirituel sur le temporel, conviction qui a donné parfois lieu à une véritable confusion entre les deux niveaux.

Cependant, au-delà de ces présupposés philosophiques et théologiques, il y a, selon nous, l'affirmation primordiale d'une réalité socio-historique dont l'ultramontanisme n'a jamais cessé de tenir compte. Face, en effet, à une bourgeoisie qui tend à accaparer à son seul profit l'exercice exclusif du pouvoir politique, le clergé canadien, parlant au nom de toutes les classes, cherchera quant à lui à être le définiteur exclusif des critères théoriques menant à une pratique politique qui lui serait avantageuse.

---

81 L.-F. Laflèche, *op. cit.*, p. 258.
82 Lettre pastorale faisant suite au 4e concile de Québec, 14 mai 1868.

Chapitre V

La dimension sociale et nationale du discours idéologique ultramontain

Chapitre V

La dimension sociale et nationale du discours idéologique ultramontain

L'éducation

L'éducation fut certainement l'un des domaines où l'action ultramontaine, au cours du siècle dernier, a enregistré ses victoires les plus importantes. Ce fut également le champ où les effets de cette action se sont avérés les plus durables [1]. S'appuyant sur une tradition historique multiséculaire, les ultramontains ont revendiqué pour le clergé le droit au contrôle exclusif de l'éducation, niant du même fait à l'Etat (bourgeois) l'exercice d'un pouvoir réel dans ce domaine. Dans la perspective hégémonique qui fut la sienne, l'ultramontanisme ne pouvait en effet, sans trahir ses objectifs fondamentaux, abandonner à l'Etat un champ d'influence indispensable à la reproduction de l'idéologie cléricale officielle. Les ultramontains furent en outre conscients du fait que la mainmise de l'Etat sur le secteur éducatif signifierait, à plus ou moins brève échéance, la fin de l'influence cléricale au sein de la société québécoise.

La connaissance du discours idéologique ultramontain en matière d'éducation s'avère indispensable à une meilleure compréhension de l'action cléricale menée dans ce domaine au cours de la seconde moitié du dix-neuvième siècle québécois. Ainsi la définition ultramontaine de l'éducation et de sa finalité, la conception ultramontaine de la place et du rôle de l'éducation religieuse dans un programme éducatif, constituent des éléments qui éclairent aussi bien la pratique que la théorie ultramontaine dans ce domaine. On constate, de plus, que les idées et les postulats ultramontains en matière d'éducation débouchent finalement sur une définition spécifique des

---

[1] On sait en effet que le contrôle de l'éducation par l'Eglise n'a pratiquement pris fin au Québec qu'en 1960, avec la création du ministère de l'Education, suite à l'adoption du bill 60. On se rappelle également l'âpreté des luttes qu'eut à soutenir l'Etat québécois pour mettre en application un projet auquel les milieux cléricaux et traditionalistes étaient alors franchement hostiles.

rapports Eglise / Etat dans ce secteur. Cette définition illustre une fois de plus le caractère fondamental que revêt, pour l'ultramontanisme, l'établissement d'une suprématie du pouvoir religieux sur le pouvoir civil à tous les niveaux de la vie politique et sociale.

Définition et objectifs de l'œuvre éducative dans le discours idéologique ultramontain

Dans la perspective ultramontaine, l'éducation, s'adressant à la totalité de l'être humain, doit nécessairement tenir compte de la plénitude de sa nature. L'œuvre éducative revêt, par conséquent, une double dimension spirituelle et temporelle, afin de satisfaire les exigences de l'âme autant, sinon plus, que celles de l'intelligence et du corps. Toute entreprise éducative qui ne tiendrait pas compte de ce double objectif, devra, selon les ultramontains, être résolument condamnée. Le *Nouveau Monde* exprime cette perspective en ces termes:

> «Tout le monde parle de l'éducation, de ses avantages et de sa nécessité, et cependant, presque tous en sont venus à n'employer ces mots que dans leur signification la plus étroite et la plus imparfaite, comme ne signifiant qu'une plus grande culture purement intellectuelle et la plus artificielle possible, ne regardant qu'aux faits au lieu de s'appliquer à la réflexion et au raisonnement.
>
> La grande majorité de ceux même qui écrivent sur ce sujet ne regardent pas plus haut. Ils paraissent avoir oublié que l'éducation, dans le vrai sens du mot, doit tenir compte de toute la nature de l'homme, de ses destinées éternelles autant que temporelles; qu'elle commence avec la vie; que ses plus grandes leçons, celles qui ont la plus forte influence sur l'avenir, sont apprises dans le jeune âge, et que si l'esprit et le cœur ne sont pas remplis de l'amour et de la crainte de Dieu, et des mérites de la religion, ils ne le seront probablement jamais»[2].

L'abbé Alexis Pelletier, l'un des idéologues ultramontains qui s'est intéressé le plus aux débats théoriques relatifs à l'éducation, a développé une thèse similaire, en insistant surtout sur la priorité des

---

2 *NM*, 8 février 1871.

objectifs spirituels assignés à l'œuvre éducative[3].

Faisant siennes les directives du Concile d'Amiens (tenu en 1853 sous la présidence d'un ultramontain français notoire, Mgr Gousset), l'abbé Pelletier affirme:

> «Voici quel est le principe fondamental qui doit présider au régime des écoles; le but de l'Education est de former les jeunes gens à la vie chrétienne surtout, et en même temps à la vie civile et aux sciences qui s'y rapportent... Pour que les écoles soient vraiment dirigées vers cette fin, il ne suffit pas que les jeunes gens assistent aux instructions religieuses qui leur transmettent la connaissance des vérités surnaturelles, mais il est nécessaire en outre que les sciences naturelles qu'ils apprennent dans les classes, non seulement ne nuisent pas à la culture chrétienne des esprits, mais lui servent et en dépendent de sorte que la religion soit comme une âme qui donne le mouvement à la masse des études et se répande dans tout le corps de l'enseignement»[4].

L'abbé Pelletier dira également que «pour former des chrétiens, seul but de l'éducation, il faut parler christianisme aux enfants sur tous les tons et sous toutes les formes, tous les jours et à chaque heure du jour»[5].

Dans une des publications initiales de la revue pédagogique *La Semaine* — la première du genre au Québec — les instituteurs laïcs qui la rédigeaient ont exprimé à leur tour un point de vue très proche des thèses éducatives qui prévalaient alors dans les milieux ultramontains de l'époque. C'est ainsi que les auteurs de la revue ont mis l'accent sur la priorité des objectifs religieux qui dans toute œuvre éducative devraient, disaient-ils, constituer «un des premiers, un des plus

---

[3] L'abbé Alexis Pelletier a été le principal promoteur des thèses de Mgr Gaume dans le domaine de l'éducation. Il s'agissait pour ce dernier, et pour l'abbé Pelletier à sa suite, de bannir des programmes éducatifs contemporains l'étude des classiques païens, pour les remplacer par des ouvrages plus édifiants, d'inspiration chrétienne, telles que les sommes théologiques des Pères de l'Eglise, les vies de saints, etc. Accusant les auteurs païens d'être à l'origine d'une dégradation progressive des mœurs et d'un relâchement de la pensée chrétienne contemporaine, l'abbé Pelletier a réclamé avec force ce qu'il définissait comme un retour aux sources du christianisme. Le style polémique qu'a revêtu sa défense des thèses gaumistes a finalement valu à l'abbé Pelletier la réprobation ouverte des autorités ecclésiastiques de Québec (Mgr Baillargeon en particulier), en même temps que l'approbation chaleureuse des milieux ultramontains de l'époque.

[4] A. Pelletier, *Mgr Gaume, sa thèse et ses défenseurs*, Saint-Hyacinthe, 1865, p. 13. L'auteur développe une thèse identique dans son ouvrage intitulé, *La question des classiques*, (sans lieu), 1865.

[5] A. Pelletier, *Réponse aux dernières attaques dirigées par M. l'abbé Chandonnet*, (sans lieu), 1868, p. 3.

nécessaires et des plus importants devoirs de celui qui est appelé, par son état, à former les jeunes générations qui, plus tard, gouverneront le monde»[6].

Le *Nouveau Monde* déclarera, de son côté, que «le principe religieux (est) le fondement unique de toute éducation et la conséquence logique des notions chrétiennes sur Dieu, l'homme et sa fin»[7].

La définition ultramontaine de l'éducation privilégiait ainsi nettement la formation spirituelle de l'individu, reléguant au second plan tous les autres objectifs, y compris ceux à caractère purement cognitif. Toutefois, les ultramontains n'ont pas ignoré totalement les exigences que comportait l'œuvre éducative sur le plan plus restreint de l'instruction, ou encore de l'enseignement des disciplines profanes. Ils se sont cependant efforcés surtout d'établir à ce niveau une hiérarchie des priorités.

La place et le rôle de l'éducation religieuse dans l'œuvre éducative

A partir des considérations et des postulats évoqués plus haut, les ultramontains ont été amenés à établir fréquemment une distinction très nette entre l'instruction de la jeunesse et son éducation. La caractéristique propre à la pensée ultramontaine dans ce domaine fut de faire coïncider les frontières de l'œuvre éducative dans son ensemble avec celles de l'éducation strictement religieuse. Les ultramontains ont, de plus, souligné l'importance de l'éducation morale, sans la concevoir cependant en dehors des cadres de l'éducation religieuse.

Le *True Witness* a affirmé ainsi que la religion était la plus indispensable de toutes les sciences, puisqu'à la limite, elle les englobe toutes et est la seule dont l'être humain ne peut se passer[8]. Les *Mélanges Religieux* soutiendront de leur côté que «l'éducation religieuse doit être l'essentiel ou le principal et l'instruction intellectuelle seulement l'accessoire»[9]. Au lendemain de l'Union, le même journal soulignait également que si «le peuple canadien» n'avait pas trop

---

6 *La Semaine*, 9 janvier 1864.

7 *NM*, 29 mars 1869.

8 *True Witness*, 6 avril 1852.

9 *MR*, 20 août 1841.

souffert dans le passé des déficiences du système éducatif, c'est que, pour lui, le remplacement de l'enseignement profane par un enseignement religieux adéquat avait été, à tout prendre, extrêmement bénéfique [10]. Tirant la conclusion qui s'imposait, à partir de semblables prémices, le *Nouveau Monde* déclarait, au lendemain de l'adoption de la loi scolaire de 1869, que «l'ignorance est de beaucoup préférable à l'enseignement qui n'a point pour fondement la connaissance de Dieu, de sa loi et de sa moralité» [11]. L'abbé Pelletier, de son côté, avait abouti à une conclusion analogue, affirmant résolument à ce sujet: «Quant aux établissements d'éducation que le clergé ne contrôle pas, il est dans l'ordre qu'ils disparaissent, puisque tout enseignement, d'après la volonté bien formelle de Dieu, doit venir de l'Eglise ou être surveillé par elle» [12]. Quant à Mgr Bourget, commentant les directives du second concile provincial de Québec, il recommande à ses diocésains d'éviter à tout prix de laisser leurs enfants fréquenter des écoles où l'éducation religieuse n'est pas satisfaisante, même si, ajoute-t-il «ces institutions étaient supérieures aux institutions catholiques, car la foi est un bien qui doit être plus estimé que tous les avantages temporels» [13].

L'idéologie ultramontaine a souligné enfin les multiples avantages que l'éducation religieuse pouvait procurer à la jeunesse, ainsi d'ailleurs qu'à la société tout entière. Mgr Bourget affirmera que l'éducation religieuse est la condition primordiale pour obtenir une «éducation soignée». Le *Nouveau Monde* rappellera que seule l'éducation religieuse est en mesure de former «une jeunesse vertueuse», un gouvernement «honnête et juste» et un peuple «heureux et fort» [14]. Dans son *Manuel des parents chrétiens,* l'abbé Mailloux conclut également à ce propos: «il est donc de l'intérêt de la société, et de son plus vif intérêt, qu'on inculque l'amour de la religion aux enfants, qu'on les en instruise de bonne heure, qu'on leur en fasse remplir les devoirs, et qu'on les détourne de tout ce qu'elle défend» [15].

Pour les ultramontains, l'éducation religieuse est particulièrement bénéfique à la société en ce qu'elle suppose, comme corollaire,

---

10 *Ibid.*

11 *NM*, 30 août 1869.

12 A. Pelletier, *Le Don Quichotte montréalais sur sa Rossinante ou M. Dessaules et la Grande Guerre Ecclésiastique*, Montréal, 1873, p. 71.

13 Mgr Bourget, Lettre pastorale du 4 juin 1854, vol. II, 457.

14 *NM*, 11 décembre 1868.

15 Abbé Mailloux, *Manuel des parents chrétiens*, Québec, 1851, p. 9

une solide éducation morale. Cette dernière, soulignent les ultramontains, en aidant l'homme à maîtriser ses instincts, assure à la société la paix, l'ordre et la stabilité qui lui sont indispensables. Le *Journal des Trois-Rivières* affirme à ce propos: «La religion seule a le pouvoir de contenir les passions, de comprimer les désirs mauvais, d'inspirer l'amour, non pas du bien-être, mais du devoir...Comment le professeur de l'Etat donnerait-il cet enseignement avec la même autorité?»[16] Le *Courrier du Canada* soutiendra à son tour que l'enseignement religieux tend à contenir «les mauvaises passions» en même temps qu'il empêche la prolifération des «mauvaises doctrines». C'est pourquoi, affirme le journal, certains ne veulent voir la religion «ni dans les institutions d'éducation ni dans les associations littéraires»[17]. Un mois auparavant, on pouvait lire dans le même journal une déclaration qui s'inspirait des mêmes principes. Ainsi, affirmait un rédacteur, «l'instruction qui n'est pas réglée et dirigée par l'éducation, c'est-à-dire par l'enseignement religieux, n'est qu'un moyen de plus de faire le mal»[18]. Le *Nouveau Monde,* de son côté, abondera dans le même sens en déclarant, au sujet de «l'éducation sécularisée»:

> «L'éducation sécularisée ne peut, même avec la meilleure volonté, façonner à la vertu ces jeunes âmes que le prêtre et la religieuse ont pour mission de cultiver, d'élever dans le vrai sens du mot. L'enfant reste avec la plupart de ses instincts et de ses appétits nouveaux, sans contrepoids; et si son caractère nullement réfréné comporte l'énergie, le désir de parvenir, une ambition mal tempérée, il sera plus tard un élément de trouble pour son pays, et un fléau pour la société»[19].

Etablissant ainsi leur preuve par la négative, les idéologues ultramontains ont surtout cherché à rappeler les effets nocifs que pouvait produire dans l'enseignement, l'absence d'une éducation religieuse appropriée. Un tel enseignement, affirme encore une fois le *Nouveau Monde,* aboutirait inévitablement à former une jeunesse sans scrupules, «qui ne reconnaîtra d'autres droits que la force, d'autres titres que la victoire, d'autres biens que la fortune»[20]. Un autre article du même journal se laisse aller à des prédictions encore plus sombres, déclarant à ce sujet: «C'est que les écoles qui prennent

---

16 *Journal des Trois-Rivières,* 20 juin 1865.
17 *CC,* 14 mai 1857.
18 *CC,* 1er avril 1857.
19 *NM,* 22 juillet 1868.
20 *NM,* 25 octobre 1870.

des mains des parents et des ministres le soin de former l'esprit des enfants, en font des vauriens, des politiciens sans scrupules, sans religion et souvent sans moralité»[21].

Même lorsqu'elle prétend assumer à son tour l'éducation morale de la jeunesse, la société civile, affirme le *Nouveau Monde,* ne vise en fait à inculquer à l'enfant que «des vertus naturelles et des qualités purement humaines», et le fait à travers «un vague exposé de certains préceptes de moralité (qui) ne produisent aucun fruit dans son cœur»[22].

On conçoit qu'au terme d'une telle perception de l'éducation sécularisée, l'idéologie ultramontaine ait abouti à établir entre l'éducation religieuse et l'enseignement profane un rapport spécifique d'inégalité, rapport qui éclaire, comme on le verra, l'ensemble de la dialectique ultramontaine en matière d'éducation.

Le rapport établi dans le discours ultramontain entre l'éducation religieuse et l'enseignement profane

Dans l'idéologie ultramontaine, la priorité accordée aux objectifs religieux dans l'œuvre pédagogique repose sur un certain nombre de postulats. Ainsi l'idéologie décèle la présence d'une dimension religieuse au sein de chaque science et proclame l'existence de principes d'ordre religieux à l'origine de toute théorie scientifique. C'est à partir de tels prémices que l'abbé J.-S. Raymond déclare à propos du droit de l'Eglise au contrôle de l'enseignement:

> «L'Eglise... ne prétend pas sans doute, au droit d'enseigner toutes les sciences; mais elle réclame le pouvoir de contrôler tout enseignement donné. C'est une immense erreur de croire que la religion constitue un ordre de choses tout à fait à part des autres, et que par conséquent ceux-ci sont indépendants de son action. Il ne saurait en être ainsi, dans la sphère intellectuelle surtout. Tout est lié dans l'enseignement, parce que les idées qu'il donne ou développe sont nécessairement dans un contact continuel dans l'intelligence, et que par conséquent l'une peut agir sur l'autre»[23].

---

21 *NM*, 8 février 1871.

22 *NM*, 22 février 1869. Le *True Witness* avait déjà soulevé des objections analogues dans son éditorial du 15 août 1851.

23 J.-S. Raymond, «De l'Eglise et de l'Etat», RC, II (1865): 733.

L'abbé J.-S. Raymond tente alors de montrer comment toute réflexion sérieuse se rapportant à la philosophie, à l'histoire ou aux sciences naturelles, rejoint infailliblement des préoccupations d'ordre religieux. Il conclura à ce propos: «L'enseignement religieux doit se trouver partout; car la religion est nécessairement mêlée à tout... Il faut donc que celle-ci soit toujours là pour ramener l'intelligence dans la voie de la vérité, hors de laquelle il n'y a qu'obscurité, déception et trouble social»[24].

C'est dans une perspective semblable que le *Nouveau Monde* déclarera à son tour: «La base de toute science est la vérité religieuse sans laquelle l'homme ne peut atteindre sa fin dernière. De là le caractère essentiellement religieux du système catholique d'éducation»[25]. Deux mois auparavant, le même journal rappelait également:

> «Toutes les sciences morales et philosophiques reposent sur des principes qui découlent de la vérité catholique comme de leur source, et nul enseignement n'est bon s'il n'est soumis au contrôle de l'Eglise qui a le dépôt de cette vérité. Ceci, nous le répétons, s'applique aux écoles de l'enfance comme aux collèges, aux universités comme aux institutions de toute espèce qui ont pour but de développer l'intelligence»[26].

Appliquant ces principes au champ précis de la connaissance historique, le *Courrier du Canada* déclare qu'il s'agit là d'un domaine où la religion constitue l'instrument par excellence mis par Dieu à la disposition de «nos jeunes Canadiens (qui) recherchent avec ardeur la vérité des faits historiques, la cause et l'enchaînement des grands événements de l'histoire». C'est seulement ainsi, affirme le même journal, que l'histoire se départira de cette réputation d'être «ainsi qu'on la dit malheureusement avec trop de raison et de vérité... une conspiration permanente contre la vérité»[27]. Traitant de l'avenir des disciplines littéraires, l'instituteur A. Villeneuve dira de son côté que seule leur alliance avec la religion permettra aux Lettres de «s'élever à la hauteur de la vérité» pour réaliser «le grand mouvement dans l'harmonie, la noble union dans le bien» auxquels Dieu les destine[28].

---

24 *Ibid.*, 734.

25 *NM*, 30 août 1869.

26 *NM*, 5 octobre 1869. La même argumentation avait déjà été développée par le *True Witness* dans son édition du 15 août 1851.

27 *CC*, 5 février 1862.

28 A. Villeneuve, *Conférences...*, Montréal, 1871, p. 2.

La dimension sociale... 209

Instrument privilégié de la connaissance, sinon fondement unique de toute science, la religion, ou encore l'éducation religieuse, devient ainsi dans le discours ultramontain la base et l'objectif de toute forme d'éducation. Ces prémices théoriques permettent dès lors de mieux saisir l'importance de l'enjeu qu'a représenté pour l'ultramontanisme le contrôle clérical du secteur éducatif. Ces postulats expliquent également l'âpreté des luttes concrètes menées par les ultramontains dans le domaine particulier de la législation scolaire. De fait, pour assurer l'application de ses objectifs en matière d'éducation, l'idéologie ultramontaine en est arrivée à promouvoir, une fois de plus, la doctrine de la suprématie de l'Eglise sur l'Etat, dans un secteur où ce dernier n'entendait point pourtant céder de plein gré ses prérogatives.

Le rapport Eglise / Etat en matière d'éducation dans le discours idéologique ultramontain

L'idéologie ultramontaine a rappelé fréquemment que, dans le domaine éducatif, ce qui touche au spirituel, ou encore à l'âme, constituait la responsabilité exclusive de l'Eglise, tandis qu'à l'Etat était concédée la charge d'éclairer les intelligences. Or, on l'a vu, dans l'optique ultramontaine, l'œuvre éducative s'adresse avant tout à l'âme et ne s'intéresse à l'intelligence ou au corps que de manière secondaire. L'importance moindre des objectifs pédagogiques de l'Etat, comparés à ceux de l'Eglise, justifie ainsi le statut et le rôle de second ordre attribués à l'Etat en matière d'éducation. Traitant de ce problème dans une perspective historique, l'instituteur A. Villeneuve expliquera comment l'Etat, qui a pu tout au long des siècles réaliser d'immenses conquêtes matérielles et su manifester une ambition démesurée dans presque tous les domaines, s'est révélé toutefois impuissant à conquérir les âmes de ses sujets. Quant à l'Eglise, qui a réalisé au cours des âges «l'unité des consciences, des intelligences et des cœurs», elle a acquis à plus d'un titre, affirme le même auteur, «le droit d'exercer sur les âmes une autorité exclusive»[29].

Selon l'idéologie ultramontaine, l'Eglise possède d'ailleurs à maints autres titres, le droit à la suprématie sur l'Etat dans le domaine de l'éducation. Ainsi, rappellent les ultramontains, c'est à l'Eglise seule qu'incombe la charge de définir «la vérité», d'où l'obligation

---

29 A. Villeneuve, «Conférences», in le *Nouveau Monde*, 17 juin 1870.

pour les autorités ecclésiastiques de contrôler l'enseignement dispensé par l'Etat afin de s'assurer qu'un tel enseignement respecte scrupuleusement les normes de vérité fixées par l'Eglise. L'abbé J.-S. Raymond exprime ainsi ce point de vue: «cette prétention de l'Eglise à contrôler l'éducation peut paraître étrange; elle est cependant une conséquence nécessaire de son droit essentiel et imprescriptible d'enseigner aux hommes la vérité... Il faut donc reconnaître que l'Eglise, chargée d'enseigner la vérité, a droit de voir à ce que tout enseignement soit conforme à sa doctrine»[30].

La conséquence de ces prémices se révèle d'ordre à la fois théorique et pratique comme l'illustre la conclusion qui clôt l'argumentation de l'abbé Raymond:

> «Il suit que dans un état constitué selon les desseins de la Providence, l'Eglise doit avoir le pouvoir de redresser les erreurs de l'enseignement public. Il suit surtout que dans toute société qui veut respecter la liberté de l'Eglise, celle-ci peut avoir non seulement le droit d'enseigner dans le temple les doctrines purement sacrées, mais de plus celui d'élever des universités, des collèges, des écoles pour l'enseignement des connaissances humaines, afin que la jeunesse catholique de toutes les classes y puisse trouver une instruction saine et en tout conforme aux principes de la doctrine et de la morale enseignées par la révélation»[31].

L'*Ordre* ne s'exprime pas différemment lorsqu'il affirme, de son côté, que seul l'épiscopat catholique est chargé de veiller à «l'éducation du peuple» afin de maintenir intacte dans ce domaine «la magnifique chaîne de vérités dont le premier anneau se trouve dans la main du Verbe éternel»[32].

Parmi les attributs de l'Eglise qui justifient sa suprématie sur l'Etat en matière d'éducation, les ultramontains invoquent enfin l'origine divine de la mission éducative qui lui a été assignée. Le *Nouveau Monde* s'exprime à ce sujet:

> «L'enseignement appartient de droit à l'Eglise. Elle seule en a reçu la mission par ces paroles de son divin fondateur, maître du ciel et de la terre: «Allez, enseignez toutes les nations»...

---

30 J.-S. Raymond, *loc. cit.*, 733-734.
31 *Ibid.*, 735.
32 L'*Ordre*, 20 septembre 1859.

La raison en est claire. L'homme ne vient pas sur la terre pour y jouer un rôle plus ou moins obscur comme un acteur sur un théâtre, mais pour aimer, servir Dieu et acquérir par ce moyen la vie éternelle.

Or l'humanité ne saurait connaître ses devoirs si on ne les lui enseigne et Jésus-Christ ayant chargé son Eglise de ce soin, c'est donc à elle seule qu'il appartient de diriger l'instruction des peuples»[33].

Il est évident que, dans le cadre de ce discours, les frontières entre l'enseignement religieux et l'instruction profane ne sont pas bien assurées. La première de ces notions tend en effet à absorber entièrement la seconde, et la mission de l'Eglise se trouve à recouvrir simultanément, de ce fait, les deux sphères ainsi confondues (il est à noter qu'à d'autres moments — selon que le commandait apparemment l'évolution de la conjoncture — le discours ultramontain a tenu à maintenir très nette la démarcation entre le concept d'éducation religieuse et celui d'enseignement profane).

Est-ce à dire toutefois que l'idéologie ultramontaine a refusé totalement à l'Etat toute intervention dans le domaine de l'éducation? Malgré le fait que certains ultramontains aient plaidé ouvertement pour cette thèse, d'autres cependant se sont voulus plus conciliants à cet égard. Nous évoquerons ici la forme que devait revêtir pour ces derniers la participation étatique dans le secteur éducatif, ainsi que les conditions dont cette participation devait être assortie (nous examinerons un peu plus loin quelques-unes des thèses ultramontaines qui laissent transparaître leur intransigeance à ce sujet). Posant ainsi la question de savoir si l'Etat devrait être ou non totalement exclu du domaine de l'éducation, A. Villeneuve répond par la négative, explicitant sa position en ces termes:

«Je ne viens donc pas dire à l'Etat de se retirer de l'Education, parce que cette belle œuvre est celle de l'Eglise... Ce que je veux dire, c'est que l'Etat n'a pas le droit d'organiser et de diriger par lui seul l'Education, comme aussi de le faire en dehors des vues et des lois de l'Eglise. Ce que je veux insinuer, c'est que l'Etat n'a pas le droit de législater sur l'Education, sans s'assurer que sa législation est essentiellement catholique... Ce que je veux proclamer, c'est que l'Eglise doit pouvoir apporter tous les changements nécessaires ou simplement convenables aux lois qui régissent l'Education.

---

[33] *NM*, 16 août 1869.

> La mission de l'Etat ne peut, ne doit être ici que d'assurer à l'Eglise le plein et entier exercice de ses indestructibles droits...Ainsi l'Etat n'a le droit de faire l'Education qu'autant qu'il seconde l'action de l'Eglise»[34].

Le *Nouveau Monde,* de son côté, soutenait un an plus tard une thèse similaire dans un article qui précisait ainsi les formes et les limites assignées à l'intervention de l'Etat en matière d'éducation:

> «Le rôle de l'Etat dans l'enseignement est assez beau et assez important. L'Etat, après avoir reçu la vérité, doit fournir à l'Eglise toutes les facilités possibles pour la mettre à même de remplir sans entrave sa divine mission. D'un autre côté, il doit aussi fournir au peuple qui, lui, a droit de recevoir l'enseignement, toutes les occasions d'entendre la parole de vie et de la mettre en pratique. Pour tout dire en un mot, l'Etat doit accorder à l'Eglise une entière et complète liberté et l'aider dans la mesure de ses forces dans l'accomplissement de son œuvre. C'est là la seule intervention qu'il ait droit de réclamer légitimement et que l'Eglise puisse et soit prête à lui accorder»[35].

Il est à noter cependant que l'ingérence de l'Etat n'est admise par les ultramontains que dans la mesure où celui-ci reconnaît à l'Eglise la responsabilité première de l'œuvre éducative et assure à l'autorité ecclésiastique un pouvoir de contrôle absolu dans ce domaine. C'est uniquement à ces conditions que des ultramontains convaincus tels que A. Villeneuve iront jusqu'à qualifier de souhaitable la responsabilité (limitée) de l'Etat en matière d'éducation. L'idéologie ultramontaine soutiendra également que la collaboration de l'Eglise et de l'Etat dans le domaine éducatif va dans le sens même de leurs intérêts respectifs, se révélant d'ailleurs encore plus bénéfique au second qu'à la première. C'est la morale surtout qui constitue, dans l'optique ultramontaine, le lien principal unissant les objectifs de l'Eglise à ceux de l'Etat en matière d'éducation. Ainsi les idéologues ultramontains souligneront l'absence de morale ou encore la «corruption» qu'entraîne une éducation laïcisée, prédisant du même coup qu'une telle forme d'éducation aboutit infailliblement au renversement des Etats qui auront accepté d'y souscrire. Le *Nouveau Monde* exprime cette pensée en ces termes: «Si la jeunesse est corrompue, si

---

34 A. Villeneuve, «Conférences», in le *Nouveau Monde,* 18 juin 1870.

35 A. Villeneuve, «Conférences», in le *Nouveau Monde,* 8 février 1871. Dans son édition du 5 janvier 1869, le *Nouveau Monde* avait soutenu une position analogue à celle de l'instituteur Villeneuve.

elle n'a pour guides ni les maximes d'une saine morale, ni des principes sociaux ou politiques bien arrêtés, alors on peut dire que la décadence nationale est très prononcée et que la démoralisation des esprits entraînera bientôt la chute des Etats.» Et le rédacteur soutient qu'au terme de cette constatation la conclusion qui s'impose est la suivante: «Le rôle de l'Etat (dans l'éducation) doit se borner à celui de coopérateur dans les limites où s'exercent légitimement son pouvoir et son influence. Il doit aider l'Eglise, jamais la combattre ni demeurer indifférent. Il y va d'ailleurs de sa propre existence»[36].

L'*Ordre* avertira à son tour les partisans de l'ingérence étatique dans l'éducation que le système d'enseignement qui en découle finit toujours par produire «des générations perverses, marquées du sceau de l'imbécillité, qui, pour avoir mieux aimé obéir à l'Etat qu'à l'Episcopat, ont puisé dans les écoles une morale sans autorité, sans sanction d'aucune sorte et appris à mépriser avec un égal délire, Dieu et la majesté des trônes...»[37] L'évêque de Montréal tient à ses diocésains un langage similaire lorsque, dans le cadre d'un mandement, il leur rappelle: «il est bien connu que ceux qui veulent renverser les Gouvernements, aussi bien que la Religion, n'ont rien tant à cœur que de corrompre la jeunesse en qui ils mettent toute leur espérance. C'est à cette fin... qu'ils déclarent que le Clergé étant ennemi des lumières, de la civilisation et du progrès, il faut lui ôter l'instruction et l'éducation de la jeunesse»[38].

Les condamnations multiples émises à l'endroit des Etats coupables d'ingérence en matière d'éducation furent assorties cependant, dans le discours ultramontain, d'encouragements à l'adresse du gouvernement canadien. Ainsi un éditorial du *Nouveau Monde* concluait, au lendemain de l'adoption de la loi scolaire de 1869: «Nous pouvons donc dire avec confiance et avec joie, que dans notre pays le gouvernement, suivant en cela les idées de la majorité, regarde les écoles populaires et les établissements d'enseignement supérieur comme des foyers de désordre, s'ils sont soustraits à l'influence du principe si vrai et si essentiel de l'ingérence religieuse, pour être soumis au contrôle exclusivement civil et politique»[39]. Un mois auparavant le même journal soutenait une thèse similaire, affirmant à ce propos:

«Nous avons dans cette Province, à nous féliciter de la

---

36 *NM*, 11 décembre 1868.
37 L'*Ordre*, 20 septembre 1859.
38 Mgr Bourget, Mandement, 1er janvier 1865.
39 *NM*, 29 mars 1869.

manière dont les gouvernants ont de tout temps rendu hommage aux grands principes chrétiens que nous rappelons ici. Malgré bien des tentatives de sécularisation, l'éducation, grâce à Dieu, est restée parmi nous, une question du ressort des autorités religieuses, et en pratique, c'est le ministre de la Religion, qui l'a constamment dirigée et qui aujourd'hui encore la surveille, même dans les écoles ouvertes et subventionnées par l'Etat. Un des plus solides principes de la politique canadienne, une de ses meilleures traditions est incontestablement celle de l'union de l'Eglise et de l'Etat sur ce point essentiel de l'éducation de la jeunesse» [40].

L'instituteur A. Villeneuve affirmait de son côté, au cours de ses «Conférences» sur le thème de l'éducation que, sans être encore parfait, le système éducatif en vigueur au Bas-Canada, à la fin des années 60, accusait un réel progrès par rapport à la situation qui prévalait dans ce domaine au début des années 40 [41]. Quelques mois plus tard, le *Nouveau Monde* renchérissait à son tour sur le même sujet, déclarant: «Le système existant n'est pas parfait, tant s'en faut, mais grâce à Dieu c'est encore le plus catholique du monde, celui de Rome excepté» [42].

Pourtant, malgré ces témoignages qui se voulaient rassurants, d'autres sont intervenus qui découlaient d'une perspective beaucoup plus pessimiste de la conjoncture scolaire au Bas-Canada au milieu du siècle dernier. Ainsi le *Courrier du Canada* a dressé ce bilan désabusé de l'état de l'éducation dans la société canadienne de la fin des années 50:

«Lorsque nous exposions les inconvénients et les dangers du système (scolaire) sous le rapport moral et religieux, on nous répondait par les grands effets intellectuels qu'il devait produire. Cette réponse était mauvaise sous tous les rapports, mais, en outre, l'expérience a prouvé qu'elle était en opposition avec les faits, Les Ecoles publiques, éloignées de toute action religieuse, ont certainement compromis l'avenir moral de la génération qui s'élève; mais il est également certain qu'elles n'ont point élevé le niveau intellectuel de la masse» [43].

---

40 *NM*, 4 février 1869. Dans son éditorial du 22 juillet 1868, le *Nouveau Monde* publiait une déclaration qui allait dans le même sens.

41 A. Villeneuve, «Conférences», in le *Nouveau Monde*, 11 mars 1870.

42 *NM*, 11 juin 1870.

43 *CC*, 28 mars 1857.

Les écoles publiques, soit celles qui relevaient de l'autorité du gouvernement plutôt que de l'Eglise, furent en effet au centre des dénonciations ultramontaines à l'endroit du système scolaire en vigueur. L'abbé A. Pelletier préconisera, à titre de remède, de confier au clergé l'élaboration des programmes et des règlements disciplinaires ainsi que le choix des livres et des instituteurs qui enseigneront dans ces écoles [44]. L'abbé Laflèche décrivait, quant à lui, le ministère de l'instruction publique (créé en 1868) comme «une grande machine» ou encore comme «une puissante organisation» au moyen de laquelle l'Etat libéral «mettra la main sur les générations naissantes pour leur apprendre à remplir leur rôle de citoyen sans égard à la religion» [45]. Les réflexions du *Courrier du Canada,* face au système scolaire en vigueur au pays à la fin des années 60, étaient encore plus sombres qu'une dizaine d'années auparavant. Dressant le bilan de la loi scolaire de 1869, le journal affirmait en effet:

> «A part quelques maisons de bonne éducation, nos maisons d'enseignement, agissant sous la loi d'éducation, sont toutes et entièrement sous le contrôle exclusif du gouvernement. Et tant que le contraire ne me sera pas démontré, mais par des preuves, je dirai que c'est une abomination!
>
> «...Nous n'avons presque rien à envier au pays révolutionnés. La seule différence que j'y trouve, c'est qu'ici tout s'est fait tranquillement et pacifiquement. Les droits les plus inaliénables de l'Eglise, non seulement en fait d'éducation, mais en d'autres choses aussi, lui ont été enlevés; on l'a asservie, on l'a dépouillée, et cela, non seulement sans émeutes et sans troubles, mais je dirai au milieu d'un enthousiasme presque général!!!» [46]

Parmi les facteurs qu'ont invoqués les ultramontains pour justifier leur demande d'une éviction de l'Etat du secteur éducatif, on trouve enfin une insistance particulière sur les droits des parents à contrôler l'éducation de leurs enfants. Les intérêts de la famille en matière éducative seront alors présentés comme un corollaire parfait des droits de l'Eglise dans ce domaine.

---

44 A. Pelletier, *Il y a du libéralisme et du gallicanisme en Canada,* Montréal 1873, p. 17-18.
45 L.-F. Laflèche, «Discours aux Zouaves Pontificaux canadiens», in A. Savaète, *Oeuvres oratoires de Mgr Laflèche,* p. 108.
46 *CC,* 3 janvier 1870.

Place et rôle de la famille dans le domaine de l'éducation selon l'idéologie ultramontaine

Il faut considérer au départ que, bien avant l'ultramontanisme, l'Eglise au Canada a eu tendance, dès les premiers temps de la colonie, à associer la famille à l'œuvre éducative du clergé. Les parents — la mère surtout, lorsque son degré d'instruction le permettait — étaient encouragés à partager avec le curé, la responsabilité de l'éducation religieuse de l'enfant. De ce fait, la famille dans la société québécoise fut amenée à assumer une partie de l'enseignement dispensé à l'enfant, en particulier en ce qui avait trait à l'apprentissage de la lecture.

En insistant sur le rôle de la famille comme agent éducatif, l'idéologie ultramontaine ne se trouvait donc pas à innover vraiment. Son originalité a consisté plutôt à intégrer l'institution familiale dans la lutte menée contre l'Etat dans le but de minimiser, sinon d'abolir, l'ingérence de ce dernier dans le domaine éducatif [47]. L'intégration de la famille à la problématique éducative de l'ultramontanisme acquiert une importance d'autant plus grande qu'au regard de l'idéologie, l'institution familiale représente une assise fondamentale de l'ordre social. Les ultramontains considèrent en effet la société comme constituée avant tout d'une agglomération de familles. Ces dernières sont censées déléguer dans certains domaines leur pouvoir à l'Etat, afin que celui-ci l'exerce en leurs noms et pour le plus grand bien de la grande communauté familiale qu'est la société [48]. Or parmi les droits les plus fondamentaux reconnus à la famille, l'idéologie insistera justement sur celui d'élever et d'éduquer ses propres enfants. Un tel droit, assurent les ultramontains, découle de la loi naturelle et, dans certains cas, tire sa source de la loi divine elle-même. L'abbé Laflèche exprime en ces termes l'origine «naturelle» du droit familial:

> «L'éducation des enfants par leurs parents n'est que l'application d'une des lois primordiales de la nature. La providence a revêtu l'autorité paternelle du triple droit d'instruire et d'enseigner l'enfant, de le gouverner et de le punir.

---

47 Il est à noter que la famille sera étudiée ici uniquement en tant qu'élément important du discours ultramontain en matière d'éducation. Les ultramontains ont en effet abordé d'autres problèmes relatifs à la famille, tels que le mariage, les rapports d'autorité au sein de la famille, etc. Mais leurs prises de position dans ces domaines, outre qu'elles furent sporadiques et peu nombreuses, n'ont pas donné lieu à une doctrine qui tranchait véritablement sur celles des autres milieux catholiques de l'époque.

48 L'abbé L.-F. Laflèche est celui qui a développé le plus systématiquement cette thèse. Il l'a fait surtout dans le cadre de l'ouvrage intitulé *Quelques Considérations sur les rapports de la Société civile avec la religion et la famille.*

Il est étonnant qu'il se soit trouvé des hommes assez hardis pour contester au père et à la mère le droit imprescriptible qu'ils tiennent de la nature même, de donner l'éducation à l'enfant, pour transférer ce droit à l'Etat, et en faire l'un de ses attributs. C'est pourtant là une des lois primordiales de la nature» [49].

C'est en effet dans le cadre d'une opposition Famille / Etat que l'auteur situe la majorité des revendications formulées au nom de la famille. L'abbé Laflèche pose le problème en ces termes:

«A qui donc appartient le droit d'élever l'enfant et de lui donner l'éducation? Est-ce à la société domestique, au père et à la mère qui lui ont donné le jour ou à la société civile, c'est-à-dire au premier venu que le flot de l'événement, ou une ambition servie par d'heureuses circonstances, aura fait arriver au pouvoir? Poser une pareille question, n'est-ce pas la résoudre, pour tout homme qui croit à l'institution divine de la famille?» [50]

Critiquant le caractère étatique du système scolaire qui prévalait en Ontario depuis la Confédération, le *Nouveau Monde* pose à ce sujet des questions analogues à celles de l'abbé Laflèche et y apporte sensiblement les mêmes réponses:

«Or de tous les droits du père et du roi de la famille, le plus inviolable et celui qui tient le plus près de la nature, n'est-il pas le droit de régler l'éducation de ses enfants, de former leur esprit et leur cœur, de les façonner à son image?

Dans cet ordre primitif de choses, l'Etat a peu ou rien à voir: la volonté du père est tout, et elle n'est soumise qu'à celle de Dieu» [51].

La volonté divine — dite encore la loi divine — constitue en effet, dans l'idéologie ultramontaine, la seconde source justificative du droit familial en matière d'éducation. Introduisant un long exposé relatif à ce sujet, le *Nouveau Monde* exprime sa position en ces termes:

«Le droit d'enseigner ne peut dériver que de deux sources: De la nature ou d'une mission divine résultant de la possession

---

[49] L.-F. Laflèche, *Quelques Considérations*... Cité par le *Journal des Trois-Rivières*, 4 janvier 1866.

[50] L.-F. Laflèche, *Quelques considérations*..., p. 144.

[51] *NM*, 5 janvier 1869.

certaine et infaillible de la vérité... nous avons prouvé qu'il (ce droit) appartenait au père de famille en vertu de l'ordre naturel. Aujourd'hui nous établirons que l'Eglise le possède également par institution divine. Nous constaterons ensuite l'incompétence de l'Etat»[52].

C'est également de «droit divin», dira l'abbé Laflèche, que les pouvoirs du père sur son enfant sont transférés au prêtre, soit à celui à qui incombe la «paternité dans l'ordre de la grâce». L'abbé Laflèche justifie ainsi les fondements d'un tel transfert:

«Ce que nous venons de dire des droits et des devoirs du père selon la nature dans l'éducation à donner à l'enfance, s'applique également à la paternité dans l'ordre de la grâce. L'enfant régénéré a reçu au jour de son baptême une nouvelle vie; il est devenu réellement par l'effet de ce sacrement, l'enfant de Dieu et de l'Eglise. Le prêtre, qui est le ministre et le représentant visible de cette paternité d'un ordre supérieur, doit aussi concourir, de par le même droit divin, à l'éducation de l'enfant, dans tout ce qui se rattache de près ou de loin à la vie spirituelle et à son développement.

La religion, qui a présidé à la formation de la famille, doit aussi présider à l'éducation de l'enfant et la contrôler»[53].

Une ambiguïté persiste toutefois dans la majorité des énoncés ultramontains relatifs à l'opposition Famille / Etat dans le domaine de l'éducation. On s'aperçoit, en effet, qu'en n'établissant pas de véritable distinction entre le concept d'éducation et celui d'instruction (distinction qui fut établie pourtant à d'autres niveaux) le discours ultramontain aboutit à conférer à l'institution familiale un pouvoir égal, et également exclusif, dans les deux sphères que recouvrent ces notions. C'est ainsi qu'un rédacteur du *Nouveau Monde* affirme:

«De quel droit, en effet, la société civile qui, après tout, n'est qu'une extension de la société domestique et qui tient de cette dernière sa forme et sa constitution, envahirait-elle ainsi à main armée le sanctuaire sacré de la famille, pour se rendre maître de l'intelligence de l'enfant et substituer la force brutale du fonctionnement de l'Etat à l'imprescriptible royauté du père? N'est-ce pas sur le père que repose l'obligation

---

52 *NM*, 8 février 1871.
53 L.-F. Laflèche, *op. cit.*, p. 149.

divine d'élever et d'instruire ses enfants...»[54]

C'était d'ailleurs sur la même ambiguïté de sens (entre «éducation» et «instruction») que s'était fondé le discours idéologique pour affirmer que l'intervention de l'Etat dans le domaine de l'instruction constituait une violation flagrante du droit des parents à contrôler l'éducation de leurs enfants, ce «domaine inviolable réservé à la famille et à la Religion»[55]. C'est également la même absence de distinction entre l'acte d'éduquer et celui d'instruire qu'on trouve à la base des critiques ultramontaines formulées à l'encontre du principe de l'instruction obligatoire. Celle-ci fut présentée, en effet, comme la manifestation la plus tangible de l'impérialisme étatique dans un domaine où seule la volonté absolue de père devrait pouvoir s'exercer. Le *Nouveau Monde* a posé le problème en ces termes à travers un article intitulé «L'instruction obligatoire et gratuite»:

> «La prétention affichée par l'Etat de se faire l'instituteur obligé de la jeunesse constitue une usurpation et un acte de tyrannie intolérables.
>
> Le pouvoir civil n'a pas le droit de dire à un père de famille: Tu enverras tes enfants à l'école de ton village ou tu paieras l'amende... Mais en faisant abstraction de l'obligation de conscience qu'il y a pour tout homme de donner à ses enfants une éducation chrétienne, nous devons affirmer et maintenir que le père est l'arbitre suprême de la question de savoir si son enfant sera instruit, jusqu'à quel point, par qui et dans quels principes. Cette prérogative exclusive, il la tient de Dieu et de la Nature»[56].

En plus d'être accusée d'opprimer la famille dans ses droits les plus fondamentaux, l'instruction obligatoire fut également perçue comme une atteinte grave à la liberté individuelle de tout citoyen. Dans une «Lettre à un Conseiller municipal sur l'Instruction gratuite et obligatoire», un rédacteur du *Journal des Trois-Rivières* écrivait à ce sujet: «Et que deviendrait l'individu sous un gouvernement qui s'arrogerait ces droits prétendus? L'individu n'existerait plus, il serait absorbé par l'Etat. Adieu la liberté! adieu l'initiative! adieu les plus nobles facultés de l'homme! Un peuple ne serait plus qu'un troupeau, et l'Etat, une houlette à la main, n'aurait plus qu'à le conduire à ces eaux toujours

---

54 *NM*, 4 février 1869.
55 *NM*, 1er février 1871.
56 *NM*, 1er février 1871.

pures et à ces pâturages toujours verts rêvés par les socialistes!»[57]

Mais, plus souvent qu'au socialisme, c'est au libéralisme que fut attribuée la théorie de la suprématie de l'Etat sur la famille en matière d'éducation. Dans un discours adressé aux Zouaves pontificaux en 1868, l'abbé Laflèche le proclamait en ces termes: «Un des premiers effets du libéralisme dans les lieux où il commande, c'est de porter l'Etat à s'emparer de l'enseignement, à ravir au père et à l'Eglise le droit sacré et inaliénable d'instruire et d'élever l'enfant». L'orateur avait d'ailleurs développé longuement la même idée, dans le cadre des *Quelques Considérations...*, déclarant au sujet du libéralisme:

> «Le libéralisme tend à s'approprier le droit des parents dans l'éducation de l'enfant... Au nom de la liberté et du progrès, le libéralisme n'hésite pas à déclarer l'incapacité générale des pères à élever leurs enfants et contrôler et surveiller leur instruction... Il a l'étrange prétention de mieux entendre que ceux qui en ont reçu de Dieu lui-même la charge, l'art si difficile de bien former l'enfance. Les libéraux trouvent tout naturel que des hommes portés au pouvoir par un événement imprévu ou une ambition heureusement servie par les circonstances, se substituent aux pères et se chargent de donner, au nom de la liberté, un enseignement obligatoire»[58].

L'instituteur A. Villeneuve imputera à son tour au libéralisme, ou encore à ce qu'il a désigné particulièrement comme le «césarisme», la volonté arrêtée «d'anéantir l'autorité domestique, annuler les droits essentiels des pères de famille, s'emparer de l'enfant et lui faire subir le joug odieux d'une éducation morale d'où Dieu est absent et d'une instruction pleine de lumières fausses et douteuses»[59].

L'opposition famille / Etat en matière d'éducation était assortie, dans l'idéologie ultramontaine, d'une perception très nette de la répartition des responsabilités éducatives au sein de la famille. Par ailleurs, la structure d'autorité dans la famille québécoise répondait déjà à des normes précises (qui ne différaient pas beaucoup de celles qui prévalaient dans l'ensemble de la société occidentale de cette époque). Devant des auditeurs de l'Union Catholique de Montréal, A. Villeneuve énoncera les postulats à la base de la répartition des

---

[57] *Journal des Trois-Rivières*, 20 juin 1865.
[58] L.-F. Laflèche, *Quelques Considérations...*, p. 151.
[59] A. Villeneuve, «Conférences» in *Le Franc-Parleur*, 19 mai 1871.

La dimension sociale...

pouvoirs au sein de l'institution familiale: «Dans la société domestique, le pouvoir suprême c'est le père: le pouvoir subordonné ou le ministère, c'est la mère; les sujets, sont les enfants»[60].

Face à l'éducation des enfants, on constate toutefois que les responsabilités attribuées au père et à la mère ne suivent pas, dans le discours ultramontain, une ligne de démarcation très tranchée. On dira certes du père (comme on peut le constater dans les énoncés précédents) qu'il est «le seul souverain de l'enfant», «l'arbitre suprême» ou «le premier précepteur». C'est au père également que revient, selon l'idéologie, la responsabilité première «d'initier l'enfant aux dures pratiques de la vie» et de «le façonner au respect et à la soumission» à l'endroit des supérieurs[61]. Cependant la transmission des valeurs religieuses — soit de ce que l'idéologie ultramontaine estime le plus important — apparaît comme devant être du ressort de la mère. C'est la mère, dit l'abbé Mailloux, «qui se fait un devoir d'imprimer profondément sur le front de son enfant, le sceau divin»[62]. C'est à elle, affirme l'abbé Laflèche, que l'Eglise confie l'enfant, avec mission de lui apprendre à «connaître, aimer et servir son Dieu»[63]. C'est également la mère qui, selon Mgr Bourget, «a grâce d'état pour bien former le cœur de l'enfance, et conserver ainsi, dans la famille, le dépôt sacré de la crainte de Dieu»[64].

Quelles que soient cependant les normes suivies dans le partage des rôles éducatifs, une responsabilité commune incombe, selon l'idéologie, à tous les membres de la société domestique: c'est l'obligation de seconder l'Eglise dans son œuvre éducative. Poursuivant toutes deux un objectif identique, soit le bien spirituel et moral de l'enfant, la famille et l'Eglise se présentent, dans le discours ultramontain, comme des alliées naturelles, unies dans un même front commun érigé contre l'Etat. Ce dernier fait figure d'usurpateur, lorsqu'il s'arroge, en matière d'éducation, des droits auxquels seules la famille et l'Eglise sont censées pouvoir prétendre.

Parmi les agents éducatifs, dont la définition et le rôle ont préoccupé les ultramontains, figure enfin l'instituteur, ce personnage mi-réel, mi-mythique, dont l'idéologie a tracé un portrait significatif.

---

60 A. Villeneuve, *Ibid.*
61 *NM*, 1er février 1871.
62 A. Mailloux, *Manuel des parents chrétiens*, Québec, 1851, p. 7.
63 A. Laflèche, *op. cit.*, p. 149.
64 Mgr Bourget, Mandement, 8 décembre 1850.

L'instituteur et sa mission dans le discours idéologique ultramontain

Les exigences auxquelles doit répondre l'instituteur, dans le discours ultramontain, sont manifestement d'ordre religieux et moral avant d'être pédagogique. Dans le choix des maîtres auxquels ils confient leurs enfants, les parents, déclare Mgr Bourget, doivent tenir compte de «garanties morales» avant de rechercher des critères de «sciences ou de bon marché»[65]. La lettre pastorale à laquelle donna lieu le quatrième Concile provincial de Québec, est encore plus ferme dans les directives qu'elle adresse aux parents en ce qui a trait au choix des instituteurs de leurs enfants: «Mais aussi quelle horreur devez-vous avoir d'un instituteur, ou d'une institutrice, dont les sentiments ne sont pas franchement catholiques; dont les paroles ne sont pas dignes de sa haute mission; dont les exemples ne portent pas à la piété...» Traitant du même sujet, l'abbé J.-S. Raymond soutient que «tout catholique appelé à l'enseignement doit, par des études religieuses en rapport avec les matières dont il s'occupe, se mettre à l'abri du danger de propager l'erreur»[66]. L'abbé Pelletier, de son côté, rappelle qu'à l'autorité ecclésiastique «incombe le devoir de faire en sorte et d'exiger qu'on choisisse pour instituteurs et qu'on installe comme tels des hommes bien qualifiés et profondément catholiques. Il appartient (à l'autorité ecclésiastique) de veiller à ce qu'ils s'acquittent catholiquement de leurs fonctions»[67].

Défini par ses convictions religieuses et morales, bien plus que par la qualité de ses connaissances ou de sa pédagogie, l'instituteur se retrouve tout naturellement assujetti à l'approbation préalable de l'autorité ecclésiastique, la plus qualifiée, assurent les ultramontains, pour évaluer les garanties (religieuses et morales) que doit présenter tout candidat à l'enseignement. On constate également que c'est en terme de «mission», bien plus que de «profession», qu'est défini le rôle de l'enseignement. En se fondant sur ces prémices, le *Journal des Trois-Rivières* dénoncera en ces termes, les instituteurs œuvrant dans les écoles contrôlées par l'Etat:

«L'Etat ne dispose que d'un seul ressort: l'intérêt privé. Le professeur de l'Etat, pourquoi est-il professeur? Est-ce par un sentiment d'abnégation et d'amour? Par dévouement à l'en-

---

[65] Mgr Bourget, Lettre pastorale, 14 mai 1868.
[66] J.-S. Raymond, «De l'Eglise et de l'Etat», RC, II (1865): 734-735.
[67] A. Pelletier, *Il y a du libéralisme et du gallicanisme en Canada*, Montréal, 1873, p. 17.

fant ou à l'Etat? N'a-t-il en vue que le pur accomplissement du devoir? N'est-il pas permis de croire qu'en général, et sauf toutes les exceptions que l'on voudra, il a principalement en vue, en entrant dans sa carrière, les avantages particuliers qu'elle lui procure? Comment parviendrait-il à inspirer aux enfants des sentiments qui ne dominent pas dans son âme?» [68]

L'image de l'instituteur laïc, œuvrant au service de l'Etat, n'a pas toujours été dans le discours ultramontain, aussi négative, ni le jugement porté à son endroit toujours aussi sévère. Il demeure cependant qu'une fois les critères religieux et moraux définis comme prioritaires, l'enseignant laïc risquait, dans la pratique, d'occuper en permanence une place de second rang par rapport à son homologue ecclésiastique.

Education et classes sociales dans le discours ultramontain

Le concept d'éducation, dans le discours ultramontain, ne recouvre pas manifestement la même réalité selon qu'il se réfère à la bourgeoisie (dite encore «la haute classe», «la classe instruite», «la classe respectable de la société») ou aux classes populaires (dites aussi «les classes plus humbles», «les classes des travailleurs», «les classes laborieuses» ou désignées plus globalement par la notion de peuple). Chacun de ces deux principaux groupes sociaux doit accéder, selon l'idéologie, au type d'éducation qui lui permettra de mieux se conformer aux desseins providentiels, soit encore à ce qui est dit être sa destinée. Dans un discours qui traite de l'importance des études religieuses, l'abbé J.-S. Raymond traduit cette perspective en ces termes: «Dieu créateur des hommes a droit d'assigner à chacun la place qui lui convient dans un système qu'il a établi pour sa plus grande gloire et, en dernier résultat, pour le plus grand bonheur de l'humanité» [69].

En ce qui a trait à l'éducation des «classes instruites», elle devra tenir compte, selon l'abbé A. Pelletier, de l'effet d'entraînement que suscite la conduite de ces classes par suite de l'influence qu'elles exercent sur la pensée et le comportement des masses. L'abbé Pelletier exprime sa pensée en ces termes:

---

68 *Journal des Trois-Rivières*, 20 juin 1865.
69 J.-S. Raymond, *De l'importance des études religieuses*, Saint-Hyacinthe, 1853, p. 233.

> «On a beau dire, il en est dans notre pays comme partout ailleurs: ce sont les classes instruites qui battent la marche et forme l'opinion. La perte de la foi, la corruption ne montent jamais d'en bas, elles descendent toujours d'en haut. Si nos classes lettrées sont croyantes et religieuses, le peuple tiendra à sa foi, à sa religion, il respectera l'autorité sacerdotale: conséquemment tout ira mieux, même au point de vue purement humain, car là où la religion a le plus d'empire, là aussi l'ordre civil est le plus stable, et le pouvoir peut agir avec plus d'empire et d'efficacité»[70].

De plus, soutient l'abbé Pelletier, l'éducation des classes supérieures devra tenir compte de l'importance des fonctions politiques et sociales que sont appelés à assumer, dans l'avenir, les enfants qui appartiennent à cette catégorie sociale. Ainsi, rappelle l'auteur de *La méthode chrétienne,* «nous sommes exposés à tout moment à avoir pour législateurs, ceux qui hier encore étaient sur les bancs de collège»[71].

L'éducation des jeunes filles, dites de «la haute classe», devra tenir compte à son tour du rôle futur qu'elles assumeront dans le milieu social qui est le leur. Après avoir décrit le contenu d'un programme type destiné à l'éducation des «filles de campagne» et des «filles d'ouvriers», les *Mélanges Religieux* s'empressent de spécifier que les programmes éducatifs à l'usage des «demoiselles de la haute classe» sont essentiellement différents. Le journal s'exprime ainsi à ce propos:

> «Mais nous voulons qu'on nous comprenne; nous ne parlons pas ici des demoiselles de la haute classe, tant dans les villes que dans les campagnes. Notre digne évêque y a pensé, il y a pourvu; il a établi dans son diocèse un couvent, ou maison d'instruction, où les filles des riches peuvent recevoir une éducation qui les mettrait à portée de briller dans les meilleurs salons et peut-être dans les cercles les plus polis de l'Europe. Preuve que le clergé sait prévoir ce qui est nécessaire pour l'éducation dans toutes les classes»[72].

On note toutefois que, dans l'ensemble, le contenu et l'orientation des programmes éducatifs destinés aux classes aisées ont retenu

---

70 A. Pelletier, *La méthode chrétienne*..., 44.

71 *Ibid.*

72 *MR*, 18 mai 1847.

La dimension sociale... 225

beaucoup moins l'attention des ultramontains que les programmes et les normes devant présider à l'éducation des classes populaires. Ces dernières apparaissent en effet au centre des préoccupations ultramontaines en matière d'éducation (c'est d'ailleurs à travers le type d'éducation destinée aux classes populaires qu'on peut surtout déduire le contenu et l'orientation de l'éducation réservée à la classe bourgeoise dans la perspective éducative de l'ultramontanisme).

Il faut se rappeler par ailleurs que l'objectif majeur qui inspire les perspectives ultramontaines dans le domaine éducatif consiste à aider l'individu à se conformer aux exigences de sa destinée (dite toujours providentielle). Or cette dernière se présente avant tout comme une «destinée sociale», soit une situation ou une place fixée une fois pour toutes sur l'échiquier social. En ce qui concerne les classes populaires, cet axiome débouche sur l'obligation morale qui leur est faite de ne point chercher à transformer à leur profit l'ordre des rapports sociaux existants, puisque cet ordre est dit voulu tel par la Providence. L'idéologie ultramontaine reviendra donc fréquemment sur les méfaits de tout «déplacement social» et sur les dangers de troubles sociaux qu'il comporte.

Traitant ainsi de l'éducation appropriée à «l'enfant du peuple», un article du *Nouveau Monde* exprime en ces termes les convictions ultramontaines relatives à ce sujet:

«... il faut bien se garder d'élever (l'enfant) pour une autre condition que celle dans laquelle il est appelé à vivre.

Le propre de la vraie éducation ne doit pas être de déplacer socialement l'élève, mais de lui donner les moyens d'atteindre, avec plus de ressources dans le cœur et d'intelligence, la perfection de l'état de ses pères ou de ses parents adoptifs»[73].

En ce qui a trait aux enfants des «classes ouvrières et agricoles», un programme éducatif approprié visera avant tout à les transformer en de «nobles et honnêtes travailleurs»; d'où la nécessité de procurer à cette catégorie d'enfants «des connaissances solides» plutôt que «des connaissances étendues»[74]. Dans une conférence intitulée «Education des classes populaires», A. Villeneuve s'exprime ainsi à ce sujet:

«Et d'abord ce que peut et doit être l'Education intellectuelle

---

73 *NM*, 22 juillet 1868.
74 A. Villeneuve, «Conférences», in le *Nouveau Monde*, 23 mars 1870.

du peuple. L'esprit du travailleur ne sollicite point des connaissances étendues; ce serait en lui donnant des goûts autres que ceux qu'il réclame, le précipiter hors de ses voies. Des connaissances capables de lui faciliter l'accomplissement de ses voies, voilà tout ce qu'il peut légitimement exiger. Seulement il faut que ces connaissances soient aussi solides, aussi parfaites, dans leurs limites restreintes, que possible»[75].

Certains idéologues ultramontains ont insisté sur les effets négatifs d'une éducation «déplacée» lorsqu'il s'agit en particulier d'enfants de cultivateurs. Le *Journal des Trois-Rivières* signale en ces termes les méfaits pour «l'enfant du laboureur» d'un séjour trop prolongé sur les bancs de l'école: «L'enfant du laboureur élevé à l'école est, à quinze ans, inhabile aux travaux de la ferme; et c'est bien pis, il n'en a pas le goût... La science a flatté son orgueil, diminué son respect pour le père, allumé son ambition qui ne s'éteindra plus. Les yeux continuellement fixés sur un but, la conquête du bien-être par la richesse, il vivra malheureux, et son malheur rejaillira sur ceux qui l'entourent»[76].

Quant à «l'éducation des filles de campagne et même des filles d'ouvriers», elle aboutirait, selon les *Mélanges Religieux,* à des résultats aussi désastreux si elle devait s'écarter d'un type d'éducation «simple et modeste». Le défenseur de cette thèse illustre ainsi ses conséquences pratiques sur le plan pédagogique et social:

«La musique et les hautes sciences ne sont pas faites pour les filles d'artisans et de pauvres laboureurs; donnons-leur ce qui est nécessaire pour devenir de bonnes femmes de ménage et pour élever leur famille d'une manière chrétienne, modeste, simple et polie. Des filles élevées sur un trop haut ton mépriseront la main du fils d'un bon habitant, leur voisin et leur égal, pour courir après ce qu'on appelle un «petit habit à poche»; leur esprit deviendra romanesque, elles perdront leur aimable simplicité, et peut-être leur innocence, en cherchant inconsidéremment un état qui n'était pas fait pour elles»[77].

La condition, ou l'appartenance sociale, originelle de l'élève représente encore une fois une des données majeures que l'œuvre éducative doit constamment prendre en considération. L'acceptation

---

[75] A. Villeneuve, «Conférences», in le *Nouveau Monde*, 22 mars 1870.
[76] *Journal des Trois-Rivières*, 20 juin 1865.
[77] *MR*, 18 mai 1847.

de cette condition, ou la résignation, devient alors, selon l'optique ultramontaine, un objectif important que ne peut ignorer toute pédagogie valable. Or pour atteindre cet objectif, assurent les ultramontains, rien n'est aussi efficace qu'une éducation religieuse appropriée. Seule cette dernière est censée être en mesure de tempérer l'ambition effrénée que suscite, chez l'enfant du peuple en particulier, une instruction trop poussée. Cette considération amènera ainsi l'abbé H. Hudon à la conclusion suivante:

> «Il ne faut jamais l'oublier, car c'est un principe fondamental, l'éducation du peuple doit être fondée sur la religion; sans elle il ne saurait rien, rien surtout de ce qu'il importe le plus à la société qu'il sache, et à lui de savoir; car la religion civilise l'homme, elle nourrit le pauvre de vérité, comme elle le nourrit de pain... l'esprit a son intempérance comme le cœur, et trop d'instruction peut être un don bien fatal pour celui qui la possède. Ainsi donc, sans être ennemi de l'éducation, je pense qu'il n'est pas avantageux d'étendre trop loin ses bornes; qu'une bonne éducation élémentaire fondée sur des principes religieux, suffit pour la masse d'une population»[78].

C'est d'ailleurs ce type de raisonnement qui amènera certains idéologues ultramontains à valoriser bien plus l'éducation religieuse que l'instruction profane dans les programmes éducatifs destinés aux enfants des classes populaires. Un rédacteur du *Nouveau Monde* s'exprime ainsi à ce sujet:

> «Dans les écoles pour le commun du peuple, dans ces écoles surtout, les enfants des classes les plus humbles devraient être instruits dès leur plus jeune âge des mystères et des préceptes de notre sainte religion et guidés avec soin dans les sentiers de la piété, de la morale et de leurs devoirs envers l'Etat et la religion. Dans ces écoles, l'enseignement religieux devrait avoir une telle importance et occuper une place si proéminente, que toutes les autres branches de connaissances qui y sont enseignées ne devraient paraître que comme secondaires et accessoires. C'est pourquoi les enfants sont exposés aux plus grands dangers à moins que l'instruction dans ces écoles ne soit intimement liée à l'enseignement religieux»[79].

---

78 H. Hudon, *Sermon pour la fête nationale de St-Jean-Baptiste*, Montréal 1847, p. 12-13. L'instituteur A. Villeneuve avait soutenu de son côté une thèse analogue au cours de ses conférences sur le thème de l'éducation.

79 *NM*, 8 février 1871.

Le même journal avait déjà déclaré, trois années auparavant, que seule l'Eglise était en mesure, au moyen d'une éducation religieuse appropriée, de dispenser l'instruction au pauvre sans en faire pour autant un élément socialement dangereux. L'auteur concluait ainsi son argumentation:

> «Avec un tel enseignement (religieux) point de déplacement social à craindre, point de déclassement à redouter. Si d'une manière ou l'autre, l'enfant du peuple, le pauvre, arrive sur ces bancs où les professeurs enseignent les principes si magnifiques des belles-lettres et des sciences, si l'esprit et le cœur se réveillent avec de nouveaux appétits, avec des sensations inconnues jusque là, ne craignons rien. L'homme de Dieu lui dira que la Providence ne lui donne pas ces bienfaits ni en vain, ni pour lui faire mépriser sa condition... il ne doit point en abuser pour arriver à jouir à tout prix, ni pour conspirer contre les grands et les riches...»[80]

Au terme de cette analyse des postulats et des théories qui ont inspiré la philosophie éducative de l'ultramontanisme, nous pourrons enfin dégager les normes et les valeurs les plus importantes que l'idéologie a cherché à promouvoir en matière d'éducation.

Les valeurs et les normes véhiculées par les perspectives ultramontaines en matière d'éducation

Une rétrospective des théories éducatives prônées par l'ultramontanisme permet d'affirmer, en premier lieu, que l'instruction en soi — autant que la pédagogie d'ailleurs — occupe en définitive une place de second rang dans les préoccupations ultramontaines relatives à l'éducation. De fait, les objectifs religieux et moraux assignés à l'œuvre éducative apparaissent tellement primordiaux qu'ils finissent par reléguer dans l'ombre la majorité de tous les autres. Ainsi dans une éducation jugée valable, selon l'optique ultramontaine, l'apprentissage des connaissances profanes doit le céder en importance à l'acquisition par l'enfant d'un certain type de comportement religieux et moral basé sur des valeurs et des normes déterminées.

Parmi les vertus qui caractérisent ce comportement ou cette conduite idéale, l'obéissance, le respect, l'humilité et la résignation

---

80 *NM*, 22 juillet 1868.

représentent les attributs les plus valorisés. Ce type de valeurs concourent en fait à préparer adéquatement l'enfant à accepter sans difficultés la condition sociale qui est la sienne et l'incitent à ne pas remettre en cause sa «destinée» future (soit encore la place qu'il est appelé à occuper au sein de la hiérarchie sociale).

Qu'il s'agisse ainsi d'éducation religieuse ou d'enseignement profane, on s'aperçoit que la notion d'éducation, dans le discours ultramontain, débouche presque invariablement sur des préoccupations d'ordre social. L'éducation apparaît en définitive comme un élément très important du mécanisme de reproduction des rapports sociaux existants, mécanisme que l'idéologie ultramontaine a tenu manifestement à placer sous le contrôle du clergé. Le statu quo social ne sera toutefois garanti qu'à la condition d'obtenir l'effacement de l'Etat d'une entreprise — l'éducation — que seule l'Eglise est dite en mesure de mener à bon terme. La «paix sociale», qui doit résulter de l'entente entre l'Eglise et l'Etat dans ce domaine, est présentée par l'idéologie comme éminemment bénéfique aux deux institutions en cause.

Quant à la famille, perçue comme le principal agent exécutif du clergé auprès de l'enfant, c'est à elle que revient, selon l'idéologie, la charge d'assurer la transmission, au niveau du vécu quotidien, des valeurs éducatives (religieuses, morales et sociales) prônées par l'Eglise.

Le poids du langage

On a déjà pu constater l'ambiguïté de sens — sinon la confusion — que crée, au sein du discours ultramontain, l'usage indifférencié des notions d'éducation et d'instruction. Cependant, au-delà de cette particularité d'ordre sémantique, le langage ultramontain en matière d'éducation ne se distingue pas par une originalité de style comparable à celle qui fut la sienne à d'autres niveaux (i.e. politique et religieux). Il demeure toutefois que les références ultramontaines à l'Etat-éducateur possèdent, pour la plupart, une caractéristique commune: elles furent traduites dans un langage exprimant le plus souvent la brutalité et la violence.

Plaidant la non-ingérence de l'Etat dans un domaine (l'éducation) où seule la famille et l'Eglise étaient censées posséder des droits, le *Nouveau Monde* dénoncera ainsi l'invasion «à main armée» effectuée par la société civile (qui désigne ici l'Etat) dans «le sanctuaire sacré de la famille»[81]. On notera qu'à ce niveau, la brutalité du geste se double en plus d'un acte de profanation, du fait que le lieu de l'invasion est qualifié de sacré.

On voit enfin l'Etat poussant encore plus loin son audace. C'est ainsi qu'il fut montré exerçant sa violence à l'endroit de l'enfant, un être que sa faiblesse autant que son innocence auraient dû pourtant soustraire à son agressivité. Le *Nouveau Monde* dénoncera ainsi les intentions sacrilèges d'une «société civile» qui cherche à «se rendre maître de l'intelligence de l'enfant et à substituer la force brutale du fonctionnaire de l'Etat à l'imprescriptible royauté du père»[82].

Rejetant, quelques années plus tard, le principe de l'instruction obligatoire, le même journal dénoncera la «tyrannie intolérable de l'Etat» et parlera à ce propos d'«usurpation»[83]. C'est encore à des images de brutalité et de violence que renvoie le discours de Mgr Laflèche lorsque ce dernier, s'adressant aux Zouaves pontificaux, brosse le portrait d'un Etat cherchant «à s'emparer de l'enseignement» afin de «ravir au père» le droit d'éduquer son enfant[84]. C'est encore à des images semblables que recourt l'instituteur A. Villeneuve pour illustrer la brutalité exercée par l'Etat en ce qui a trait à l'éducation. L'auteur des *Conférences* évoquera ainsi l'image d'un Etat visant à «anéantir l'autorité domestique, annuler les droits essentiels des pères de famille, s'emparer de l'enfant et lui faire subir le joug odieux d'une éducation morale d'où Dieu est absent...»[85]

Ainsi, le langage utilisé pour évoquer le mode d'intervention de l'Etat dans le domaine éducatif contribue nettement à déprécier sa participation, sinon à la rendre carrément odieuse. On se trouve une fois de plus en présence d'un style ou la force des images se substitue en quelque sorte à la faiblesse — où à l'insuffisance — de l'argumentation qui sous-tend l'exposé doctrinal en cause.

---

81 *NM*, 4 février 1869.
82 *Ibid.*
83 *NM*, 1er février 1871.
84 L.-F. Laflèche, «Discours aux Zouaves pontificaux canadiens», in A. Savaète, *op. cit.*, p. 108.
85 A. Villeneuve, «Conférences», in le *Franc-Parleur*, 19 mai 1871.

La dimension sociale...

La nation

On a vu l'ultramontanisme définir, selon une perspective qui lui était propre, certains des problèmes politiques, religieux et sociaux auxquels était confrontée la société bas-canadienne au milieu du XIXe siècle. Cependant, l'existence même de cette société ou, plus précisément, de la communauté nationale canadienne-française qui la composait en majorité, entraînait un certain nombre d'interrogations auxquelles chacun des groupes sociaux en présence prétendait apporter une réponse adéquate. Elargissant le champ de leur problématique, les ultramontains y ont inclus à leur tour la question nationale. La définition d'elle-même qu'ils ont alors proposée à la nation canadienne-française ainsi que les objectifs qu'ils lui ont assignés ont débouché sur la mise au point d'un projet collectif qui fut présenté en même temps comme un plan d'action modèle.

La définition de la nation dans le discours idéologique ultramontain

Les termes qui renvoient au concept de nation dans le discours ultramontain sont multiples. On y parle tour à tour de «nationalité canadienne-française», de «nation canadienne-française», de «peuple canadien-français» et, plus rarement toutefois à l'époque qui nous intéresse (1848-1871), de «race canadienne-française». On note cependant que les définitions de la nation proposées par les ultramontains ne furent pas toutes identiques: elles ont quelque peu varié, à la fois selon les définiteurs et selon les données conjoncturelles de l'heure. Toutefois, ces définitions multiples, loin de s'exclure se complètent et le fait qu'elles s'alimentent toutes aux mêmes sources idéologiques garantit la cohérence de leur signification globale.

Selon les *Mélanges Religieux,* la «nationalité» ou encore le «caractère national» se définit à la fois par l'unité religieuse et par l'unité de langage. Ceci n'empêche pas que, placés par ordre d'importance, le premier de ces facteurs se situe nettement en avant du second. L'organe ultramontain s'exprime là-dessus en ces termes:

> «C'est ainsi que nous entendons la nationalité canadienne: la religion, le catholicisme d'abord, puis la patrie. Car celle-ci ne prend de force et de physionomie véritable que dans l'appui et la protection de celle-là: le Canada sans catholicisme, c'est un

drapeau sans couleur... Qu'on nous dise ce que serait le Canada s'il était peuplé exclusivement d'Anglais et de Protestants, car ce ne sont pas des frontières, ni même des lois et des administrations politiques et civiles qui font une nationalité, c'est une religion, une langue, un caractère national en un mot...»[86]

L'évêque de Montréal est encore plus catégorique à ce sujet. Pour lui «il est évident que c'est la religion, et la religion seule qui produit la vraie nationalité»[87]. Dans la définition qu'il propose de la nationalité, Mgr Bourget tient en effet à différencier la «vraie nationalité» de la «fausse nationalité», cette dernière, affirme-t-il, «d'autant plus à craindre, qu'elle est séduisante, et qu'elle mène droit à d'affreux principes, sans que l'on puisse s'en douter»[88]. Selon l'évêque de Montréal il devenait urgent pour le catholicisme de se pencher à son tour sur une notion aussi capitale afin de lui conférer, ou lui redonner, son sens véritable. Ce sera plutôt par le biais d'une contre-définition de la nationalité, que le principal leader ultramontain tentera de neutraliser les effets nocifs de la définition usuelle.

Pour Mgr Bourget la «vraie Nationalité» désigne en fait une attitude d'esprit propre à une collectivité nationale, plutôt que la réalité concrète à laquelle cette collectivité réfère. L'évêque de Montréal précise d'ailleurs qu'il traitera, quant à lui, de «cet esprit national que nous appellerons Nationalité»[89]. Il parlera également (dans la même lettre pastorale) du «véritable esprit de Nationalité (qui) est donc quelque chose de bien noble, puisque c'est le souffle divin qui anime la nation chrétienne». Ayant ainsi conféré au concept de nationalité un caractère avant tout spirituel, l'évêque de Montréal assimilera par la suite la «vraie Nationalité» à «l'esprit de charité», disant d'elle qu'elle est «la charité universelle qui unit intimement tous les peuples». Les quatre principales caractéristiques de la «vraie Nationalité», selon Mgr Bourget, deviennent alors: 1°, «honorer tout le monde»; 2°, «aimer la fraternité; 3°, «craindre Dieu» et 4°, «honorer le Roi et son gouvernement»[90].

---

86 *MR*, 7 juillet 1843.
87 Mgr Bourget, «Lettre pastorale sur la St-Jean-Baptiste», 31 mai 1868.
88 Mgr Bourget, Projet de lettre pastorale non publiée, 13 mai, 1859, ACAM, 272.103, 859-2. Voir à ce sujet l'article de F. Beaudin intitulé «Mgr Bourget et le début de la guerre d'Italie (27 avril 1859). Une lettre pastorale collective qui ne parut jamais», RHAF, XXIII, 2 (1969): 285-297.
89 *Ibid.*
90 *Ibid.*

La dimension sociale... 233

Pour l'abbé Laflèche, en plus de l'unité religieuse et linguistique, la nationalité suppose l'uniformité des mœurs, des coutumes et même de l'éducation [91]. Pour l'auteur des *Quelques Considérations...*, l'unité de langage en particulier est primordiale. Elle est, dit-il, «le premier élément constitutif d'un peuple, un des liens les plus puissants pour le retenir en corps de nation». Cependant, là aussi l'ordre des priorités est clair: comme dans les définitions précédentes, l'élément religieux se trouve au centre même de la définition proposée. L'abbé Laflèche affirme ainsi au sujet de l'unité religieuse: «l'unité religieuse est le support le plus puissant de l'unité nationale... le plus puissant lien qui réunisse les hommes en corps de nation, c'est l'unité religieuse, l'unité de foi»[92].

La définition de la nation, proposée par l'abbé Laflèche, se déroule en outre constamment dans le cadre d'une analogie famille-nation. Son originalité véritable est cependant ailleurs: elle réside surtout (à l'exemple de la définition proposée par Mgr Bourget) dans l'intégration d'une dimension normative à des éléments à caractère objectif. C'est ainsi qu'à l'unité de foi, de langue, de mœurs et de coutumes qui caractérisent la nation, selon l'abbé Laflèche, vient s'ajouter l'obligation de conserver les institutions de la nation et de respecter les lois qui y prévalent. Parlant de «ce troisième élément d'unité nationale», l'auteur des *Quelques Considérations* dira:

> «L'histoire nous apprend avec quel soin et quel religieux respect les peuples les plus intelligents ont conservé, tout en les perfectionnant, les institutions qu'avaient fondées leurs ancêtres, et les lois sous lesquelles ils avaient grandi et prospéré. Elle nous apprend également que c'est cet esprit conservateur, cet attachement et ce respect pour les traditions et coutumes nationales qui leur a procuré les bienfaits de la paix et sans doute la plus grande somme de bonheur et de prospérité; tandis qu'un malaise général, des troubles sérieux, voire même des révolutions sanglantes ont toujours accompagné et suivi toute tentative faite dans le but de les altérer notablement»[93].

Comme la plupart des définitions proposées par les idéologues ultramontains, la définition de l'abbé Laflèche, débouche ainsi sur une

---

[91] L.-F. Laflèche, *Quelques Considérations sur les rapports de la société civile avec la religion et la famille*, p. 24-25.

[92] *Ibid.*, p. 22-23.

[93] *Ibid.*, p. 24.

perspective essentiellement conservatrice du devenir national. Enfin pendant que d'autres définitions se contentent d'ignorer le facteur politique et géographique, l'abbé Laflèche en fait mention, mais c'est pour préciser que ces deux éléments ne sont nullement indispensables à la constitution ou à la survie d'une nationalité[94]. Il déclarera à ce sujet: «Ce n'est pas non plus le territoire ni le gouvernement national qui constituent la nationalité»; et en guise de preuve: «nous Canadiens français, pour être passés sous la domination anglaise, nous n'en avons pas moins conservé notre nationalité»[95]. Plus encore par ce dernier aspect que par les autres, la définition ultramontaine de la nation s'avérait totalement irréductible à celle proposée, à la même époque, par les idéologies bourgeoises nationalitaires, en particulier en ce qui avait trait au fameux principe des nationalités.

Les objectifs assignés à la nation canadienne-française

Les objectifs assignés par l'idéologie ultramontaine à la nation canadienne-française se rattachent à une philosophie de l'histoire qui s'inspire manifestement des thèses prônées par saint Augustin et celles développées plus tard par Bossuet au sujet de l'assujettissement de l'histoire aux volontés providentielles. L'abbé J.-S. Raymond traduit cette filiation doctrinale en ces termes: «La destinée des états (sic) est entrée dans les vues de la Providence et, selon la parole de l'Ecriture, le Très-Haut a fixé à chaque peuple les limites entre lesquelles il doit accomplir son sort»[96]. A. Villeneuve affirmera de son côté la nécessité pour le peuple canadien d'avoir le courage de «ses destinées providentielles»[97]. Cette thèse sera développée plus sytématiquement toutefois par l'abbé Laflèche. Ce dernier expose ainsi les grandes lignes du plan d'action tracé par Dieu à la nation canadienne-française au nom des «lois providentielles qui règlent le sort des nations»:

---

[94] La définition proposée en 1843 par les *Mélanges Religieux* précisait elle aussi que ni «les frontières» ni «les administrations politiques» ne font une nationalité.

[95] L.-F. Laflèche, *op. cit.*, p. 25. En ce qui a trait toutefois à l'élément territorial, la position adoptée par l'auteur des *Quelques Considérations* apparaît moins claire, puisqu'un peu plus loin dans cet ouvrage il affirmera qu'un «territoire à elle» demeure une condition indispensable à l'affirmation de soi d'une nationalité (cf. pages 39-42).

[96] J.-S. Raymond, «Destinées providentielles de Rome», RC, I (1864): 107.

[97] A. Villeneuve, «Conférences» in le *Nouveau Monde*, 18 juillet 1870.

«1°, Dieu juge les nations criminelles... 2°, Il donne en héritage leur territoire à une race plus fidèle qu'il y appelle providentiellement... 3° C'est donc Dieu lui-même qui assigne à chaque nation le territoire où elle doit se développer; en même temps, il lui donne une mission spéciale qu'elle doit accomplir, avec tous les moyens nécessaires pour atteindre sa fin. 4°, Obligation rigoureuse pour chaque peuple de bien comprendre sa mission, et de s'efforcer constamment d'y être fidèle»[98].

L'obligation pour chaque peuple d'être fidèle à sa mission est d'autant plus rigoureuse que la nation qui cherche à s'y soustraire est dite s'exposer à un «châtiment divin» pouvant même se traduire par son anéantissement final.

En ce qui a trait à la mission providentielle assignée à la nation canadienne-française, les idéologues ultramontains qui ont traité de cette question sont unanimes: la vocation des Canadiens français est celle d'être avant tout un peuple missionnaire en terre d'Amérique. L'auteur des *Quelques Considérations* exprime ce postulat en ces termes: «La mission providentielle du peuple canadien est essentiellement religieuse: c'est la conversion au catholicisme des pauvres infidèles qui habitaient ce pays, et l'extension du royaume de Dieu par la formation d'une nationalité avant tout catholique»[99].

Dans le cadre d'un discours prononcé à l'occasion de la Saint-Jean-Baptiste, le curé Baillargeon exposera de son côté le fondement de ce qui se trouve être le cœur même de la thèse ultramontaine relative à la nation:

> «Mes compatriotes, la nationalité canadienne a pour caractère distinctif parmi presque toutes les nations celui de posséder la vérité et toute la vérité sur l'âme et sur Dieu, en un mot sur la religion... Nous sommes donc les dépositaires de la vérité; mais cette vérité n'est pas exclusivement faite pour nous; la divine miséricorde n'a pas appelé qu'un peuple à la jouissance de son être et de son infinie libéralité... La nation canadienne, dans les vues de la Providence, a donc un apostolat à remplir, l'apostolat de la vérité»[100].

---

[98] L.-F. Laflèche, *op. cit.*, p. 163-164.

[99] *Ibid.*, p. 47.

[100] Abbé Baillargeon, «Sermon prononcé à l'occasion de la St-Jean-Baptiste» *Journal des Trois-Rivières*, 25 juin 1869.

Dans les *Causeries du dimanche,* c'est également en terme de vocation missionnaire que le juge A.-B. Routhier comprend et traduit à ses compatriotes le sens de la «mission providentielle que nous avons, dit-il, à remplir en Amérique»[101]. Pour le juge Routhier, comme pour les autres idéologues ultramontains, l'ordre des priorités est d'ailleurs très clair: les objectifs spirituels assignés à la nation canadienne-française doivent l'emporter sur tous les autres. L'auteur des *Causeries du dimanche* l'affirme en ces termes:

> «Je veux bien que le Canada français s'avance à grands pas sur la voie ferrée du progrès matériel, traîné par ces deux grandes locomotives qu'on appelle le commerce et l'industrie. Mais je veux avant tout qu'il ne s'engage jamais hors du chemin que la France catholique lui a tracé. J'estime très-bon qu'il devienne riche, fort et puissant, mais il est essentiel qu'il reste profondément catholique; et s'il faut pour cela sacrifier le commerce et l'industrie, je le dis énergiquement, sacrifions-les»[102].

Même s'ils affirment parfois la nécessité pour le peuple canadien-français de s'imposer comme nation ou encore comme «puissance», les ultramontains le font dans le cadre des priorités mentionnées ci-dessus. Ainsi A. Villeneuve déclare à ce sujet:

> «Nous portons en nous le germe d'un grand peuple; et nous serons grands un jour si, à l'exemple des premiers chrétiens, nous avons le courage de nos destinées providentielles... c'est-à-dire si nous prenons dans la conduite des affaires politiques une position qui nous permette de grandir et de prospérer de manière à former une puissance canadienne-française et catholique.
>
> Par là, nous formerons au sein des sociétés de l'Amérique, une nation forte, généreuse, une nation chrétienne qui contribuera magnifiquement à répandre les bienfaits de la vérité catholique sur ce vaste continent; car telle est notre mission»[103].

On note enfin que les ultramontains ont formulé leurs objectifs nationaux à travers une référence constante à l'histoire. Ils se sont

---

[101] A.-B. Routhier, *Causeries du dimanche,* 66.

[102] *Ibid.,* p. 66-67. Le *Franc-Parleur* avait également développé une thèse similaire dans son édition du 15 septembre 1870.

[103] A. Villeneuve, «Conférences», in le *Nouveau Monde,* 18 juillet 1870.

La dimension sociale... 237

retournés en effet vers le passé national pour y puiser des preuves supplémentaires à l'appui de leurs hypothèses. C'est ainsi que la justification religieuse qu'on trouve à l'origine de ces hypothèses s'est doublée d'une justification historique. Cette dernière s'est traduite alors par un impératif nouveau: l'obligation pour le peuple canadien de reproduire dans le présent et de perpétuer dans l'avenir le modèle exemplaire fourni par les ancêtres dans le passé.

L'arrivée même au pays des premiers colons canadiens a relevé, selon l'idéologie, des motifs à caractère essentiellement religieux. Envoyés par les rois de France dans le but d'étendre les bienfaits de la religion à des peuples païens, les premiers Canadiens sont dits avoir été fidèles en tous points à leur mission. S'adressant aux zouaves pontificaux au cours d'un sermon prononcé à l'occasion de la Saint-Jean-Baptiste, l'abbé Laflèche l'affirme en ces termes:

> «Ne voyez-vous pas, maintenant, le rapport qu'il y a entre la mission du Précurseur du Christ et celle de nos pères? Il me semble entendre Zacharie dire à nos ancêtres par la bouche de leurs souverains, comme à Jean-Baptiste: «Et toi, petit peuple, tu iras préparer les voies du Seigneur sur les bords lointains de l'Amérique. Va éclairer les tribus sauvages qui s'y trouvent assises à l'ombre de la mort et dans les ténèbres de l'infidélité». Nos pères, à l'exemple du Précurseur du Messie avaient été préparés à cette noble mission... Aussi ils n'ont pas failli à leur noble mission. Ils vinrent ici, d'après l'intention des Rois de France, non pour s'y enrichir et y faire des conquêtes, mais comme des missionnaires pour y établir le royaume de Dieu. Ils n'étaient pas la lumière, mais ils l'annonçaient par leur foi, leurs mœurs et leurs paroles, et surtout par les ministres de Jésus-Christ qui les accompagnaient»[104].

Ce sont donc la vocation et l'œuvre missionnaires des ancêtres qui confèrent à l'histoire nationale, devenue épopée religieuse, le caractère exemplaire que lui reconnaît l'idéologie. C'est pourquoi cette histoire nationale sera interprétée à la limite, comme une histoire sacrée. Ainsi, pour l'abbé Laflèche, la frontière qui sépare l'histoire de la Nouvelle-France de «l'Histoire sainte» biblique demeure imprécise. L'on verra l'auteur des *Quelques Considérations* établir une relation étroite entre l'œuvre de Jacques Cartier et celle d'Abraham,

---

[104] L.-F. Laflèche, «Discours aux Zouaves pontificaux canadiens» in A. Savaète, *Oeuvres oratoires de Mgr Laflèche*, p. 60-61.

entre les destinées du peuple juif et celles de la nation canadienne, etc.[105]

Le but missionnaire que sont censés avoir poursuivi les Pères de la nation se double enfin, selon l'idéologie, d'un second objectif non moins louable: celui de léguer à leurs descendants un héritage spirituel et moral dont ces derniers pourraient être fiers. Parlant ainsi de la piété et des qualités morales qui furent celles des colons de la Nouvelle-France, l'abbé Pelletier rappellera à ses compatriotes comment «nos pères... ont combattu pour nous laisser intact le dépôt de la foi»[106]. Mgr Bourget avait, de son côté, interprété dans le même sens les difficultés initiales affrontées par les premiers colons et l'objectif final qui avait guidé leur conduite. S'adressant à ses diocésains, à travers une lettre pastorale, l'évêque de Montréal disait: «Nous vous répéterons ce que déjà vous savez tous, savoir que lorsque nos pères vinrent défricher ce beau pays, ils voulurent en faire avant tout un pays éminemment religieux. Notre histoire nous redit sans cesse ce qu'ils ont fait et souffert, pour nous laisser le riche héritage de cet esprit religieux, dont le dépôt sacré s'est si bien conservé jusqu'ici parmi nous...»[107]

Caractère sacré de l'épopée nationale, caractère précieux de l'héritage légué (d'autant plus précieux qu'il coûta de grandes souffrances), tels étaient les principaux thèmes sur lesquels s'est fondé celui de la fidélité au passé, fidélité qui est au cœur même de l'interprétation ultramontaine de l'avenir national.

Les moyens qui permettront à la nation d'atteindre ses objectifs providentiels: l'unanimité religieuse

Dans la perspective ultramontaine, c'est la religion, on l'a vu, qui est le principal élément constitutif d'une nationalité. C'est également la religion qui est à la base des objectifs providentiels assignés à la nation canadienne et ce sont des motifs d'ordre religieux qui ont inspiré en premier lieu l'œuvre glorieuse des ancêtres. La religion, et plus précisément l'unanimité religieuse, revêtira dans cette optique, le caractère d'un instrument indispensable à la nationalité canadienne-française pour l'affirmation de son identité. C'est bien ce qu'entendait

---

105 L.-F. Laflèche, *Quelques Considérations...*, 53-54.
106 A. Pelletier, *La Méthode chrétienne*, 47.
107 Mgr Bourget, Lettre pastorale, 27 décembre 1853.

Mgr Bourget lorsqu'il affirmait que «en dehors de sa foi le peuple canadien-français n'a pas même ailleurs de nationalité possible»[108]. L'abbé Laflèche, lors d'un discours prononcé à l'occasion de la Saint-Jean-Baptiste en 1866, affirmera à son tour: «Nous devons, nous Canadiens, conserver soigneusement, et même au prix des plus grands sacrifices, notre unité religieuse. C'est le lien dans lequel consiste notre principale force, ne l'oublions jamais, et qui nous aidera à traverser, avec gloire et sans péril, tous les orages et les plus grandes crises que la Providence pourra nous réserver»[109].

Une quinzaine d'années plus tôt, à l'occasion également de la fête nationale de la Saint-Jean, le père Tellier, un jésuite, avait développé une thèse analogue au sujet de l'unité religieuse. A l'occasion d'un discours qu'il prononçait devant les membres de «l'Association de St-Jean-Baptiste» à Toronto, le père Tellier déclarait en effet que «l'union basée sur l'influence religieuse est notre unique force: c'est l'avenir de vos femmes et de vos enfants, c'est la vie de nos institutions; c'est le salut du pays»[110].

Facteur d'unité et de force, l'unanimité religieuse de la nation fut aussi présentée comme son unique rempart contre l'assimilation qui la guettait dans les conditions historiques qui étaient les siennes. La nation, dira le *Courrier du Canada,* «est agglomérée plus que jamais à des races et à des croyances étrangères lesquelles comporteraient à la fois nos droits et notre foi si nous ne sommes pas un peuple tout catholique avant tout: puisque notre catholicisme est le lien le plus fort de notre unité nationale»[111].

L'unanimité religieuse fut enfin présentée comme la seule défense que la nation canadienne-française était en mesure d'opposer à l'influence désintégrante des divisions qui dominaient sa vie politique. C'est donc à ce principe (d'unité religieuse) qu'il faut se référer, affirme le *Courrier du Canada,* «pour se maintenir au sommet de cette pente dangereuse de la politique»[112]. Seul ce principe, dira l'*Ordre,* nous permettra de transcender les vieilles querelles de partis et le

---

[108] Mgr Bourget, in les *Mélanges Religieux*, 20 août 1841.

[109] L.-F. Laflèche, «Discours prononcé à Ottawa, lors de la fête de la Saint-Jean-Baptiste le 24 juin 1866», in A. Savaète, *Oeuvres oratoires de Mgr Laflèche*, p. 55.

[110] R.J. Tellier, s.j., *Discours prononcé à la cathédrale de Toronto par le Rév. R.J. Tellier, s.j., le 24 juin 1851, jour de fête, et en présence de l'Association St-Jean-Baptiste*, Toronto, 1851, p. 16.

[111] *CC*, 13 novembre 1857. La même thèse sera également soutenue par le *Nouveau Monde*, en particulier dans son édition du 7 octobre 1868.

[112] *CC*, 11 février 1857.

journal de conclure: «Réunissons-nous donc tous dans un seul parti, qui sera le parti libéral, le parti conservateur, le parti national, le parti Canadien, comme vous voulez l'appeler, mais avant tout le parti catholique, par conséquent le seul parti voulant les intérêts véritables du peuple...»[113]

Cependant, au concept abstrait de «religion», le discours ultramontain substitue plus volontiers celui d'«Eglise» ou encore de «clergé». Aussi est-ce souvent l'Eglise du Canada ou encore le clergé canadien qui sont désignés comme les agents effectifs de l'unité et de la cohésion indispensables à la survie nationale. A Villeneuve ainsi s'exprime à ce sujet:

> «Nous nous unirons dans la lutte pour le bien, après avoir reconnu nos véritables intérêts, nous ferons taire les voix discordantes des partis qui nous divisent sur tant de points, pour nous rallier dans la sublime concorde de l'amour chrétien et patriotique; si surtout nous nous laissons guidés (sic) par l'Eglise qui seule possède le secret de la vie des nations»[114].

Les ultramontains rappelleront surtout la fonction de relève assumée par l'Eglise au lendemain de la Conquête ce qui les amènera à attribuer au clergé canadien le rôle de sauveur de la nationalité canadienne-française. L'abbé Laflèche dira ainsi: «l'œuvre politique de Champlain a péri, (mais) l'Eglise du Canada s'est trouvée là, comme une arche sainte, pour recueillir les débris de notre nationalité»[115]. Lors de la célébration de la Saint-Jean-Baptiste en 1866, l'abbé Laflèche rappellera à nouveau à ses compatriotes leur dette envers l'Eglise en ces termes: «Je ne crains pas de le dire, sans nos institutions et notre clergé, nous ne serions plus rien... Je dis, nos institutions, parce que le clergé lui-même en est sorti et qu'elles ont fourni au pays ses hommes publics»[116]. Le *Nouveau Monde* proclamera de son côté: «l'alliance du peuple canadien avec son clergé: c'est à elle qu'est due la conservation de notre foi et de notre existence nationale»[117].

Enfin le lien établi entre l'allégeance religieuse des Canadiens français et la préservation de leur identité nationale amènera les

---

113 *Ordre*, 13 mai 1859.

114 A. Villeneuve, «Conférences», in le *Nouveau Monde*, 18 juillet 1870.

115 L.-F. Laflèche, *Quelques Considérations...*, p. 61.

116 L.-F. Laflèche, «Discours prononcé lors de la fête de la Saint-Jean-Baptiste à Ottawa le 25 juin 1866», in A. Savaète, *Œuvres oratoires de Mgr Laflèche*, 57.

117 *NM*, 3 janvier 1868.

ultramontains a élaborer le concept de «patriotisme religieux». Liant étroitement le sentiment religieux au sentiment patriotique, l'idéologie ultramontaine ira jusqu'à faire dépendre le second du premier. La fidélité à la patrie sera dite alors découler de l'attachement à la religion. Dans un article intitulé «Ce que c'est que la Patrie», le *Nouveau Monde* proclame à ce sujet:

> «La patrie, nous la retrouvons partout, mais nous la retrouvons surtout dans nos gloires nationales et dans la religion bénie à qui nous devons tout. O Canadiens, vous êtes un peuple privilégié, «gens electa», vous avez été baptisés dans la gloire; oui vos fonts baptismaux sont une terre toute imprégnée du sang des héros et des martyrs; vous avez grandi libres au souffle de la foi; soyez donc toujours pleins d'amour pour la véritable gloire; soyez donc fidèles à la foi de Jésus-Christ, et par là vous serez fidèles à votre patrie»[118].

Répondant à l'adresse que lui présentait en 1856 le président de la Société Saint-Jean-Baptiste, Mgr Bourget rappellera de son côté à l'auditoire présent que «pour être bons Canadiens il faut être bons Catholiques»[119]. L'évêque de Montréal dira également, dans une «Lettre pastorale sur la St-Jean-Baptiste»: «le vrai patriote est un sincère catholique. La Religion inspire l'amour de la Patrie, et la patrie fait aimer la religion... Sans la religion, les intérêts nationaux sont sacrifiés; et sans la patrie, les intérêts religieux sont oubliés et mis de côté»[120]. Poussant plus loin la dialectique qui sous-tend cette argumentation, l'abbé Laflèche ira jusqu'à affirmer, quant à lui, que le sentiment patriotique est non seulement inconcevable sans la foi, mais qu'en ignorant la religion le patriotisme n'est plus rien qu'une «fureur aveugle, un non-sens, une absurdité»[121].

L'agriculture et la colonisation

L'agriculture et la colonisation sont présentées toutes deux, dans l'idéologie ultramontaine, comme deux autres conditions essentielles à l'épanouissement et même à la survie de la nationalité

---

118 *NM*, 2 juillet 1868.

119 Mgr Bourget, «Réponse à l'Adresse présentée par Mr. le Commandeur Jacques Viger au nom de la société Saint-Jean-Baptiste», 15 août 1856, ACAM, 780.003.

120 Mgr Bourget, Lettre pastorale, 31 mai 1868.

121 L.-F. Laflèche, *Quelques Considérations...*, p. 29.

canadienne-française. Elles font partie des moyens mis par Dieu à la disposition du peuple canadien pour lui permettre d'accomplir la destinée providentielle qui est la sienne.

Dans l'optique ultramontaine, le travail agricole s'intègre de plus à une vision religieuse du monde et la pratique de l'agriculture est pourvue d'une dimension spirituelle[122]. Présenté avant tout comme créateur, le travail accompli par le laboureur est dit, selon la *Gazette des Campagnes,* «participer presque à la toute-puissance de Dieu»[123]. Le même journal avait déjà proclamé l'origine divine de la «vocation agricole», affirmant que «c'est Dieu lui-même qui a fait cette profession»[124].

A partir de semblables prémices, il n'est donc pas étonnant de voir s'établir dans le discours ultramontain une relation de cause à effet entre le mode de vie rural (que suppose l'agriculture) et la pratique idéale de la religion et de la morale.

La *Gazette des Campagnes* parlera ainsi des «conditions idéales à la sanctification» qu'offre le travail de la terre[125]. Le *Nouveau Monde* déclare de son côté: «nous considérons que les écoles d'agriculture, confiées à une direction catholique et éclairée, seront en notre pays un puissant moyen de rattacher l'homme au sol, en lui inspirant la dignité de sa vocation... Ce sont les vertus de la campagne qui forment le caractère d'une nation»[126]. Ces «vertus de la campagne» ont par ailleurs inspiré aux idéologues ultramontains des descriptions idéalisées de la vie rurale. Dans le cadre de telles descriptions, la nature entière devient un instrument de communication privilégié entre le Créateur et sa créature. Ainsi, après avoir évoqué les dangers spirituels et moraux propres à la vie urbaine la *Gazette des Campagnes* conclut:

«Il en est bien autrement dans nos campagnes. Là, selon la belle expression des saints livres, le chrétien habite «dans les splendeurs de la paix», et jouit d'une heureuse et sainte indépendance. Dans sa vie presque solitaire, qui n'a d'autre témoin que Dieu et la famille qui vit avec lui sous le même

---

122 Dans une brochure publiée en 1943 et intitulée: *L'agriculture et l'Eglise, deux amies intimes d'origine divine,* l'abbé J. Bergeron allait développer, un siècle plus tard, une thèse analogue.

123 *GC,* 28 mars 1872.

124 *GC,* 1er juin 1864.

125 *GC,* 15 août 1867.

126 *NM,* 21 septembre 1867.

toit, il ne rencontre point sur son chemin les excitations perverses qui poussent au mal, ni les tentations séduisantes auxquelles la faiblesse humaine succombe si souvent. Tout, dans les habitudes champêtres, porte l'homme à la contemplation et élève son âme vers le ciel. Sans cesse en rapport avec les ravissantes beautés de la nature, son esprit remonte naturellement et sans effort à l'Etre souverain qui a créé et gouverne toutes choses. Nous ne connaissons rien de plus respectable, ni qui soit plus digne d'envie que ces mœurs simples et patriarcales des peuples des campagnes. C'est là que semble s'être réfugié tout ce qui reste, dans notre société dégénérée, d'énergie virile, de simplicité antique et de respect envers la religion»[127].

En plus d'être un agent puissant de sanctification religieuse et morale, le travail agricole est censé enfin représenter pour la nation la seule source authentique de richesse dont elle dispose. S'inspirant manifestement de la doctrine des physiocrates, les ultramontains par la voix du *Nouveau Monde* affirment: «La sagesse des temps a donc eu raison de formuler comme premier axiome d'économie politique que l'agriculture, c'est-à-dire les produits de la terre sont bien réellement la source, la base et le fondement de la prospérité générale d'une société»[128].

Comparés à l'agriculture, l'industrie et le commerce sont dits agir au contraire «sur des valeurs fictives» et accusés de ce fait d'être «absolument frappés de stérilité comme élément de richesse économique». L'ordre des priorités qui se dégage de ces constatations est alors très clair et le *Nouveau Monde* l'exprime en ces termes:

«Dans une société bien ordonnée, le progrès de la population des villes, c'est-à-dire des classes improductrices, ne doit pas devancer celui des campagnes, c'est-à-dire des classes productrices. Voilà pourquoi tous les efforts d'un gouvernement doivent tendre à régulariser ces niveaux et à élever même au plus haut point possible le dernier. La perte d'un colon est donc un malheur et l'émigration qui se fait de nos campagnes pour se porter à l'étranger est la plus grande des calamités économiques qui puisse affliger notre pays»[129].

---

127 *GC*, 15 août 1867.
128 *NM*, 2 décembre 1868.
129 *Ibid.*

Cette défense de l'agriculture et du mode de vie rural était liée en fait à un problème conjoncturel bien précis: celui de l'émigration d'un grand nombre de cultivateurs canadiens-français vers les Etats-Unis [130]. On sait par ailleurs que les ultramontains ne furent pas les seuls parmi leurs compatriotes à exiger des autorités politiques de l'heure des mesures propres à enrayer cette émigration, mesures dont la principale était la colonisation intensive des terres demeurées en friche. Les ultramontains ne furent pas non plus les seuls à déployer des efforts sérieux pour encourager l'entreprise de colonisation (entreprise dans laquelle la petite bourgeoisie de l'époque s'est également impliquée). Ce furent cependant les ultramontains qui se sont le plus préoccupés d'asseoir leur pratique dans ce domaine sur une justification théorique qui se voulait cohérente. Ils l'ont fait surtout en intégrant leurs perspectives sur la colonisation à l'ensemble de leur problématique relative à la nation et plus particulièrement à leur interprétation de ce que devaient être les besoins et l'avenir de cette dernière. Ainsi la philosophie agriculturiste des ultramontains peut être considérée comme un des principaux éléments sur lesquels se sont fondées leurs doctrines en matière de colonisation. Il faut remonter cependant aux principes religieux qui ont inspiré leur thèse agriculturiste pour mieux comprendre le sens et la portée véritable qu'a revêtue à leurs yeux l'œuvre colonisatrice.

On note en effet que la même signification religieuse attribuée aux tâches agricoles sera attribuée également au travail du défricheur et à l'existence austère et laborieuse que suppose le métier de colon. C'est donc à la religion que l'œuvre colonisatrice devra ses principaux titres de noblesse. C'est à elle surtout qu'il faut recourir selon l'*Ordre* pour assurer le succès de l'entreprise de colonisation et le journal affirme à ce sujet: «La Religion, voilà un vrai moyen de coloniser sur lequel on ne peut pas assez ouvrir les yeux... un moyen qu'il faut mettre à la tête de tous les autres parce qu'il est l'âme, et que même seul, il est parvenu à produire de grands résultats [131]. Recommandant à son clergé d'appuyer l'œuvre entreprise par la «Société de Colonisation du Bas-Canada», Mgr Bourget soulignera de son côté le caractère

---

130 On estime qu'au cours de la seconde moitié du XIXe siècle, près d'un demi-million de Canadiens français émigrèrent vers les Etats-Unis (Cf. J. Hamelin et Y. Roby, *Histoire économique du Québec*, Montréal, Fides, 1971, p. 66-69).

131 Ordre, 4 juillet 1860. La religion fut en fait le moyen auquel eut recours la «Société de Colonisation du Bas-Canada» lorsqu'elle rédigea, en 1865, un *Appel du clergé en faveur de la colonisation*. Des ultramontains notoires œuvraient d'ailleurs dans le cadre de la Société de Colonisation. C'est ainsi qu'Alphonse Desjardins en fut le secrétaire et François-Xavier Trudel un membre très actif, alors que Raphaël Bellemare en assuma la trésorerie.

religieux de l'objectif poursuivi par cette société. Dans le cadre des directives qu'il donne à ce sujet aux clercs de son diocèse, l'évêque de Montréal leur dit:

> «Je recommande à votre zèle la belle œuvre de la Colonisation, que la Divine Providence semble susciter de nos jours, pour nous fournir le moyen de conserver le Canada aux Canadiens, pour qu'il soit toujours ce que nos pères l'ont fait, savoir une terre catholique avant tout. Connaissant votre patriotisme religieux, je n'ai pas hésité d'assurer la Société de Colonisation (sic) qu'elle pouvait compter sur le clergé pour l'aider à poursuivre sa noble entreprise»[132].

Pour les ultramontains, la colonisation s'inscrit en effet dans les plans conçus par la Providence relativement à l'avenir de la nation canadienne. Grâce à l'œuvre colonisatrice en particulier, les Canadiens français, obéissant en cela aux volontés de la Providence, échapperont à l'influence nocive exercée sur eux par la société américaine, société à laquelle leur émigration aux Etats-Unis les amène à s'intégrer. Le *Nouveau Monde* proclame ainsi au sujet du «peuple canadien»: «Dieu ne l'a pas miraculeusement conservé pendant plus d'un siècle pour le laisser ensuite, à la veille de l'éclosion de sa force, aller se perdre obscurément dans le gouffre démocratique et païen qui l'avoisine»[133]. Dans leur *Appel du clergé en faveur de la colonisation,* les auteurs de cette brochure rappellent à leurs compatriotes que la colonisation répond aux plans de la Providence «qui veut que toute la terre soit couverte d'habitants appelés à bénir son Saint Nom, et à l'adorer en esprit et en vérité»[134].

Enfin, par suite de la jonction qu'établit l'idéologie ultramontaine entre l'amour de la religion et l'amour de la patrie, la colonisation, œuvre au caractère éminemment religieux, devient du même coup œuvre patriotique. Elle constitue, selon les ultramontains, la preuve la plus éloquente que peut donner le peuple canadien de son attachement à sa foi et à son pays. S'adressant aux membres de la Société de Colonisation, le comité de direction de la société les encourage en ces termes: «Le public a pu voir enfin accolés ensemble les deux principes fondamentaux de votre Société: le patriotisme et la religion. Il a pu juger que si, en prêtant son concours à votre Société, il

---

132 Mgr Bourget, Lettre circulaire, 21 novembre 1861.
133 *NM,* 17 août 1867.
134 *Appel au clergé en faveur de la colonisation* (rédigé par le comité de direction de la société de Colonisation du Bas-Canada), Montréal, 1865, p. XVIII.

travaillait dans l'intérêt de la cause nationale, il travaillait aussi dans les intérêts de la cause catholique»[135].

Dans une lettre pastorale qui fit suite au troisième concile provincial de Québec (1863), les évêques avaient également souligné le double aspect religieux et national de l'œuvre colonisatrice. Ils affirmaient à ce sujet: «une œuvre aussi religieuse que patriotique réclame encore votre concours, c'est celle de la colonisation, destinée à faire un bien immense au pays, en y augmentant de plus l'influence catholique. N'oublions pas N.T.C.F. que le vrai patriotisme est inséparable de la vraie foi»[136]. Dans ses *Quelques Considérations sur les rapports de la Société Civile avec la religion et la famille,* l'abbé Laflèche illustre à son tour cette association religion-patrie à travers la comparaison qu'il établit entre le soldat et le colon. Le labeur du colon, affirme l'abbé Laflèche, dessert un objectif moins brillant peut-être, mais plus méritoire en réalité que celui du soldat. Le travail du colon, qui consiste en «la conquête, par le travail, de son sol encore inhabité et sa mise en valeur», exige finalement, selon l'abbé Laflèche, «des sacrifices plus héroïques et plus méritoires que ceux qu'il faudrait faire pour repousser des ennemis envahisseurs»[137]. L'auteur conclut, à partir de cette considération, que «le courageux pionnier de la colonisation a certainement autant de droit à la reconnaissance de son pays que le plus vaillant soldat».

Poussant plus loin l'argumentation qui sous-tend cette hypothèse, le *Journal des Trois-Rivières* liera, quant à lui, la colonisation à la survie même de la nationalité canadienne-française. Il proclamera ainsi l'obligation qu'il y a pour les Canadiens de «promouvoir les intérêts de cette grande cause de la colonisation dont le succès seul fera notre salut comme peuple et dont l'insuccès ne peut avoir d'autre conséquence que la ruine de notre nationalité»[138].

La colonisation fut enfin présentée comme une œuvre d'autant plus sacrée qu'elle s'inscrivait dans la même ligne que celle ébauchée par les ancêtres lors de la fondation de la colonie, Mgr Bourget dira à ce sujet:

> «Car à l'heure qu'il est, il s'agit pour nous de continuer la belle œuvre de la colonisation de notre cher Canada, com-

---

135 *Appel du clergé...,* p. 32.
136 Lettre pastorale des Pères du 3e Concile provincial de Québec, 21 mai 1863.
137 L.-F. Laflèche, *Quelques Considérations...* p. 30.
138 *Journal des Trois-Rivières,* 10 août 1869.

mencée par nos religieux ancêtres, il y a deux siècles. Il est donc sérieusement question de décider si nous nous maintiendrons en possession de ce beau et riche pays qu'ils nous ont laissé en héritage» [139].

Et le prélat poursuit, en évoquant plus loin «les énormes difficultés qu'eurent à vaincre nos religieux ancêtres pour entreprendre et exécuter le projet qu'ils avaient formé de venir s'établir dans ce pays nouvellement découvert» ainsi que «le courage héroïque et les vertus patriarcales de nos pères qui levèrent en France l'étendard de la colonisation du Canada».

La conclusion qui s'impose à partir de ces constatations viendra alors ajouter un poids supplémentaire aux arguments déjà invoqués en faveur de la colonisation. L'évêque de Montréal l'exprime en ces termes: «Maintenant, nous comprenons tous sans peine que c'est pour nous un devoir rigoureux de travailler à continuer cette œuvre de colonisation, commencée par nos pères, afin de nous maintenir en possession de ce bien de famille...» [140]

Ce qui demeure frappant dans la dialectique ultramontaine relative à la colonisation c'est la présence quasi exclusive d'arguments à caractère religieux et moral pour justifier une entreprise au caractère avant tout social et économique. Aussi, à travers le discours ultramontain sur la colonisation, les causes réelles autant que les conséquences socio-économiques d'un tel phénomène finissent par être occultées. Seuls s'imposent véritablement à travers le discours, les objectifs religieux et moraux que poursuit l'œuvre colonisatrice.

Les valeurs auxquelles fait appel le discours ultramontain relatif à la nation

Les valeurs religieuses et morales auxquelles fait appel le discours idéologique ultramontain relatif à la nation apparaissent comme étant essentiellement conservatrices. C'est que, pour les ultramontains, la survie autant que l'épanouissement de la nationalité canadienne-française exigent la préservation intégrale des valeurs qui ont fondé sa tradition. Cette tradition est présente alors comme

---

139 Mgr Bourget, Lettre circulaire, 6 juillet 1872.

140 *Ibid.* C'est à une conclusion semblable qu'en arrive de son côté l'abbé Laflèche dans ses *Quelques Considérations...* (pages 29-31).

doublement sacrée parce que liée à des objectifs providentiels, en plus d'être léguée, à titre d'héritage, par des ancêtres que leurs vertus exemplaires imposent comme des modèles.

De plus, on l'a vu, la perspective nationale des ultramontains ne se fonde pas uniquement sur le respect scrupuleux des traditions nationales. Elle inclut également la préservation des institutions et des lois qui furent celles de la nation dans le passé et que les générations successives se doivent de perpétuer dans l'avenir. C'est à ce prix uniquement que la nation canadienne-française est censée alors pouvoir s'assurer une continuité historique indispensable à sa survie. Basée ainsi sur une nécessaire immuabilité des structures sociales traditionnelles, la doctrine nationale des ultramontains débouchait de ce fait sur un conservatisme, non seulement religieux ou moral, mais aussi politique et social.

En tenant compte de ces présupposés doctrinaux on comprend mieux le fondement de la dialectique qui sous-tend l'accusation d'anti-nationalisme portée par les ultramontains à l'endroit des libéraux. Faisant surtout appel à des valeurs de conservation, baptisées valeurs nationales, le discours ultramontain relatif à la nation tendra nécessairement à considérer toute idéologie qui s'inscrit dans une perspective d'évolution ou de changement, comme contraire aux intérêts de la nation.

Traitant ainsi des doctrines démocratiques, importées de l'étranger, le *Courrier du Canada,* déclare qu'elles furent introduites au pays dans le but bien précis de «saper en brèche, avec beaucoup plus de succès que les autres moyens déjà employés, tout ce qui a fait jusqu'ici le bonheur comme la gloire de la race française au Canada»[141].

C'est encore au caractère étranger, ou excentrique à la nation, des «mauvaises doctrines», que s'en prend l'abbé G.-D. Lesage lorsque, dans le cadre d'un sermon dominical, il adresse à son auditoire l'avertissement suivant: «ne vous laissez pas séduire par ces doctrines étrangères... étrangères à notre pays si heureux, étrangères à nos ancêtres si religieux: doctrines étrangères qui ont germé dans les pays travaillés par l'esprit socialiste et qu'on veut introduire parmi nous, au moyen surtout des mauvais journaux»[142]. Parmi les reproches adressés aux journaux libéraux figure enfin celui d'être rédigés

---

141 *CC*, 11 janvier 1858.
142 G.-D. Lesage, Sermon, (sans date), ACAM, 990.019.

La dimension sociale...

par «des hommes qui ne cessent de prodiguer leur admiration à des institutions politiques étrangères et ne manifestent que du dégoût et du mépris pour celles de la patrie»[143].

Antinational, le libéralisme l'est également selon les ultramontains, dans la mesure où il rompt l'unanimité idéologique qui fonde la solidarité nationale et le fait en introduisant dans la société canadienne des valeurs étrangères, génératrices de divisions internes. Le libéralisme, soutient l'abbé Laflèche, doctrine importée de la vieille Europe et «qui a trouvé parmi nous quelques adeptes», figure parmi les causes qui ont suscité la division au sein de la nation[144]. L'auteur des *Quelques Considérations...* poursuit en affirmant que «cette cause (le libéralisme) est sans aucun doute la plus redoutable en elle-même et dans ses conséquences, parce qu'elle porte directement atteinte au lien national le plus puissant, le lien religieux — l'unité de foi».

Au terme des considérations précédentes, le choix politique qui s'impose à tout nationaliste ne laisse pas place à l'équivoque. L'abbé H. Beaudry traduit en ces termes la perspective ultramontaine relative à ce sujet:

«Maintenant si cette question de nationalité est si importante pour nous, si tout notre avenir et notre vie comme peuple s'y rattachent, on conçoit qu'elle doit entrer pour beaucoup dans le choix de nos amis politiques... nous le disons à regret, il se trouve chez nous des gens qui, quoique Canadiens et catholiques de naissance et de nom, sont véritablement ennemis de notre nationalité. Et ceux-ci sont d'autant plus dangereux que nous sommes plus portés à nous faire illusion sur leurs véritables dispositions...»[145].

En convertissant les principes conservateurs à la base de leur doctrine en valeurs nationales, les idéologues ultramontains parviendront ainsi à détacher le nationalisme de son contenu libéral. La société nationale, définie selon les critères ultramontains, sera donc avant tout une société conservatrice.

---

143 Mgr Bourget, Lettre pastorale publiant les résolutions du 4e Concile de Québec, 16 mai 1868.

144 L.-F. Laflèche, *op. cit.*, p. 238.

145 H. Beaudry, *Le Conseiller du Peuple*, Montréal, 1861, p. 32-33.

Le poids du langage

Le langage emprunté par les idéologues ultramontains pour exprimer leurs théories relatives à la nation ne présente pas de caractéristiques véritablement originales. Une seule s'impose toutefois à l'attention de l'observateur: c'est l'association très fréquente qu'établit le discours entre la notion de «religion» et celle de «patrie». La fréquence avec laquelle apparaît le tandem religion-patrie lui confère de fait le caractère d'un véritable leitmotiv [146]. Ici la répétition devient un instrument important pour l'obtention d'un effet de conviction ou encore d'adhésion morale et mentale chez l'interlocuteur (auditeur ou lecteur). L'association étroite établie au niveau du langage, entre la religion et la patrie, fera apparaître chacune des réalités auxquelles ces notions réfèrent comme étroitement dépendantes l'une de l'autre. C'est d'ailleurs cette relation de dépendance qui permettra à certains locuteurs ultramontains la mise au point et l'usage de notions combinées telles que celles de «patriotisme religieux», de «nationalité religieuse», ou encore de «nationalité catholique». Ces combinaisons finissent par vider les notions de «patrie» et de «nationalité» de leur contenu initial pour le remplacer par un contenu nouveau.

On s'aperçoit encore une fois que, même s'il s'agit d'un phénomène qui se situe le plus souvent au niveau de l'inconscient, le vocabulaire autant que les formes linguistiques qui caractérisent le discours ultramontain — comme d'ailleurs tout autre discours idéologique — sont rarement indépendants des objectifs poursuivis par les locuteurs.

---

146 On a pu noter en effet que sur près de cent cinquante énoncés analysés relativement à la dimension nationale du discours ultramontain, le tandem religion-patrie figurait dans plus du tiers d'entre eux.

La dimension sociale...

La cathédrale Saint-Jacques (Basilique) reconstruite par Mgr Bourget et ses successeurs après l'incendie de 1852.

Le second palais épiscopal de Saint-Jacques (Montréal, rue Ste-Catherine), détruit par l'incendie de 1852.

Chapitre VI

De la théorie à la pratique (*1848-1871*)

Chapitre VI

De la théorie à la pratique (*1848-1871*)

Après avoir analysé (au cours des trois chapitres précédents) les composantes et la signification du discours idéologique ultramontain (pour la période comprise entre 1848 et 1871), il restera à examiner, dans les pages qui suivent, comment, au cours de la même période, l'idéologie ultramontaine s'est traduite par une pratique correspondante au niveau de l'action concrète. En dressant ainsi le bilan de l'ultramontanisme au chapitre de ses réalisations multiples, on pourra mieux mesurer la *distance* qui séparait de fait les objectifs prônés par l'idéologie dans l'abstrait, de leur mise en application effective dans un champ historique concret.

Les principales victoires ultramontaines dans le domaine de l'éducation

Le secteur de l'éducation n'a jamais laissé indifférentes les autorités ecclésiastiques au Québec, en particulier à partir des années 1840 alors que commençait à s'édifier au pays un système éducatif plus cohérent et mieux articulé que par le passé. La plupart des leaders cléricaux se montrèrent constamment intéressés aux problèmes scolaires à l'ordre du jour, mais là encore ce fut aux ultramontains que revint le plus souvent l'initiative, chaque fois que l'exigeait l'évolution de la conjoncture dans ce domaine. Leur intervention s'est manifestée à presque tous les niveaux du système éducatif: de la législation scolaire aux structures administratives, en passant par les programmes scolaires et les effectifs enseignants.

En ce qui a trait à la législation scolaire, les ultramontains se sont montrés très empressés de critiquer et de faire modifier au besoin le contenu des projets de loi, de manière à éviter que les initiatives gouvernementales dans le secteur de l'éducation ne nuisent à l'influence que l'Eglise entendait continuer à exercer dans ce domaine. En 1858 un rédacteur de l'*Ordre* résumera ainsi les règles de conduite que les catholiques se devaient d'adopter face à toute législation scolaire:

> «...que doivent demander tous les catholiques de la Province dans une loi d'éducation? Instruits par l'Eglise, nous devons exiger que la religion soit la base et la source de tout enseignement public. Dès ce moment, nous devons travailler en union et de toutes nos forces au rappel de toute loi contraire à ce principe, préjudiciable par conséquent aux intérêts les plus chers et les plus essentiels de notre foi et de notre religion... il n'y a que le catholicisme qui contienne la vérité toute entière. Nos législateurs ne seront infaillibles qu'en autant qu'ils se conformeront à ce divin guide...»[1]

Les luttes et les interventions ultramontaines relatives aux lois scolaires furent bien orchestrées et marquées le plus souvent par une certaine intransigeance. Elles seront pour la plupart, couronnées d'un succès considérable. De plus, les avantages obtenus à travers plusieurs des lois passées au cours des décennies 40 et 50 étaient d'ordre cumulatif. Aussi dès la fin des années 40, les gains enregistrés par le pouvoir religieux dans le domaine de l'éducation s'avéreront assez importants pour peser de façon décisive sur l'orientation future de l'ensemble du système éducatif au Québec.

Ce fut en grande partie grâce à l'action conjuguée des autorités ecclésiastiques — de l'évêque de Montréal en particulier — et des *Mélanges Religieux*, que les lois scolaires adoptées successivement en 1841, 1845 et 1846, jetèrent les bases d'un contrôle clérical durable dans le secteur éducatif[2].

Le premier projet de loi scolaire présenté en 1841, au lendemain de l'Union, avait fait l'objet d'une offensive soutenue de la part des *Mélanges* et de l'ensemble des évêques du Bas-Canada. On reprochait au bill de donner des pouvoirs trop étendus au Surintendant de l'éducation, de lui accorder par exemple pleine autorité sur les instituteurs et l'entière initiative dans le choix des manuels scolaires. L'action concertée des leaders ecclésiastiques et de la presse ultramontaine allait s'avérer fructueuse. Les pressions exercées se traduisirent en

---

1 L'*Ordre*, 14 décembre 1858.
2 Au sujet des luttes cléricales menées autour de ces lois scolaires, voir M. Lajeunesse, «L'évêque Bourget et l'instruction publique au Bas-Canada, 1840-1846», *Revue d'Histoire de l'Amérique française*, XXIII, 1 (1969): 35-52, ainsi que P. Carignan, «L'établissement du système confessionnel d'enseignement sous le régime de l'Union» *Revue Thémis*, 52 (1964): 266-276.

De la théorie à la pratique (1848-1871)

effet par l'adoption de certains amendements qui finirent par rendre la loi plus acceptable aux yeux du clergé. En y ajoutant une clause relative à la «dissidence religieuse»[3], en créant dans les villes des bureaux d'examinateurs distincts pour les catholiques et les protestants[4], les autorités gouvernementales réussirent à apaiser, du moins provisoirement, les appréhensions manifestées jusqu'alors par les milieux cléricaux.

Le caractère confessionnel du système éducatif devint encore plus prononcé au lendemain de l'adoption de la loi scolaire de 1845. A l'instar du projet de loi précédent (en 1841) celui-ci avait été à son tour l'objet de pressions multiples de la part des évêques et des *Mélanges Religieux*. Cette fois encore la vigilance de l'Eglise à l'endroit de la question scolaire allait lui valoir une position améliorée dans un domaine qu'elle entendait moins que jamais abandonner au seul contrôle de l'Etat. Ainsi par la loi de 1845 les curés devenaient commissaires de droit des écoles de leurs paroisses et les deux villes de Québec et de Montréal se voyaient dotées chacune de deux commissions scolaires distinctes, l'une catholique et l'autre protestante[5]. Pendant qu'était confirmée ainsi l'importance du statut des clercs au sein du système scolaire le caractère confessionnel de ce dernier s'accentuait de plus en plus.

Ce fut toutefois la loi scolaire de 1846 qui marquera pour l'Eglise les gains les plus subtantiels dans le domaine éducatif. Tout comme les lois de 1841 et de 1845 celle-ci avait été précédée d'une série de démarches effectuées auprès des autorités gouvernementales de l'heure, ainsi que d'une campagne de presse appropriée. C'est encore l'évêque de Montréal qui sera l'un des premiers à exiger l'insertion dans la loi de certaines mesures propres à assurer une influence cléricale durable dans le secteur de l'instruction publique. C'est en particulier grâce aux pressions qu'il effectua dans ce sens que la loi de 1846 exemptera les clercs enseignants de l'examen d'aptitude imposé par ailleurs à tous les instituteurs laïcs[6]. La même loi obligeait de plus

---

3 La «dissidence religieuse» (article XI de la loi) permettait aux minorités religieuses d'une paroisse d'établir leurs propres écoles, aux mêmes conditions que celles régissant les écoles de la majorité.

4 Les bureaux d'examinateurs assumaient en outre des fonctions administratives importantes dans le cadre des districts municipaux créés un an auparavant par l'Ordonnance du 9 décembre 1840.

5 W.P. Percival, *Across the Years. A Century of Education in the Province of Quebec*, Montréal, 1946, p. 19 et ss. Aussi L. Groulx, *L'enseignement français au Canada*, Montréal, 1934-1936, vol. I, p. 226-227.

6 Mgr Bourget à Mgr Turgeon, lettre du 5 mars 1842. Il est indéniable que cette exemption de l'examen d'aptitude avantagera nettement l'accession des clercs à l'enseignement dans le secteur public où l'on voit leur nombre doubler entre 1853 et 1874 (Cf. A. Labarrère-Paulé, *Les instituteurs laïques au Canada français, 1836-1900*, Québec, Presses de l'Université Laval, 1965, p. 299-300).

ces derniers à produire un certificat de moralité signé par le pasteur de leur confession. Enfin la loi réservait au clergé le choix des manuels scolaires traitant de sujets religieux et moraux.

On constate ainsi que, de 1841 à 1846, la législation scolaire au Québec a assuré au clergé un rôle décisif dans le domaine de l'instruction publique. C'est en ces termes que l'historien Lionel Groulx commente l'éviction progressive du pouvoir civil — dans un laps de temps relativement court — d'un domaine où le pouvoir religieux allait assurer désormais un rôle prépondérant:

> «Ainsi, en moins de cinq ans, l'école du Canada français avait échappé à l'asservissement du pouvoir exécutif et à son plus redoutable instrument, la municipalité civile. D'une certaine façon, elle avait aussi échappé au parlement des Canadas-Unis, en obtenant une loi distincte, un surintendant distinct, des organismes conformes à ses traditions»[7].

Les avantages considérables obtenus par le clergé dans le secteur de l'éducation au cours de la décennie 40 entraîneront un net ralentissement des revendications dans ce domaine durant les deux décennies suivantes. La vigilance des ultramontains à l'endroit de la question scolaire n'en diminuera toutefois pas pour autant. C'est bien d'ailleurs à cette vigilance que l'Eglise devra en grande partie les gains qu'elle continuera à marquer dans le domaine de l'éducation, particulièrement lors de l'adoption de nouvelles lois scolaires en 1856 et en 1869.

On note en effet qu'en ce qui avait trait à la confessionnalité, les écoles normales créées par la loi de 1856 répondaient parfaitement aux recommandations formulées antérieurement à ce sujet par les évêques au cours du premier Concile provincial de 1852. L'école normale Jacques-Cartier à Montréal ainsi que l'école normale Laval à Québec furent donc définies toutes deux par la loi comme des institutions catholiques. Le contenu et l'orientation de leurs programmes ainsi que les règlements qui régirent ces écoles allaient d'ailleurs confirmer leur caractère confessionnel. «Dans les écoles normales catholiques (créées par la loi de 1856) l'enseignement religieux tient d'ailleurs la première place» constate l'abbé Groulx, place qu'il occupe également dans les écoles élémentaires, affirme un peu plus loin le même auteur, en s'appuyant sur une revue détaillée des manuels religieux alors en usage dans les institutions scolaires de la province[8].

---

7 L. Groulx, *op. cit.*, 226-227.
8 L. Groulx, *op. cit.*, 233 et ss.

De 1856 à 1869 le caractère confessionnel de l'éducation continuera à s'affirmer à travers chaque nouvelle loi et ordonnance promulguées. C'est ainsi que le Conseil de l'Instruction Publique créé par la loi de 1856 vit la composition de ses membres établie sur une base confessionnelle[9]. On sait, par ailleurs que la création, en 1867, d'un ministère de l'instruction publique ne modifiera en rien cet état de choses. Deux ans plus tard, lorsque la loi scolaire de 1869 divisera le Conseil de l'Instruction Publique en deux comités, protestant et catholique, on verra même la proportion des clercs au sein du comité catholique passer du quart au tiers[10]. C'est encore la presse ultramontaine qui se chargera d'exprimer la satisfaction des milieux cléricaux face à une loi qui servait aussi bien les objectifs de l'Eglise en matière d'éducation. Le *Nouveau Monde* manifestera son approbation en ces termes:

> «Considérée dans son ensemble, la loi (de 1869) renferme et affirme l'idée chrétienne de l'éducation, telle que l'entend l'Eglise et telle que nous l'avons toujours interprétée en ce pays... Nous pouvons donc dire avec confiance et avec joie, que dans notre pays le gouvernement, suivant en cela les idées de la majorité, regarde les écoles populaires et les établissements d'enseignement supérieur comme des foyers de désordres, s'ils sont soustraits à l'influence du principe si vrai et si essentiel de l'ingérence religieuse, pour être soumis au contrôle exclusivement civil et politique»[11].

On sait par ailleurs comment les pressions émanant des milieux cléricaux — ultramontains en particulier — allaient aboutir en 1875 à l'abolition du ministère de l'Instruction publique, inaugurant ainsi une longue ère de suprématie de l'Eglise sur l'Etat dans le domaine de l'instruction publique[12].

---

9 L.-P. Audet, *Histoire du Conseil de l'Instruction Publique*, Montréal, Leméac, 1964, p. 31-47. L'auteur note que le tiers des membres de cet organisme était constitué par des clercs (dont trois évêques catholiques et deux ministres protestants).

10 *Ibid.*, p. 67-68. Sur les quatorze membres désignés pour faire partie du comité catholique, cinq en effet étaient des clercs. De plus, en 1875, tous les évêques de la province devenaient membres *ex-officio* du Comité Catholique du Conseil de l'Instruction publique.

11 *NM*, 29 mars 1869.

12 En ce qui regarde les démarches et les tractations qui ont abouti à l'abolition du ministère de l'Instruction publique, voir: K. Hunte, *The Ministry of Public Instruction in Quebec, 1867-1875. A historical study*, thèse de Ph.D., Université McGill, 1964. L.-P. Audet, «Le premier ministère de l'Instruction publique au Québec, 1867-1876», RHAF, XXII, 2 (1968): 171-222. A. Brien, *Organisation et suppression du ministère de l'Instruction publique (1867-1875)*, thèse de Ph.D., Université de Montréal, 1960.

La prépondérance assurée désormais à l'Eglise dans l'enseignement primaire était encore plus accentuée au niveau de l'enseignement secondaire. Qu'il s'agisse en effet d'«écoles modèles», d'«académies», ou de «collèges classiques», la plupart de ces institutions, fondées et dirigées par des communautés religieuses, étaient soustraites à un contrôle véritable de la part de l'Etat (on a déjà vu quel rôle de premier plan a assumé Mgr Bourget dans la fondation ou l'importation de plusieurs de ces communautés religieuses enseignantes). Or c'est dans ce type d'institution — les collèges classiques en particulier — qu'étaient formées les élites intellectuelles et les futurs leaders politiques du pays (avec qui il était important pour l'Eglise de continuer à pactiser)[13].

Parallèlement aux autres paliers du système scolaire, le niveau universitaire fut également l'objet du même dynamisme entreprenant manifesté alors par l'Eglise dans le domaine de l'éducation. C'est encore parmi les idéologues et les leaders ultramontains qu'on retrouve la sensibilisation la plus vive à l'égard de la question universitaire. Ils furent les premiers — Mgr Bourget en tête — à prendre conscience de l'importance d'une initiave du clergé dans le secteur de l'enseignement supérieur, afin d'écarter la menace éventuelle d'une ingérence de l'Etat dans ce domaine[14].

L'historien P. Sylvain dira, à propos du zèle déployé alors par Mgr Bourget à l'endroit de la question universitaire: «Vigilant gardien de la confessionnalité et promoteur infatigable de la cléricalisation de l'enseignement à tous les niveaux, Mgr Bourget se trouve tout naturellement à l'origine de l'initiative qui devait aboutir à la création de Laval»[15]. Et l'auteur conclut un peu plus loin, en plaçant le problème dans une perspective historique plus large: «Cette emprise cléricale sur l'éducation au Canada français progresse à un rythme sensiblement égal à celui de l'ultramontanisme dans l'Eglise de Pie IX. Il n'y a pas simple coïncidence entre la fondation de l'Université Laval et la publication, un an plus pard, de l'encyclique «Inter Multiplices», qui marquait le triomphe de l'ultramontanisme veuillotiste sur le gallicanisme...»

---

13 En ce qui a trait au nombre, au rôle et aux effectifs que comptaient alors les collèges classiques du Bas-Canada, voir L. Groulx, *op. cit.*, p. 265-269.

14 En ce qui concerne l'étendue du rôle de Mgr Bourget dans la fondation de l'Université Laval (1852) — la première université catholique à voir le jour au Québec — voir l'article de P. Sylvain, «Les difficiles débuts de l'Université Laval», *Cahiers des Dix*, 36, (1971): 211-234.

15 *Ibid.*, p. 233.

La création d'organismes à caractère culturel et leur contribution à la diffusion de l'idéologie ultramontaine

L'intérêt manifesté par les milieux cléricaux — les ultramontains en tête — à l'endroit des questions éducatives, ne s'est pas limité, comme on le verra, à la seule sphère de l'éducation institutionnalisée. On sait que dans toute société l'école possède un rôle privilégié en tant qu'appareil idéologique, mais on connaît par ailleurs le rôle similaire qu'assume sous cet angle (quoique souvent à une échelle moins vaste) l'ensemble des institutions culturelles que se donne une collectivité. Or le clergé québécois du milieu du XIXe siècle, et les leaders ultramontains en particulier, se sont montrés sensibles à cette réalité. Ce sont eux qui se préoccupèrent le plus d'organiser, d'animer et de financer au besoin des bibliothèques paroissiales, des cercles littéraires et des associations culturelles diverses, destinées pour la plupart à devenir des foyers importants de propagation des idéaux ultramontains.

On trouve ainsi dans la pastorale de Mgr Bourget de nombreuses incitations adressées tant à son clergé qu'aux fidèles et portant sur le devoir de collaborer à mettre sur pied des organismes culturels afin d'encourager des activités intellectuelles saines, c'est-à-dire encore basées sur des principes approuvés par l'Eglise[16].

L'évêque de Montréal fut également un des premiers leaders ecclésiastiques à prendre conscience de l'intérêt qu'il y avait à susciter la création de nombreuses bibliothèques paroissiales, toujours dans l'optique mentionnée plus haut[17]. Dans une société où l'instruction tendait désormais à rejoindre des couches de plus en plus larges de la population, il devenait, selon lui, important d'offrir à cette dernière des lectures jugées profitables, ou du moins inoffensives, afin de contrer surtout l'influence de la pensée libérale et du prosélytisme protestant, actif au cours des années 40, dans la région montréalaise en particulier. C'est dans cette perspective que Mgr Bourget encouragea la fondation, en 1845, de l'Œuvre des bibliothèques paroissiales. Une année auparavant, soit en 1844, avait été fondée l'Œuvre des Bons Livres, destinée à alimenter en ouvrages jugés sains les futures bibliothèques paroissiales[18].

---

16 Voir en particulier la lettre circulaire de Mgr Bourget du 26 août 1868.

17 Cf. H. Plante, *L'Eglise catholique au Canada*, Trois-Rivières, Ed. du Bien Public, 1970, 370.

18 *Ibid.* L'auteur rapporte qu'en 1853, il y avait près d'une centaine de bibliothèques paroissiales à travers la province, qui totalisaient environ 50 000 volumes.

En 1867, l'année même de sa fondation, le *Nouveau Monde* estimait urgent de prêcher à son tour la multiplication des bibliothèques paroissiales. L'auteur d'un article intitulé «Bibliothèque Paroissiale» justifiait ainsi son point de vue:

> «Maintenant que l'instruction se répand avec une si large facilité dans toutes les familles et que tout le monde, jusqu'à l'enfant de dix et douze ans, dans toutes les classes de la société, a la faculté de lire et sent s'éveiller en soi le désir inné d'apprendre et de savoir, l'œuvre de la Bibliothèque prend une importance si capitale et devient d'une si urgente nécessité, qu'on ne pourra désormais ni trop lui donner d'extension, ni trop lui accorder de faveur...
>
> Et qui dira toutes les ruines et tous les ravages qu'opère actuellement la publication trop prodigieusement féconde de tant de feuilles et de romans abominables qui deviennent la pâture homicide et quotidienne d'une grande partie de notre malheureuse jeunesse? Ce ne serait point assez le dire, il faudrait en pousser des sanglots. C'est ainsi que l'impiété tourne contre nous le plus inappréciable des dons de la nature et... nous verse la mort à pleine coupe par le plus haut sommet de l'âme: l'intelligence!»[19]

Après avoir dressé ce tableau pessimiste de la culture contemporaine l'auteur terminait son exposé par la mise au point d'une véritable contre-offensive culturelle. Il proposait, dans cette perspective, l'adoption de mesures énergiques destinées à neutraliser les ravages faits par «l'impiété». Se référant à cette dernière il affirmait donc:

> «Prend-elle en main la science? prenons aussi la science. Recourt-elle aux lettres, recourons-y nous-mêmes. Est-ce en captant la curiosité, en trompant le goût qu'elle distille son venin? Attirons la curiosité et nourrissons le goût par des charmes aussi vifs, et plus innocents. Elle abuse donc de la grande expansion de l'enseignement... N'en soyons pas déconcertés; tout cela peut être à notre avantage et se diriger contre elle. Puisque l'enseignement est universel, tant mieux! réjouissons-nous-en et favorisons-le... Que ce ne soit pas le siècle qui se vante de nous entraîner après lui; prenons

---

19 *NM*, 7 octobre 1867.

l'initiative et poussons au contraire, le siècle devant nous...»[20]

Cette volonté de favoriser l'expression d'une culture jugée plus saine s'était concrétisée au cours des années 50 par la fondation de plusieurs organismes culturels dirigés et animés pour la plupart par des communautés religieuses enseignantes avec la collaboration active de certains laïcs. C'est ainsi que fut créée en 1854 l'«Union Catholique de Montréal pour l'alliance de la Religion et des Lettres». Il s'agissait d'un cercle culturel fondé par les Jésuites et dirigé par le P. Vigon, s.j., dans l'intention, nous dit l'historien des Jésuites, E. Lecompte, de contrer l'influence nocive de l'Institut Canadien de Montréal[21].

En examinant les ouvrages dont se composait la bibliothèque de l'Union Catholique, ainsi que les sujets de plusieurs des conférences qui s'y donnèrent au cours des années 50 et 60, on s'aperçoit qu'il s'agissait de fait d'un centre actif de propagation des idéaux ultramontains. C'est là en effet que les membres intéressés pouvaient consulter les œuvres de Louis Veuillot, de l'historien de l'Eglise Rohrbacher, de Donoso Cortès, de Mgr Gaume et de plusieurs autres écrivains ultramontains célèbres à l'époque. C'est là également que des ultramontains militants tels que A. Villeneuve, l'abbé F. Colin et le P. Braun donnèrent maintes conférences que rapportaient souvent l'*Ordre,* le *Courrier du Canada* et, plus tard, le *Nouveau Monde.*

Trois ans après la fondation de l'«Union Catholique de Montréal», soit en 1857, ce fut au tour des Sulpiciens de mettre sur pied une bibliothèque et d'aménager une salle de lecture. Ce sera le «Cabinet de Lecture paroissial»[22]. Il semble que le Cabinet de Lecture des Sulpiciens ainsi que le «Cercle Littéraire» qui s'y rattachait, connurent une grande vogue tout au long du siècle dernier. C'était Alphonse Desjardins qui présidait en 1867 ce cercle littéraire et les conférences qui s'y donnèrent furent souvent publiées simultanément dans le *Nouveau Monde* et dans l'*Echo du Cabinet de Lecture paroissial,* la revue que s'était donnée le cercle[23].

Dans le cercle littéraire des Sulpiciens, tout comme d'ailleurs

---

20 *Ibid.*
21 E. Lecompte, *Les Jésuites du Canada au XIXe siècle*, Montréal, 1920, vol. I, p. 310-311.
22 E.-Z. Massicotte, «Bibliothèques d'autrefois à Montréal», *Cahiers des Dix,* 12 (1947): 9-16.
23 Au sujet du contexte qui entoura la fondation du Cabinet de Lecture et de sa revue, voir M. Dandurand, «Les premières difficultés entre Mgr Bourget et l'Institut Canadien de Montréal», *Revue de l'Université d'Ottawa,* 25 (1955): 145-165. L'auteur spécifie que l'*Echo du Cabinet de Lecture* fut créé sur l'instigation de Mgr Bourget, afin d'assurer un auditoire plus vaste aux conférences qui se donnaient dans le cadre du Cercle Littéraire.

dans celui des Jésuites, les idéologues ultramontains firent preuve d'une présence et d'une collaboration qui en disaient long sur le dynamisme intellectuel de ce groupe et sur la conviction profonde qui animait ses membres. On trouve ainsi dans l'*Echo du Cabinet de Lecture* nombre d'articles signés par E.L. de Bellefeuille, C. Boucher, J. Royal et F.-X. Trudel.

A côté de ces organismes culturels qui acquirent une certaine renommée auprès des élites catholiques montréalaises, d'autres aux dimensions plus modestes virent également le jour au cours des années 60. Qu'il s'agisse ainsi du «Cercle Saint-Pierre» des Oblats de Marie-Immaculée, de l'«Association Catholique de Saint-François de Sales pour la défense de la foi et la propagation des bons livres», de l'«Union Catholique de Saint-Hyacinthe», l'ensemble de ces institutions témoignaient d'une vitalité culturelle que l'Eglise catholique — les ultramontains en tête — entendait canaliser manifestement dans le sens d'une orthodoxie religieuse parfaite.

Il faut enfin mentionner, dans le cadre de la lutte menée par Mgr Bourget contre l'Institut Canadien, la fondation, en 1852, de l'«Institut National». On sait comment la création de cet organisme fit suite à la dissidence survenue parmi les membres de l'Institut Canadien. Or cette dissidence avait été provoquée par les directives de l'évêque de Montréal visant à faire expurger la bibliothèque de l'Institut de tous les livres jugés contraires à la foi et aux bonnes moeurs [24].

L'Institut National ne survécut que trois ans (jusqu'en 1854) mais en 1858 un autre essai tenté dans le même sens fut couronné d'un succès plus grand. Cette seconde initiative, survenue dans des circonstances analogues à celles qui provoquèrent la création de l'Institut National, aboutit cette fois à la fondation de l'Institut Canadien-Français» [25]. Ce dernier, composé initialement de 108 membres dissidents de l'Institut Canadien, réussit à se donner comme président le surintendant de l'éducation, P.-J.-O. Chauveau, et comme premier vice-président Louis Labrèche-Viger, ancien collaborateur de l'*Avenir* et du *Pays*. Il faut reconnaître toutefois que malgré l'adhésion de personnalités importantes et en dépit de l'encouragement que lui prodigua l'évêque de Montréal, l'Institut Canadien-Français n'eut ni

---

[24] Au sujet de l'Institut National et des circonstances particulières qui ont présidé à sa fondation, voir l'article de L. Pouliot, «L'Institut Canadien de Montréal et l'Institut National», RHAF, 14 (1961): 481-486.

[25] V. Morin, «Clubs et sociétés notoires d'autrefois», *Cahiers des Dix*, 15 (1950): 208-210.

la popularité ni le prestige dont jouissait l'Institut Canadien. Cependant sa création même — tout comme d'ailleurs celle des autres institutions culturelles analogues mentionnées plus haut — témoignait encore une fois de la volonté du clergé, et des ultramontains en particulier, de défendre le domaine de la culture contre l'influence de tout courant de pensée susceptible de rompre l'unanimité idéologique parfaite qu'on visait à instaurer au sein de la société québécoise de cette époque[26].

L'action militante ultramontaine dans le domaine socio-religieux

On a vu comment le dynamisme dont fit preuve l'évêque de Montréal dès les premières années de son épiscopat avait imprimé un élan particulier aux institutions et à la vie religieuse dans son diocèse. Loin de se ralentir cet élan ira en s'accroissant au cours des décennies 50 et 60. On verra alors comment, au cours de ces années, les convictions ultramontaines de Mgr Bourget marqueront à plusieurs niveaux l'univers religieux de son époque: depuis l'instauration de nouvelles formes de pratiques religieuses jusqu'à la modification de certains détails dans les cérémonies du culte, en passant par la formation de diverses associations pieuses.

Une étude attentive de la pastorale de Mgr Bourget ainsi que des directives émises à l'intention des curés de son diocèse, révèle en effet l'établissement progressif d'une pratique religieuse axée avant tout sur une expression collective et très extériorisée de la piété populaire. Nul évêque n'aura encouragé autant que le fit l'évêque de Montréal la multiplication de tant d'associations pieuses, qu'il s'agisse de congrégations, de groupements voués à un saint ou à une dévotion particulière, ou encore de sociétés aux objectifs à la fois religieux et sociaux (comme le furent par exemple les multiples «sociétés de tempérance» qui virent le jour au cours des années 40). De plus, nul évêque n'aura autant favorisé la pratique de formes organisées de prières auxquelles était rattachée une série d'indulgences spéciales (i.e. neuvaines, rosaires, «couronnes» à la Vierge, pratique popularisée des

---

26 De fait la disparition de l'Institut Canadien de Montréal vers la fin des années 70 (à la suite de la lutte acharnée que lui livra Mgr Bourget) marquait la fin du seul organisme culturel qui aurait été en mesure de contrer sérieusement cette unanimité idéologique à laquelle visait tout le groupe ultramontain.

«Quarante heures» de prières devant le tabernacle, etc.) ni la multiplication d'autant de pèlerinages à des lieux consacrés, de processions et de cérémonies reliées à des bénédictions d'images saintes et de reliques, etc.[27]

Ce qui retient cependant l'attention dans le type de pratique religieuse prônée par Mgr Bourget, c'est qu'il rejoint par bien des aspects celui des manifestations propres au phénomène de «religion populaire» défini par M. Meslin (et plusieurs autres sociologues des religions dont G. Le Bras) comme la réaction des classes populaires à une religion officielle dont l'expression et la pratique ont été le plus souvent définies par les couches savantes de la communauté religieuse[28]. Ce qui frappe toutefois dans le cas de la pastorale de l'évêque de Montréal est le fait que ces pratiques, rattachées au phénomène de «religion populaire» ont été dans ce cas définies par le sommet plutôt que surgies spontanément de la base elle-même. Quant aux résultats que Mgr Bourget escomptait d'une pratique religieuse aussi intensifiée, ils semblent avoir été d'ordre à la fois religieux et social. Ainsi plusieurs mandements et lettres pastorales ont souligné le fait que la pratique religieuse servait autant à nourrir la piété des fidèles qu'à contrer les effets nocifs du rationalisme, des «mauvais livres» et des «mauvais journaux», contribuant ainsi à préserver la communauté canadienne-française de la contamination révolutionnaire[29].

Sous l'épiscopat du principal leader ultramontain de cette époque on assiste également à l'instauration d'un cérémonial religieux plus accentué, cérémonial dont l'une des principales caractéristiques fut l'imitation scrupuleuse de la liturgie romaine (qui finira d'ailleurs par supplanter totalement toute autre forme de liturgie locale). Plusieurs témoignages de l'époque permettent de conclure à la pompe, à la majesté, sinon même à la somptuosité dont furent marquées les cérémonies religieuses sous l'épiscopat de Mgr Bourget[30]. Ce dernier incitera souvent son clergé à observer fidèlement le

---

27 On peut mesurer l'importance de ces pratiques dans la pastorale de Mgr Bourget en la comparant sous cet angle avec la pastorale des évêques qui se succédèrent dans le diocèse de Québec au cours de la même période.

28 M. Meslin, «Le phénomène religieux populaire», in *Les Religions populaires*, Colloque international, p. 5-15.

29 Voir en particulier les réflexions contenues à cet égard dans la lettre circulaire du 25 novembre 1859 à l'occasion de la pratique des «Quarante heures», ainsi que dans la lettre circulaire du 19 mars 1870 expliquant les objectifs poursuivis par la translation à Rome des reliques de saint Zénon et des cérémonies religieuses qui l'accompagnaient.

30 Les *Mélanges Religieux* surtout publièrent fréquemment, et souvent dans leurs moindres détails, la description des grandes cérémonies qui ont ponctué la vie religieuse de leur temps. Plus tard l'*Ordre* et ensuite le *Nouveau Monde* suivront à leur tour cet exemple.

cérémonial prescrit, en assurant «qu'il n'est rien de plus efficace pour nourrir la foi et la piété des Paroisses que le spectacle toujours nouveau des Offices bien chantés et célébrés avec solennité»[31]. Il fera également valoir les effets bénéfiques, pour le clergé dans son ensemble, d'un cérémonial religieux bien soigné:

> «Avec le culte divin bien soigné, nous conservons la foi; et avec la foi, nous régnons sur les cœurs; et notre règne se maintiendra aussi longtemps que se conservera la foi du peuple. Ces vérités sont palpables et n'ont en conséquence, nul besoin de preuves»[32].

Mais c'est surtout à l'intégration progressive de la liturgie romaine dans la liturgie locale que s'est attaché le plus l'évêque de Montréal tout au long de son épiscopat. Il affirmait en 1857 à ses diocésains:

> «Nous nous sommes appliqués soigneusement à suivre... les usages de Rome. Nous n'avons donc inventé aucune cérémonie nouvelle; nous avons même renoncé à celles qui étaient pratiquées dans notre Cathédrale, quand elles se sont trouvées en contradiction avec celles de l'Eglise-Mère. Aussi avons-nous la douce confiance que bientôt on pourra dire que dans chacune de nos églises on fait comme à Rome: Sic fit Romæ»[33].

C'est avec raison que Mgr Bourget proclamait sa fidélité inconditionnelle aux «usages de Rome». En 1854 il avait introduit le «Rituel Romain» accompagné d'un «Cérémonial» calqué, disait-il, sur celui en vigueur à Rome[34]. L'année suivante, il rédigeait des «Suggestions diverses pour honorer le dogme de l'Immaculée Conception» et le faisait «conformément à ce qui se pratique à Rome»[35]. La même année, il prescrivait l'usage de l'orgue durant la récitation du Credo «suivant l'usage de Rome»[36].

Il y a certes à travers cette imitation scrupuleuse du modèle

---

31 Mgr Bourget, Ordonnance épiscopale du 23 janvier 1857, vol. III, 235-236.

32 Mgr Bourget, Lettre circulaire, 22 mars 1854, vol. II, 430.

33 Mgr Bourget, Ordonnance épiscopale du 23 janvier 1857. C'est dans cette ordonnance que Mgr Bourget prescrira à son clergé l'usage du surplis romain et de la barette quadricorne. L'imposition du col romain suivra, un an plus tard (Mandement, 31 mai 1858, vol. III, 378).

34 Mgr Bourget, Lettre circulaire, 22 mars 1854.

35 Mgr Bourget, Lettre circulaire, 15 mai 1855.

36 Mgr Bourget, Règlement, décembre 1855.

romain un net souci d'uniformiser la liturgie locale comme l'affirme lui-même, en ces termes, l'évêque de Montréal à son clergé:

> «Montrons en particulier notre humble et filiale soumission aux plus petites règles et aux usages les plus simples de la Sainte Eglise Romaine, afin d'être sur ce point, comme dans le reste, tout-à-fait uniformes»[37].

Mais au-delà de ce désir proclamé d'uniformisation liturgique, il y avait manifestement l'admiration sans bornes de l'ultramontain convaincu qu'était Mgr Bourget à l'endroit des valeurs qu'incarnait à ses yeux le modèle romain. Aussi le soin qu'il apporta à imiter ce modèle apparaît avant tout comme l'expression concrète de cette admiration.

Enfin l'étendue et la portée de la piété romaine de Mgr Bourget s'exprimera avec encore plus d'éclat lors de l'organisation, en 1867, du mouvement des zouaves pontificaux canadiens. L'historien M. Wade résume ainsi cet épisode significatif de l'histoire de l'ultramontanisme au siècle dernier:

> «... en 1867, Mgr Bourget, de Montréal, décidait de lever un contingent de zouaves canadiens, bien que le pape n'eût demandé qu'une aide financière et non des volontaires. La suite personnelle de l'évêque, composée de prêtres et de laïcs enthousiastes, toujours en avant pour les questions françaises et catholiques, prêchèrent une guerre sainte, en chaire et dans la presse. En février 1868, 135 volontaires choisis parmi 564 davantage pour leur moralité que pour leur valeur militaire, partirent de Montréal après trois jours de cérémonies publiques»[38].

Parmi les laïcs qui composaient le comité de recrutement et d'organisation des zouaves pontificaux, on retrouve les noms de plusieurs idéologues ultramontains notoires de l'époque tels que: Joseph Royal, F.-X. Trudel, E.L. de Bellefeuille et Sévère Rivard.

Si l'on en juge par le nombre relativement élevé de jeunes gens qui se présentèrent à l'enrôlement (ils totalisaient 504), il semble bien que cette nouvelle forme de croisade suscita un vif enthousiasme parmi la jeunesse de cette époque, en particulier celle qui avait accès à l'enseignement dans les collèges classiques d'alors où le caractère

---

37 Mgr Bourget, Lettre circulaire, 31 mai 1858.
38 M. Wade, *op. cit.*, vol. I, p. 374.

chevaleresque du projet fut exalté de diverses manières[39].

Bien plus toutefois que les détails concrets relatifs à cet épisode, ce qui nous intéresse ici c'est de constater à quel point, grâce aux efforts déployés en ce sens par les ultramontains, la cause pontificale a revêtu au sein de la collectivité québécoise l'allure d'une cause véritablement nationale. La popularité de Pie IX auprès des masses et l'ardeur avec laquelle sa cause fut épousée étaient de fait l'aboutissement d'un cheminement idéologique particulier. On y reconnaît en effet le résultat concret des efforts déployés par les ultramontains en vue de projeter du pape une image idéalisée et d'identifier sa cause à celle de la catholicité entière. Ainsi le concept de nationalité catholique» que Mgr Bourget avait mis de l'avant à maintes reprises dans le passé revêtait tout son sens dans le cadre de l'épisode des zouaves pontificaux canadiens.

Le bilan incertain de l'action ultramontaine dans le domaine politique

On a pu constater que les théories ultramontaines ont marqué l'évolution historique de la société québécoise du milieu du XIXe siècle, et ceci à maints niveaux. Qu'il s'agisse en effet de l'éducation et de la culture, ou encore, comme nous venons de le voir, de la vie socio-religieuse de cette époque, l'ultramontanisme a laissé des traces nombreuses et durables. Dans le secteur politique toutefois, le bilan de l'action militante ultramontaine est plus difficile à établir et toute conclusion dans ce domaine se devra d'être nuancée.

En prônant la thèse de la suprématie de l'Eglise sur l'Etat, l'ultramontanisme s'était défini des objectifs politiques à la fois précis et intransigeants, ne faisant que peu ou pas de place au compromis. Dans la pratique cependant, la réalisation de ces objectifs devait s'avérer plus difficile que prévu. En effet l'influence cléricale dans le domaine politique passait, comme on l'a vu, par une nécessaire alliance du clergé avec la petite bourgeoisie conservatrice au pouvoir. Le fonctionnement harmonieux de cette alliance reposait ainsi sur une entente implicite aux termes de laquelle chacun des deux groupes devait tirer de son alliance avec l'autre le maximum d'avantages

---

[39] R. Rumilly, *op. cit.*, vol. I, 116. Cette propagande en faveur du mouvement des zouaves pontificaux prit la forme de pièces de théâtre organisées dans les collèges, de compositions prescrites sur ce thème, de poèmes publiés sur le sujet, etc.

possible. Il s'agira d'évoquer brièvement dans les pages qui suivent quelques aspects des principaux bénéfices que cette réciprocité a valu effectivement tant au clergé qu'à la petite bourgeoisie au pouvoir.

Cette harmonie entre les deux groupes pouvait-elle toutefois résister longtemps aux divergences qui séparaient à long terme leurs intérêts respectifs? Jusqu'à quel point plus précisément, l'Etat bourgeois pouvait-il s'accommoder d'une suprématie cléricale nettement avouée sans risquer de nuire à son propre pouvoir politique, ou du moins à la proportion déjà réduite de pouvoir politique dont disposait alors l'Etat bas-canadien? On verra que les accommodements qui furent possibles à d'autres niveaux sont apparus plus difficiles à réaliser dans le domaine politique, là même où l'Etat bourgeois ne pouvait en fait céder sa suprématie à l'Eglise sans perdre en quelque sorte sa véritable raison d'être.

Dès le milieu des années 40 et jusqu'à la fin des années 60, il est manifeste que l'harmonie des rapports entre le groupe au pouvoir (Réformistes puis, plus tard, Conservateurs) et le clergé, a valu à ce dernier un appui politique sans lequel l'influence cléricale n'aurait pu marquer autant qu'elle l'a fait l'histoire sociale de cette période. Les tractations qui ont précédé plusieurs des lois sociales votées au cours de ces années révèlent à quel point, et combien souvent, le groupe au pouvoir a accédé aux demandes formelles sinon aux pressions indirectes, émanant des milieux cléricaux, ultramontains en particulier. C'est principalement ainsi que l'Eglise a accru son pouvoir dans le domaine éducatif, s'est vue confirmer la majorité de ses privilèges traditionnels dans le domaine économique et juridique (perception de la dîme, exemption des taxes, libre érection des paroisses, etc.) et a finalement manifesté avec plus d'éclat que jamais sa présence à tous les niveaux de la vie sociale et religieuse.

De son côté, le clergé — les ultramontains en tête — n'a pas ménagé son appui politique au groupe conservateur. Cet appui s'est manifesté de diverses manières, dont la plus efficace peut-être fut la guerre sans merci livrée par les ultramontains aux adversaires communs des deux groupes qu'étaient les libéraux. Ainsi la collusion, à ce

---

40 Voir à ce sujet dans *Les Rouges* de J.-P. Bernard, les analyses de l'auteur portant sur les résultats des élections de 1851, 1854, 1857-58, 1861, 1863 (élections partielles) et 1867. Il apparaît qu'à la suite de chacune de ces élections les Rouges ont dénoncé les multiples formes qu'a revêtue l'hostilité du clergé à leur égard et la façon dont cette hostilité a pu influencer le déroulement, et finalement les résultats, de chacune de ces campagnes électorales. Ainsi des problèmes politiques, qui auraient dû normalement être au centre des débats, l'attention de l'électorat était déplacée vers des questions d'ordre religieux. Ceci était d'autant plus lourd de conséquences que l'une de ces élections au moins, soit celle de 1867, engageait de façon décisive l'avenir politique du Québec.

niveau, des intérêts cléricaux et conservateurs a valu aux libéraux — entre autres déboires — la plupart de leurs défaites électorales aux mains des conservateurs [40]. Par contre les Conservateurs ont pu, quant à eux, mesurer à plusieurs reprises la rentabilité électorale de leur alliance avec le clergé. Pendant que la pastorale et la presse ultramontaine surtout ne cessaient de dénoncer les méfaits du libéralisme sur tous les plans, les principes conservateurs étaient assimilés à l'esprit même du catholicisme. Ainsi, tout comme à la veille des élections de 1867, Mgr Bourget interviendra avant celles de 1871 pour rappeler à ses diocésains que, malgré la neutralité toujours observée par le clergé à l'égard des «questions qui ne touchent en rien aux principes religieux», le devoir de l'Eglise était d'encourager «ceux qui consacrent leurs talents à promouvoir les saines doctrines et à leur procurer de puissants défenseurs, dans les assemblées législatives et ailleurs» [41]. Enfin en parlant de ces «enfants dévoués de l'Eglise», l'évêque de Montréal avait été jusqu'à conclure sans équivoque:

> «Il est donc juste que l'Eglise, en les reconnaissant pour ses enfants dévoués, les couvre de sa protection maternelle, leur fasse entendre des paroles de consolation, leur donne enfin tout l'appui dont ils ont besoin pour qu'ils ne se découragent pas dans les longs et pénibles combats dans lesquels ils se trouvent engagés, pour travailler autant qu'il est en eux, à sauver et propager, dans notre société, les principes conservateurs qui sont les seuls qui puissent rendre notre peuple bon, moral, paisible, industrieux et par dessus tout sincèrement religieux» [42].

La publicité donnée à ces déclarations par le *Franc-Parleur* (le plus fougueux des journaux ultramontains de l'époque) intervenait par ailleurs au moment où la collaboration offerte par les ultramontains aux Conservateurs apparaissait comme de plus en plus conditionnelle. Elle l'était d'autant plus que, depuis la fin des années 60, on pouvait déceler de part et d'autre des signes de mécontentement réciproque qui laissaient prévoir, pour l'alliance ultramontaine-conservatrice, des lendemains plus difficiles. En effet, pendant que les théories ultramontaines relatives à la suprématie de l'Eglise sur l'Etat,

---

41 Mgr Bourget, Lettre circulaire, 6 mai 1871, publiée par le *Franc-Parleur* le 1er juin 1871. Mgr Bourget avait déjà rédigé le 25 mai 1867 une lettre circulaire traitant dans le même sens des normes qui devaient présider au choix des candidats lors des prochaines élections destinées à former le gouvernement fédéral.

42 Mgr Bourget, Lettre circulaire, 6 mai 1871.

s'exprimaient de façon de plus en plus intransigeante[43], certains leaders conservateurs paraissaient vouloir prendre quelque peu leurs distances par rapport aux directives émanant des milieux ultramontains. C'était manifestement le cas pour George-Etienne Cartier et, quoique de façon moins évidente, pour Joseph Cauchon de même que pour l'ex-militant ultramontain qu'avait été Hector Langevin.

Certains problèmes avaient plus que d'autres contribué à provoquer un début de scission entre ultramontains et conservateurs. Tel fut par exemple le cas de la question des droits scolaires accordés aux minorités protestantes dans la future province de Québec (question débattue en 1866) et plus tard de celle des droits équivalents déniés aux minorités catholiques dans la législation scolaire du Nouveau-Brunswick (en 1870). Tel fut également le cas des problèmes suscités par le soulèvement des Métis dans les Territoires du Nord-Ouest et des positions adoptées à cet égard par le gouvernement conservateur de G.-E. Cartier. A ces différentes sources de malaise il fallait ajouter enfin le mécontentement provoqué dans les milieux ultramontains par l'attitude de G.-E. Cartier dans le différend qui opposait ses anciens maîtres, les Sulpiciens, à l'évêque de Montréal dans l'affaire de la division de leur paroisse montréalaise[44].

Les malaises survenus dans les relations ultramontaines-conservatrices ne se traduisirent pas toujours dans les écrits de l'époque par des références précises aux problèmes mentionnés ci-haut. On les décèle plutôt, du moins dans les premiers temps, à travers les discussions acerbes menées dans les journaux des deux groupes autour de questions de principes et de problèmes à caractère théorique. C'est ainsi que dès 1868 le *Nouveau Monde* ouvrait les hostilités en entamant avec la *Minerve* (l'organe des Conservateurs et de G.-E. Cartier en particulier) une série d'escarmouches qui tourneront parfois à la guerre ouverte au cours des premiers mois de 1869.

Le *Nouveau Monde* reprocha en particulier à la *Minerve* d'avoir «fait fausse route dans les moments critiques où l'autorité religieuse, la première de toutes sur la terre, avait surtout besoin de ses

---

43 Obéissant à la logique d'une réaction défensive, les théories ultramontaines relatives à la suprématie de l'Eglise sur l'Etat se faisaient de plus en plus rigides, à mesure que se multipliaient les indices de la difficulté de leur mise en application intégrale.

44 Cette dernière question surtout a été à l'origine d'une longue brouille entre le leader ultramontain et le leader conservateur. Elle a constitué sans nul doute un facteur important dans la baisse de popularité de G.-E. Cartier dans la circonscription électorale de Montréal-Est, où ce dernier allait perdre ses élections en 1872 (au sujet des détails entourant cet épisode, voir R. Rumilly, *Histoire de la province de Québec*, vol. I, 186-194).

services»[45]. Délaissant ensuite l'allusion indirecte à l'attitude de G.-E. Cartier dans le conflit entre Mgr Bourget et les Sulpiciens[46], le principal organe ultramontain se plaçait à nouveau sur le plan des principes en affirmant sa volonté de défendre avant tout la «vérité religieuse et sociale» et de combattre «tous les faux principes partout où ils se produisent»[47]. D'ailleurs, et le *Nouveau Monde* reviendra fréquemment par la suite sur cet argument, il fallait préciser que seul un catholicisme sans faille pouvait inspirer de bons principes et des sentiments véritablement conservateurs. Il ne fallait pas non plus oublier, disait le journal, que la priorité devait toujours être donnée aux convictions religieuses et non à l'option politique, quelle qu'elle soit. Le *Nouveau Monde* défendait cette thèse à travers la profession de foi suivante:

> «Nous sommes catholiques avant tout, et c'est pour cette raison que nous sommes conservateurs; car il y a des gens qui sont conservateurs avant tout, dans le sens partisan du mot, et qui souvent pour cette raison, sont catholiques. Nous n'avons que faire des partis purement politiques....Le *Nouveau Monde* n'est pas un journal de parti. Dans les questions de sciences religieuses et sociales il représente l'idée catholique et romaine; dans les matières purement politiques il se fait l'organe de cette foule d'excellents citoyens qui vivent loin des places, se contentent de ne demander au pouvoir civil que les mesures les plus propres à assurer l'administration efficace de la justice, à sauvegarder la propriété, à prêter tout son appui à l'autorité religieuse, à accroître la majesté des lois, et à promouvoir de toutes ses forces la grandeur morale et matérielle de la nation»[48].

Le *Journal de Québec* allait bientôt partager le sort fait à la *Minerve* par le *Nouveau Monde*. En effet après le journal de G.-E. Cartier, ce fut au tour de celui de Joseph Cauchon d'essuyer les foudres ultramontaines. C'est ainsi que le *Journal de Québec* se vit tantôt taxé de sympathies gallicanes et de penchant manifeste pour le libéralisme catholique[49], tantôt accusé d'ignorance en matière reli-

---

45 *NM*, 2 mars 1869.

46 On se rappelle que le gouvernement provincial, à l'instigation de G.-E. Cartier, refusait toujours d'accorder aux paroisses montréalaises créées par Mgr Bourget, le droit de tenir les registres civils.

47 *NM*, 2 mars 1869.

48 *Ibid.*

49 *NM*, 16 mars 1871 et 27 juin 1871.

gieuse[50]. Bientôt le *Journal des Trois-Rivières* se joignit au *Nouveau Monde* et la presse conservatrice vit se multiplier les attaques à l'endroit et des aspects douteux de son orthodoxie religieuse et du caractère partisan de ses convictions politiques.

Mais si l'atmosphère des relations ultramontaines-conservatrices s'était déjà nettement gâtée au début de l'année 1871, elle faillit être empoisonnée au printemps de la même année, lors de la publication le 20 avril 1871 par le *Journal des Trois-Rivières* du «Programme Catholique». Le manifeste pré-électoral qu'était le Programme Catholique avait été le fruit d'une concertation qui s'était tenue, au cours du mois d'avril 1871, chez Alphonse Desjardins — le propriétaire du *Nouveau Monde* — entre les plus zélés des leaders laïcs ultramontains[51]. On retrouve en effet, parmi les participants à cette réunion, des noms d'ultramontains tels que les avocats F.-X. Trudel, Siméon Pagnuelo et L.-O. Taillon. Y participait également l'ex-zouave Testard de Montigny, devenu président de l'Union Allet (l'association des anciens zouaves pontificaux fondée deux mois auparavant et destinée à devenir un centre actif d'apostolat ultramontain), ainsi que des représentants des principaux organes de la presse ultramontaine: E. Renault du *Courrier du Canada,* M. McLeod du *Journal des Trois-Rivières,* C. Beausoleil du *Nouveau Monde* et le censeur de ce journal, le chanoine G. Lamarche.

Le Programme Catholique fut publié le 20 avril 1871 par le *Journal des Trois-Rivières* et reproduit tout de suite après par le *Nouveau Monde,* le *Franc-Parleur* et le *Courrier du Canada.* Ses rédacteurs affirmaient s'être inspirés de la lettre pastorale de Mgr Laflèche, datée du 10 mars 1871, et dans laquelle l'évêque de Trois-Rivières donnait les directives suivantes relatives aux devoirs politiques des catholiques en matière électorale:

> «Les hommes que vous envoyez vous représenter dans la Législature sont chargés de protéger et de défendre vos intérêts religieux selon l'esprit de l'Eglise, autant que de promouvoir et sauvegarder vos intérêts temporels. Car les lois civiles sont

---

50 *NM*, 16 mars 1871 et 18 mars 1871.

51 Pour l'ensemble des détails relatifs aux circonstances qui ont entouré la formulation du Programme Catholique et aux réactions auxquelles il donna lieu, voir les deux témoignages contemporains suivants: B.A.T. de Montigny, *Qu'est-ce que le Programme Catholique?* (1880), et (d'un auteur anonyme): *Le Programme Catholique, ses défenseurs et ses détracteurs, mémoire soumis à Dom Smeulders, Commissaire apostolique au Canada* (1884). Voir également la synthèse de cet épisode important de l'histoire ultramontaine dans R. Rumilly, *Mgr Laflèche et son temps*, Montréal, 1938, p. 62-70.

nécessairement en rapport, sur un grand nombre de points avec la religion. C'est ce que les Pères du Concile disent clairement dans leur décret... C'est par un choix judicieux de vos législateurs que vous pourrez vous assurer la conservation et la jouissance de cette liberté (liberté du culte) la plus précieuse de toutes, et qui donne à vos premiers pasteurs l'immense avantage de pouvoir gouverner l'Eglise du Canada, selon les prescriptions immédiates du Saint-Siège et de l'Eglise romaine, la mère et la maîtresse de toutes les Eglises»[52].

La lettre pastorale de Mgr Laflèche constituait une sorte de préliminaire dont le Programme Catholique se présentait ensuite comme la conclusion logique. Les auteurs du Programme s'appuyaient donc sur ce document pour formuler à leur tour les recommandations suivantes:

«C'est pourquoi il est nécessaire que ceux qui exercent ce pouvoir législatif soient en parfait accord avec les enseignements de l'Eglise. C'est pourquoi il est du devoir des électeurs catholiques de choisir, pour leurs représentants, des hommes dont les principes soient parfaitement sains et sûrs.

L'adhésion pleine et entière aux doctrines catholiques romaines en religion, en politique et en économie sociale, doit être la première et la principale qualification que les électeurs catholiques devront exiger du candidat catholique. C'est le critérium le plus sûr qui devra leur servir à juger les hommes et les choses»[53].

Délaissant un peu plus loin les énoncés théoriques au profit de conclusions à caractère pratique, les rédacteurs du Programme Catholique abordaient enfin le délicat problème des relations entre ultramontains et conservateurs dans le domaine politique. Sans aller jusqu'à constituer une véritable mise en demeure, cette partie du Programme se voulait une déclaration non équivoque sur les conditions jugées indispensables à l'appui des ultramontains au parti conservateur. Nous la reproduisons intégralement, jugeant que cette étape du Programme en est aussi le cœur:

«Nous appartenons en principe au parti conservateur, c'est-à-dire à celui qui s'est constitué le défenseur de l'autorité

---

52 Mgr Laflèche, Lettre pastorale, 10 mars 1871, publiée par le *Journal des Trois-Rivières* le 20 avril 1871.

53 «Le Programme Catholique» *Journal des Trois-Rivières*, 20 avril 1871.

sociale. C'est assez dire que, par le *parti conservateur,* nous n'entendons pas toute réunion d'hommes n'ayant d'autre lieu que celui de l'intérêt et de l'ambition personnelle, mais un groupe d'hommes professant sincèrement les mêmes principes de religion et de nationalité, conservant dans leur intégrité les traditions du vieux parti conservateur qui se résument dans un attachement inviolable aux doctrines catholiques et dans un dévouement absolu aux intérêts nationaux du Bas-Canada.

Dans la situation politique de notre pays, le parti conservateur étant le seul qui offre des garanties sérieuses aux intérêts religieux, nous regardons comme un devoir d'appuyer loyalement les hommes placés à sa tête.

Mais ce loyal appui doit être subordonné aux intérêts religieux que nous ne devons jamais perdre de vue. Si donc il existe dans nos lois des lacunes, des ambiguïtés ou des dispositions qui mettent en péril les intérêts des catholiques, nous devons exiger de nos candidats un engagement formel de travailler à faire disparaître ces défauts de notre législation.

Ainsi la presse religieuse se plaint avec raison que nos lois sur le mariage, sur l'éducation, sur l'érection des paroisses et sur les registres de l'état-civil sont défectueuses en ce qu'elles blessent les droits de l'Eglise, gênent sa liberté, entravent son administration ou peuvent prêter à des interprétations hostiles. Cet état de choses impose aux députés catholiques le devoir de les changer et modifier selon que Nos Seigneurs les Evêques de la Province pourraient le demander afin de les mettre en harmonie avec les doctrines de l'Eglise catholique romaine. Or, pour que les députés s'acquittent plus diligemment de ce devoir, les électeurs doivent en faire une condition de leur appui. C'est le devoir des électeurs de n'accorder leurs suffrages qu'à ceux qui veulent se conformer entièrement aux enseignements de l'Eglise relativement à ces matières»[54].

A la suite de ces indications précises, les rédacteurs du Programme allaient même jusqu'à expliquer aux futurs électeurs vers qui devrait se porter leur choix lorsqu'à l'intérieur d'une circonscription électorale un candidat conservateur s'opposait à un candidat libéral. Il est entendu, affirmaient les auteurs du document, que «nos sympathies actives iront pour le premier» ce qui ne les empêchait point

---

54 *Ibid.*

De la théorie à la pratique (1848-1871)

de conseiller l'abstention si le candidat conservateur s'avisait de vouloir rejeter les conditions formulées par le Programme[55].

Si déjà à la fin des années 60 les rapports entre ultramontains et conservateurs étaient moins harmonieux qu'ils ne l'avaient été au cours de la décennie précédente, le contenu du Programme Catholique n'était certes pas de nature à les améliorer. De la part de la *Minerve* comme du *Journal de Québec,* les protestations indignées se multiplièrent à l'endroit de ceux qu'on surnomma bientôt péjorativement les «Programmistes». On les accusa notamment de défection et on leur attribua l'intention de nuire sciemment au parti conservateur auquel leurs positions tendaient à porter préjudice[56].

Cependant, face à l'ampleur des réactions hostiles issues des rangs conservateurs, Mgr Bourget et Mgr Laflèche tinrent à appuyer officiellement le Programme et à encourager ses promoteurs dans la voie intransigeante où ils avaient choisi de s'engager[57]. Pourtant l'archevêque de Québec, Mgr Taschereau, n'avait pas caché sa désapprobation face à cette nouvelle initiative ultramontaine. Dès le 24 avril 1871, il avait fait parvenir à son clergé une lettre circulaire désapprouvant implicitement le Programme en soulignant qu'il avait «le grave inconvénient d'avoir été formulé en dehors de toute participation de l'épiscopat». L'évêque de Rimouski, Mgr Langevin (frère d'Hector Langevin) et l'évêque de Saint-Hyacinthe, Mgr Larocque, acceptèrent d'emboîter le pas derrière Mgr Taschereau. Ainsi l'encouragement officiel apporté au Programme Catholique par Mgr Bourget et Mgr Laflèche, allant à l'encontre des positions adoptées à ce sujet par d'autres membres de l'épiscopat, révélait l'existence d'une division profonde au sein de la hiérarchie cléricale[58].

Cependant face aux remous suscités par le Programme et aux desseins belliqueux qu'on leur prêtait, ses auteurs proclamèrent bien haut leurs intentions pacifiques, affirmant même que le document incriminé représentait au fond «une avance, l'offre d'une paix, bien

---

55 *Ibid.*

56 Les plus fréquentes furent les plaintes et les accusations portées à l'endroit des Programmistes par la *Minerve* et le *Journal de Québec* au cours du printemps et de l'été 1871.

57 Mgr Bourget, Lettre circulaire du 6 mai 1871 et Mgr Laflèche, Lettre circulaire du 15 mai 1871 (publiée intégralement, deux jours plus tard, par le *Journal des Trois-Rivières*).

58 Cette division entre les évêques — en particulier entre Mgr Taschereau d'une part et Mgr Bourget d'autre part — allait être, au cours des années qui suivirent la publication du Programme, de plus en plus accentuée, atteignant un point culminant avec les querelles suscitées par la question universitaire (projet de fondation à Montréal d'une université catholique indépendante de l'université Laval).

plus d'une alliance durable, fondée sur les conditions les plus avantageuses et les plus honorables pour tous»[59]. Les Conservateurs n'en continuèrent pas moins à percevoir le Programme Catholique comme un véritable instrument de chantage, conçu pour leur nuire sur le plan électoral. Tel ne fut pas le cas cependant puisqu'aux élections provinciales de juin 1871, seul parmi les Programmistes, F.-X. Trudel sera élu et le vote conservateur ne parut pas affecté outre mesure par le différend survenu entre les ultramontains et leurs anciens alliés[60].

Si les conséquences du Programme ne furent donc pas aussi négatives que le prétendirent les plus alarmistes parmi les conservateurs et même si une réconciliation interviendra un peu plus tard entre G.-E. Cartier et Mgr Bourget[61], il n'en demeurait pas moins que le Programme Catholique portait en soi une signification profonde. Il représentait avant tout une tentative logique et cohérente d'une mise en pratique intégrale des principes fondamentaux de l'ultramontanisme. L'idéologie ultramontaine avait constamment prôné la suprématie absolue de l'Eglise sur l'Etat; le Programme Catholique ne faisait qu'appliquer ce principe à l'interprétation de la réalité politique contemporaine afin de l'amener à s'y conformer. Si contrairement à ce que croyaient, un peu naïvement peut-être, les auteurs du Programme cette réalité politique se montrait réfractaire aux plans ultramontains, c'est que l'idéologie (et c'est bien là une des caractéristiques inhérentes à sa nature) n'avait jamais au fond réussi à donner de cette réalité qu'une image déformée. A un moment de l'évolution des structures où le clergé ne constituait pas la classe dominante au sein de l'échiquier social, comment espérer en effet que les intérêts cléricaux puissent l'emporter ouvertement sur ceux de la petite bourgeoisie au pouvoir? Certes l'influence cléricale allait bénéficier encore d'une longue période de survie au sein de la société québécoise[62], mais ceci ne se fera qu'au prix de certains compromis de la part du clergé, compromis à l'endroit de la bourgeoisie et des valeurs qu'elle prônait

---

59 *NM*, 12 mai 1871.

60 J. Hamelin, J. Letarte et M. Hamelin, «Les élections provinciales dans le Québec», *Cahiers de Géographie de Québec*, 7 (octobre 1959-mars 1960): 13-16. Par ailleurs aux élections fédérales de 1872, les Conservateurs verront leur majorité quelque peu réduite (38 sièges au lieu de 45 sièges emportés en 1867) et leurs journaux attribueront d'emblée cette éclipse aux méfaits du Programme Catholique.

61 R. Rumilly, *op. cit.*, p. 192. On sait que le prix de cette réconciliation, qui intervint à la veille des élections de 1872, fut principalement l'octroi, par le gouvernement provincial de Chapleau, du droit aux nouvelles paroisses créées par Mgr Bourget à Montréal de tenir ses registres civils.

62 Certains historiens et sociologues vont même jusqu'à affirmer que le pouvoir hégémonique exercé par le clergé au sein de la société québécoise, s'est prolongé au-delà du milieu du XXe siècle, soit jusqu'à l'avènement de la «Révolution tranquille» au début des années 60.

(y compris les valeurs libérales).

Plus réaliste que ne le fut le noyau ultramontain au seuil des années 70, le reste du clergé et de la hiérarchie cléricale comprendra assez vite la nécessité d'une intransigeance moindre et ira même jusqu'à percevoir graduellement sous un jour moins sévère les théories libérales tant décriées par l'ultramontanisme.

Est-ce à dire qu'au départ l'idéologie ultramontaine représentait un idéal dans l'absolu, ou encore une idéologie de l'impossible? Nous croyons plus exact, quant à nous, de la situer dans la trame normale d'une réalité historique mouvante au sein de laquelle s'inscrit tout phénomène de lutte pour le pouvoir. Ainsi, face à des structures qui différaient de plus en plus de celles où s'était exercée jadis sa domination de classe, le clergé allait devoir accepter d'exercer un pouvoir indirect — soit de type hégémonique — en remplacement du pouvoir direct qui fut le sien avant l'avènement du mode de production capitaliste. Dans la nouvelle conjoncture socio-historique des années 70, il devenait donc manifeste que les objectifs de suprématie cléricale, prônés par l'idéologie ultramontaine, ne coïncidaient plus avec les exigences d'une réalité historique nouvelle et, par suite, avec les intérêts immédiats et à long terme du clergé québécois.

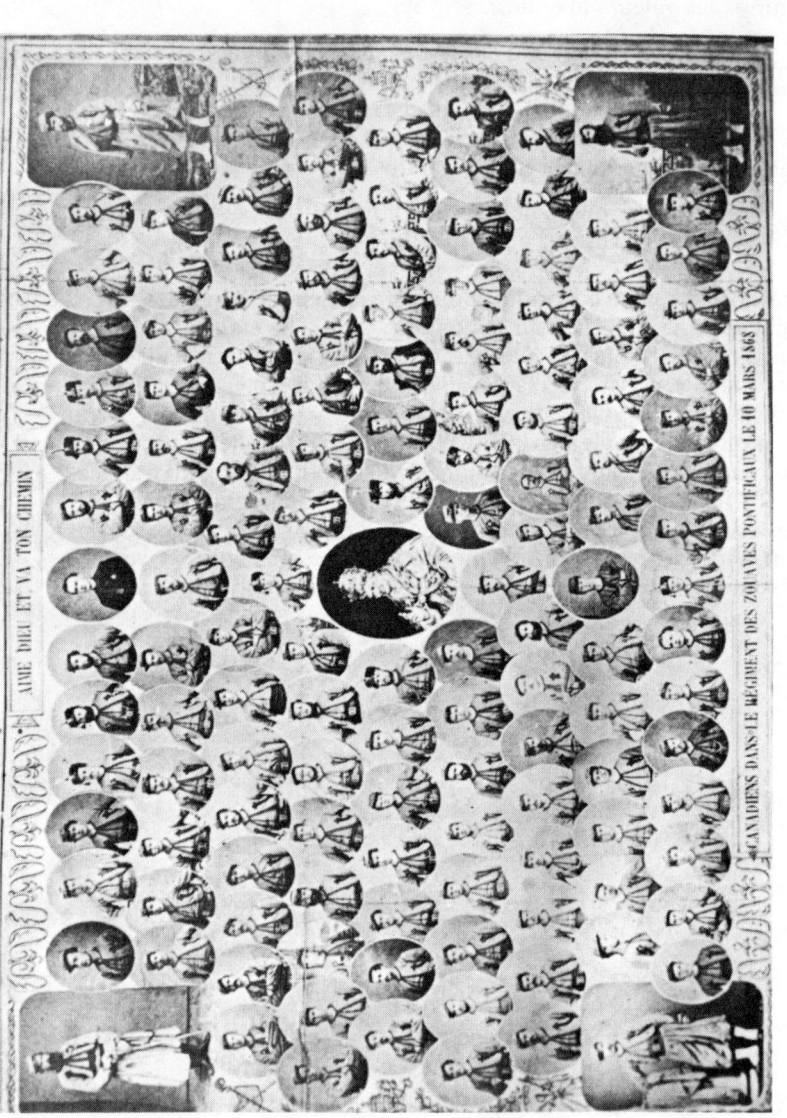

Canadiens dans le régiment des Zouaves Pontificaux.
Groupe de portraits (10 mars 1868).

Réunion de Zouaves Pontificaux dans un salon de l'époque.

Conclusion

Parmi les conclusions qui s'imposent au terme de cette analyse de l'idéologie ultramontaine, la première qui retient l'attention est qu'il s'agit d'un discours et d'une pratique visant à assurer au clergé un pouvoir hégémonique accru au sein de la société canadienne-française. Cette hégémonie qui suppose un contrôle efficace de tous les rouages sociaux, fut définie et diffusée au milieu du XIXe siècle par l'école ultramontaine qui paraît avoir regroupé alors les éléments les plus dynamiques parmi les idéologues cléricaux.

L'ultramontanisme est intervenu cependant à un moment de l'évolution historique où le clergé devait compter de plus en plus avec la petite bourgeoisie canadienne-française au pouvoir, même si cette dernière évoluait à l'intérieur de structures nationales qui la désavantageaient politiquement et économiquement. L'hégémonie cléricale à laquelle visaient les ultramontains exigera donc la collaboration, plus ou moins tacite, du groupe qui détenait le pouvoir politique, le pouvoir législatif en particulier.

Les ultramontains, quant à eux, apportaient à la faction conservatrice de la petite bourgeoisie au pouvoir, la caution religieuse et morale qui lui était nécessaire pour assurer sa crédibilité et accroître sa popularité auprès des masses. Ils l'aidaient également à neutraliser l'influence des «rouges», identifiés comme les ennemis communs des deux groupes.

L'alliance qui s'établit ainsi vers la fin des années 40 entre ultramontains et conservateurs allait se révéler profitable à la fois au clergé et à la petite bourgeoisie conservatrice, soit à chacune des deux classes qui cherchaient à s'assurer alors le contrôle exclusif de l'échiquier social. Cette alliance a inauguré en effet une longue ère conservatrice sur la scène politique québécoise et a permis surtout à l'ultramontanisme d'édifier un pouvoir clérical efficace et durable au sein de la société canadienne-française.

L'équilibre sur lequel reposait l'alliance ultramontaine-conservatrice était toutefois fragile. Même si leur entente est parvenue à masquer pour quelque temps la rivalité qui opposait les deux groupes, leurs intérêts respectifs n'en demeuraient pas moins opposés. Leur collaboration mutuelle sera remise en question en particulier chaque fois que l'un des deux groupes tentera une percée dans la sphère d'influence détenue par l'autre. On sait en effet que si la petite bourgeoisie exerçait une certaine suprématie dans le domaine politique, le clergé quant à lui contrôlait plus efficacement le domaine social. C'est pourquoi d'ailleurs le «Programme Catholique» des ultramontains valut à ces derniers des moments difficiles dans leurs rapports avec le parti conservateur, alors que ce même parti devra mettre fin, moins de dix ans après, à sa tentative de contrôle de l'éducation par le biais de la création d'un ministère de l'Education en 1867.

Une autre conclusion s'impose à ce niveau: l'alliance ultramontaine-conservatrice a joué à long terme en faveur d'un certain immobilisme sur le plan politique et social. Non seulement les tentatives de réformes prônées par les rouges n'ont-elles pu ébranler le statu quo politique défendu par cette alliance, mais celle-ci a certainement rendu plus difficile encore l'accès des classes populaires à l'exercice réel du pouvoir au sein de la société québécoise.

Les conclusions précédentes, qui se rapportent à la pratique ultramontaine au cours du siècle dernier ont également leurs corollaires au niveau du discours. Celui-ci a donné en effet à la pratique ultramontaine les assises théoriques qui lui étaient indispensables pour mettre au point une politique concertée et homogène à tous les niveaux.

Ainsi le discours politique ultramontain a reposé sur un certain nombre de postulats qui s'inspiraient manifestement des exigences de l'action à mener. Mais ces postulats ont servi à leur tour à orienter la pratique ultramontaine tout en la justifiant moralement. Tel fut en particulier le cas du thème central de l'idéologie, soit le principe de la suprématie de l'Eglise sur l'Etat ainsi que leur nécessaire union. Ce principe, qui puisait sa source dans l'opposition du clergé à la bourgeoisie, orientera pendant plus d'un demi-siècle l'action politique des ultramontains. Ce fut également le cas des multiples formes qu'a revêtue la dénonciation du libéralisme. Issu principalement de la confrontation entre le clergé et les «rouges», le rejet du libéralisme au niveau du discours alimentera à son tour le programme politique des

Conclusion

ultramontains ainsi que leur lutte contre les rouges, programme et lutte dont les effets allaient se révéler durables à tous les niveaux.

La dialectique qui a commandé dans cet univers idéologique le rapport entre la théorie et la pratique fut encore la même au niveau du religieux, du social et du national. Dans tous les domaines, les postulats et les définitions qui constituaient la trame théorique du discours ultramontain furent inspirés manifestement des exigences dictées par l'action à mener, une action commandée ici encore par les intérêts du groupe définisseur. Mais ces postulats et ces définitions ont servi à leur tour à asseoir la pratique tant religieuse, sociale que nationale des ultramontains sur une base théorique précise. Ainsi, la mise au point d'une liturgie et d'un enseignement religieux centrés sur la papauté et sur les manifestations extérieures de la piété populaire, l'élaboration d'une philosophie éducative axée sur des objectifs spirituels bien plus qu'intellectuels, la formulation d'un nationalisme religieux essentiellement conservateur, ont été des thèmes qui s'inspiraient tous d'une réalité socio-historique déterminée (et plus précisément d'une réalité qu'il s'agissait de transformer dans un sens déterminé). Il s'agissait en fait d'une situation historique où un groupe social bien défini, le clergé, tentait de maximiser dans la mesure du possible les avantages multiples que lui avait valu dans le passé sa situation privilégiée d'élite dirigeante. Quant au discours idéologique qui a intégré l'ensemble des thèmes ultramontains il a contribué à son tour à façonner, et pendant longtemps, la réalité sociale où il plongeait ses racines.

Au-delà enfin du type de causalité circulaire qui a lié l'ultramontanisme à la réalité sociale où ils s'inscrivait, d'autres constatations s'imposent en ce qui a trait aux valeurs qu'a véhiculées le discours idéologique ultramontain. Ces valeurs sont d'autant plus aisées à identifier que le caractère fortement engagé de ce discours lui confère une véritable transparence au niveau de la signification.

La première conclusion qui se dégage de l'examen des valeurs prônées par l'ultramontanisme est qu'elles étaient dans l'ensemble essentiellement conservatrices. Aussi ne pouvaient-elles que freiner, dans la mesure du possible, toute tentative de changement en profondeur des structures tant idéologiques que politiques et sociales de la société québécoise. Ainsi, par la soumission et le respect prônés envers la hiérarchie à tous les niveaux, par le caractère de sacralité conféré à tout pouvoir établi, par la dénonciation du libéralisme et de la démocratie comme des doctrines sacrilèges et impies, par la conversion des valeurs conservatrices en valeurs nationales, l'ultramontanisme tendait en définitive à maintenir un statu quo sur tous les plans, dans le domaine des institutions comme au niveau de la pensée. Jusqu'à quel point y est-il parvenu, et dans quelle mesure son influence a-t-elle marqué de façon durable la réalité historique québécoise au cours du siècle dernier? Il est difficile de répondre à ces questions de façon très précise. Un fait demeure toutefois certain: c'est que l'idéologie ultramontaine a longuement survécu à ses premiers promoteurs et à la situation historique où elle a pris forme. Deux facteurs en particulier pourraient expliquer mieux que d'autres une telle longévité: a) la situation particulière de la petite bourgeoisie canadienne-française qui ne pouvait opposer à l'influence ultramontaine qu'une résistance affaiblie, puisque les structures nationales particulières où elle évoluait la désavantageaient autant politiquement qu'économiquement; b) le caractère propre à la durée ou au temps historique où s'inscrit tout phénomène idéologique, temps qui est certes plus long, plus étiré que celui où s'inscrivent ordinairement les phénomènes politiques et économiques.

D'autres hypothèses pourraient être également avancées à ce niveau, hypothèses qui dans l'état actuel de la recherche débouchent bien plus sur des questions que sur des certitudes. Aussi:

1. On pourrait se demander à quelles raisons il faut attribuer le décalage que l'on observe entre le caractère hégémonique qu'a revêtu le pouvoir idéologique et social du clergé québécois au milieu du XIXe siècle et l'importance moindre de sa participation effective à l'exercice du pouvoir politique et économique. Quel a été par ailleurs le contenu et le poids exact de ce dernier?

2. On pourrait également chercher à savoir pourquoi l'univers idéologique des intellectuels cléricaux de cette période s'est édifié souvent sur des critères qui relevaient au fond d'une pratique socio-politique révolue ou pour ainsi dire dépassée. Si de tels critères ont continué si longtemps à paraître adéquats, serait-ce du fait qu'ils firent leur preuve dans le passé? C'est-à-dire encore qu'ils furent en mesure d'appuyer efficacement l'hégémonie du clergé au sein de la société d'Ancien Régime?

3. Enfin le clergé québécois du milieu du XIXe siècle pouvait-il espérer prolonger dans le temps son pouvoir hégémonique à moins d'accepter d'intégrer progressivement dans son univers idéologique des valeurs et des normes empruntées à l'idéologie bourgeoise dominante, soit à ce même libéralisme tant dénoncé par les ultramontains

au cours de cette période (il nous apparaît, quant à nous, que la survie ou encore la prolongation maximale de l'influence du clergé exigeait une telle intégration)? Ne faudrait-il pas faire entrer également en ligne de compte l'effet de contamination idéologique auquel paraissent échapper rarement les idéologies au cours de leur évolution dans le temps?

Quel que soit le poids de chacun de ces facteurs on sait fort bien qu'à partir du milieu des années 1870, l'idéologie ultramontaine a eu du mal à maintenir la pureté de ses exigences initiales et qu'elle se marginalisera même graduellement face à la volonté d'un groupe d'idéologues cléricaux (de plus en plus nombreux) décidés à rétablir graduellement une réconciliation estimée bénéfique avec le libéralisme.

Il est à espérer que ces interrogations alimenteront bientôt d'autres recherches et que ces dernières contribueront, dans la mesure du possible à expliquer ce phénomène étrange d'une idéologie (l'idéologie ultramontaine) qui — même moyennant quelques concessions indispensables à l'idéologie libérale — a pu survivre aussi longtemps aux conditions socio-historiques qui ont présidé à son élaboration. N'a-t-on pas déjà affirmé que l'ultramontanisme a marqué la société québécoise jusqu'aux débuts des années 1960, soit jusqu'à l'heure de la Révolution tranquille?

Bibliographie

I SOURCES MANUSCRITES

A ARCHIVES DE LA CHANCELLERIE DE L'ARCHEVÊCHÉ DE MONTRÉAL

1. Dossiers

111.123 Pie IX, 1846-1876.
120.006 Mgr Bourget — Documents romains, 1854-1876.
272.101 Préparation du Premier Concile provincial de Québec, 1850-1851.
272.102 Deuxième Concile provincial de Québec, 1854.
272.103 Troisième Concile provincial de Québec, 1863.
272.104 Quatrième Concile provincial de Québec, 1868.
295.104 Diocèse de Trois-Rivières, 1836-1876.
301.101 Manuel de la visite épiscopale, 1851.
322.510 Mélanges Religieux, 1836-1856.
401.130 Conférences ecclésiastiques, 1839-1876.
780.003 Société St-Jean-Baptiste, 1856-1876.
780.034 Journaux, 1854-1876.
791.007 Union Catholique de Montréal, 1869-1876.
817.213 Ecole Normale Jacques-Cartier, 1862-1876.
820.001 Université de Montréal, 1852-1876.
871.000 Enseignement et Education, 1851-1876.

2. Fonds

Fonds Lartigue-Bourget:

901.055 Mgr Bourget — Lettres personnelles et voyages à Rome, 1846-1847 et 1854-1856.
901.056 Mgr Bourget — Lettres personnelles et voyages à Rome, 1856-1859.

901.057 — do —, 1860-1862.
901.058 — do —, 1864-1865.
901.059 — do —, 1869.
901.060 Fin de voyage à Rome, 1870.
901.063 Mgr Bourget — Questions de théologie, sermons et homélies, 1840-1856.
901.067 Mgr Bourget — Gouvernements: bills, 1836-1852.
901.089 Institut National, 1852-1853.
901.090 Gouvernements et Evêques, 1836-1867.
901.100 Colonisation, 1848-1860.
901.105 Sermons, 1836-1862.

Autres fonds:

990.019 Sermons, 1836-1876.

B ARCHIVES DE LA BIBLIOTHÈQUE NATIONALE

Les dossiers consultés ne sont pas numérotés.

— Documents relatifs à l'Affaire Guibord: correspondance, comptes rendus de plaidoieries, extraits de journaux, appel d'un jugement de la «Cour de Révision» auprès de la «Cour de la Reine», par L.A. Jetté et F. Cassidy (novembre 1870).

— Procès-verbal de la Conférence ecclésiastique du 15 février 1859, présidée par Mgr Bourget, au Séminaire de Saint-Sulpice.

II SOURCES IMPRIMÉES

A JOURNAUX ET REVUES DE L'ÉPOQUE

1. *Journaux ultramontains*

Ces journaux ont été dépouillés systématiquement pour la période comprise entre 1848 et 1871. Il nous est arrivé cependant d'en consulter quelques-uns, pour des fins précises, soit avant 1848, soit après 1871.

Le *Courrier du Canada,* 1857-1871.
Le *Franc-Parleur,* 1870-1871.
La *Gazette des campagnes,* 1861-1871.
Le *Journal des Trois-Rivières,* 1865-1871.
Les *Mélanges Religieux,* 1848-1852.

Le *Nouveau Monde,* 1867-1871.
L'*Ordre,* 1858-1871.
Le *True Witness,* 1850-1871.

2. Journaux «*rouges*»

Ces journaux ont été consultés surtout à l'occasion de polémiques qu'ils eurent avec les journaux ultramontains entre 1848 et 1871.
L'*Avenir,* 1847-1857.
Le *Pays,* 1851-1871.

3. Journaux conservateurs

Ces journaux ont été consultés occasionnellement, pour des fins précises, entre 1848 et 1871.
Le *Journal de Québec,* 1848-1871.
La *Minerve,* 1848-1871.
La *Revue Canadienne,* 1864-1871.
La *Semaine,* 1864 (seule année de parution).

B ÉCRITS ULTRAMONTAINS DE L'ÉPOQUE
(ouvrages, brochures, mémoires, etc.)

Beaudry, abbé Hercule, *Le Conseiller du peuple ou Réflexions adressées aux Canadiens-Français, par un compatriote,* Montréal, Sénécal, 1861.

Bellefeuille, E.L. de, «La Profession religieuse en Bas-Canada», *Revue Canadienne,* V (1868): 481-506, 561-584, 641-663, 721-733.

Id., *Le Canada et les Zouaves Pontificaux. Mémoires sur l'origine, l'enrôlement et l'expédition des Zouaves Pontificaux,* Montréal, Imprimerie du Nouveau Monde, 1868.

Bibaud, Maximilien, *L'Honorable L.-A. Dessaulles et le système judiciaire des Etats pontificaux,* Montréal, 1862.

Bourget, Mgr Ignace, *Appel à l'Ancienne France pour une œuvre en faveur de la Nouvelle,* Paris, 1855.

Id., «Lettre à François-Xavier-Anselme Trudel pour approuver par écrit le *Programme Catholique*», La Pointe-du-Lac, 7 juin 1871, in Savaète, *Voix Canadiennes,* vol. 2, 113-114.

Id., *Allocution de Mgr l'Evêque de Montréal aux Zouaves canadiens, à leur départ pour Rome,* 19 février 1868, Montréal, 1868.

Id., *Questions sur le mariage,* Montréal, 1859.

Id., *Les erreurs du temps,* Montréal, 1859.

Id., Instruction Pastorale sur l'indépendance et l'inviolabilité des Etats Pontificaux, Montréal, 1860.

Braun, R.P. Antoine-Nicolas, s.j. *Instructions dogmatiques sur le mariage chrétien,* Québec, 1866.

Id., Noces d'or de Mgr l'évêque de Montréal, sermon du R.P. Braun, s.j., Montréal, 1872.

Cérémonies funèbres dans les églises du Bas-Canada, en l'honneur des glorieux défenseurs du St-Siège tombés en résistant à l'invasion piémontaise, en septembre 1860, avec les discours de M. Louis Laflèche, Supérieur du Séminaire de Nicolet et I. Desaulniers, s.n., Trois-Rivières, 1861.

Colin, abbé Frédéric, *Fête de Pie IX à Notre-Dame, le 11 avril 1869. Hommage à Pie IX,* Montréal, E. Sénécal, 1869.

Id., Discours sur l'ouvrier, Montréal, 1869.

Hudon, abbé Hyacinthe, *Sermon national & dernier sermon remarquable de feu M. Hyacinthe Hudon,* Montréal, 1847.

Huot, L.-H., *Le Rougisme en Canada; ses idées religieuses, ses principes sociaux, ses tendances anti-canadiennes,* Québec, 1864.

Lachance, François, *Prise de Rome. Odyssée des Zouaves Canadiens de Rome à Québec,* Québec, 1870.

Laflèche, abbé Louis-François, *Quelques Considérations sur les rapports de la société civile avec la religion et la famille,* Montréal, 1866.

Id., Lettre à François-Xavier-Anselme Trudel pour approuver par écrit le *Programme Catholique,* La Pointe-du-Lac, 7 juin 1871, in A. Savaète, *Voix Canadiennes,* vol. 2, 111-112.

Mailloux, abbé J., *Manuel des parents chrétiens ou devoirs des pères et mères dans l'éducation religieuse de leurs enfants,* Québec, 1851.

Mandements de Mgr Laflèche, 1867-1898, Trois-Rivières, 1867-1898, 5 vol.

Mandements, lettres pastorales, circulaires et autres documents publiés dans le diocèse de Montréal depuis son érection, Montréal, 1839-1907, 13 vol.

Méthot, abbé H. Edouard, *Eloge de Pie IX,* Québec, 1868.

Pagnuelo, Siméon, *Etudes historiques et légales sur la liberté religieuse en Canada,* Montréal, Beauchemin, 1872.

Paquet, abbé Benjamin, *Discours prononcé à la Cathédrale de Québec le 10 avril 1869, cinquantième anniversaire de prêtrise de Pie IX,* Québec, 1869.

Id., Le libéralisme, Québec, Le Canadien, 1872.

Pelletier, abbé Alexis, *La question des classiques en présence des rectifications et des critiques de M. l'abbé Chandonnet,* s.l., 1865.
Id., La méthode chrétienne considérée dans ses avantages et sa nécessité et réponses à certaines difficultés, Ottawa, 1866.
Id., Mgr Gaume, sa thèse et ses défenseurs. Les classiques chrétiens et les classiques payens dans l'enseignement, «Courrier de St-Hyacinthe», 1865.
Id., Lettre à Monseigneur Baillargeon, sur la question des classiques et commentaire sur la lettre du cardinal Patrizi, s.l., 1867.
Id., Réponse aux dernières attaques dirigées par M. l'abbé Chandonnet contre les partisans de la méthode chrétienne, s.l., 1868.
Id., Il y a du libéralisme et du gallicanisme en Canada, Montréal, 1873.
Id., Quelques observations critiques sur l'ouvrage de l'abbé B. Paquet intitulé: Le libéralisme, Montréal, Les Presses du Nouveau Monde, 1872.
Pelletier, T.-B. *Considérations sur l'agriculture canadienne au point de vue religieux, national et du bien-être matériel,* Québec, 1860.
Pinsonnault, Mgr Adolphe, *Le dernier chant du cygne sur le tumulus du gallicanisme. Réponse à Mgr Dupanloup,* Montréal, 1870.
Plaidoieries des avocats. Henriette Brown vs. La Fabrique de Montréal. Refus de sépulture, s.n., Montréal, 1870.
Le «Programme Catholique», in A. Savaète, *Voix Canadiennes,* vol. 2, 100-104.
Prophéties touchant l'Eglise et la Révolution, s.n., Québec, 1870.
Proulx, abbé Louis, *Défense de la religion et du sacerdoce ou réponse à la presse socialiste,* s.l., s.d.
Questions sur le mariage. Résumé des conférences ecclésiastiques du diocèse de Montréal, dans les années 1857 et 1858, s.n., Montréal, Plinguet et Laplante, 1859.
Raymond, abbé Jean-Sabin, *Importance des Etudes Religieuses pour le bien général de la Société. Discours prononcé aux exercices littéraires du collège de Saint-Hyacinthe,* 31 juillet 1853.
Id., «De l'Eglise et de l'Etat, à propos de l'Encyclique du 8 décembre 1864», *Revue Canadienne,* II (1865): 535-546, 664-674, 732-747; III (1866): 50-56, 91-107.
Id., «Les destinées providentielles de Rome», *Revue Canadienne,* I (1864): 104-111, 214-227, 347-364, 533-546, 673-685.
Id., «Entretiens sur Naples», *Revue Canadienne,* III (1866): 650-664.
Id., «Dissertation sur le Pape», *Revue Canadienne,* VII, (1870): 625-651, 724-752.

Id., «Enseignement des événements contemporains», *Revue Canadienne*, VIII, (1871): 27-56.

Id., *Devoirs envers le Pape. Discours prononcé par M. Raymond au Collège de St-Hyacinthe, le 1er janvier 1861,* Montréal, Plinguet, 1861.

Réflexions d'un catholique à l'occasion de l'affaire Guibord, s.n. Montréal, 1870.

Réponse au Factum intitulé: «Quelques remarques sur l'Université Laval», par la rédaction du Franc-Parleur. Montréal, 1872.

Réponses aux censeurs de la Confédération, s.n., Saint-Hyacinthe, 1867.

Routhier, A.-B., *Causeries du Dimanche,* Montréal, Beauchemin, 1871.

Savaète, Arthur, éd., *Œuvres oratoires de Mgr Louis-François Laflèche,* Paris, s.d.

Situation du monde actuel. Coups-d'œil sur l'origine et la propagation du mal dans la société, ou développement des principales idées contenues dans le discours de Mgr Filippi, évêque d'Aquila, s.n., s.l., 1865.

Société de Colonisation du Bas-Canada. Comité de Direction, *Appel du clergé en faveur de la colonisation,* Montréal, Plinguet et Laplante, 1865.

Souvenir de l'œuvre des zouaves pontificaux en Canada, Montréal, 1868.

Supplément aux réflexions d'un catholique à l'occasion de l'Affaire Guibord, Montréal, La Minerve, 1871.

Taché, Jean-Charles (Gaspard Lemage, pseudonyme), *La Pléiade rouge,* Montréal, 1854.

Tassé, Joseph, «Louis Veuillot et les zouaves canadiens», *Revue Canadienne,* VII (1870): 289-294.

Tellier, R.P. R.J. s.j., *Discours prononcé à la cathédrale de Toronto par le R.P. R.J. Tellier s.j., le 24 juin 1851, jour de la fête de St-Jean-Baptiste,* Toronto, Campbell, 1851.

Trudel, F.-X. «Quelques réflexions sur les rapports de l'Eglise et de L'Etat», *Revue Canadienne,* VIII (1871): 202-220, 252-272, 359-374.

Id., «Lettre à la Minerve pour préciser les intentions des rédacteurs du *Programme Catholique*», Montréal, 28 avril 1871, in A. Savaète, *Voix Canadiennes,* vol. 2, 106-109.

Villeneuve, Alphonse, *La Comédie infernale ou conjuration libérale aux enfers,* Montréal, Imprimerie du Franc-Parleur, 1871.

Id., *Le Grand-Vicaire Raymond et le libéralisme catholique,* s.l.,

1872.

Id., Nos faiblesses et nos forces à l'égard de la vérité. Conférences prononcées à l'Union Catholique de Montréal, Montréal, 1871.

C BIBLIOGRAPHIE SÉLECTIVE D'ÉCRITS ULTRAMONTAINS POSTÉRIEURS À L'ÉPOQUE CONSIDÉRÉE (soit postérieurs à 1871).

Ces écrits continuent, pour la plupart, une pensée et / ou un thème développés par l'auteur au cours de la période antérieure à 1871.

Beaudry, abbé Hercule, *L'héritage des Canadiens-Français aux Etats-Unis, ou Notre foi prouvée et défendue par un compatriote,* Mile-End, 1887.

Bégin, Louis-Nazaire, *La primauté et l'infaillibilité des Souverains Pontifes,* Québec, 1873.

Bourget, Mgr Ignace, *Dernier avis de Mgr Bourget, évêque de Montréal, à ses jeunes prêtres,* Montréal, 1877.

Id., Mémoire de l'évêque de Montréal, concernant l'intervention du clergé de la province de Québec dans les élections politiques, Montréal, 1876.

Hamon, Rév. P. Edouard, s.j., *L'Eglise et l'Etat. Discours prononcé à l'église St-Jean-Baptiste de Québec, le 24 juin 1878,* Québec, 1878.

Laflèche, Mgr Louis-François, *Mémoire de l'Evêque des Trois-Rivières sur les difficultés religieuses du Canada aux Eminentissimes Cardinaux de la Sacrée Congrégation de la Propagande,* Rome, 1882.

Morel, abbé Jules, *Somme contre le catholicisme libéral,* Paris, 1876, 2 vol.

Paquin, Rév. L.P. *La souveraineté temporelle du Pape,* Montréal, 1878.

Pelletier, abbé Alexis, *La source du mal de l'époque au Canada, par un catholique,* s.l., 1883.

Id., Le Don Quichotte Montréalais sur sa Rossinante ou M. Dessaulles et la Grande Guerre Ecclésiastique, Montréal, 1873.

Id., La réforme chrétienne des études classiques, par un collaborateur du Franc-Parleur, Montréal, 1875.

Le Programme Catholique, ses défenseurs et ses détracteurs, mémoire soumis à Dom Smeulders, Commissaire apostolique au Canada, s.n., 1884.

Routhier, A.-B., *Portraits et pastels littéraires,* Québec, Brousseau, 1873.
Trudel, F.-X., *Le Pays, le parti et le grand homme,* Montréal, 1882.
Villeneuve, abbé Alphonse, *Neuvième lettre à l'Hon. L.A. Dessaulles,* Montréal, Sté. des Ecrivains Catholiques, 1874.

D ŒUVRES DES ROUGES DÉNONCÉES PAR LES ULTRAMONTAINS

Annuaire de l'Institut Canadien pour 1866, Montréal, 1866.
Annuaire de l'Institut Canadien pour 1867, Montréal, 1867.
Annuaire de l'Institut Canadien pour 1868, Montréal, 1868.
Annuaire pour l'année 1869: L'Institut Canadien vis-à-vis l'opinion et l'autorité diocésaine, Montréal, 1870.
Barthe, J.-C., *Le Canada reconquis par la France,* Paris, Ledoyen, 1855.
Buies, Arthur, *Lettres sur le Canada,* Montréal, 1864 et 1867.
Catalogue de la bibliothèque de l'Institut Canadien, Montréal, 1852.
Catalogue de la bibliothèque de l'Institut Canadien, Montréal, 1870.
La Confédération, couronnement de dix années de mauvaise administration, s.n., Montréal, 1867.
Dessaulles, L.-A., *Galilée, ses travaux scientifiques, et sa condamnation,* Montréal, 1856.
Id., *Discours sur l'Institut Canadien,* Montréal, le Pays, 1863, 3-14 18-20.
Id., *La Grande Guerre Ecclésiastique,* Montréal, 1873.
Id., *L'index,* s.l., s.d.
Id., *Réponses honnêtes à une circulaire assez peu chrétienne. Suite à la grande guerre ecclésiastique,* Montréal, 1873.
Doutre, Gonzalve, *Le principe des nationalités. Lecture publique faite devant l'Institut Canadien à Montréal, le 1er décembre 1864,* Montréal, 1864.
Manifeste du Club National Démocratique, Montréal, 1849.

E ÉCRITS ULTRAMONTAINS EUROPÉENS

Costès, Donoso, *Œuvres,* Paris, 1862, 3 vol., 2e édition.
Darras, abbé J.-E., *Histoire de l'Eglise,* Paris, 1870-1888, 44 vol.
Gaume, Mgr, *La Révolution, Recherches historiques,* Paris, s.d., 12 vol.

Id., Le ver rongeur des sociétés modernes ou le paganisme dans l'éducation, Paris, 1851.
Id., Petit catéchisme du Syllabus, Québec, Brousseau, 1876.
Guéranger, dom, *Essais sur le naturalisme contemporain,* Paris, 1858.
Peltier, A.-C., *La doctrine de l'Encyclique du 8 décembre 1864 conforme à l'enseignement catholique,* Paris, s.d.
Rohrbacher, Abbé, *Histoire universelle de l'Eglise catholique,* Paris, *1874-1901,* 20 vol., 2e édition.
Veuillot, Louis, *Correspondance (1831 à 1879),* Paris, Lethielleux, 1931-1932, 12 vol.
Id., Œuvres diverses, Paris, s.d.
Id., De quelques erreurs sur la papauté, Paris, 1859.

III DICTIONNAIRES, GUIDES ET INVENTAIRES

Allaire, J.-B.-A. *Dictionnaire biographique du clergé canadien-français.* Montréal, Imprimerie de l'Ecole des Sourds-Muets, 1908-1934, 6 vol.
Audet, F.-J. et Malchelosse, G. *Pseudonymes canadiens.* Montréal, Ducharme, 1936.
Beaulieu, A. et Hamelin, J. *Guide de l'étudiant en histoire du Canada,* Québec, P.U.L., 1965.
Id., Les journaux du Québec de 1764 à 1964. Cahiers de l'Institut d'Histoire, Québec, 1965.
Id., La presse québécoise, Québec, P.U.L., 1973, 1er vol.: 1764-1859.
Canada, Archives Publiques. *Catalogue des brochures aux Archives publiques du Canada.* Ottawa, l'Imprimeur du Roi, 1932, 2 vol.
Dionne, Narcisse-Eutrope. *Inventaire chronologique des livres, journaux et revues publiés dans la province de Québec de 1764 à 1905.* Québec, 1905.
Id., Travaux historiques publiés depuis trente ans. 1879-1909. Québec, Laflamme, 1909.
Enciclopedia Cattolica. Cité du Vatican, Enciclopedia Cattolica e per Libro Cattolico, 1948-1954, 12 vol.
Fauteux, Aegidius. *Bibliographie de la question universitaire Laval-Montréal (1852-1921).* Montréal, Arbour et Dupont, 1922.
Garigue, Philippe. *A Bibliographical Introduction to the Study of French Canada.* Montréal, McGill University, 1956.
Le Jeune, Louis-Marie. *Dictionnaire général de biographie, histoire, littérature, agriculture, commerce, industrie, etc., du Canada.* Ottawa, 1931, 2 vol.

Martin, Gérard. (compilateur) *Bibliographie sommaire du Canada Français 1854-1954*. Québec, Secrétariat de la province, 1954.

Id., *Répertoire général du clergé canadien par ordre chronologique depuis la fondation de la colonie jusqu'à nos jours*. Québec, 1868.

Veilleux, Bertrand, *Bibliographie sur les relations entre l'Eglise et l'Etat au Canada français, 1791-1914*, Montréal, Centre d'études canadiennes-françaises, Université McGill, 1969.

Wallace, W.S., *The MacMillan Dictionary of Canadian Biography*. 3rd ed. rev. and enl., Toronto, 1963.

IV OUVRAGES GENERAUX

Amaron, Calvin, *Le problème canadien-français. Les privilèges de l'Eglise de Rome*, Québec, 1913.

Aubert, Chanoine Roger, *Le pontificat de Pie IX (1846-1878)*, Paris, Bloud et Gay, 1952.

Audet, Louis-Philippe, *Histoire de l'enseignement au Québec, 1608-1971*, Montréal, Holt, Rinehart et Winston, 1971, 2 vol.

Barnard, Julienne, *Mémoires Chapais*, Montréal, Fides, 1961, 2 vol.

Beau de Loménie, *L'Eglise et l'Etat. Un problème permanent*, Paris, Fayard, 1957.

Bellamy, Joseph, s.j., *La Théologie catholique au XIXe siècle*, Paris, 1904.

Bergeron, Jean, *L'Agriculture et l'Eglise, deux amies intimes d'origine divine*, Québec, Bergeron, 1943.

Bernard, Jean-Paul, éd., *Les idéologies québécoises au XIXe siècle*, Montréal, Ed. du Boréal Express, 1973.

Catta, Etienne, *La doctrine politique et sociale du cardinal Pie*, Paris, Nouvelles éditions latines, 1959.

Chapais, Thomas, *Cours d'histoire du Canada, 1760-1867*, Québec, Garneau, 1930-1934, 8 vol.

Chenon, Emile, *Les rapports de l'Eglise et de l'Etat du Ier au XXe siècle*, Paris, 1905.

Choquette, C-P., *Histoire du Séminaire de Saint-Hyacinthe depuis sa fondation jusqu'à nos jours*, Imprimerie de l'Institution des Sourds-Muets, 1911, 2 vol.

La Compagnie de Jésus au Canada, 1842-1942. L'œuvre d'un siècle. Montréal, Les Pères Jésuites, 1942.

Congar, Y.M.J., «L'ecclésiologie, de la Révolution française au concile du Vatican, sous le signe de l'affirmation de l'autorité», in *L'ecclésiologie au XIXe siècle*, Colloque de la Faculté de théo-

logie de Strasbourg, Paris, Ed. du Cerf, 1960.
David, L.-O., *Mgr Bourget, évêque de Montréal,* Montréal, 1872.
Id., Mes contemporains. Montréal, Sénécal, 1894.
Id., Le clergé canadien, sa mission, son œuvre, Montréal, 1896.
Id., Mgr Ignace Bourget et Mgr Alexandre Taché, Montréal, Beauchemin, 1912.
Id., L'Union des deux Canada, 1841-1867. Montréal, 1898.
De Celles, A.D., *La Fontaine et son temps,* Montréal, Beauchemin, 1907.
Debidour, Ant., *Histoire des rapports de l'Eglise et de l'Etat en France de 1789 à 1870,* Paris, Alcan, 1911.
Delatte, Dom Paul, *Dom Guéranger, abbé de Solesmes,* Paris, Plon, 1909, 8e éd., 2 vol.
Derré, J.R., *Le renouvellement de la pensée religieuse en France de 1824 à 1834,* Paris, Klincksieck, 1962.
Id., Lamennais, ses amis et le mouvement des idées à l'époque romantique, Paris, 1962.
Desjardins, Paul, s.j., *Le collège Sainte-Marie de Montréal,* Montréal, 1940-1945, 2 vol.
Dionne, N.-E., *Mgr de Forbin-Janson, évêque de Nancy et de Toul; sa vie, son œuvre en Canada,* Québec, 1895.
Id., Les ecclésiastiques et les Royalistes français réfugiés au Canada, Québec, 1905.
Dorion, J.-B.-E., *L'Institut Canadien en 1852,* Montréal, Rowen, 1852.
Douville, Joseph-Antoine-Irénée, *Histoire du Collège-Séminaire de Nicolet, 1803-1903,* Montréal, Beauchemin, 1903, 2 vol.
Dumont, F. et Montigny, J.-P., *Le pouvoir dans la société canadienne-française,* Québec, P.U.L., 1967.
Dunn, Oscar, *Dix ans de journalisme, Mélanges,* Montréal, 1876.
Fernessole, P., *Pie IX,* Paris, Lethielleux, 1961-1963, 2 vol.
Fliche, Augustin et Martin, Victor, *Histoire de l'Eglise,* Paris, 1963, 2e éd.
Foucher, Louis, *La Philosophie catholique en France au XIXe siècle avant la renaissance thomiste et dans son rapport avec elle, 1800-1880,* Paris, 1955.
Gadille, Jacques, *La pensée et l'action politique des évêques français au début de la IIIe République, 1870-1883,* Paris, Hachette, 1967, 2 vol.
Garrigou-Lagrange, R. Art. «Thomisme» in *Dictionnaire de théologie catholique,* XV, col. 823 à 1023.
Georges de Québec, ptre., *L'Eglise catholique au Canada, précis historique et statistique,* Pointe-aux-Trembles, Echo du St-

François, 1944.
Gérin-Lajoie, Antoine, *Dix ans au Canada de 1840 à 1850*. Histoire de l'établissement du gouvernement responsable, Québec, Imprimerie Demers, 1888.
Gilby, Th. o.p., *The Political Though of Thomas Aquinas*, Chicago, 1958.
Giroux, H., *Histoire et statistiques des instituttions catholiques de Montréal*, Montréal, 1869.
Groulx, Lionel, *L'Enseignement français au Canada*, Montréal, A. Lévesque et Granger Frères, 1934-1936, 2 vol.
Id., *Histoire du Canada français depuis la découverte*. Montréal, Fides, 1950-1952, 4 vol.
Id., *Notre maître le passé*, Montréal, Granger, 1944.
Hamelin, H. et Roby, Y., *Histoire économique du Québec*, 1851-1896, Montréal, Fides, 1971.
Hayward, F., *Pie IX et son temps*, Paris, Plon, 1948.
Hudon, T., *L'Institut Canadien de Montréal et l'Affaire Guibord*, Montréal, Beauchemin, 1938.
Heeney, William Bertal, éd., *Leaders of the Canadian church*, Toronto, Musson, 1918-1920, 2 vol.
Huguet-Latour, L.A., *Annuaire de Ville-Marie. Histoire des paroisses et des curés du diocèse de Montréal*, Montréal, 1867.
Labarrère-Paule, André, *Les Laïques et la presse pédagogique au Canada français au XIXe siècle, Québec, P.U.L., 1963*.
Id., *Les instituteurs laïques au Canada français, 1836-1900*, Québec, P.U.L., 1965.
Lafontaine, J.-L., *L'Institut canadien en 1855*, Montréal, Sénécal et Daniel, 1855.
Lagor, J.-L., *La Philosophie politique de saint Thomas d'Aquin*, Paris, 1948.
Langelier, Charles, *Souvenirs politiques*, Québec, Dussault et Proulx, 1902-1912, 2 vol.
Lajeunesse, Marcel, éd., *L'éducation au Québec «19-20e siècles»*, Montréal, Ed. du Boréal Express, 1971.
Lebon, Mgr Wilfrid, *Histoire du collège de Sainte-Anne-de-la-Pocatière, 1827-1877*, Québec, Charrier & Dugal, 1948.
Leclerq, Jacques, *L'Eglise et la Souveraineté d'Etat*, Paris, 1946.
Lecompte, Edouard, *Les Jésuites du Canada au XIXe siècle*, Montréal, Impr. du Messager, 1920, 2 vol.
Le Guillou, Louis, *L'évolution religieuse de la pensée de Félicité Lamennais*, Paris, A. Colin, 1966.

Le Jeune, Louis, *Tableaux Synoptiques de l'Histoire du Canada, 4e fascicule (1800-1900)*, Québec, Action Sociale, 1917.

Lemieux, Lucien, *L'Etablissement de la première province ecclésiastique au Canada, 1783-1844*, Montréal, Fides, 1968.

Litalien, Rolland, *Le prêtre québécois à la fin du XIXe siècle*, Montréal, Fides, 1970.

Loyson, Abbé Jules-Thomas, *De l'influence de saint Thomas d'Aquin au XIXe siècle* (Discours prononcé en mars 1859), Paris, 1885.

Martin, V., *Les origines du gallicanisme*, Paris, Bloud et Gay, 1939, 2 vol.

Maurain, Jean, *La politique ecclésiastique du Second Empire, de 1852 à 1869*, Paris, Alcan, 1930.

Meilleur, J.-B., *Mémorial de l'éducation du Bas-Canada*, Québec, 1860.

Moir, John Sargent, éd., 1926, *Church and State in Canada, 1627-1867; Casis documents*, Toronto McClelland and Stewart, 1967.

Montclos, Xavier de, *Lavigerie, le Saint-Siège et l'Eglise, 1846-1878*, Paris, Ed. E. de Boccard, 1965.

McInnis, E., *Canada: A political and social History*. New York, Holt, Rinehart and Winston, 1959.

Ollivier, Emile, *L'Eglise et l'Etat au Concile du Vatican*, Paris, 1879.

Ouellet, Fernand, *Histoire économique et sociale du Québec, 1760-1850: structure et conjoncture*, Montréal, Fides, 1967.

Palanque, Jean-Rémy, *Catholiques libéraux et gallicans en France face au concile du Vatican, 1867-1870*, Aix-en-Provence, 1962.

Percival, W.P., *Across the Years. A Century of Education in the Province of Quebec*, Montréal, 1946.

Perrier, Joseph-Louis, *The Revival of Scholastic Philosophy in the Nineteenth Century*, New York, 1909.

Plante, abbé Hermann, *L'Eglise catholique au Canada (1604 à 1886)*, Trois-Rivières, Editions du Bien Public, 1970.

Pouliot, Léon, s.j., *La réaction catholique de Montréal, 1840-1841*, Montréal, Imprimerie du Messager, 1942.

Id., *Mgr Bourget et son temps*, Montréal, Beauchemin, 1955-1956, 2 vol.

Id., *Les dernières années, 1876-1885 et la survie de Mgr Bourget*, Montréal, Beauchemin, 1960.

Riddel, W.A., *The Rise of the Ecclesiastical Control in Quebec*, N.Y., Columbia University, 1916.

Rocher, Guy et Bélanger, Pierre W., éd., *Ecole et société au Québec;*

éléments d'une sociologie de l'éducation, Montréal, HMH, 1970.
Rommen, Henri, *Le droit naturel, histoire-doctrine,* Paris, Egloff, 1945.
Royal, Joseph, *Histoire du Canada, 1841 à 1867,* Montréal, Beauchemin, 1909.
Rumilly, Robert, *Mgr Laflèche et son temps,* Montréal, Ed. du Zodiaque, 1938.
Id., *Histoire de la province de Québec,* Montréal, divers éditeurs, 1940-1969, 41 vol.
Ryerson, Stanley B., *Unequal Union. Confederation and the Roots of Conflict in the Canadas, 1815-1873,* Progress Books, 1968.
Saint-Denis, Dominique, *L'Eglise catholique au Canada,* 6ᵉ éd., Montréal, Thau, 1956.
Savaète, Arthur, éd. *Voix canadiennes: vers l'abîme,* Paris, s.d., 14 vol.
Séguin, Maurice, *L'idée d'indépendance au Québec, genèse et historique,* Trois-Rivières, Ed. du Boréal Express, 1968.
Sissons, C.B., *Church and State in Canadian Education: An historical Study,* Toronto, Ryerson Press, 1959.
Sulte, Benjamin, *Histoire des Canadiens français, 1608-1880,* Montréal, 1882-1884.
Sylvain, Robert (Philippe), *La vie et l'œuvre de Henry de Courcy (1820-1861), premier historien de l'Eglise catholique aux Etats-Unis,* Québec, P.U.L., 1955.
Id., *Alessandro Gavazzi (1809-1889), clerc, garibaldien, prédicant des deux mondes,* Québec, le Centre Pédagogique, 1962, 2 vol.
Thibault, Pierre, *Savoir et Pouvoir,* Québec, P.U.L., 1972.
Turcotte, Louis-P., *Le Canada sous l'Union, 1841-1867,* Québec, Imprimerie Demers, 1882.
Vachet, André, *L'idéologie libérale,* Paris, Ed. Anthropos, 1970.
Wade, Mason, *Les Canadiens français de 1760 à nos jours,* Montréal, Le Cercle du Livre de France, 1963, 2 vol.
Weill, G., *Histoire de l'idée laïque en France au XIXᵉ siècle,* Paris, Alcan, 1925.
Id., *Histoire du catholicisme libéral en France, 1828-1908,* Paris, Alcan, 1909.
Zeiller, Jacques, *L'Idée de l'Etat dans saint Thomas d'Aquin,* Paris, 1910.

V ÉTUDES SPÉCIALISÉES ET ARTICLES DE PÉRIODIQUES

Adélard-Maris, Frère, *Mgr Bourget; les premières années d'épiscopat (1837-1842)*, thèse de maîtrise, Université de Montréal, 1952.

Arès, Richard, éd., «L'Eglise et l'Etat au Québec: l'Héritage du passé», *Relations,* 269 (1963): 123-125.

Auclair, Elie-Joseph, «Mgr Bourget: L'homme et l'évêque», in RSCHEC (1941-42): 39-42.

Audet, Louis-Philippe, «Le premier ministère de l'instruction publique au Québec, 1867-1876», RHAF, XXII, 2 (septembre 1968): 171-222.

Id., «La querelle de l'instruction obligatoire», *Les Cahiers des Dix,* 24 (1959): 133-150.

Ayearst, M., «The parti Rouge and the Clergy», CHR, XV (1934): 390-405.

Beaulieu, Maurice et Normandeau, André, «Le rôle de la religion à travers l'histoire du Canada français», *Cité libre,* no 71, 1964.

Beaudin, François, «L'influence de La Mennais sur Mgr Lartigue, premier évêque de Montréal», RHAF, XXV, 2, (1971): 225-237.

Bernard, Jean-Paul, *Les Rouges,* Montréal, Presses de l'Université du Québec, 1971.

Id., «Définition du libéralisme et de l'ultramontanisme comme idéologies» RHAF, XXV, 2 (1971): 244-246.

Id., La pensée et l'influence des Rouges (1848-1867), thèse de Ph.D. (Histoire), Université de Montréal, 1968, 2 vol.

Biron, Hervé, «Tableau de l'Eglise trifluvienne en 1852», RSCHEC, (1952): 29-52.

Bouchard, Gérard, «Apogée et déclin de l'idéologie ultramontaine à travers le journal «*Le Nouveau Monde*», 1867-1900», RS, X, 2-3 (1969): 261-292.

Bourgeois, Ch., «Un conflit juridico-ecclésiastique», *Revue de l'Université d'Ottawa,* VIII (1938): 166-183.

Bourque, Gilles et Frénette, Nicole, «Classes sociales et idéologies nationalistes au Québec (1760-1970), *Socialisme québécois,* XX, (1970): 33-55.

Brien, André, *Organisation et suppression du ministère de l'Instruction publique (1867-1875)*, thèse de Ph.d., Université de Montréal, 1960.

Bruchési, Jean, «L'Institut Canadien de Québec», *Les Cahiers des Dix,* XII, (1947): 93-114.

Brunet, Michel, «L'Eglise catholique du Bas-Canada et le partage du pouvoir à l'heure d'une nouvelle donne (1837-1854)», *Communications historiques,* 1969, Société historique du Canada, 37-51.

Id., Trois dominantes de la pensée canadienne-française: l'agriculturisme, l'anti-étatisme et le messianisme», ds *La présence anglaise et les Canadiens,* Montréal, Beauchemin, 1958.

Carignan, Pierre, «L'établissement du système confessionnel d'enseignement sous le régime de l'Union», *Revue Thémis,* 52 (1964): 266-276.

Carrière, Gaston, «Le renouveau catholique de 1840», *Revue de l'Université d'Ottawa,* XXIV (1954): 257-279.

Id., «L'Eglise canadienne-française vers 1841», *Revue de l'Université d'Ottawa,* XXIV (1954); 66-89.

Id., «Monseigneur Ignace Bourget et les Oblats», in *Revue de l'Université d'Ottawa,* XXX, 4 (1960): 400-420.

Chabot, Richard, *Le curé de campagne face à la montée du nationalisme et du laïcisme dans le Bas-Canada (1801-1838),* thèse de maîtrise, Université d'Ottawa, 1971.

Charland, Thomas, «Un gaumiste canadien: l'abbé Alexis Pelletier», RHAF, 2 (septembre 1947): 195-236.

Id., «Un projet de journal ecclésiastique de Mgr Lartigue», SCHEC, Rapport 1956-1957, 39-53.

Chevrette, Louis, *Idéologie, traits culturels, plan de réaction, perception et motivation du groupe de pression ultramontain canadien-français (1870-1890),* thèse de maîtrise, Université Laval, 1971.

Id., «Aspects de la psychologie du groupe de pression ultramontain canadien-français (1870-1890)», RHAF, XXV, 2 (1971): 155-189.

Côté, F.-X., «Mgr Forbin Janson et le mouvement religieux du Québec vers 1840», RSCHEC (1941-42): 95-122.

Coffey, Agnès, «George Edward Clerk, founder of the *True Witness;* a pioneer of catholic action», *The Canadian Catholic Historical Association Report,* (1934-35): 46-59.

Couture, Michel, «Le mouvement mennaisien au Canada français (1830-50)», RSCHEC, (1939-40): 67-86.

Dandurand, M., «Les premières difficultés entre Mgr Bourget et l'Institut Canadien de Montréal 1844-1865», *Revue de l'Université d'Ottawa,* XXV (1955): 145-165.

Décarie, Vianney, «Réflexions sur les rapports de la société canadienne-française et de l'Eglise dans le domaine de l'éducation», in *L'Eglise et le Québec,* Montréal, Editions du Jour, 1961.

Désilets, Andrée, *Un père de la Confédération canadienne: Hector-Louis Langevin, 1826-1906,* Québec, Les Presses de l'Université Laval, 1969.

Drolet, Antonio, «L'Episcopat canadien et les bibliothèques paroissiales de 1840 à 1900», RSCHEC (1962): 21-36.

Dudon, P., *La Mennais et le Saint-Siège, 1820-1834, d'après des documents inédits et les archives du Vatican,* Paris, Perrin, 1911.

Dumont, Fernand, «Idéologies au Canada français, 1850-1900: quelques réflexions d'ensemble», RS, X, 2-3 (1969): 145-156.

Id., «Réflexions sur l'Histoire religieuse du Canada-français» in *l'Eglise et le Québec,* Montréal, Ed. du Jour, 1961, 47-65.

Id., «Structure d'une idéologie religieuse» RS, I, 2 (1960): 161-187.

Duval, Louise, «Quelques thèmes idéologiques dans la revue l'*Enseignement primaire*», RS, vol. IV, 2 (1963): 201-217.

Eid, Nadia, «*Les Mélanges Religieux et la révolution romaine de 1848*», RS, X, 2-3, (1969): 237-260.

Falconer, R.A., «Age-long drama of church and state», *University of Toronto Quarterly,* IX, (1940): 152-169.

Gagnon, Nicole, «L'idéologie humaniste dans la revue «L'enseignement secondaire», RS, IV, 2 (1963): 167-200.

Galarneau, Claude, «Le rôle du clergé canadien dans l'éducation de 1760 à 1914», *The Catholic Historical Association,* 1967.

Id., «L'abbé Joseph-Sabin Raymond et les grands romantiques français 1834-1857», *Canadian Association Report,* 1963, 81-88.

Galipeau, Pierre, «*La Gazette des campagnes*», RS, X, 2-3 (1969): 293-322.

Giguère, G.-E., *La restauration de la Compagnie de Jésus au Canada, 1839-1857,* thèse de doctorat en histoire, Université de Montréal, 1965.

Grenier, Raymond, «L'enseignement laïc pour tous et notre Ultramontanisme», *Liberté,* 24 (1962): 444-450.

Groulx, Lionel, «La situation religieuse au Canada français vers 1840», in *Notre maître, le passé,* Montréal, Granger, 1944.

Id., «Un mouvement de jeunesse vers 1850», in *Notre maître, le passé,* Montréal, 1936.

Id., «Le gallicanisme au Canada sous Louis XIV», RHAF, I (1947): 54-90.

Hamelin, Jean et Roby, Yves, «L'évolution économique et sociale du Québec, 1851-1896», RS, X, 2-3 (1969): 145-156.

Hamelin, Louis-Edmond et Hamelin, Colette, «Evolution numérique séculaire du clergé catholique dans le Québec», RS, II, 2 (1961):

189-241.
Hamelin, J., Letarte, J. et Hamelin M., «Les élections provinciales dans le Québec», *Cahiers de Géographie de Québec,* 7 (octobre 1959-mars 1960): 5-204.
Hardy, René, «L'activité sociale du curé de N.D. de Québec: aperçu de l'influence du clergé au milieu du XIXe siècle», *Histoire sociale,* 6 (1970): 5-32.
Id., «L'ultramontanisme de Laflèche: genèse et postulats d'une idéologie», RS, X, 2-3 (1969): 197-206.
Id., «Libéralisme catholique et ultramontanisme au Québec: éléments de définitions», RHAF, XXV, 2, (1971): 247-251.
Harvey, Vincent, O.P., «Rapports de l'Eglise et de l'Etat. Aspects historiques», in *L'Eglise et le Québec,* Montréal, Editions du Jour, 1961.
Hunte, Keith D., *The development of the system of education in Canada East, 1841-1867; An historical survey,* thèse de M.A., McGill University, 1963.
Id., The Ministry of Public Instruction in Quebec 1867-1875. A historical study, Thèse de Ph. D., Université McGill, Montréal, 1964.
«Idéologie du Canada français, 1850-1900», numéro spécial, RS, X, 2-3 (1969): 141-491.
Labarrère-Paule, A., «L'instituteur laïque canadien-français au XIXe siècle», *Canadian Historical Association Report,* (1963): 102-115.
Lajeunesse, Marcel, «L'évêque Bourget et l'Instruction Publique au Bas-Canada», RHAF, XXIII, I (1969): 35-52.
Lapierre, Laurier, «Les relations entre l'Eglise et l'Etat au Canada français, in *L'Eglise et le Québec,* Montréal, Editions du Jour, 1961.
Laurent, Monique, *La correspondance de l'abbé Louis Beaudet, 1853-1858,* thèse de licence ès lettres, Université Laval, 1965.
Lavallée, André, «20 avril 1871: Un programme électoral catholique», *Histoire du Canada. Une expérience tricentenaire,* Montréal, Les Editions de Sainte-Marie, 1967.
Id., Le projet de création d'une université à Montréal (1878-1889): L'opposition entre Montréal et Québec, Ultramontains et Libéraux, thèse de doctorat ès lettres, Université de Montréal, 1971.
Lemieux, Denise, «Les *Mélanges Religieux,* 1841-1852», RS, X, 2-3, (1969): 207-236.
Lessard, Claude, «Le Collège-Séminaire de Nicolet (1803-1863)», RHAF, XXV, I (1971): 63-88.

Marraro, H.R., «Canadian and American Zouaves in the Papal army, 1868-1870», *Canadian Catholic Historical Association Review*, (1944-45): 83-102.

Marion, Séraphin, «Libéralisme canadien-français d'autrefois et d'aujourd'hui», *Les Cahiers des Dix*, XXVII (1962): 9-45.

Id., «La querelle des classiques et des romantiques dans le Canada-français du XIXe siècle (1824-1894)», *Revue trimestrielle canadienne*, 19 (1933): 121-146.

Massicotte, E.Z., «Bibliothèque d'autrefois à Montréal», BRH, XXXVI (1930): 592-593.

Id., «Bibliothèques d'autrefois à Montréal», *Cahiers des Dix*, XII (1947): 9-16.

Matheson, Thomas, «La Mennais et l'éducation au Bas-Canada», RHAF, XIII (1960): 476-491.

Matheson, Thomas, *Un pamphlet politique au Bas-Canada: Les Paroles d'un croyant de La Mennais*, thèse de licence ès lettres (Histoire), Québec, Université Laval, 1958.

Maurault, Olivier, «La fondation de nouveaux diocèses et l'essor apostolique du Canada français sous Mgr Bourget», RSCHEC, (1941-42): 43-50.

Id., «La courte vie des Mélanges Religieux», *Mémoires de la Société Royale du Canada*, vol. XXXI (1937): 1-19.

Id., «Tableau de l'Eglise canadienne en 1852» RSCHEC (1952): 19-28.

Monet, Jacques, «French-Canadian nationalism and the challenge of ultramontanism» *Canadian Historical Association Historical Papers*, (1966): 41-55.

Id., *The Last Cannon Shot. A study of French Canadian Nationalism, 1837-1850,* thèse de doctorat, Université de Toronto, 1969.

Morel, André, «L'histoire de la confessionnalité scolaire au Québec», in *Justice et paix scolaire*, Montréal, Editions du Jour, 1962.

Moreux, Colette, *Fin d'une Religion? Monographie d'une paroisse canadienne-française,* Montréal, P.U.M., 1969.

Morin, Victor, «Clubs et sociétés notoires d'autrefois», *Cahiers des Dix*, XV (1950): 185-219.

Ouellet, F., *Papineau,* Textes choisis, Québec, P.U.L., 1970, 2e éd.

Id., Nationalisme canadien-français et laïcisme au XIXe siècle», RS, IV (1963): 47-71.

Id., «Mgr Lartigue et la réaction libérale», BRH, LVIII, (1952): 97-104.

Id., «Mgr Plessis et la naissance d'une bourgeoisie canadienne (1797-1810)» RSCHEC, Rapport 1956, 83-100.

Id., «L'enseignement primaire: responsabilité des Eglises ou de l'Etat? (1801-1836)», RS, II, 2, (1961): 171-189.

Id., «Les insurrections de 1837-38: un phénomène social» *Histoire sociale,* 2 (1968): 62-82.

Picavet, François, «Le mouvement néo-thomiste en Europe et en Amérique», *Revue philosophique,* I (1892): 281.

Pouliot, Léon, s.j., «Mgr Bourget et la Confédération», SCHEC, XXVI (1959): 31-41.

Id., «Il y a cent ans: le démembrement de la paroisse Notre-Dame», RHAF, XIX, 3 (3 décembre 1965): 350-383.

Id., «Impulsion donnée par Mgr Bourget à la pratique religieuse», RHAF, XVI, I (1962): 66-68.

Id., «Le retour des Jésuites au Canada (1842;», BRH, XLVIII (1942): 193-201.

Id., «Mgr de Mazenod et Mgr Bourget», RHAF, XV (1961-62): 3-23.

Id., «L'enseignement universitaire catholique au Canada français de 1760 à 1860», RHAF, XII (1958): 155-170.

Id., »Deux entretiens de Mgr Bourget avec Thomson sur le projet d'Union (1840)», BRH, LXII (1956): 209-213.

Id., «Les évêques du B.C. et le projet d'Union (1840)», RHAF (1954): 157-170.

Rioux, Jean-Roch, *Les débuts de l'Institut canadien et du journal l'Avenir, 1844-1849,* thèse de D.E.S., Université Laval, 1967.

Robertson, H.L., *The ultramontane group in French Canada, 1867-1886,* Université Queen's (Ontario), thèse de M.A., 1952.

Robillard, Ch., «La Bibliothèque de l'Institut Canadien», BRH, XXXI (1935): 114-122.

Ross, Vincent, *Analyse de la structure idéologique des manuels de pédagogie,* thèse de maîtrise, Université Laval, 1965.

Rumilly, Robert, «Mgr Laflèche et les ultramontains», RHAF, XVI, I (juin 1962): 95-101.

Ryan, William F., «L'Eglise et l'éducation au Québec», in Guy Rocher et Pierre W. Bélanger, éd., *Ecole et société au Québec; éléments d'une sociologie de l'éducation,* Montréal, HMH, 1970: 181-208.

Savard, Pierre, *Jules-Paul Tardivel, la France et les Etats-Unis, 1851-1905.* Québec, PUL, 1967.

Id., «Vie du clergé québécois au XIXe siècle», RS, VIII, 3 (1967): 259-273.

Id., «Le Cercle Catholique de Québec, 1876-1897», *Culture,* XVIII, I (1967): 3-17.

Id., «Notes sur l'étude de l'ultramontanisme au Canada français», RSCHEC, (1966): 13-15.

Id., «Le journal de l'abbé Benjamin Paquet, étudiant à Rome, 1863-

1866», *Culture*, XXVI (1965): 64-83.
Séguin, Maurice, éd., *Extraits de correspondance publiés par le professeur M. Séguin*, Département d'Histoire, Université de Montréal, 1962.
Id., «La Conquête de la vie économique des Canadiens», *Action Nationale*, 28 (décembre 1946): 308-326.
Id., *La «nation canadienne» et l'agriculture, 1760-1850*, Trois-Rivières, Ed. du Boréal Express, 1970.
Sylvain, Philippe, «Les débuts du «Courrier du Canada et les progrès de l'ultramontanisme canadien-français», *Les Cahiers des Dix*, XXXII (1967): 255-278.
Id., «Libéralisme et ultramontanisme au Canada français: affrontement idéologique et doctrinal (1840-1865)», in *Le Bouclier d'Achille*, W.L. Morton, éd., McClelland & Stewart, Toronto, 1968, pages 111-138 et 220-255.
Id., «Quelques aspects de l'antagonisme libéral-ultramontain au Canada français», RS, VIII, 3 (1967): 275-297.
Talbot, Louis-Félix, *Thomas Chapais, vingt-deux ans de journalisme*, thèse de maîtrise ès arts, Université de Montréal, Montréal, 1962.
Tessier, Albert, «Correspondance Taché-Laflèche», *Cahiers des Dix*, (1958): 241-260.
Id., «Luc Désilets, un des «fanaux de tôle» de Mgr Laflèche», *Les Cahiers des Dix*, XIX, (1954): 161-186.
Ullman, Walter, *The «Holy War» in Quebec, 1860-1890*, University of British Columbia, thèse de B.A., 1956.
Voisine, abbé Nive, «La correspondance Langevin-Laflèche», in RSCHEC (1967): 79-86.
Weill, G., «Le catholicisme français au XIXe siècle, *Revue de synthèse historique*, 1907, vol. XV pages 319-356 et 1925, vol. XLI, pages 58-71.

VI OUVRAGES ET ARTICLES À CARACTÈRE THÉORIQUE ET MÉTHODOLOGIQUE

Adams, J.L., «Religion and the ideologies», *Confluence*, IV, (1955).
Althusser, Louis, «Idéologie et appareils idéologiques d'Etat». *La Pensée* (1970): 3-38.
Balibar, E. «Sur la dialectique historique», *La Pensée*, 170 (1973): 28-35.
Barthes, Roland, *Le degré zéro de l'écriture*, Paris, Gonthier, 1973.
Id., *Mythologies*, Paris, Editions du Seuil, 1957.

Berelson, B. *Content Analysis in communication research,* N.-Y., 1952.
Cartwright, Dorwin, P., «L'analyse du matériel qualitatif», in Festinger & Katz, *Les Méthodes de recherche dans les sciences sociales,* P.U.F., Paris, 1963.
Dumont, Fernand, «Notes sur l'analyse des idéologies», RS, IV, 2 (1963): 155-165.
Id., Les Idéologies, Paris, Presses Universitaires de France, 1974.
Eliade, Mircea, *Le sacré et le profane,* Paris, Gallimard, 1965.
Id., Aspects du mythe, Paris, Gallimard, 1963.
Id., Images et symboles; essai sur le symbolisme magico-religieux, Paris, Gallimard, 1952.
Gabel, J., *Idéologies,* Paris, Ed. Anthropos, 1974.
Goldmann, Lucien, *Sciences humaines et philosophie,* Paris, Gonthier, 1966, coll. Médiations, no 46.
Goldmann, Lucien, *Marxisme et Sciences humaines,* Paris, Gallimard, 1970.
Gould, Julius, «Ideology», in *Dictionary of the social sciences,* N.Y., The Free Press, 1964, pages 315-317.
Gramsci, Antonio, *Œuvres choisies,* Paris, Editions Sociales, 1959.
Id., Gli Intellettuali e l'organizzazione della cultura, Turin, Einaudi, 1953, 5e édition.
Id., Note sul Machiavelli, sulla politica e sullo stato moderno, Turin, Einaudi, 1953, 3e édition.
Grand'Maison, Jacques, *Nationalisme et Religion,* 2 vol., Montréal, Beauchemin, 1970.
Holsti, O.R. *Content Analysis for the Social Sciences and Humanities,* Mass., Addison-Wesley, 1969.
Johnson, Harry M., «Ideology and the social system», *International encyclopedia of the social sciences,* vol. VII, N.Y., The Macmillan and the Free Press, 1968, pages 78-85.
Kientz, Albert, *Pour analyser les media. L'analyse de contenu,* Montréal, HMH, 1971.
Kracaver, Siegfried, «The challenge of qualitative analysis», *Public opinion Quarterly,* vol. XVI, no 4, (1952): 631-641.
Kasswell, H., Lerner, D., Pool, I. de S., *The comparative study of symbols,* Stanford University Press, California, 1952.
Lichtheim, George, «The concept of ideology», *History and Theory,* IV (1965): 164-195.
Lukacs, G., *Histoire et conscience de classe,* Paris, Editions de Minuit, 1960.
Mannheim, Karl, *Idéologie et Utopie,* Paris, Marcel Rivière, Co., 1956.

Marx, K. et Engels, F., *Sur la religion,* textes choisis, Paris, Editions Sociales, 1960.

Id., Etudes philosophiques, Paris, Editions Sociales, 1968.

Id., L'idéologie allemande, Paris, Editions Sociales, 1968.

Maynard, Edwain, H. «An analysis of Church magazine Editorials», *Journalism Quarterly,* vol. 33, no 3, (1956): 367.

Le Merveilleux, deuxième colloque sur les religions populaires, Québec, P.U.L., 1973.

Morin, Violette, *L'Ecriture de presse,* Paris, Mouton, 1969.

Ossowski, Stanislas, «Les différents aspects de la classe sociale chez Marx», *Cahiers Internationaux de Sociologie,* vol. XXIV, janvier-juin 1958, P.U.F.

Id., Class structure in the social consciousness, London, Routledge, Kegan Paul, 1963.

Pinto, R. et Grawitz, M., «L'Analyse de contenu», in *Méthode des sciences sociales,* Paris, Dalloz, 1964, pages 497-539.

Piotte, Jean-Marc, *La pensée politique de Gramsci,* Montréal, Ed. Parti pris, 1970.

Pool, Ithiel de Sola, *Trends in content analysis,* University of Illinois Press, 1959.

Poulantzas, Nicos, *Pouvoir politique et classes sociales,* Paris, Maspero, 1970.

Robin, Régine, *Histoire et linguistique,* Paris, A. Colin, 1973.

Id., «Vers une histoire des idéologies», *Annales historiques de la Révolution Française,* (avril-juin 1971): 285-308.

Schutz, W.C., «On categorizing qualitative data in content analysis», *Public Opinion Quarterly,* vol. 22 no 4, (1958): 503-515.

Index

ABEL; 101
ABRAHAM; 235
ADAMS, J.L.; 307
ALLAIRE, J.B. Arthur; 295
ALTHUSSER, Louis; 307
AMARON, Calvin; 296
ARES, Richard (s.j.); 301
AYEARST, M.; 301
AUCLAIR, Elie-Joseph; 301
AUBERT, Roger (Chan.); 23 n., 296
AUBRY, Auguste-Eugène; 48, 54
AUDET, F.-J.; 295
AUDET, Louis-Philippe; 41 n., 257 n., 296, 301

BAILLARGEON, Charles-François (Mgr); 164, 190 n., 191 n., 201 n., 233, 291
BALIBAR, E.; 307
BALMES; 72
BARNARD, Julienne; 296
BARTHE, J.C.; 294
BARTHES, Roland; 159, 307
BEAU de LOMERIE, E.; 21 n., 296
BEAUDET, Louis (abbé); 304
BEAUDIN, François; 230 n., 301
BEAUDRY, Hercule (curé); 50, 86 n., 89, 90 n., 91, 112, 134, 152 n., 247, 289, 293
BEAULIEU, A.; 52 n., 295
BEAULIEU, Maurice; 301
BEAUSOLEIL, Cléophas; 48, 272
BEGIN, Louis-Nazaire; 293
BELANGER, Pierre; 299, 306
BELLAMY, Joseph (s.j.); 21 n., 296
BELLARMIN; 72
BELLEFEUILLE, Joseph-Edouard (de); 48, 55, 57 n., 106, 150, 262, 266, 289
BELLEMARE, Alphonse; 151, 170 n.
BELLEMARE, Raphaël; 242 n.
BERGERON, Jean (abbé); 240 n., 296

BERELSON, B.; 308
BERNARD, Jean-Paul; 2, 9 n., 10 n., 34 n., 36 n., 42 n., 131 n., 268 n., 296, 301
BEROLE, Adélard; 169, 170 n.
BERT, Paul; 1
BIBAUD, Maximilien; 289
BIRON, Hervé; 301
BLANCHET (abbé); 29
BONALD, Louis (de); 1, 22, 25, 28, 106, 112
BONIFACE VIII, Benedetto Caetani (Pape); 5 n.
BOSSUET, Jacques Bénigne; 232
BOUCHARD, Gérard; 10 n., 55 n., 301
BOUCHER, Cyrille; 48, 55, 57 n., 262
BOURGEOIS, Charles; 301
BOURGET, Ignace (Mgr); 16, 25, 26 n., 29, 30, 31, 32, 33, 36, 37, 38, 39, 42, 45, 50, 52, 53 n., 56, 59, 66 n. 75 n., 76, 78, 93, 94 n., 95 n., 98, 112, 126, 127 n., 128, 131, 132, 134, 138 n., 140, 147, 148, 149 n., 156, 157, 158, 159, 163, 164, 165, 166, 167, 169, 170, 171, 172, 173, 174, 175, 176, 177, 178, 179, 180, 181, 182 n., 184, 185, 187, 188 n., 190, 191, 192, 193, 203, 211 n., 215, 219, 220, 230, 231, 236, 237, 239, 242, 243 n., 244, 245 n., 247 n., 249, 254 n., 255 n., 258, 259, 261 n., 262, 263, 264, 265, 266, 267, 269, 271, 275, 276, 287, 288, 289, 293, 297, 299, 301, 302, 304, 305, 306
BOURQUE, Gilles; 301
BRAUN, Antoine-Nicolas (s.j.); 36, 37, 50, 261, 290
BRIEN, André; 257 n. 301
BROWN, Henriette; 45, 291
BRUCHESI, Jean; 301
BRUNET, Michel; 302

BUIES, Arthur; 294

CARIGNAN, Pierre; 39 n., 254 n., 302
CARRIERE, Gaston; 302
CARTIER, George-Etienne; 1, 45, 126, 270, 271, 276
CARTIER, Jacques; 235
CARTWRIGHT, Darwin; 308
CASSIDY, F.; 288
CASSIDY, M.; 180
CATTA, Etienne; 296
CAUCHON, Joseph; 35, 270, 271
CAVOUR; 180
CHABOT, Richard; 43 n., 302
CHANDONNET (abbé); 201 n.
CHAPAIS, Thomas; 296, 307
CHARLAND, Thomas; 302
CHARTIER, Etienne (curé); 29
CHAUVEAU, Pierre Joseph Olivier; 262
CHENON, Emile; 296
CHERRIER, Côme-Séraphin; 180
CHEVRETTE, Louis; 10, 302
CHINIQUY, Charles; 33
CHOQUETTE, Charles-Philippe; 296
Clercs Saint Viateur; 30 n.
CLERK, George Edward; 56, 302
COFFEY, Agnès; 56 n., 302
COLIN, Frédéric; 50, 169, 173, 185, 186 n., 261, 290
Compagnie de Jésus (La); 5 n., 25, 26 n., 35, 139, 149, 262, 296, 298, 303, 306
CONGAR, Y.M.J.; 296
Congrégation des Sœurs des Saints Noms de Jésus et de Marie; 31
CORTES, Donoso; 24, 25, 261, 294
COTE, F.-X.; 302
COURCY, Henry (de); 300
COUTURE, Michel; 302

Dames de la Charité; 30
Dames du Sacré-Cœur; 30
DANDURAND, M.; 261 n., 302
DARBOY, Georges (Mgr); 135 n.
DARRAS, J.-E. (abbé); 294
DAVID, Laurent-Olivier; 297
DAVID (Roi); 173

DEBIDOUR, Antoine; 297
DECARIE, Vianney; 302
DE CELLES, A.D.; 297
DELATTE, Paul (dom); 24 n., 297
DERRE, J.R.; 23 n., 297
DESILETS, André; 303
DESILETS, Gédéon; 56
DESILETS, Luc; 307
DESJARDINS, Alphonse; 48, 56 242 n., 261, 272
DESJARDINS, Paul (s.j.); 297
DESSAULLES, Louis-Antoine; 51, 130, 131 n., 140, 163 n., 203 n., 289, 293, 294
DIONNE, Narcisse-Eutrope; 295, 297
DOLLINGER, Johann; 139
DORION, J.B.E.; 297
DOUTRE, Gonzalve; 294
DOUVILLE, Joseph-Antoine-Irénée; 297
DROLET, Antonio; 303
DUCLOS, R.P.; 30 n.
DUDAN, P.; 303
DUFRESNE, Ephrem; 56
DUMONT, Fernand; 2, 10, 297, 303, 308
DUNN, Oscar; 297
DUPANLOUP, Félix (Mgr); 135 n., 291
DUVAL, Louise; 303

EID, Nadia; 10 n., 303
ELIADE, Mircea; 308
ENGELS, F.; 309
EZECHIAS (Roi); 173

FALCONER, R.A.; 303
FAUTEUX, Aegedius; 295
FENELON, François de Salignac; 5 n.
FERNESSOLE, P.; 297
FERRY, Jules; 1
FILIPPI (Mgr); 292
FLICHE, Augustin; 297
FORBIN-JANSON, Charles-Auguste (Mgr); 31n., 32, 297, 302
FOUCHER, Louis; 72 n., 297
FRENETTE, Nicole; 301
Frères des Ecoles Chrétiennes; 180
FRONTENAC, Louis (comte de); 28

Index

GABEL, J.; 308
GADILLE, Jacques; 23 n., 297
GAGNON, Nicole; 303
GALARNEAU, Claude; 303
GALIPEAU, Pierre; 10 n., 303
GAMBETTA, Léon; 1
GARIBALDI, Giuseppe; 176, 180
GARIGUE, Philippe; 295
GARRIGUE-LAGRANGE, R. Art.; 297
GAUME (Mgr); 24, 25, 41, 201 n., 261, 291, 294
GAVAZZI, Alessandro; 300
GERIN-LAJOIE, Antoine; 298
GIGUERE, G.E.; 26 n., 303
GILBY, Thomas (o.p.); 298
GIROUX, H.; 298
GOLDMANN, Lucien; 308
GOULD, Julius; 308
GOUSSET (Cardinal); 24, 201
GRAMSCI, Antonio; 308
GRAND'MAISON, Jacques; 308
GRAVEL, L.; 44 n.,
GRAWITZ, M.; 309
GREGOIRE XVI, Fra Mauro (Pape); 129
GRENIER, Raymond; 303
GROULX, Lionel (Chan.); 29, 30 n., 34 n., 39 n., 255 n., 256, 298, 303
GUERANGER, Prosper (dom); 24, 295, 297
GUIBORD, Joseph; 44, 45, 93, 102, 288, 292, 298
GÜNTHER; 139

HAMELIN, Colette; 30 n., 303
HAMELIN, Jean; 27 n., 52 n., 242 n., 276 n., 295, 303, 304
HAMELIN, Louis-Edmond; 30 n., 303
HAMELIN, H.; 298
HAMELIN, M.; 276 n., 304
HAMON, Edouard (s.j.); 293
HARDY, René; 10 n., 304
HARVEY, Vincent (o.p.); 304
HAYWARD, F.; 298
HEENEY, William Bertal; 298
HOCEDEZ, Edgar; 21 n., 22
HOLSTI, O.R.; 308

HOUDE, F.; 56
HUDON, Hyacinthe (Chan.); 111, 112 n., 225, 290
HUDON, T.; 44 n., 298
HUGUET-LATOUR, L.A.; 298
HUNTE, Keith D.; 41 n., 257 n., 304
HUOT, Louis-Honoré; 50, 133, 134 n., 290

JACOB; 185
JEAN-BAPTISTE (Saint); 235
JETTE, L.-A.; 288
JOHNSON, Harry M.; 308

KASSWELL, H.; 308
KIENTZ, Albert; 308
KRACAVER, Siegfried; 308

LABARRERE-PAULE, Andrée; 255 n., 298, 304
LACHANCE, François; 290
LAFLECHE, Louis-François (Mgr); 10 n., 16, 37 n., 50, 56, 60, 66, 67, 74 n., 75, 77, 79, 95, 96 n., 105, 109, 111, 114, 116, 127 n., 128, 129, 145, 157, 192, 193, 194, 195, 213, 214 n., 215, 216, 218, 219, 228, 231, 232, 223 n., 235, 236 n., 237, 238 n., 239, 244, 245 n., 247 n., 272, 273, 275, 290, 292, 293, 304, 307
LAFONTAINE, Louis-Hippolyte; 1, 33, 34, 35 n., 53, 297
LAFONTAINE, J.L.; 298
LAGARDE, G. (de); 21 n.,
LAGOR, J.L.; 73 n., 298
LAJEUNESSE, Marcel; 39 n., 254 n., 298, 304
LAMARCHE (Chan.); 56, 272
LAMARCHE, Godfroy (Chan.); 50
LAMENNAIS, Félicité Robert (de); 1, 6, 23, 28, 297, 298, 301, 303, 305
LANGELIER, Charles; 298
LANGEVIN, Hector; 40, 45, 48, 53, 54, 56, 270, 275, 303
LANGEVIN, Charles-Hippolyte (Mgr); 275

LAPIERRE, Laurier; 304
LAROCQUE, Charles (Mgr); 275
LARTIGUE, Jean-Jacques (Mgr); 28, 29 n., 30, 43 n., 52, 163, 301, 302, 305
LAURENT, Monique; 304
LAURIER, Wilfrid; 1
LAVAL, François (de) (Mgr); 28
LAVALLEE, André; 304
LAZARE (Saint); 193
Le BEL, Philippe (Roi); 5 n., 21 n.
LEBON, Wilfrid (Mgr); 298
LE BRAS, G.; 264
LECLERQ, Jacques; 298
LECOMPTE, Edouard; 261, 298
LE GUILLOU, Louis; 298
LE JEUNE, Louis-Marie; 295, 299
LEMIEUX, Denise; 10 n., 304
LEMIEUX, Lucien; 32 n., 299
LEON XIII, Vincenzo (Pape); 73 n.
LERNER, D.; 308
LESAGE, G.-D.; 134 n., 156 n., 193
LESSARD, Claude; 304
LETARTE, J.; 304
LETARTE, J.; 276 n.
LICHTHEIM, George; 308
LITALIEN, Rolland; 299
LOUIS XIV (Le Grand); 5 n.
LOYSON, Jules-Thomas (abbé); 72 n., 299
LUKACS, G.; 308

MACCABEE, Judas; 173
MAILLOUX, Alexis (abbé); 50, 190, 191, 203, 215 n., 219, 290
MAISTRE, Joseph (comte de); 6, 22, 25, 28, 110
MALCHELOSSE, Gérard; 295
MANNHEIM, Karl; 308
MARET (Mgr); 135 n., 139
MARION, Séraphin; 305
MARIS, Adélard (Frère); 301
MARRARO, H.R.; 305
MARTIN, Gérard; 296
MARTIN, Victor; 297, 299
MARX, Karl; 309

MASSICOTTE, Edouard-Zotique; 261 n., 305
MATHESON, Thomas; 305
MAURAIN, Jean; 23 n., 299
MAURAULT, Olivier; 305
MAYNARD, Edwain H.; 309
MAZENOT (de) (Mgr); 306
McINNIS, E.; 299
McLEAN, John; 44
McLEOD, Magloire; 48, 56, 272
MEILLEUR, J.-B.; 299
MELCHISEDECH (Roi); 101
MESLIN, M.; 264
Messieurs de Saint-Sulpice; 45, 93, 126, 138 n., 270, 271
METHOT, Michel-Edouard (abbé); 165, 166 n., 167, 168 n., 169, 173 n., 178, 290
MOIR, John Sargent; 299
MONET, Jacques; 8 n., 25 n., 35 n., 305
MONTALEMBERT, Charles (comte de); 112, 135 n.
MONTCLOS, Xavier (de); 299
MONTIGNY, Testard (de); 48, 57, 179, 272, 297
MORIN, Augustin-Norbert; 35
MORIN, Violette; 309
MOREL, André; 305
MOREL, Jules (abbé); 293
MOREUX, Colette; 305
MORIN, Victor; 262 n., 305
MORTON, W.L.; 31 n., 307
MOYSE; 173

NELSON, Wolfred; 34 n.
NOLIN, L.A.; 170 n.
NORMANDEAU, André; 301

Oblats de Marie-Immaculée; 30, 262, 302
OLLIVIER, Emile; 299
OSSOWSKI, Stanilas; 309
OUELLET, Fernand; 27 n., 28, 29 n., 38 n., 43 n., 125 n., 299, 305
OUIMET, Adolphe; 57
OUIMET, Alphonse; 48

Index

PAGNUELO, Siméon; 48, 113, 272, 290
PALANQUE, Jean-Rémy; 299
PANET, Bernard-Antoine (Mgr); 52
PAPIN, Joseph; 40
PAPINEAU, Louis-Joseph; 9, 34, 305
PAQUET, Benjamin; 50, 137 n., 290, 291, 306
PAQUIN, L.-P. (Père); 293
PARISIS (Mgr); 24
PATRIZE (Cardinal); 291
PAUL (Saint); 109, 128
PERCIVAL, W.P.; 255 n., 299
PELTIER, A.C.; 295
PELLETIER, Alexis (abbé); 41, 51, 57, 70, 72, 76, 79, 84, 85 n., 97 n., 130, 131 n., 136, 137, 140, 141, 200, 201, 203, 213, 220, 221, 222, 236, 291, 293, 302
PELLETIER, T.B.; 291
Pères de Sainte-Croix; 30 n.
PERRIER, Joseph-Louis; 299
PERRONE; 31 n.
PICAVET, François; 72 n., 306
PIE IX, Giovanni Maria (Pape); 23 n., 24 n., 31, 100, 106, 117, 129, 131, 136, 137, 149 n., 164, 166, 167, 168, 169, 170, 171, 172, 173, 174, 176, 177, 178 n., 179, 181, 182, 183, 185, 186, 187, 188, 258, 267, 287, 290, 297, 298
PIE (Mgr); 24
PIERRE (Saint); 94, 165, 187
PINSONNAULT, Pierre-Adolphe (Mgr); 51, 57, 135 n., 138, 291
PINTO, R.; 309
PIOTTE, Jean-Marc; 309
PLANTE, Hermann (abbé); 259 n., 299
PLESSIS, Joseph (Mgr); 28, 125 n., 305
PLINGUET, T.A.; 55
POOL, Ithiel de Sola; 308, 309
POULIOT, Jean; 25 n., 29 n., 30 n.
POULIOT, Léon (s.j.); 25 n., 29 n., 30 n., 45 n., 262 n., 299, 306
POULANTZAS, Nicos; 309
PRIMEAU, J. (abbé); 133
PROULX, Louis (curé); 51, 291

QUEBEC, Georges (de); 297

RAYMOND, Joseph-Sabin (Chan.); 51, 57 n., 85, 87, 88 n., 90 n., 91, 102, 109, 135 n., 165, 172, 176, 177, 178 n., 185, 187 n., 192, 205, 206, 208, 220, 221, 232, 291, 292, 303
Religieuses du Bon Pasteur; 30
RENAULT, Eugène; 48, 54, 272
RIDDEL, W.A.; 299
RIOUX, Jean-Roch; 306
RIVARD, Sévère; 48, 266
RIVIERE, J.; 21 n.
ROBERTSON, H.L.; 10, 306
ROBILLARD, Charles; 306
ROBIN, Régine; 13 n., 309
ROBY, Yves; 27 n., 242 n., 298, 303
ROCHER, Guy; 299, 306
ROHRBACHER, R.F. (abbé); 6, 24, 25, 261, 295
ROMMEN, Henri; 300
ROOTHAAN Père (s.j.); 25, 26 n.
ROSS, Vincent; 306
ROSMINI; 139
ROUSSEAU, Jean-Jacques; 112, 117
ROUTHIER, Adolphe-Basile; 49, 68, 104, 105 n., 107, 148, 234, 292, 294
ROYAL, Joseph; 48, 55, 56, 57 n., 183, 262, 266, 300
RUMILLY, Robert; 36 n., 37 n., 44 n., 267 n., 270 n., 272 n., 276 n., 300, 306
RYAN, William F.; 306
RYERSON, Stanley B.; 27 n. 300

SAINT-DENIS, Dominique; 300
SALOMON (Roi); 101
SAVAETE, Arthur; 105 n., 127 n., 159 n., 213 n., 228 n., 235 n., 237 n., 238 n., 289, 290, 292, 300
SAVARD, Pierre; 10 n., 31, 306
SCHUTZ, W.C.; 309
SEGUIN, Maurice; 300, 307
SEGUR (de) (Mgr); 25
SIBOUR (Mgr); 135 n.,
SIGNAY, Joseph (Mgr); 32 n., 191

SISSONS, C.B.; 300
Sœurs de la Miséricorde; 31
Sœurs de la Providence; 30
Sœurs Sainte-Anne; 31
SMEULDERS (dom); 272 n., 293
SUAREZ, Francisco; 72
SULTE, Benjamin; 300
SYLVAIN, Philippe; 2, 10 n., 31 n., 42 n., 53 n., 54 n., 55 n., 258 n., 300, 307

TACHE, Alexandre (Mgr); 297
TACHE, Joseph-Charles; 49, 54, 292
TAILLON, Louis-Olivier; 49, 272
TALBOT, Louis-Félix; 307
TARDIVEL, Jules-Paul; 10 n., 306
TASCHEREAU, Elzéar-Alexandre (Mgr); 164, 275
TASSE, Joseph; 292
TELLIER (Père) (s.j.); 237, 292
TESSIER, Albert; 307
THIBAULT, Pierre; 73 n., 189 n., 300
THOMAS D'AQUIN (Saint); 72 n., 73, 77, 83, 298, 299
THUILLIER, M.; 118
TOPARELLI; 72
TRUDEL, François-Xavier; 49, 57 n., 61, 79 n., 80, 81 n., 89, 96, 99, 101, 102, 138 n., 242 n., 262, 266, 272, 276, 289, 290, 292, 294
TURCOTTE, Louis-P.; 300
TURGEON, Pierre-Flavien (Mgr); 31 n., 164, 190 n., 255 n.

ULLMAN, Walter; 10, 307

VACHET, Andrée; 95 n., 300
VEILLEUX, Bertrand; 296
VEUILLOT, Louis; 1, 6, 23, 24, 25, 55 n., 261, 292, 295
VICTORIA 1ère (Reine); 181
VIGER, Jacques; 239 n.
VIGER-LABRECHE, Louis; 262
VIGNON Père (s.j.); 141 n., 261
VILLENEUVE, Alphonse; 51, 57, 76, 77 n., 78, 83, 84, 108, 135 n., 136 n., 138 n., 141, 150, 158, 163, 206, 207, 209, 210, 212, 218, 219, 223, 224 n., 225 n., 228, 232, 234, 238, 261, 292, 294
VOISINE, Nive (abbé); 307

WADE, Mason; 266 n., 300
WALLACE, W.S.; 296
WEILL, C.; 23 n., 300, 307

ZACHARIE (Saint); 235
ZEILER, Jacques; 73 n., 300
ZENON (Saint); 264 n.

Cahiers du Québec

1
Champ Libre 1:
Cinéma, Idéologie, Politique
(en collaboration)
Coll. Cinéma

2
Champ Libre 2:
La critique en question
(en collaboration)
Coll. Cinéma

3
Joseph Marmette
Le Chevalier de Mornac
présentation par:
Madeleine
Ducrocq-Poirier
Coll. Textes et Documents littéraires

4
Patrice Lacombe
La terre paternelle
présentation par:
André Vanasse
Coll. Textes et Documents littéraires

5
Fernand Ouellet
Eléments d'histoire sociale du Bas-Canada
Coll. Histoire

6
Claude Racine
L'anticléricalisme dans le roman québécois 1940-1965
Coll. Littérature

7
Ethnologie québécoise 1
(en collaboration)
Coll. Ethnologie

8
Pamphile Le May
Picounoc le Maudit
présentation par:
Anne Gagnon
Coll. Textes et Documents littéraires

9
Yvan Lamonde
Historiographie de la philosophie au Québec 1853-1971
Coll. Philosophie

10
L'homme et l'hiver en Nouvelle-France
présentation par:
Pierre Carle
et Jean Louis Minel
Coll. Documents d'histoire

11
Culture et langage
(en collaboration)
Coll. Philosophie

12
Conrad Laforte
La chanson folklorique et les écrivains du XIXe siècle, en France et au Québec
Coll. Ethnologie

13
L'Hôtel-Dieu de Montréal
(en collaboration)
Coll. Histoire

14
Georges Boucher de Boucherville
Une de perdue, deux de trouvées
présentation par:
Réginald Hamel
Coll. Textes et Documents littéraires

15
John R. Porter et
Léopold Désy
Calvaires et croix de chemins du Québec
Coll. Ethnologie

16
Maurice Emond
Yves Thériault et le combat de l'homme
Coll. Littérature

17
Jean-Louis Roy
Edouard-Raymond Fabre, libraire et patriote canadien 1799-1854
Coll. Histoire

18
Louis-Edmond Hamelin
Nordicité canadienne
Coll. Géographie

19
J.P. Tardivel
Pour la patrie
présentation par:
John Hare
Coll. Textes et Documents littéraires

20
Richard Chabot
Le curé de campagne et la contestation locale au Québec de 1791 aux troubles de 1837-38
Coll. Histoire

21
Roland Brunet
Une école sans diplôme pour une éducation permanente
Coll. Psycho pédagogie

22
Le processus électoral au Québec
(en collaboration)
Coll. Science politique

23
Partis politiques au Québec
(en collaboration)
Coll. Science politique

24
Raymond Montpetit
Comment parler de la littérature
Coll. Philosophie

25
A. Gérin-Lajoie
Jean Rivard le défricheur
suivie de *Jean Rivard économiste*
Postface de René Dionne
Coll. Textes et Documents littéraires

26
Arsène Bessette
Le Débutant
Postface de Madeleine Ducrocq-Poirier
Coll. Textes et Documents littéraires

27
Gabriel Sagard
Le grand voyage du pays des Hurons
présentation par: Marcel Trudel
Coll. Documents d'histoire

28
Véra Murray
Le Parti québécois
Coll. Science politique

29
André Bernard
Québec: élections 1976
Coll. Science politique

30
Yves Dostaler
Les infortunes du roman dans le Québec du XIXe siècle
Coll. Littérature

31
Rossel Vien
Radio française dans l'ouest
Coll. Communications

32
Jacques Cartier
Voyages en Nouvelle-France
Texte remis en français moderne par Robert Lahaise et Marie Couturier avec introduction et notes
Coll. Documents d'histoire

33
Jean-Pierre Boucher
Instantanés de la condition québécoise
Coll. Littérature

34
Denis Bouchard
Une lecture d'Anne Hébert La recherche d'une mythologie
Coll. Littérature

35
P. Roy Wilson
Les belles vieilles demeures du Québec
Préface de Jean Palardy
Coll. Beaux-Arts

36
Habitation rurale au Québec
(en collaboration)
Coll. Ethnologie

37
Laurent Mailhot
Anthologie d'Arthur Buies
Coll. Textes et Documents littéraires

38
Edmond Orban
Le Conseil nordique: un modèle de Souveraineté-Association?
Coll. Science politique

39
Christian Morissonneau
La Terre promise: Le mythe du Nord québécois
Coll. Ethnologie

40
Dorval Brunelle
La désillusion tranquille
Coll. Sociologie